近代日本高等教育体制の黎明

交錯する地域と国とキリスト教界

田中智子

思文閣出版

近代日本高等教育体制の黎明――交錯する地域と国とキリスト教界※目次

第Ⅱ部　文部省の学校の登場——地域史としての官立学校史

近代日本高等教育体制の黎明

交錯する地域と国とキリスト教界

序――未分化時代の地域的力学

本書は、近代日本の出発に際し、医学あるいは洋学一般を教育する場がいかに設置・運営され、結果として地域の高等教育体制がいかに形成されていったかを分析するものである。

はじめに、全体を貫く視角と方法について述べ、概要を示す。

地域史としての高等教育史

幕末・明治以来の前史をもつ諸大学の年史編纂事業が、近代日本高等教育史研究の推進力となってきたことは間違いないであろう。しかし、そうであるがゆえに、高等教育史を地域史として描く視点は乏しかった。高等教育史が学校単位の縦割りの歴史の集積となってしまい、「官立」「公立」「私立」、様々な学校によって成り立つ地域総体の高等教育という認識の枠組にはつながりにくかった。史料面からみるなら、学校史、特に官立学校史の基礎史料は何といっても学校内部の公的文書類となり、多くの場合、それによってもわからない事実を採取するために外部史料、例えば新聞が用いられるという順序となる。だが所詮、それらは補完的材料としか位置づけられず、府県行政文書、各府県会の議事録類といったレベルになると、校史とは無関係とみなされがちで、あまり利用の対象とはならない。府県政関連史料を十分に活用できていない点は、私立学校史も似たようなものであったといえる。

一方、都道府県をはじめとする各地方自治体により、管下教育史の編纂事業が積み重ねられ、同様に年史のかたちで刊行されてきた。しかしその叙述の中心は、中等教育や各種専門教育、女子教育や教育養成などの機能を果たした各公立学校の歴史となる。その地域に設置された官立学校や私立学校は、言及はされるものの、地方教育行政とは別箇に扱われ、これらを構造的に組み込んだ地域の教育体制史が描かれることは稀である。

ここでは、高等教育史を府県・国・民間勢力の相互関係史として再構成する。縦割りに探究されてきた個別学校史は、横の連関性をもつ「地域史」として読みかえられる。最近では、吉川卓治が「公立大学」成立過程を扱い、初等・中等教育に偏った地域教育史研究の克服を試みているが[1]、本書は「官立学校」や「私立学校」と「公立学校」とがいかにからみ合いながら地域の高等教育体制が形成されていったかを分析し、地域史としての高等教育史研究の一翼を担うことを目指すものである。

考察する時期は、地方制度の整備や帝国議会の開設が行われる以前の、いわゆる開化期であり、主に一八七〇年代初頭から一八九〇年代初頭までを叙述対象としている。教育史的にいえば、初代文部大臣森有礼《ありのり》の時代に始まる制度改革という画期が、考察の着地点となっている。

国と府県の峻別

本書の第一の特徴は、開化期における各地域の高等教育体制の展開過程を、府県という地域行政主体、文部省という国の行政主体、伝道を志すキリスト教界、という三勢力の交錯のうちに描く点にある。

この基本的視角に関わる問題意識を述べておこう。

歴史学において、「官」「民」といった語句を用いた分析視角の設定は古くから行われてきたが、いわば「民」に対峙する行政、為政者側という意味において、国と府県が「官」とひと括りにされることも多かった。それは教育史の分野とて例外ではない。一例として、近年の荒井明夫の研究を挙げることができる。[2]「「官立」と「府県立」が「私立」に対し優位にたつ、すなわち「官」による「私」の支配が可能となる構図が成立した」との結論的文章にみるごとく、国と府県とがともに「官」とまとめられている。「私」あるいは「民」の動きが、主に小・中学校の設置を目的とした地域民衆の自主的拠出や地元有力者の活動といった次元において捉えられているので、そこに関わる行政側＝府県が「官」と称されることになっている。

とりわけ教育史は、そしてキリスト教史も、いわば「統合と抵抗の歴史」として、上vs下、官vs民といった二者の対抗軸の上に叙述される傾向が強かった分野だといえるだろう。行政による統制や弾圧の事実を否定するつもりはない。だが、往々にして、国と府県がひとくくりに「公権力」と認識されてきたことは、問題視されてよいだろう。キリスト教史の分野における史料解読の次元でいえば、宣教師文書における“government”が国（“central government”）を指しているのか府県（“local government”）を指しているのか、厳密な考定を経ないまま、漠然とした「政府」などという訳語で事足れりとされることも少なくなかった。結果として、府県が国と分別されず、国に従属する存在となってしまい、国と異質の、ないしは対抗的な方策や、裁量の質と範囲、キリスト教勢力との連携の動態が十分に明らかにされずにきた。府県は内務官僚である地方長官の下にあるものの、国の政策を体現する出先機関、あるいは民間の動きに対抗的な存在として一面的に位置づけられるものではない。あるときには独自の裁量をふるい、国となじまない動きをみせる存在でもある。

本書では、国と府県とを峻別し、総じて自由度の高い主体として府県を捉える。外国人や宣教師をめぐる各種法令についても、決定権が国に所在するのか府県にあるのかを意識することが必要であり、その上で、国、府県、キリスト教勢力の関係を分析することが求められる。各府県におけるキリスト教勢力の教育活動の可能性や性格が、それぞれの地方長官の個性や政策の違いに大きく左右されることを明らかにしたい。

ところで、「官」「民」あるいは「公」「私」は、史料用語であるとともに分析概念でもあるため、混乱を招きやすい。特に「公」は、史料用語としての含意が不分明であることに加え、分析概念として用いる折にも、実態をそう表現する場合と、「あるべき公共性」といった意味で使用する場合とが混在し、論者による異同もあいまって、さらに混乱の度は深まる。「官」についても、先に引用した荒井の文章では、史料用語とも分析概念ともとれる「官立」と、分析概念であろう「官」とが混在している。後に述べるように、そもそも「官立」の語句自体、当該期には基本的に規定がなされず、不確定で可変性の高い用語であった。本書ではこれらの語を分析概念として用いることは極力避け、まずは史料用語として、当時どのような意味で使われていったのかを把握することに努めたい。

たしかに史料用語として、府県が「官」と呼称される事例はいくらでもある。しかし、ここでは、国と府県とを別々の教育主体として認識する姿勢を堅持する。そのため、分析概念として「官」を用いる場合は、国とその機関のみを指す。よって、学校に関して「官立」というときは政府直轄を意味し、府県立（公立）は含めない。

キリスト教勢力への着目

二点目に、「上」や「官」と対峙するものとして描かれてきた「民」について考えよう。「民」と称される主体は、論者によって、また同一の論者によってもその都度色々であり、例えば、名望家や財界であったり、地域住民の共同体的・自治的組織であったりする。本書はそれらとは一線を画し、一個の民間団体を取り上げるものである。具体的には、欧化教育に関する能力と意欲を有した組織体であるところの、キリスト教勢力に着目する。

プロテスタント・キリスト教の西洋人宣教師は、開化期の日本に対する伝道の一方策として、その英語力や医学知識、あるいは洋学についての基礎的教養を活用することができた。その能力は、教育制度が定まらず教員確保もままならない日本側にとっては魅力であった。国や各府県は、相手がキリスト教勢力であることを斟酌しながら、それぞれにその能力を利用した。

本書では、伝道の一環として、もっとも積極的に教育活動を繰り広げた来日宣教団であるアメリカン・ボードを分析対象とする。

一八一〇年に誕生したアメリカン・ボード（American Board of Commissioners for Foreign Missions）は、一八七〇年以来、広範かつ組織的に対日布教を進めた宣教団であり、各章で具体的にみるように、日本の官公立学校との関わりも深かった。他教派にも、一八七六年より静岡県病院に雇用されたカナダ・メソジスト教会のマクドナルド（Davidson McDonald）、一八七四年から東京英語学校、一八八七年からは岩手県尋常中学校に勤めた経歴を持つイギリス・バプテスト派のポート（Thomas Pratt Poate）、一八八八年に金沢の第四高等中学校に着任したカナダ・合同教会のマッケンジー（Duncun Joseph McKenzie）など、宣教師が公教育に関与している事例を見出すことができるが、アメリカン・ボードに比べ、個々の宣教師の単独行動という性格が強くなる。アメリカン・ボードは、人事の継続性や合議による方針決定など、組織的に教育活動に関わっており、その点では、改革派や長老派といった有力来日宣教団と比しても、群を抜く存在であったと考えられる。

アメリカン・ボードの対日伝道は、「日本ミッション」（Japan Mission）という組織体の統括の下に行われていたが、日常的な活動の基礎単位は、一人またはそれ以上の宣教師から成る地方伝道本部、「ステーション」（Station）であった(3)。諸都市に置かれたステーションごとに宣教師が配属され、予算が組まれ、人事や活動方針が策定され、年次報告が作成された。各ステーションは、周辺各地への「アウトステーション」（Out Station＝出張伝道地）開設活動を進めていった。アウトステーションとは、宣教師の赴任はないものの、日本人助手を得、恒常的な伝道が可能となった場に対する呼称である。

アメリカン・ボードに着目する本書は、その主たる活動地であった京阪神一円（岡山を含む）をフィールドとする。この地域におけるステーションは、まず一八七〇年に神戸に置かれ、続いて一八七二年に大阪、一八七五年に京都、一八七九年に岡山で開設された。一八七〇年代末の時点で存在したアメリカン・ボードのステーションは、この四ヶ所がすべてである。そしてこの京阪神一円は、文部省が一貫してナンバー2の官立学校設置地と目し、やがて高等中学校の設置を計画、各府県との関わりが生じた地域と重なっている。

本書の構成

では具体的な研究内容について説明していこう。

第Ⅰ部「キリスト教勢力の出現」では、キリスト教勢力が地域社会に新たに登場し、各府県がそれぞれにその力を利用しながら、教育、とくに医学教育の実現を図っていく過程が考察される(4)。

第Ⅰ部の特徴は、「西のヘボン」と呼ばれ、医学伝道の場を求めて各府県を渡り歩いたアメリカン・ボード宣教師、ジョン＝カティング＝ベリー（John Cutting Berry　一八四七〜一九三六）に光を当てた点である。

ベリーは一八九三年に帰国するまで、主に神戸とその周辺、岡山、京都において活動した医療宣教師である(5)。メイン州に生まれ、ジェファーソン医科大学を経て宣教師となり、一八七二年に日本の地を踏んだ。彼の活動時期は、各地において病院や医学校などの近代的医療施設が作り上げられていく時期にあたっており、それがベリーと府県の行政官、地元有力者との結びつきをもたらすこととなった。それぞれの地域は彼が外国人であること、さらにはキリスト教宣教師であることに注意を払いつつ、彼に近づきその力を求めた。ベリーという一人の人間の足跡を追いかけることで、教育をめぐるキリスト教勢力と地域との関係を通時代的に把握することが可能となると考える。なお、本書は教育事業を問題とするものであるが、当初は診療機関と医学教育機関とが未分化であったことから、医学校に先立つ診療所や病院といった組織も考察対象としている。

続いてベリーの活動ともからめながら、同志社の新島襄による医学校構想を扱う。厚い蓄積をもつ新島・同志社研究であるが、従来の考察は、文部行政、地方教育行政との関係を問う視点が薄いまま進められてきた感がある。これに対し、新島の構想を府県教育史という枠組のなかで検討したい。

第Ⅱ部「文部省の学校の登場」では、第Ⅰ部で扱ってきた地域の高等教育状況に、文部省が設置を計画し主導する学校という新奇な存在が投じられ、受容されていく過程が考察される。

第Ⅱ部の特徴は、高等中学校制度を分析対象とする点である。このあらたな制度は、一八八六年四月、森有礼文部大臣の下で発布された諸学校令のひとつ、中学校令によって発足し、文部省は全国に五つの高等中学校を配置するとした。ここでは、ほぼ現在の近畿・中国・四国地方を「設置区域」とする第三高等中学校を素材とする。第三高等中学校本科が設置された京都、医科が設置された岡山を中心に、大阪や兵庫など、京阪神一円各府県の反応実態が分析される。特に高等中学校の設置・維持に関わる経費の問題、高等中学校設置前後の各府県の教育体制に目を向ける。また同志社を素材に、私立学校と高等中学校制度の関係についても検討する。

地域実態の分析に並行して、制度論的な分析を行う。まずは制度構想史の考察であり、高等中学校という新制度の発足を、短期的な文部省の政策としてではなく、地域に発する改革構想の反映として長期スパンで捉える視角を提示している。今ひとつが法に即した考察であり、基本的な教育法における「官立学校」概念の変遷や「准官立」概念の生成と展開、中学校令や諸学校通則の成立事情と特質について、これも通時代的に見通している。

終章は、第Ⅰ部、第Ⅱ部それぞれのまとめでもあり、本書全体を総括する位置にある。県、キリスト教勢力、文部省の三者が、地域の高等教育体制のなかで交錯し、その再構築が試行錯誤された過程を検討する。その上で、開化期における諸現象の帰結としての諸学校令体制についてあらためて論じて全体を閉じる。

なお、第Ⅰ部・第Ⅱ部には、それぞれ「地域史としての宣教史」「地域史としての官立学校史」との副題を付している。本書は、「地域史としての高等教育史」を描くことを目指すものであるが、それはすなわち、従来のキリスト教宣教史および官立学校史を地域史として捉え直す試みであると考えている。

また全体の副題、「交錯する地域と国とキリスト教界」とは、具体的には府県と文部省とアメリカン・ボードや同志社（新島襄）の関係を指すものであるが、それぞれあえて広めの概念を提示することとした。①「地域」としたのは、府県行政には直接関わらない地元有力者（例えば居留民や医師層、財界人など）の存在をも表現したかったことによる。②「国」については、教育あるいは文部省のみの問題としてではなく、公共的事業（諸インフラやイベント）における国の役割、その際の地域や民間勢力との関係という次元で対象を捉え、教育行政分野と他分野とを比較してみたいという思いによる。③「キリスト教界」としたのは、アメリカン・ボード以外の教派の活動にも視野を広げたいがためである。なお、教育をはじめとする社会的事業（医療・福祉等々）への宗教勢力の関与、その折の地方・中央行政との交錯は、キリスト教に限らない現象ではないかという予測もある。②③、特に③に関しては、今回展開できていないが、将来的検討課題として、今後も頭にとどめておきたい。

各章の概要

地域とキリスト教界が、地域と国が、国とキリスト教界が、あるいは三者が協同・妥協・決裂するなかで、高等教育の実現が図られていった時代、それが開化期である。以下、各章の概要を記す。

第一章「神戸における近代医療の揺籃とJ・C・ベリー来港」は、医療宣教師ベリーの来神が、地域医療の展開上どのような意味をもったのかを考察するものである。歴史的前提として、西洋医学の導入を図る兵庫県、高度な医療の実現を求める居留民双方の構想と相互の駆け引きの実態を検討した。そこにやってきた第三の勢力べリーが、中央政府に先がけて地域医療の充実を志す県令の裁量の下、神戸病院（兵庫県病院）の顧問役に収まり、伝道も黙認され、県と良好な関係を築いた様子を明らかにしている。

第二章「医療宣教師ベリーと兵庫・飾磨県の行政・社会」は、神戸を拠点としたベリーの伝道診療所設置活動の実態を、県政との関係から扱うものである。その活動の地域的広がりを明らかにした上で、国による医療政策が地方に及ぶなかでの県の対応を検討し、前章でもみた兵庫県政と「国に忠実な」飾磨県政との差異、および両県統合後の動向を分析した。結果的にベリーは神戸病院を去ることとなるが、医療宣教師にとっては、漢方医や旧宗教という「伝統」より、むしろ国の医療政策という「異なる近代」こそが競合相手であったと結論づけた。

第三章「岡山県における医学・洋学教育体制の形成とアメリカン・ボード」では、岡山県とキリスト教勢力との親和関係、すなわち公立病院および私立池田学校によるベリーらアメリカン・ボード宣教師の雇用という事実を、藩制末期からの医学・洋学教育体制や県下有力者層・県令の動向から分析した。そして、東大卒業生の県医学校への登用と民権運動の展開という一八八〇年代前半の状況下に、岡山県と宣教師との連携が崩壊していくさまを明らかにし、第一章以降を地域比較の視点から包括的に論じている。

第四章「京都府下の医学教育態勢と新島襄の医学校設立構想」は、新島の医学校設立構想を、一八八〇年代初頭における京都府の医学教育政策のなかで捉えたものである。一八八二年の府会は、医学校費全廃、すなわち府医学校廃止を可決するが、その背後には、地元の私立医学校と手を組んだ新島に府医学校を引き継がせようという民権派議員らの判断があった。知事の原案執行によりこの目論見は実現しなかったが、新島の医学校計画は、岡山での経験を経た医療宣教師ベリーの参画も得て、府政とも連携する「京都民立医学社」構想として展開していくことになる。

第五章「大阪官立学校とキリスト教」では、大阪に置かれていた官立学校（第三高等学校の前身校）とキリスト教との親和的関係を指摘し、その背景を考察した。在阪のアメリカン・ボード宣教師や日本人信徒の活動を明らかにし、学内のクリスチャン教師、平信徒の外国人教員、留学体験を有する学校長それぞれの意識や行動を検討、官立中学校への改組がキリスト教との関係変質の画期となったことを指摘した。また、大阪では当該官立学校が地方行政府に代わり、キリスト教伝道進展の環境を準備したと位置づけた。

第六章からは第Ⅱ部に入る。第六・七章は、地域における「官立学校」の成立実態を考える章であり、それぞれ京都・岡山を対象としている。

第六章「第三高等中学校設置問題再考――京都府における「官立学校」の成立」は、中学校令下の高等中学校制度の特質を、文部大臣管轄でありながら、運営費用を地域の側に支弁させる発想の下にあったこと、設置府県に初期費用を支出させたことにあったと考えて議論を進めている。緊縮財政下の兵庫・大阪・京都各府県の教育事情をふまえ、京都府が地方税からの設置費用支弁を決定し、高等中学校設置箇所となる顚末、および各府県の反対により、高等中学校の運営費用を地方税から支弁させるという文部省の初期構想が頓挫していく過程を明らかにした。そして、地域が高等中学校の設置を求めるのは、よくいわれるような地域振興が目的ではなく、管下教育体制再編のためであったことを述べている。

第七章「高等中学校医学部時代の到来――岡山県における「官立学校」の成立」は、高等中学校が専門教育を行う分科を設置できたことから、第三高等中学校の医学部が岡山に開設された事情を検討している。設置区域内各府県における医学教育の実態、岡山藩時代に由来する医学・洋学教育の充実とその展開、中学校令発布前からの県当局・県会・世論の動向を明らかにし、高等中学校成立後の医学教育体制の広域的再編過程を、兵庫・京都・大阪を含めて分析した。次々と地元負担を課す文部行政の手法や経費支弁の観点からみると、高等中学校は当初から「官立学校」だったとは定義できないこと、高等中学校の設置とは、地域による「誘致」ではなく「受入」と称すべき現象であることなどを主張した。

次に、補章「官立学校誘致現象の生成と変容——京都と大阪の教育戦略」を配置した。開化期を考察対象とする本書にあって、一八九〇年代以降をも扱っているため、補章としている。第六・七章の分析をもう少し後の時代まで広げてみたものであり、逆に一八八〇年代の特性も明らかになると考える。一八八〇年代後半から一八九〇年代半ばにかけて、京都・大阪を中心に、①高等中学校、②官立工業学校、③第三高等学校大学予科、④京都帝国大学医科大学、という四度の「官立学校」設置問題が起きたと指摘し、これらを通時代的に俯瞰した。両都市を比較しながら、②段階以降を、帝国議会設置や市制の発足、都市間競争意識の形成、商工業者層・学者層の台頭などを背景とする本格的な「誘致」の始動期と理解した。また、「官立学校」に期待する京都、自主路線を選択する大阪、といった比較を行い、当該テーマの都市史研究上の意義を論じた。

第八章「府県連合学校構想史試論——一八八〇年代における医学教育体制の再編」は、一八八〇年代の高等教育史を、「府県連合学校構想」史として再構成する試みであり、第六・七章の歴史的前提を考えるものである。愛知県医学校長後藤新平や群馬県会から発した「府県連合学校」構想を、全国的な府県医学校の設立・改廃状況、教育分野に限らない府県連合の動きを明らかにしつつ分析した。一八八二年の学事諮問会を通し、この種の構想が文部省によって政策化し、一八八四年の学制改革案を経て一八八六年の中学校令に帰結していくというストーリーを描いた。これにより、高等中学校制度は府県連合学校構想の結実形態であったこと、したがって文部省の一方的政策とはいえないとの見解を示した。

第九章「「官立学校」概念の輪郭——「准官立」問題と同志社」は、第六・七章が実体としての「官立学校」の成立を論じたのに対し、その概念自体を分析するものである。まず、学制・教育令という明治期の教育制度基本法における定義の伸縮過程を追った。一八八三年末の徴兵令改正により、徴兵猶予の資格が官立・府県立学校に限られるが、その審議過程において「准官立」という概念が登場する。「准官立」の語は、府県連合学校構想の制度化過程（第七章）でも使われ、やがて諸学校令が発布されると、中学校令・諸学校通則のなかに理念が埋め込まれる。一方、徴兵猶予適用を求めた新島襄・同志社の請願運動により、「准官立」は私学の問題としても展開していく。運動のなかで、同志社の「准官立」化ないしは諸学校通則を適用した「高等中学校」化の可能性があったことを明らかにし、諸学校令下の私学の位置について考察している。

終章「諸学校令下の高等教育体制再編――東華学校（＝半県半民・同志社分校）の射程」では、京阪神に展開したアメリカン・ボードの飛び地・仙台を対象とした事例研究を行う。一八八六年に宮城英学校として仮開校した東華学校は、地域の進学予備教育の充実を図る地元の有力者と、東北伝道の拡大を狙う新島襄やアメリカン・ボードの思惑が合致したところに設立された。県知事や県吏層、地元財界が運営組織を結成する一方、新島が校長、宣教師が教師を務め、キリスト教教育が容認される私立学校であり、「同志社分校」とも称された。加えて同時期に、第二高等中学校が仙台に設置され、県は自前の中学校を廃止し、東華学校はその代替的な役割を果たす。組織的なキリスト教勢力と新奇な官立学校とが同時に入り込んだこの地において、県立中学校・高等中学校・東華学校が三つ巴となって切り結んだ関係を追った。最後に、「半官半民」と性格規定されてきた東華学校であるが、それは特殊な事例ではなく、諸学校通則適用による「府県管理学校」として全国的にみられた現象の一角であったこと、諸学校令公布により活性化した私学地域教育の一例でもあったことを述べ、森文政期の特質をよく示す存在と位置づけている。

府県とキリスト教勢力

各章は基本的に時代順・議論の流れの順に並んでいるが、その結果、分析の対象とする地域や主題については入り乱れた構成となっている。適宜いくつかの章を拾い上げれば、例えば各府県の教育史（例えば京都なら第四・六章、岡山なら第三・七章）、あるいは近代医学史（第一〜四章、第七・八章）などと捉えることもできる。ここでは前もって、本書を貫く主要な流れである「教育事業を通じた府県とキリスト教勢力の関係史」（第一〜四章、終章）について、以下の四段階に整理して示しておく。

①府県医学教育機関への個別宜教師登用（第一・二章）

一八七〇年代前半に、兵庫県病院にベリーが登用される。無給の顧問的存在であり、非雇用形態をとる。国による医療制度の整備以前から、地域医療の近代化に独自に取り組み、キリスト教勢力に親和的・宥和的に向き合う地方長官（神田孝平）の下に実現した。

②府県医学教育機関への個別宣教師雇用（第三章）

一八七〇年代末に、岡山県病院（のち医学校）にベリーが雇用される。契約締結、有給形態をとる。キリスト教勢力に対し、兵庫県の神田以上に好意的ともいえる地方長官（高崎五六）の下に実現した。また、県吏でもあった地域有力者の協力が特筆される。その関係は、一八八〇年代前半における東大医学部系人脈の地方への普及、民権運動に没頭しはじめた地域有力者のキリスト教に対する関心の低下をもって崩壊していく。

③府県医学教育機関のミッションスクールへの委譲（第四章）

一八八〇年代前半において、同志社への引き継ぎを暗黙の了解として、京都府医学校費全廃が府会で決議される。松方デフレの時代、全国的な府県教育費削減傾向の下に起きた出来事であり、民権派府会議員の主導の下に行われた。ただし地方長官（北垣国道）の原案執行措置による府医学校維持により、引き継ぎは実現しなかった。

④府県とミッションスクールの協同による私立教育機関設置（終章）

一八八〇年代後半に、仙台で東華学校が設立される。地元有力者が設立した私立の教育機関において、宣教師が洋学分野の教員を務めたという点では、②段階の岡山県下池田学校に似た形態である（第三章）。宣教師の給与が県の側から出ておらず、県の間接性が保持されている点は、ベリーを単に顧問として登用した①段階における神戸病院のケースの延長上にあるといえるだろう（第一・二章）。一方で、地方長官（松平正直）や県吏層を運営体制に組み込んでいる点や同志社・新島襄の主導力は、③段階に対応する「京都民立医学社」構想の流れを汲む（第四章）。こうした意味で、第四段階・東華学校は、まさに府県とキリスト教勢力との関係史の集大成的な性格をもっていたといえる。

諸学校令体制の評価

各章で分析した事態は、森有礼文相下の新しい教育体制＝諸学校令体制へと実を結んでいく。そのため、第Ⅱ部では、諸学校令や森文政期の評価に関わる考察を行い、いわゆる教育史の分野に属する先行研究についても、個々の問題に即し、各章内にて検討・批判している。

詳しくは各章の叙述に譲るが、あらかじめ諸学校令体制に対する筆者の理解を簡潔にまとめておく。

国や府県の財政難への対応、徴兵令や医学校通則などを通じた学校の規格水準の維持といった課題の下に発布された森文政下の諸学校令は、帝国大学・師範学校・小学校・中学校と、教育内容・程度に基づく校種別の法令編成をとり、それまでのような包括的法令であることを放棄したことを特徴とする。

このうち中学校令・諸学校通則によって示される新設の高等中学校制度は、「中学校」「専門学校」、あるいは「官立」「公立」「私立」の境界を緩める制度であった（「准官立」概念の生成と展開は、その証左だといえよう）。男子高等普通教育に加え医学などの専門教育も行うことができるとともに、文部省管轄でありながら、府県や民間勢力が経費を負担することが可能な制度であった。このように「境界を緩める」ことで、地域の教育体制にカンフル剤を打ち、そこに生じるエネルギーの量と方向を見定めようとしたのである。設置場所も経費支弁の具体的方法も未決定という漠然とした法令を発布し、そこで生じる様々な動きを様子見し、地域における教育へのエネルギーを喚起して、地域高等教育体制を再編する第一歩としようとしたのである。「絵に描いた餅」であった一八七二年の学制章程発布から約十五年、地域の可能性を捉えながらの制度づくりが企図されたのであり、流動的で融通のきく政策であった(6)。

諸学校令中の中学校令・諸学校通則の意義は、森の個性もあずかって、教育体制を「流動化した(活性化しょうとした)」ことにあると位置づけられる。本書ではこのように、従来、近代教育制度を「確立した」とイメージされる森文政とは異なる像を提示している(7)。

焦点を当てた高等中学校制度に関していえば、①「境界を緩める」制度であったこと、に加え、②地域に発する府県連合学校構想の帰結としての制度であり、当初から「官立学校」であったとは定義できないこと、③府県側の「誘致」ではなく文部省の打診を受けた「受入」とでも表現すべき設置実態であったこと、④そこに経済効果や都市開発の狙いはなく、府県はあくまで教育行財政上の問題としてこれを捉えたこと、の四点を論証したとまとめられる。②以下については前述した第七・八章と補章の概要でも触れたが、これらを通じ、高等中学校制度を一八八〇年代を通した問題として、あるいは一八九〇年代以降とは異なる八〇年代段階固有の問題として捉えるべきことを示したつもりである。

史料について

本書で用いられる史料は、主にアメリカン・ボード宣教師文書、新島襄・同志社関連史料、学校の公文書、府県行政文書や府県会議事録、雑誌・新聞記事である。研究史回顧・凡例的説明も兼ねながら、最後にこれらに関して述べておこう。

アメリカン・ボード宣教師文書は、ベリーをはじめとする諸宣教師が、ボストンの本部に宛てた活動報告用の書簡・書類である。原史料はハーバード大学に所蔵されるが、今回はこれを複製した同志社大学人文科学研究所所蔵のマイクロフィルム「アメリカン・ボード宣教師文書」を主に利用した。行論にあたり、この宣教師文書の参照が必要な場合には、別途注を付けることをせず、本文中に、執筆者・発信年月日の順で注記した。同史料群に含まれる宣教師らの日記やステーションごとの報告書（"Station Report"＝以下SRと略）も同様の注記法とした。書簡の宛先が記されていない場合は、すべてボード本部のクラーク（Nathaniel George Clark）宛であり、クラーク以外に宛てられた書簡には、受取人も併記した。なお、同志社大学人文科学研究所のマイクロフィルムはアメリカン・ボード宣教師文書のすべてを複製しているわけではなく、ここに目的の史料が含まれない場合は、同志社大学図書館所蔵のマイクロフィルム "Papers of the American Board of Commissioners for Foreign Missions" を使用し、その旨を注に示した。なお、宣教師に限らず、本文中に登場する外国人名については、各章初出時に原語を併記し、以後は原則、カタカナの姓のみで記した。カタカナ表記に関しては、もっとも一般的だと思われる呼称を使用した。

新島襄・同志社に関する研究史は厚く、『同志社百年史』資料編（一九七九年）、そして何よりも『新島襄全集』（同朋舎出版、一九八三～一九九六年）によって、大半の関連史料が翻刻されている。加えて同志社社史資料センターのホームページ上に画像公開されている「新島遺品庫」は、未公刊史料も含むいわば宝の山であり、ここでも十分その恩恵に預かった。同志社による『新島襄全集』や「新島遺品庫」といった自校史への取り組みは、高い価値をもつ業績である。

官立学校の公文書としては、「第三高等学校関係資料」(京都大学大学文書館所蔵)という膨大な資料群があり、各章でもこれを活用している。現在「第三高等学校関係資料」と名づけられてはいるが、大阪に所在した前身校時代からの公的簿冊がほぼもれなく残っており、その史料的価値は広く知られてきた。この資料群の整理は、第三高等学校(三高)同窓組織の援助の下に、三高の後身にあたる京都大学旧教養部の教員らが組織した神陵史資料研究会が地道に手がけたところであった(8)。神陵とは校地に接する吉田山のことであり、三高校歌にも登場する学校のシンボルである。かつて三高はこの資料群を、校史への愛情を込めて「神陵史資料」と呼んだ。現在各簿冊には、「三高—〇」という通し番号が新たに付されているが、神陵史資料研究会が以前に付した六桁の番号は、上二桁が作成年を示すという点でユニークかつ便利な方法であったと思うし、先行研究も長くこの番号を愛用してきたので、本書でもこちらを併記することにする。

冒頭に、校史編纂事業に対する批判めいたことを述べはしたが、同志社や三高の校史に対する関係者の思いと取り組みには敬意を払いたい。

次に府県関連史料について。本書の特徴のひとつは、府県会議事録の活用にあるが、毎年重ねられる教育費論議を読むなかで、府県下教育とは、府県立学校のみではなく、地域に存在する私立学校や官立学校を含めて総体的に構想されているのだという基本的な見方が養われた。また、府県会自体が発足したばかりであり、その権限や議事の進め方などをめぐる認識のすれ違いが、教育費をめぐる議論に混入し、余計に事態は紛糾する。混沌とした開化期という時代イメージは、府県会議事録を繙くことで作られたといっても過言ではない。本文中、議事録は原則的に原文のまま引用したが、読みやすさを考え、適宜句読点を付した。議事録に限らず、引用史料中の

〔 〕内の記述はすべて著者注である。

今回の研究は地方紙の利用なくして成り立ち得なかった。各府県会の議事録は、すべて現存しているわけではなく、岡山のように、新聞記事を通じてしかその模様がわからない場合もある。文部省公文書の乏しい残存状況の下、その政策動向を推察し、世論の受け止め方、時には根も葉もないような風評を知る上でも、地方紙は不可欠であった。主に用いたのは、『大阪日報』（前身『日本立憲政党新聞』、後身『大阪毎日新聞』）『大阪朝日新聞』『日出新聞』『神戸又新日報』『山陽新報』『奥羽日日新聞』であるが、注記する際には、紙名・日付の順で記した。各種雑誌の注記のしかたも同様である。本文の年月日表示は基本的に西暦による（明治五年以前については、和暦を優先させた場合もある）が、居留地・キリスト教系以外の新聞・雑誌記事の発行年は、和暦で注記した。

新聞・雑誌記事の収集にあたって、関連研究もしばしば用いる邦字新聞、あるいは教育雑誌を検索するだけでは不十分だと感じるようになった。そこで、神戸居留地発行の新聞 "The Hiogo News", "The Hiogo & Osaka Herald" あるいは『東京医事新誌』『中外医事新報』といった医学系の雑誌に目を通すことにした。特に第一章は、居留地新聞との出会いなくしては構想できなかったし、第八章は医学雑誌通覧の成果でもある。

開化期は混乱の時代である。であるからこそ、そこには様々な可能性が満ち溢れていた。官立学校・公立学校・私立学校は概念的にも実態としても未分化であったし、多様な協同の形態が存在した。一八八〇年代後半の教育政策・制度とは、地域におけるその可能性をさらに発揮させてみる機能を有したものであったと理解している。

本書は、地域という視点から高等教育体制の形成過程を考えるものではあるが、一八八〇年代末までに何らかの固定的構造が出来上がったとは考えていない。題名に使用した「黎明」の語には、制度的にもいまだ模索状態であり、本格的「体制」と呼べるようなものが出来上がる以前の、しかしその形成への志向が芽生えていた時期というニュアンスを込めている。

（1）吉川卓治『公立大学の誕生　近代日本の大学と地域』（名古屋大学出版会、二〇一〇年）。

（2）荒井明夫『明治国家と地域教育　府県管理中学校の研究』（吉川弘文館、二〇一一年）。引用は同書第一部第一章三の3「森文政期の教育政策の展開における「公」「私」「官」「民」の構造化」による。

（3）アメリカン・ボード日本伝道の概要については、吉田亮「総合化するアメリカン・ボードの伝道事業」、茂義樹「アメリカン・ボードの日本伝道と教会の形成」（同志社大学人文科学研究所編『来日アメリカ宣教師　アメリカン・ボード宣教師文書の研究、一八六九～一八九〇』、現代史料出版、一九九九年）を、ステーションの性格については、吉田亮「序——神戸・大阪・京都ステーションの形成」（同志社大学人文科学研究所編『アメリカン・ボード宣教師　神戸・大阪・京都ステーションを中心に、一八六九～一八九〇年』、教文館、二〇〇四年）を参照。アメリカン・ボードの総合的・本格的研究は、上記両書の共同研究に始まる。

（4）ただし本書でいう「洋学教育」とは、女子教育を含めないものとする。キリスト教勢力と府県の関係を、女子教育という観点から構造的に理解することの必要はよく承知しているが、本研究では必要に応じた事実の注記のみにとどめ、考察は後日の課題としたい。

（5）医療伝道を行う宣教師については、「医療宣教師」以外に「宣教医」との用語があり、初出時の拙稿を含め、多くの研究者によって使用されてきた。「医療も行う宣教師」なのか、「宣教も行う医師」なのかと問うた場合、宣教団に所属し、宣教をこそ本業と心得ていた（心得ねばならなかった）点において、前者の方が実態をよく表すと考え、本書では「医療宣教師」の語に統一した。

（6）小宮山道夫は、高等中学校制度を、設計の粗雑やゆえに府県の側の理解や協力体制を得ることが難しかったと論じている（「東北地域における第二高等中学校の受容——高等中学校委員会における維持経費議論の実態から」『東北大学史料館紀要』第四号、二〇〇九年）。しかし本書では、小宮山が「粗雑」と捉えるその特徴を、あいまいであるがゆえに様々な解釈・対応が可能であり（誤解が生じることも含め）、府県をはじめとする地域の多様なエネルギーを引き出しうる弾力性をはらんだ制度であったと認識している。

（7）　内閣制度とともに発足し、諸学校令を発布した森文政は、近代教育「確立期」の始期として位置づけられてきた。古典的な概説書でいうならば、文部省の手に成る『明治以降教育制度発達史』（一九三九年）は第四章「明治十九年諸学校令整頓より明治二十七八年日清戦役に至るまで」として、同じく『学制百年史』（一九七二年）は第二章「近代教育制度の確立と整備」として、その叙述を森文政から始める。国立教育研究所編『日本近代教育百年史』（一九七四年）も、森文政の発足をもって、それまでの「模索期」に代わる「確立期」の開始と時期区分する。同時に、帝国大学令（「国家ノ須要ニ応スル」）発布や兵式体操導入に言及し、森の「国家（国体）主義」的教育観を指摘することが定番となってきた。この区分法は今なお日本教育史学界に支配的であるが、それに異を唱えたのが佐藤秀夫である。佐藤は、森暗殺後の一八九〇年代こそが近代日本教育史の画期であり、森文政期は「教育史における明治維新の終結期」であったと位置づける（「森有礼の教育政策　再考」、佐藤『教育の文化史』１・学校の構造、阿吽社、二〇〇四年、初出一九八一年）。佐藤のいう「明治維新」期が、本研究が考察対象とする開化期（一八七〇年代から一八八〇年代末）のことであるならば、森以前からの連続性や森文政の可能性重視という点において、共感を覚えるものである。だが、森の暗殺により何かが「終結」したのかどうか、そこに画期が認められるかどうかは、一八九〇年代以降の政策・実態分析をしなくては判断が難しい。佐藤の見解に対する評価は本書の射程を超え、ひとまず保留するしかない。ただ、特に同志社のような私立学校に関わる第九・終章の分析を通じ、森文政期の特質は、彼の際立つ個性によりかたちづくられていた面も強いと感じている。彼の言動は、文部省内で合意された方針の反映というよりも、個人的（一種無責任でもある）な色彩がかなり認められるものであるが、文相という立場からのそれであるために、現実に働きかける力も有していた。こうした点から、彼の死によって、文部政策に何がしかの変質がもたらされたことは事実だろうと捉えている。

（8）　その達成点が、京都大学創設以前の第三高等学校前身校史に関わる史料を翻刻・校注した神陵史資料研究会編『史料神陵史』（三高同窓会、一九九四年）であり、広く利用されている。

第I部

キリスト教勢力の出現

地域史としての宣教史

KOBE

I

Dawn of a New Day

THE city of Kobe is built on gentle slopes overlooking the harbor, which makes into a bay of Japan's incomparably lovely Inland Sea. Craggy little islands resembling green buoys dot its surface as all manner of seagoing craft travelling east and west, weave their way in and out of this charming water highway. Foreign buildings mingling with native dwellings now terrace the city's hillsides. From here indeed can the present Emperor Hirohito view to advantage the naval maneuvers of his very modern fleet and reflect on the rapid change which has taken place in Japan's shipbuilding since her junks first beheld those vessels of Commodore Perry's

中扉図版：Katherine Fiske Berry, *A Pioneer Doctor in Old Japan; The Story of John C. Berry*, Fleming H. Revell Company, 1940, p.31.

第一章　神戸における近代医療の揺籃とJ・C・ベリー来港

はじめに

本章は、一八七二年（明治五）に来日したアメリカン・ボード宣教師J・C・ベリー（John Cutting Berry）と、彼の最初の赴任地であった神戸に焦点を当て、医療宣教師と地域との関係を考えようとするものである。

ベリーに関する研究は、まずは *A Pioneer Doctor in Old Japan; The Story of John C. Berry*（Fleming H. Revell Company, 以下 *"Pioneer"* と略）と『日本に於けるベリー翁』（東京保護会、以下『ベリー翁』と略）とを基礎文献として始まった。

前者は、ベリーの娘キャサリン（Catherine Fiske Berry）が一九四〇年（昭和十五）に刊行した伝記である。キャサリンが生前の父から聞かされた話を、父の遺した貴重な英文史料で補完しながら叙述している。しかしベリーを受け入れた日本側の政策や行政機構への関心というよりも、異文化としての社会風習に対するベリーおよびキャサリンの好奇心が強く感じられる書物であり、ベリーを通した一種の日本文化紹介書という性格が強い。

後者は大久保利武がベリー存命中の一九二九年にまとめたもので、略伝とベリー本人から寄せられた自叙伝（和訳）のほか、和文の書簡・書類、日本人関係者の回想から構成されている。こちらはベリーの側の一次史料には乏しいが、日本側の対応を知る上では有益である。しかし、多くが伝記や回想といった二次史料であり、慎重な利用が必要である。

研究史上、画期となったのは、長門谷洋治の研究であった。医療宣教師研究の先駆者である氏は、坂本鈴子とともに一次史料であるベリーの英文書簡の解読に取り組み、その足跡を紹介してきた[1]。その後、長門谷らの書簡解読成果が利用されることで、神戸時代のベリーに関する研究の進展にもつながった[2]。

だが、従来の研究は、長門谷の解読成果に負うあまり、その誤りの修正や未解読書簡の利用がなされないまま進められている。また、『ベリー翁』所収の伝記・回想録類が、史料批判を経ずに用いられている点で、実証面での心もとなさを抱える。一方、視角上の問題として、ベリーの功績の描出に重点が置かれるため、その挫折過程への考察が弱い傾向がある。そして、受け入れ側である日本の事情についての理解と日本近代史上におけるベリーの活動の位置づけが、総じて不十分であるといえる。以上の点から、ベリーについて多くの「言及」はあるが、「研究」の余地は大きく残されていると考えられる。

本章では、まず第一節、第二節で、ベリー来神以前の神戸での医療をめぐる動きを把握し、その上で第三節において、ベリーの活動と県政の対応を検討する。ここでは、アメリカン・ボード宣教師文書中のベリー関係書簡・書類のほか、ベリーを受け入れた神戸の側の状況を語る公文書や居留地で発行されていた英字新聞を用い、実態の把握とその歴史的意味の考察に努めたい。

一　兵庫県病院——地方行政府と医療

(1) 兵庫県病院の設立

日米修好通商条約により兵庫が開港するのは一八六八年一月一日のことであった。同年五月十九日、神戸外国事務局に病院御用掛が設置され、森信一（龍玄）が任命された[3]。神戸に病院をつくる構想はここに始まったといえる。備中出身で、長崎養生所に遊学し蘭医ボードイン（Anthonius Franciscus Bauduin）に学んだ経験を有していた森は[4]、病院は人命を助け人を殖やし貧民を救う道であり、国家の欠くべからざる要務であると訴え、摂津・播磨地域一円の有志者から醵金を集めていった。村単位に個人から少額ずつを集める方法を中心に、合計して八千両近くが集まった。なかには阪神間に赴任する官僚、三井などの大商人の名前もみられ、多額を拠出している。

一方、一八六八年八月二日の太政官達において、外国事務は開港地の各地方官に兼摂させることとなり、七月十二日より外国官判事・兵庫県知事に就任した伊藤博文が、県政上の問題として病院建設を実現していくこととなった。そして一八六九年五月三十一日、宇治野村（現下山手通二丁目）に得た献納地にて、兵庫県病院の開院式が行われた[5]。

実地の医療に関しては、伊藤のはからいでアメリカ人医師ヴェダー（A. M. Vedder）が雇い入れられた。彼はアメリカ東インド艦隊の軍医として来日し、退職後は横浜居留地で診療所を開業していた[6]。その後ジョセフ・ヒコの紹介により長州で藩雇となり、やがて新政府に出仕して神戸に赴任してきた。神戸ではアメリカ領事代理も務めている。

創設期の病院について注目すべき点は、開設から約二週間後の一八六九年六月十二日付で、外国人向け新聞紙上に、"Kobe General Hospital" の診療広告が出されていることである。居留民に対し、希望者は領事の書付を提示すれば入院できることが報じられている。文責は医事監督（"Medical Director"）であるヴェダーであり、県知事すなわち伊藤博文の命によることが記されている[7]。これにより、"Kobe General Hospital" とは兵庫県病院のことを指しており、伊藤がこの病院を、日本人のみならず外国人も受け入れる施設として発足させたと推定できる。神戸では、外国人が居住する居留地の面積が圧倒的に不足していたため、周囲には広範な雑居地が設定されていたが、病院の置かれた宇治野村はこの雑居地の範囲内にあった。地域の日本人・西洋人双方への医療を実施する機関として、地方行政府の設置による兵庫県病院が誕生したのである。

（2）外国人の解雇と官立機関への依存

ヴェダーはまもなく病気にかかって勤務が滞り、自らアメリカ人医師ハルリスに代理を頼んだ。ハルリスとは、後に工部省鉄道寮の"Medical Attendant"として神戸に在住したハリス（J. Harris）のことであろうが[8]、彼の勤務もやがて途切れてしまった。彼らが精力的に勤務しなかったのは、医療環境の整わない日本人向け病院に労力を費やすことのメリットを見出せなかったことも理由であったかもしれない。前年の一八六九年八月二十四日から兵庫県権知事を務めていた税所篤は、この代理派遣を契約違反とみなし、ヴェダーを解雇しようとした。だがヴェダーは契約解消に応じず、兵庫県は事態の処理を外務省に求めた。結果、外務省とアメリカ公使との折衝により、六二五〇ドルという高額の給料の半分を支払ってヴェダーは解雇となり、事態の収拾をみた。

外国人医師とのトラブルを経て、兵庫県は弁官に日本人医員の早急な派遣を訴えた。一八七〇年五月、当分大阪医学校から医師を出張させることが太政官から通達され、大助教篠原直路が派遣されることとなった。

大阪府では一八六八年一月二十六日以来、医学修業の場として仮病院が開設されていた[9]。明治二年（一八六九）八月になるとこれが大阪府医学校病院として正式発足した。同年一月からは、翌年三月までの契約でボードインが着任し、彼の後にはエルメリンス（Christian Jacob Ermerins）が赴任、一八七二年十一月八日に学校が廃校されるまで、オランダ語による高レベルの医学教授を行った。大阪医学校は当初大阪府の管轄であったが、経費や運営は中央の大学東校が担っており、実態は国の医学校であった。実際、明治三年（一八七〇）二月には直接大学の管轄下に置かれている。こうした来歴、および兵庫県病院への篠原の派遣からわかることは、この段階での大阪医学校が、西日本における医療の中心となるハイレベルの官立機関であり、周辺地域である神戸に対する人材供給源となっていたということである。

篠原の登用とは、地域の外国人による指導が頓挫してしまったところで、病院維持に協力的ではない彼らではなく、官の主導による大阪医学校で育成された日本人医師に人材を求めるという方針転換が行われたことだと位置づけられよう。兵庫県病院総轄に任じられていた森信一も、大阪医学校が大学の直轄となったことを受けるかたちで、一八七〇年七月二十日からは大学官員となる。

以上の経緯にみられるように、一八七〇年代初めの兵庫県病院は、官立大阪医学校に依存した機関となっていたのである。

二　国際病院――居留民と医療

(1) 神戸居留地と病院設置構想

一方、神戸における医療の状況を考える上で見落とすことはできないのが、居留地の動きである。

同時代の外国人は、横浜や長崎に比したとき、神戸と大阪は自治が成功している居留地だと評したといわれている。(10) 神戸居留地は、一八六八年八月七日に取り決められた大阪兵庫外国人居留地約定書の規定に基づき運営されていた。日本側官僚（知事、後に県令）と各国領事と互選による居留民の代表三名によって居留地会議（"Municipal Council"）が結成され、最高意思決定機関となり、居留地資金をもとに自治的な行政を行っていた。道路・下水・街灯・取締などは自治行政の範囲であり、居留地会議の下部組織として土木・警察・財務・墓地といった委員会が設置され、行事局が決定事項を執行した。知事（県令）は居留地会議に参加はするが行政上の関与はしなかった。

開港当初から医師が来航し個人診療を行ってはいたが、外国人の間では神戸の衛生状態が大問題となっており、天然痘やコレラなど疫病の蔓延が警戒された[11]。一八六九年になると、寄附による病院設置の実現を訴える声が上がるようになった[12]。こうしたなかで、先にみたように、同年四月に誕生した兵庫県病院が外国人も受け入れたことにより、彼らに対する医療は保障される体制となった。当初は、日本側の施政と醵金に負うかたちで医療が実現したことへの喜びもみられる[13]。しかし一年余りを経た一八七〇年五月の新聞は、この病院が満足な医療を実施できておらず、悲惨なレベルにあり、外国人患者は逃げ出してしまったとレポートし、アメリカ人医師（すなわちヴェダーかハリス）が実権を持つことができていない現況では改善も難しいと断じている[14]。伝染病シーズンである夏を前に、自前の病院をもつ必要があるという論調が高まった。

同年七月二十三日になって、病院基金の寄附者総会（"Meeting of the Subscribers to the Hiogo Hospital Fund"）が開催された[15]。居留地会議は賛意を示す居留民のリストを提示し、寄附金が集まったことを述べて病院建設の必要を動議した。イギリス領事ガワー（A. J. Gower）が、新しい土地の借用もしくは購入が認められるかを県側に尋ねたところ、返事が積極的でなかったことを報告した。そこで日本人病院すなわち兵庫県病院を共同利用する体制を考えるか、それとも何とかして土地を得て病院を新設するか、各国領事とドイツ人医師ショッケル＝フンニンク（J. A. C. Shokkel Hunnink）による委員会を設置して検討を加えることになった。病院建設にあたっては、居留地の通常の財源を使うのではなく寄附による基金を設置し、それを運用するという醵金方式が採られている。基金を増やすため、チャリティー演芸会も開催された[16]。医療といういわば地域住民全体の福利に関わる分野において、財源が寄附金に求められていることは、日本側の兵庫県病院と同じ考え方に基づいているといえるだろう。

（2）国際病院の設立

それから半年余りが過ぎた一八七一年二月二十一日の寄附者総会で、神戸の外国人のための新しい病院の発足が決定した[17]。委員会は当初、居留地側が一割を負担することで日本側との共同施設を建設することを兵庫県に提起していたが、県の反応は鈍く、業を煮やした委員会は単独での病院創設を決めたのである。三名の居留民から権利譲渡の申し出のあった地所のうち、居留地に面した雑居地内にある生田神社前の地所が選ばれて、病院として使われることとなった。名称は兵庫国際病院（"International Hospital of Hiogo"）と決まり、二十条からなる規則が取り決められた[18]。二十五ドル以上を寄附した者のうちから選ばれた七人の理事が運営にあたることとなり、実質的な医療に関しては寄附者によって選ばれた医事監督（"Medical Director"）が責任をもつという体制であった[19]。

発足にあたって問題となったのは、この病院が日本人を受け入れるかどうかということであった。受け入れを容認するイギリス領事ガワーと拒否するオランダ領事代理のコルタルス（C. V. Korthals）が対立した。後者の言い分は、国際病院は日本人医療が目的なのではなく、外国人の医療に目的を特化した機関だということであった。日本側の消極性のために協同が成功しなかった経緯や圧倒的な医療レベルの差を考えてのことであろう。しかし前者は、居留地として未発達の神戸において経営基盤を確立することは容易でないことが想像されるなかで、日本人にも患者の受け入れ範囲を広げて収入を増やすことを訴えていた。結果、症状の重い患者の場合のみ日本人や中国人も受け入れることになった[20]。

続いて三月九日の寄附者総会において医事監督の選出が行われた。候補者は前出のハリス、ショッケル＝フンニンク、そしてクレイ（Clay）の三者である。この三名が当時神戸に在住する外国人医師すべてであり、結果、ショッケル＝フンニンクが全投票数七十一票のうち四十七票を獲得して医事監督に選ばれた[21]。こうして一八七一年六月一日に国際病院が創業したのである。[22]

発足した国際病院が抱えた問題は二つあった。一つは天然痘病舎の問題であり、もう一つは財政難であった。そしていずれについても兵庫県との関係が問題となった。

日本側から入手した場所に天然痘病舎が設置されることとなったが、建物が倒壊したため、一八七一年五月二十三日の理事会では、代わりの建物を立てるよう日本側に要求することが決議されている。[23] 前年の十一月三十日から、中山信彬が権知事に就任し県政を統括していたが、中山は代替地を提供すると約束した。[24] しかし約束の履行は延期を重ね、四ヶ月後にようやく提示された場所は居留地から遠すぎて使い物にならず、結局は居留民から権利譲渡の申し出があった場所を利用することとなった。[25] 中山は病院隣接地の汚穢物の処理にも手をこまねくなど、居留地側の衛生問題に協力的ではなかった。[26]

この問題に限らず、中山は居留民から不興を買っていたようである。岩倉使節団随行のために離任した際には、「読者の多くが喜ぶであろう」「前任地長崎同様に居留外国人との問題をうまく処理できなかった」などの悪評が新聞に掲載されている。[27] 代わって一八七一年十二月三十一日からは神田孝平が兵庫県令に就任した。神田と面会した病院理事は、心意気のある人物だとの好印象を彼から得ていたが、その期待通りであり、居留民が提供を申し出た天然痘病院用の地所に神田は県費を投じた。[28]

一方、病院の財政上の困難は、居留地会議の方においても問題視された。病人の内訳をみると、神戸に来航した船舶の乗組員や雑居地在住外国人が主であり、居留地内住民からの診療収入はゼロであった。発足時に受け入れをめぐってもめたにもかかわらず、日本人の来患もなかったようである。こうした状況に鑑み、一八七二年三月九日の月例居留地会議においては閉鎖を訴える声も上がるなか、再び兵庫県病院の一部を借り、外国人医師による外国人治療を続けることが提案され、兵庫県に打診することが決まった。[29] だが検討を快諾した神田県令からは、外国人受け入れの余裕がないという理由から不可との回答があり、居留地会議が神田県令に打診したことを病院理事会が勝手な越権行為であると非難したことも重なって、これは現実化しなかった[30]。

開院から一年を経た一八七二年六月十四日の寄附者総会において、寄附が増えて経営状態が徐々に安定しつつあり、次年度の開院が可能となったと報告されている[31]。だが医事監督のショッケル＝フンニンクが辞職を表明し、今度は後任の人選が問題となった。ハリスもクレイも新来のソーニクラフト（Thomas Charles Thornicraft）も就任を辞退するなかで、後任探しは急務となっていた[32]。

以上がベリー来神直前の国際病院の状況であり、財政基盤確立の問題を経て人材確保に苦慮している状態であったと把握できる。

三　ベリーの医療伝道活動

（1）国際病院とベリー

アメリカン・ボード宣教師ベリーが横浜を経て神戸に到着したのは、一八七二年五月末のことであった。彼はそのまま神戸に落ち着くことなく、先着の宣教師グリーン（Daniel Crosby Greene）、ギュリック（Orramel Hinckley Gulick）、デイヴィス（Jerome Dean Davis）らとともに、博覧会の開催により外国人の滞在が許されていた京都を訪れた。地元の医師たちは、彼の医学知識はもちろんのこと、アメリカ社会そしてキリスト教にまでも関心を寄せ、府知事長谷信篤も面会の場を設けた。彼らはベリーの医学的アドバイスへの感謝を惜しまず、京都に外国人が居住できないことを残念がった[33]（Berry 1872. 6. 17）。こうした京都での歓待ぶりが、日本伝道における医療の有効性をベリーに認識させることになったと思われる。

かたやこのとき神戸では、先に述べたように、居留民の国際病院が医事監督の後任を探していた。そこで浮上したのが、アメリカン・ボード神戸ステーションの一員として定住したばかりのベリーであった。彼は七月には国際病院の医事監督を引き受けた（Berry 1872. 7. 19）。ベリーの神戸での医療活動は、雑居地の生田神社前で日本人対象の個人診療所を営むと同時に、この西洋人対象の病院と関わり合いながら始まったのであった。

ベリーの国際病院医事監督就任にあたっては、アメリカ商人フォーブス（A. S. Fobes）の果たした役割が大きい。

フォーブスはベリーと同じアメリカ・メイン州のポートランド出身であり、長崎で商売をした後、上海に本社を置き長崎・神戸・大阪に支店をもつ中日貿易商会（"China & Japan Trading Co."）の神戸支店長となって来神した[34]（Berry 1872. 11. 9）。この会社は草創期の居留地において必要な資材や日用雑貨を取り扱って商売をしていた。一八六九年八月三日に彼の神戸着任広告があるが[35]、翌一八七〇年五月には、居留地に発足していた神戸フリーメイソン団の会長代理に選出されている。アメリカン・ボードのグリーンが神戸で外国人相手にプロテスタントの日曜礼拝をはじめたのはちょうどその頃であったが、建物を礼拝用に提供したのがフリーメイソンであった。さらにフォーブスは、一八七一年四月十九日に居留地の外国人を対象とした教会（翌年十一月二十三日完成のユニオンチャーチ）の建築計画が討議された折、アメリカ人代表として会同建築委員にも就任している[36]。つまり彼は、宣教師の活動に協力的な外国商人であったわけである。ベリーは、彼の会社を通じて海外から必要な薬を入手していたし[37]、彼が帰国する折には、本国のミッション本部に紹介状を書き送っている（Berry 1876. 4. 15）。ベリーを含めた神戸在住のアメリカン・ボード宣教師の活動を支援し、親交を続けた外国人がフォーブスであった。

フォーブスは一八七一年十二月十二日の国際病院特別理事会から、急逝した理事に代わって理事となった[38]。その後理事会議長となり、実際ベリーとの交渉に当たったのは彼だったようだ。

ベリーの本来の仕事は対日本人医療伝道であるから、国際病院医事監督への就任もそれに利するものでなくてはならなかった。彼は就任にあたって、その施設を日本人患者収容のためにも使わせてほしいと申し出、認められた（Berry 1872. 7. 19, 11. 9）。ベリーにとってみれば、個人の診療所では望むべくもない整った環境の病院を、賃貸料や医療機器購入費を投じることなく利用できるこの話は望ましいものであった。言ってみれば、神戸に着任したところ、願ってもない医療の器が前もって用意されていたのである。ベリーはボードの資金を投じてこの地所を入手できないかとも考えた。

財政の不安定な国際病院にしてみれば、ベリーという新たな医事監督の引き受け手が登場したことはもちろん、ミッションからの俸給を得ている彼に対しては手当を気にする必要がないということが大きなメリットであっただろう。フォーブスはベリーの申し出に同意し、診察を続けるならば、建物の契約満了日すなわち次の年度末である一八七三年六月に、医療機器すべてをアメリカン・ボード側に寄附しようと申し出た（Berry 1872. 7. 19, 11. 9）。この提案からは、国際病院の側が、居留民への医療が行われる環境さえ整うのであったら、この居留地公営の病院をアメリカン・ボードという民間団体に委ねてしまってもよいと考えたと読み取ることができるだろう。

本国のアメリカン・ボード本部はこの問題に関して、ボードからの費用の捻出が不要でありベリー側が主導権を握れるならば、という条件の下に、ベリーの手に解決を委ねた（Clark to Berry 1872. 12. 26, 1873. 4. 6）。そのうちにフォーブスは、地所の購入費も居留民からの寄附によってまかない、一定年数（例えば五年）彼らを診療したなら、その後は土地も機器もボード側の所有として彼らを診なくてもよいとまで提案するにいたった（Berry to Gordon, O. H. Gulick 1873. 2. 15）。

病院理事会全体の合意に基づいてはいるものの、伝道活動に協力的なフォーブスの主導力が強く、独断的に事を進めたきらいもあったかもしれない。残念ながらその後の理事会の動向はわからない[39]。だがいずれにせよフォーブスの協力的姿勢は、ベリーの医療伝道構想をさらに発展させることとなった。

(2) 総合医療施設構想

ベリーの心に抱かれたのは、総合的な医療施設を設置しようという構想であった。

ベリーが来神早々、自分の診療所を雑居地外の兵庫市中に移転させることを兵庫県に願い出たことを通じ、相当な医学の知識があり日本人医療に関心をもつ彼の存在を、県の側が意識することとなったと思われる(40)。さらにベリーは四人の解剖を願い出て、兵庫県病院に出張して実施してみせるといった活動も行うようになった。兵庫県も一八七三年一月になると病院内に解剖所を設置し、医学について時々ベリーの話を聴くようになる。

このように兵庫県およびその病院との関わりが出てくるなかで、ベリーは外国人居留民と日本側行政府の両方から資金を調達し、双方の医療活動を一つにまとめ上げて神戸における総合的医療施設をつくることを考えた。

ベリーは病院に診療機能だけではなく教育機能ももたせ、キリスト教に基く医学教育の中心施設とすることが必要だと考えた(Berry 1873. 4. 18)。教育については、自分ではなく別の医師を新たに招くことを思い描いていた。おそらく彼の頭のなかには、来日以前に知り合ったアメリカ人医師のことが浮かんでいたのではないだろうか。医学教師でもあるこの人物は、中国での医療伝道で名高いパーカー(Peter Parker)との交流を通じて日本での医療活動に興味を抱いていたといい、ベリーは日本に渡る以前から、彼が数名の医師を引き連れて日本にやってきて医科大学を設立することができるのではないかとの展望を抱いていたのである(Berry 1872. 3. 1)。

国際病院を総合的な医療施設に発展させようというベリーの構想は、国際病院側の理事会の賛同するところとなり、後は兵庫県の側の合意を取り付けることが必要であった。そこで理事会議長とベリーは神田県令のもとを訪れたが、彼の賛同するところとはならなかった(Berry 1873. 4. 18)。外国人を病院長とすることに彼は反対であり、その理由はかつて病院長であった外国人が不許であったことにあると述べたという。神田はおそらく、三年前の兵庫県病院におけるヴェダーとのトラブルも考え合わせ、外国人主導による病院構想を拒否したものと考えられる。

県令の却下により計画は頓挫したが、ベリーの指導を受ける日本人医師たちがそれを聞きつけ、独立した診療所を開くための資金を出し合うこととなった。そして開かれたのが、多聞通二丁目の影山耕造所有宅での診療所である。ここは雑居地の外であった。

影山耕造はアメリカン・ボードによる対日宣教の創始者グリーンのもとにやってきてバイブルクラスに参加した最初の日本人のなかの一人であった[41]。それは一八七〇年末ごろのことであったとされる。以後、神戸伝道の日本人の担い手として精力的に活動した。とりわけベリーとの関係が深くなり、彼に日本語を伝授し、自らも医者となった人物である[42]。

一八七三年五月一日をもって、ベリーは国際病院医事監督の座を別のイギリス人医師（前述のソーニクラフトと思われる）に譲り渡している[43]。つまり総合医療施設構想が頓挫した段階で、ベリーは国際病院との関係を切り、地元の日本人医師たちの援助による民間診療所に希望を託したことになる。この診療所は「恵済院」とも呼ばれていたらしい[44]。

（3）兵庫県病院（神戸病院）とベリー

ベリーの提起に対しては慎重さをみせた県令神田孝平であるが、彼の頭には別の構想が形成されていった。すでに神田はベリーの提起を受ける以前から、兵庫県病院の改組を進めていた。篠原直路の病没を受けて、一八七二年三月二十八日、文部省出仕の大学小助教西春蔵と大得業生山田俊策（俊卿）が県雇として採用され、病院掛を命じられた[45]。ここで病院スタッフの任免権は文部省から兵庫県の手に移ったといえる。

西春蔵はすでに明治四年（一八七一）七月より大学出仕の身分で兵庫県病院に在勤していた人物であるが、その前は大阪医学校に所属していた[46]。また山田俊策も大阪医学校の出身であった。そもそもは豊後佐伯の出身であるが、長崎の蘭医マンスフェルト（Constant George van Mansvelt）に医学を学んだ後、大阪医学校のボードインの下に学び、明治三年（一八七〇）九月になって東京の大学東校に移った後、兵庫県病院掛に任命された人物であった[47]。

約二ヶ月後の五月三十日になって、西と山田は職を解かれ、十数名の医員もいったん罷免された。そして六月六日に西が病院長を命じられ、医員が再度配置された。医員の大半は同一人物であることが確認できるので、この措置は主に山田を外すためであった可能性もある。山田本人は、思うところあって職を辞し、前述した多聞通のベリーの診療所において助手として医療活動に携わるようになったと回想しているが、公文書上では「本院改革」と表現される人事異動であった。

いずれにせよこの一連の人事は、病院が中央政府の施策に依存する体制から、自立した公立（県立）体制へと展開を遂げたこと、そして人事刷新が行われたことを意味しているといえよう。その上で、院長の西春蔵からベリーに病院勤務の話がもちかけられたのである。

ベリーによると、西は、日本人の側にベリーの診療所がこの病院から患者を取り上げてしまっているという嫉妬の念があると告げ、二者の利益を統合し、ベリーがこの病院の建物を使って診療を行い薬代を日本人の寄附によってまかなう方法が得策であると提案したらしい（Berry 1873. 7. 23）。山田は多聞通の診療所の出資者でもあったが、自分の帰郷中に統合の話が進められたことに対し、嫉妬の念云々は姦人の讒誣であると表現している[48]。ベリーの診療所を兵庫県病院に組み込むというこの計画は、神田と西の主導により進められたと思われるが、病院の人事刷新にはじまる一連の過程は、ある種断行的な改革であったともいえるだろう。

ベリーは西に対して以下のような八項目の条件を提示した(49)。


一．貧しい日本人の病人はどの県に属そうとも、無料で薬を受け取ることができる。

二．貧しい日本人の病人はどの県に属そうとも、ベリーと西の裁量によって慈善患者として受け入れられる。

三．支払い能力のある者には薬代を要求する。

四．西は現給をもって、病院維持に必要な数の助手とともに医師として在勤する。

五．日本人の医学生はどの県に属そうとも、ベリーと西の裁量によって病院内で診察を見学したり症例経過を観察したりすることができる。

六．現在自分が診療所としている影山所有の建物にかかった修理代と備品費用は県が補填し、所有権を県に移動させる。ただ、費用の寄附者であった山田は現在不在であり、この建物を所有しておきたがっていたので、彼が県に同額を返済すれば買い戻せる権利を保持しておきたい。

七．宣教の仕事の都合で他所に移る必要のあるときは、ベリーは自由に病院から去ることができる。

八．ベリーの労働は日本の貧しい人々苦しむ人々への贈り物であり、金銭的報酬は受け付けない。


これは西を通じて神田県令に届けられ、七月七日には了承の旨がベリーに伝えられた。

ところでこの兵庫県病院はいつから「神戸病院」と呼ばれるようになったのだろうか。正式に公立神戸病院と名称が決定するのは一八七七年二月のことになる。だが第一節でみたように、一八六九年六月には外国人が“Kobe General Hospital”と表記していることから、すでにそのころより通称として「神戸病院」と呼ばれていたとも考えられる。ベリーがアメリカン・ボード本部に送る書簡では、通常"Native Hospital"と表現されていた。日本側史料においては、ベリーの条件提示を了承した一八七三年七月五日付の神田県令発ベリー宛書簡のなかにはじめて「神戸病院」の文字を確認することができるため[50]、本章ではこれ以降、この病院を「神戸病院」と表記することにする。

さて、ベリー登用にあたっての法的措置について考えてみよう。一八七二年一月七日公布の太政官達「県治事務章程」において、外国人雇用は上款すなわち主務省に稟議して許可を受けた上で施行すべき事項に属していた。つまりベリー雇用については内務省の許可を得なくてはならなかったはずである。しかし興味深いことに、太政官や外務省など中央官庁の公式記録にはベリーが兵庫県に雇用されたという記載がない[51]。その理由として思いあたるのは、就任にあたっての条件の最後で、ベリー自身が俸給の受け取りを拒否していたことである。つまりベリーは厳密な意味での雇用＝俸給を与えるというかたちで登用された外国人ではなかった。一八七三年七月九日の文部省第百号は、府県に対し、管下の病院について届け出ることを求めていた。雇用外国人がある場合には、期限や給料など契約内容を知らせることが義務付けられている。だが八月三十一日に提出された兵庫県の病院概況報告書において、ベリーの名は出されていない[52]。ベリーは稟議も報告もなされない中央政府とは無関係の無給外国人として、四年弱もの間神戸病院に関わっていたのである。

神戸病院にとってのメリットは、外国人雇用において予想される高額の俸給支払いを回避できるという金銭的問題だけではなく、外国人の正式雇用に伴い想像される、本人あるいは中央官庁との間での色々なもめごと——契約上の報酬・地位・期間、キリスト教の問題等々——から免れることができるという点にもあり、ヴェダー解雇時のトラブルを思い起こせば、この時の兵庫県による非公式のベリー登用方法は、賢明な方策であったといえるだろう。

一般のお雇い外国人の場合、組織内での自分の地位や日本人側との力関係の上下を問題視することが多々みられる[53]。しかしベリーの提示した項目をみると、病院内での自分の地位についての要求はなく、患者と医学生の受け入れについては、院長である西春蔵との合議によって事を進めていくことのみが確認されている。こうしたベリーの地位にこだわらない態度も、県や病院の側にとっては好都合であったに違いない。なお正式な契約書などはないものの、ベリーは国際病院のときと同様に自分の地位を医事監督（“Medical Director”）とも表現している（Berry 1877. 3. 2）。

こうしてベリーは七月七日から県の病院で働きはじめた。当初、建物は汚れ、五名の患者しかいなかったが、二週間ほどのうちに患者は二十八名（うち慈善患者が十四名）となり、外来も三十人程度に増えていったという[54]（Berry 1873. 7. 23）。以後の神戸病院は、日本人官吏を病院長とする公立機関ではあったものの、実質的には正式構成員ではないベリーが強い影響力を発揮しうる場として機能していくこととなる。

（4）神戸病院の機能とベリーによる評価

ベリーは週に三日神戸病院に赴き、診察を行った。患者の診察以外にベリーが神戸病院に持たせた機能は、以下の三点にまとめられるだろう。

第一点は医学教育機能である。一八六九年六月の居留地新聞における兵庫県病院についてのレポートは、ここに“class room”があることを伝えているので[55]、この病院は最初からすでに教育機能を備えていたと考えられるが、ベリー着任直後の一八七三年八月末の文部省への届出は、院内に設置された医師の養成所について詳しく報告している。舎則や日課が定められ、西を含めた十名の医員と二十九人の生徒名が挙がっている。教科書にはアメリカのカッケンボスの文法書と物理書、ニールとスミスの医学書が使用されている[56]。西は大阪医学校出身であ

るからオランダ流医学を授けられた人物のはずであるが、このカリキュラムがアメリカ流医学となっていること
に、早くもベリーの影響をみることができる。神田県令は病院の医員が皆ベリーの門下生となっている状態であり、良医を雇うには資本が足りないのでこの状態を続けていると説明した[57]。生徒は百二十名にのぼったともいうが[58]、この養成所は一八七六年に神戸病院附属医学所として制度化され、現在の神戸大学医学部の源流となる。
二点目は医療センター的機能である。ベリーは開拓伝道を重視し、医療活動を通じて神戸周辺の三田・有馬・加古川・姫路等にアウトステーションを開設することに力を注いでいた（第二章参照）。それこそが自分自身の役割であると認識し、神戸病院は他に任せようと考えていたほどである（Berry 1876. 4. 18）。開拓伝道が進むなかで神戸病院は、それぞれの地域で診察しきれない患者が送られたり、各地域から来た医師・医学生により高い知識や技術を授けたりする役割を担っていった。ベリーが勤務にあたって要求した項目のなかに他府県の患者や医学生を受け入れることが挙げられているのは、それを見越してのことである。県内の十九地域から二人ずつ医師を志す有望な学生を集め、貸与奨学金を与える制度も出来上がった[59]。つまり神戸病院は周辺を含めた地域医療の中央拠点となったのである。
三点目は――これこそが医療宣教師ベリーの本領なのであるが――、伝道機能である。宣教師ベリーの個性とは、伝道のかたわら日本の近代医療の確立に心を砕いたことにあるのは間違いないが、ベリーの医療への並々ならぬ熱意を感じとったアメリカン・ボード本部は、彼が伝道よりも医療に傾倒してしまうことを懸念し釘を刺している（Clark to Berry 1873. 4. 6）。これに対してベリーは、医者であるだけでなく宣教師でもあるということに自分は鋭敏だと弁明していた（Berry 1873. 6. 2）。彼は日本人の医学生らがドイツ流医学の影響で懐疑論や無神論に傾いているとの懸念を表し、キリスト教の下での医学教育の必要を唱えていた[60]。舎則では日曜日は休業日であり、ベリーは週三日の診察日以外に週一日病院に通い、医学校生徒と聖書を学び、祈りを捧げていた。ベリーが

勤務にあたって要求した条件のなかに、伝道の容認を訴える項目はない。神田県令は、県下のキリスト教的活動について伺い出るほどの事件はないと述べ、キリスト者の公然たる活動を憂慮し県吏の心得を詰問した者に対しては、東京での公然とした宣教活動について教部省が無言であることを引き合いに出し、これを不問とすると答えていたようである。[61]つまり双方ともこれをあえて問題化しないことにより、伝道活動の黙認という状態が続けられていたといえる。

理想的条件で勤務できるこの病院に、ベリーは高い評価を与えていた。一八七四年五月には、六百ドルという高額の月給をもって、京都府の病院・医学校の現医師の後任となる話を持ちかけられたが、神戸での仕事がまだ始まったばかりであることを理由に、ベリーはその道を選択しなかった[62]（Berry 1874. 5. 18）。そこには、神戸のような契約を取り交わすことは難しいだろうとの判断が働いていた。また、ベリーは教会と同じように病院も日本人の自給で運営されるべきであると考えていた（Berry 1874. 2. 18, 7. 11）。その場合の自給とは、アメリカン・ボード本部の支援を得ないという意味だけではなく、在留外国人の資金提供も受けないという意味を含んでいた。国際病院の拠点化が結局はうまくいかなかったことが念頭に置かれているのだろう。地元社会の醵金により設立され、民費で維持されている神戸病院はベリーにとって納得できる態勢にあった。

ベリーはこうした病院の好環境が神田の裁量によることを、よく承知していた。一八七六年九月三日に神田は県令を退き転出するが、これに遺憾の意を表し以後の成り行きを心配している（Berry 1876. 9. 30）。神田に代わって赴任してきたのは、兵庫県に併合された飾磨県で権令を務めていた森岡昌純であったが、ベリーは神戸を拠点とした飾磨県での活動を通じ、彼のことはすでに認識していた。キリスト教勢力に対する疑念を表明して飾磨県での会社病院設置をいったんは拒否し、やがては会社病院を公立病院に編成替えし、結果的にベリーを排除したのが森岡であった（第二章参照）。ベリーは、彼の下での医療行政により、飾磨県での医療伝道の挫折を実感していたのである。一方、これまで神戸病院が県の病院でありつつも、自由度の高い組織として、伝道拠点としても機能することを可能ならしめていたのは、何よりも神田県令の力であったことをベリーはわかっていたのであろう。

おわりに

以上のように、ベリーと彼を迎え入れた神戸の動きを考察してきた。

ベリー来神以前、兵庫県と居留地との間では、医療をめぐるかけひきが行われていた。当初は、県の設置した兵庫県病院が、西洋人医師を登用し、居留地外国人も診察対象とすることが計画されていた。しかし、日本人医療と外国人医療との協同は失敗し、両者は別々の道をたどる。居留民の側は居留地自治による国際病院を設立して外国人による外国人のための医療を図り、県側も兵庫県病院への外国人の登用を止め、中央行政に依存した日本人による医療を目指す。だが前者は経営の確立に苦しみ、後者は高水準の医療の確立にも苦労する有様であった。

この二者の関係に第三の勢力として飛び込んできたのが、アメリカン・ボード医療宣教師ベリーであったといえる。ベリーは両者から歓迎された。在留外国人に対する医療の確立を図る神戸居留地は、ベリーの要求により日本人も受け入れることを了承し、ベリーを国際病院医事監督とした。中央行政に頼りながら医療体制の確立を図っていた兵庫県にとっても、ベリー来神の意味は大きかった。宣教師であるベリーは通常のお雇い外国人とは違い、日本人と接触し日本社会の中に入っていくことをこそ目的としていたし、高い俸給を与えて正式雇員とする必要もなかったからである。県令神田孝平の目的は、外国人医療と日本人医療の分離は維持したまま、国に依存した神戸病院を、県主導という意味において公立化し、地域医療を確立・充実させることにあった。それを実現したのがベリーの存在であった。

そしてベリーにとっても、神戸病院は医療伝道拠点として満足できる環境であった。当初は居留民の国際病院を利用した総合的医療施設の設置構想を抱き、その頓挫の後は、日本人医師有志の支えによる診療所を拠点に考えていたが、神田県政のもとで公的機関である神戸病院に受け入れられ、思うような医療と伝道とを行うことができた。一八七〇年代前半における兵庫県とベリーは、双方にとって幸せな関係を結びえたといえる。

本章は、地域社会とキリスト教勢力との関わりを考える研究の第一歩であり、後の章との比較検討を視野においている。例えば神戸の隣において同じく自治的居留地をもった大阪ではあるが、全く違った展開がみられた（第五章参照）。大阪では居留地や地方行政府ではなく、官立学校がキリスト教勢力との関係を築いていった。つまり、キリスト教勢力に相対する地域側の主体は、文部官僚に主導される官立教育機関であったということになる。これを念頭に置くと、キリスト教勢力が居留民と結んだ当初の関係、あるいは地方行政府との深く良好な関係は、神戸ならではの特色だといえよう。また地域の側が宣教師の助力を求める場合、宣教師のどういった能力に期待を寄せるのかはそれぞれ異なる。神戸の場合、兵庫県はお雇い外国人を登用した洋学系の学校も設置していたにもかかわらず、語学教育を中心とする洋学の伝授という分野において、宣教師の力を利用しようとした形跡はみられない。第三章にみる岡山、第五章にみる大阪と異なり、宣教界と府県とが、医療に特化された関係を結んだことが神戸の特色であったといえる。

（1）　長門谷洋治「ベリー、ゴードン、テイラー、アダムズとスカッダー――来日宣教医（1）アメリカン・ボードの人びと」（宗田一・蒲原宏・石田純郎との編著『医学近代化と来日外国人』、世界保健通信社、一九八八年）など。

（2）　井上勝也「宣教医John Cutting Berry」（『同志社アメリカ研究』別冊六、一九八二年）、茂義樹『明治初期神戸伝道とD・C・グリーン』（新教出版社、一九八六年）など。

（3）以下第一節の病院設置に関する兵庫県の動向についての記述は、『兵庫県史』史料編・幕末維新二（一九九八年）の八の5「神戸病院の設置」が所収する「兵庫県史料」七一九〜七二九頁、七四一〜七五六頁の兵庫県蔵史料に基づく。

（4）森信一については藤田英夫「神戸病院総轄　森信一（龍玄）像を求めて」（『神戸市史紀要　神戸の歴史』第二十号一九九〇年）を参照。

（5）以下この病院のことは、便宜上兵庫県病院と記す。名称についての考察は第三節（3）参照。

（6）ヴェダーについては藤田英夫「ヴェダーのみた幕末・維新期の医学の実情――ヴェダーと神戸」（『神戸史談』二六一号、一九八七年）を参照。

（7）“The Hiogo & Osaka Herald” No.76 (1869. 6. 12)（『日本初期新聞全集』第二十三巻、ぺりかん社、一九九〇年所収）。以降の英字新聞は注記のない限りすべて『日本初期新聞全集』に収録されたものを使用する。この記事を紹介した「ヒョーゴ・アンド・オーサカ・ヘラルド（三）」（『神戸市史紀要　神戸の歴史』第六号、一九八二年）は、これが居留民により拠出された資金で開設された病院である可能性を示唆しているが、これは日本側の行政府が設置した兵庫県病院のことである。また、同論文は“Medical Director”を「院長」と訳しているが、日本側は“Medical Director”に、人事・財政など病院行政上のことを含まず医事上の事柄だけに関する監督者、という含みを見出していると思われる。「院長」と訳すと病院行政面での最高決定権も有するように聞こえるため、ここでは「医事監督」と訳してみた。なお、地位を表す日本語は史料に残っていないが、ヴェダーは英字新聞上で、“Medical Officer”とか“Medical Attendant”などと呼ばれていることもある。

（8）ユネスコ東アジア文化研究センター『資料御雇外国人』（小学館、一九七五年）、“The Japan Gazette Hong List and Directory 1872”（神戸市文書館複写所蔵）。

（9）大阪医学校については、京都大学百年史編集委員会編『京都大学百年史』総説編（一九九八年）第一章第一節第六項「医学校病院の開設」（執筆担当海原徹）を参照。以下、年月日が判明している日付はすべて西暦に直したが、日が特定できないものは和暦のまま記し、西暦を併記している。

（10）以下居留地の行政のしくみについては、洲脇一郎「居留地の自治と警察」（神戸外国人居留地研究会編『居留地の窓

から　世界アジアの中の近代神戸』、ジュンク堂書店、一九九九年）を参照。

（11）“The Hiogo & Osaka Herald” No.17（1868. 4. 25）.

（12）“The Hiogo & Osaka Herald” No.65（1869. 3. 27）. 注（7）「ヒョーゴ・アンド・オーサカ・ヘラルド（三）」は“The Hiogo & Osaka Herald” No.63（1869. 3. 17）の記事からこの折に居留地会議に病院委員会が設置されて寄附を募ったとしているが、それは横浜の事情の誤りであり、神戸で病院設置への具体的動きが起きるのは一年以上後のことである。

（13）“The Hiogo News” No.65（1869. 7. 14）.

（14）“The Hiogo & Osaka Herald” No.114（1870. 5. 5）. この時期の居留地新聞二紙の性格の違いを指摘するならば、“The Hiogo & Osaka Herald” の方が “The Hiogo News” より日本側に対して辛口な傾向をみせている。

（15）“The Hiogo News” No.172（1870. 7. 27）.

（16）“The Hiogo News” No.177（1870. 8. 13）.

（17）“The Hiogo News” No.234（1871. 3. 1）.

（18）注（7）「ヒョーゴ・アンド・オーサカ・ヘラルド（三）」のように、この病院を「万国病院」と訳する文献もあるが、本章では「国際病院」と表記する。

（19）国際病院の “Medical Director” については、日本側との雇用関係がないため「院長」と訳してもよいと思われるが、前出の兵庫県病院の場合に倣い、「医事監督」に統一した。

（20）この決定にみられるように、居留民が “Foreign” といったとき、そこに中国人は含まれていない。本文中では、史料用語に従い大半を「外国人」と訳したが、中国人を含まないことが明らかなときは、「西洋人」の語も用いた。

（21）“The Hiogo News” No.247（1871. 3. 11）. 彼は開港時から外科と産科の診療所開設の広告を新聞に掲載している（“The Hiogo & Osaka Herald” No.41868. 1. 25）。

（22）“The Hiogo News” No.261（1871. 6. 3）.

（23）“The Hiogo News” No.276（1871. 7. 26）.

（24）“The Hiogo News” No.283（1871. 8. 19）.

（25）“The Hiogo News” No.313, 315（1871. 12. 2, 12. 9）.

(26) "The Hiogo News" No.290（1871. 9. 13）.

(27) "The Hiogo News" No.316（1871. 12. 13）. 長崎県大参事時代に浦上切支丹逮捕を命じ、兵庫でも市川栄之助を逮捕するなど、キリスト教にも厳しかった官吏である。

(28) "The Hiogo News" No.326, 343（1872. 1. 17, 3. 16）.

(29) "The Hiogo News" No.342（1872. 3. 13）.

(30) "The Hiogo News" No.343, 352（1872. 3. 16, 4, 17）.

(31) "The Hiogo News" No.370（1872. 6. 9）.

(32) "The Hiogo News" No.373（1872. 6. 29）. なお、『ベリー翁』には、「ドイツ人ショッケル博士が帰国しなければならない事情に迫られていた」とある。

(33) 『ベリー翁』所収の自伝には、京都府が病院にドイツ軍医を招くのに対抗して、京都の医師たちが自分を招いて病院を建設しようとしていたが、それを断ったとの旨が記されている。この軍医とは、京都府療病院のヨンケル（Ferdinand Adalbent Junker von Langegg）のことであろう。

(34) "The Hiogo & Osaka Herald" No.42（1868. 10. 17）.

(35) "The Hiogo News" No.73（1869. 8. 11）など。同社の広告は同新聞にしばしば掲載されている。

(36) フォーブスやフリーメイソンの神戸での活動については、のじぎく文庫編『ジャパン・クロニクル紙ジュビリーナンバー　神戸外国人居留地』（神戸新聞出版センター、初版一九八〇年）からこうした断片的情報を得ることができる。

(37) "*Pioneer*" の 'A Yankee Teaches the Samurai' を参照。

(38) "The Hiogo News" No.326（1872.1.17）.

(39) 『日本初期新聞全集』所収の "The Hiogo News" は、No.373（1872. 6. 29）までである。それ以降も発行はされているが、No.736（1876. 1. 1. これ以降は複写版を神戸市立文書館が断続的に所蔵）にいたる間の号の現存を確認できない。一八七二年七月以降の国際病院側の動向が詳しくわからないのが惜しまれる。

(40) この段落の記述は注（3）「兵庫県史料」七三一～七三五頁による。移転願については兵庫県から外務省に伺い出がなされたが、外務省は許可するべきではないと回答した。一方解剖願についても同様に伺い出がなされたが、こちらは認められている。
(41) 以下影山およびグリーンについては茂義樹『明治初期神戸伝道とD・C・グリーン』(新教出版社、一九八六年)を参照。
(42) 明治五(一八七二)年五月付の兵庫県への医学入門願が残っている(注3兵庫県蔵史料の七五六頁)。
(43) 『ベリー翁』には「〔日本人への施療は〕万国病院の管理者たる英国医師の拒絶するところとなつたため、せつかく志した氏〔ベリー〕の計画も遂に挫折せんとした」(横川四十八「恩人ジヨン・シー・ベリー氏を迎ふ」)などの記載があるので、このソーニクラフトが国際病院での日本人医療に反対した可能性がある。なお国際病院は翌一八七四年になって山本通一丁目に移転し、以後も続いた(注36『神戸居留地』参照)。
(44) 「恵済院」の名は、ベリーが神戸病院を退く際の兵庫県権令森岡昌純からの感謝状(一八七七年四月一七日。『ベリー翁』所収)にみられる。注(3)「兵庫県史料」七三五頁では「施薬院」である。
(45) この人事異動については注(3)「兵庫県史料」七三一頁、兵庫県蔵史料七五五～七五六頁の医員録による。
(46) 六九〇〇五『明治二己巳年十一月より同四辛未年九月五日迄　職務進退留』(京都大学大学文書館所蔵「第三高等学校関係資料」)。
(47) 『山田俊卿先生小伝』(心学明誠舎、一九二二年)。
(48) 前注『山田俊卿先生小伝』、および山田俊卿「ベリー先生の来遊を聞きて」(注32『ベリー翁』所収)。
(49) "J. C. Berry to Dr. Nishi" (Berry 1873. 7. 29 に添付)。ベリーからアメリカン・ボード本部に写しが送られた。県側の和文は注(3)「兵庫県史料」七三五頁所収。両者の内容はほとんど同じであるが、和文の第六項では、山田の買戻しの権利については触れられていない。また第七項の「宣教の仕事で」という文言は削られている。ここに県の作為を読み取ることもできる。
(50) 注(3)「兵庫県史料」七三六頁。
(51) 注(8)『資料御雇外国人』には一八七九年の岡山県による雇用からの記録しかない。
(52) 注(3)「兵庫県史料」七三六頁。
(53) 例えばその権限をめぐり、大阪の造幣寮でトラブルとなり解雇にまでいたった外国人がキンドル(Thomas William

Kinder）である（拙稿「造幣寮におけるお雇い外国人の処遇問題」朝尾直弘教授退官記念会編『日本国家の史的特質』近世・近代、思文閣出版、一九九五年所収）。

（54） ただし注（52）の兵庫県の概況報告書では、一八七三年七月の入院患者は三十九人、外来患者は百七十五人となっている。

（55） "The Hiogo News" No.65（1869. 7. 14）.

（56） カッケンボス（格賢勃斯）の書籍は当時日本では広く使われていた。また「新児氏及私繆篤氏」の「七科略説」については、東京大学総合図書館編『東京大学総合図書館古医学書目録』（日本古医学資料センター、一九七八年）、慶応大学医学情報センター編『古医書目録』（医事通信社、一九七三年）のなかに、尼児・私密斯合著『解剖捷要』や尼児・薩美斯共編『解體説約』といった書籍の存在を確認できるので、アメリカのニールとスミスによる医学書と推定した。

（57） 「兵庫県令神田孝平事務引継演説」の「病院の事」（注3『兵庫県史』の四の7「府県統廃合による第三次兵庫県の成立」所収）。

（58） 注（37）"*Pioneer*" 参照。

（59） Berry "Report of Medical Work" の 'Medical School'（同志社大学図書館所蔵マイクロフィルム Unit 3 Mission to Asia Mission to Japan Reel 327 所収）。この医療伝道についてのベリーのレポート "Report of Medical Work" は、内容より一八七六年四月から八月の間に作成されたものと推定される。

（60） Berry "Thoughts on Medical Missions in Japan"（ベリーが一八七四年十月二十日の大阪カンファレンスに提出した医療伝道についての意見書。Berry 1874. 10. 13 に添付）、前注 'Medical School'.

（61） 注（57）「兵庫県令神田孝平事務引継演説」の「耶蘇教の事」。

（62） 京都府の病院とは、第四章第一節（1）に触れる京都療病院のことであり、辞める予定の医師とはヨンケルだと推定できる。なおこの情報をベリーに伝えたのはフォーブスであった。

第二章　医療宣教師ベリーと兵庫・飾磨県の行政・社会

はじめに

一八七二年（明治五）五月に来日したベリー（John Cutting Berry）は、積極的な開拓伝道を繰り広げた医療宣教師であった。彼の伝道活動の特質は、医療の知識と技術を生かし、神戸を拠点として周辺地域に次々と伝道診療所(1)（"dispensary station"）を開設したことにある。前章に続く本章では、ベリーが一八七三年七月に兵庫県の神戸病院で勤務を始めてから一八七七年四月に帰国するまでの四年弱を対象に、神戸周辺の各地における伝道診療所設置の実態、あるいはそれに関わった人物を明らかにすることを目的とする。

それとともに、ベリーを受容する側、とりわけ地域行政の動向を把握することを目指す。総じて従来のキリスト教宣教史研究は、宣教団と個々の宣教師の意図や行動、成果を重視する傾向が強いため、受け入れ側である府県の意図や動向については、未解明の点が多く残されているとみえる。ベリーに限らず医療宣教師の活動は、各地域での医療政策、外国人取扱あるいはキリスト教に関わる規定などとのからみ合いのうちに理解されなくてはならない。また逆に、彼らの行動を追うことで、地域におけるそれらの政策や規則の運用実態を具体的に解明することができる。本章ではベリーの活動を、兵庫と飾磨という二つの「県」におけるそれという視点から捉え、両県政の特質について論じることとする。

一　兵庫県下での医療伝道

（1）神戸病院——中央拠点

明治四年（一八七一）十一月に兵庫県令に就任した神田孝平は、西洋医学の摂取に強い積極性を示した地方行政官であった。早くも翌年二月には、漢方医療を禁じ医業は西洋医学に限る旨を布達している(2)。一八七三年七月、雑居地内に置かれていた神戸病院にベリーを登用したのは、こうした方向性を具体化した方策であったといえる。民間からの寄附金を財源として県が管轄するこの病院において、ベリーは日本人に対する週三日間の診療を行うこととなった。

第一章でみたように、ベリーにとって神戸病院は、伝道の手段となる診察と教育とを継続して行いうる得がたい場所であり、自らの医療宣教師としての活動拠点であった。彼は官立の医学校ではドイツ・オランダ流の医学が趨勢となっているとして警戒心と対抗心を抱いていたが、それは医学的な技術や知識の問題というより、その「無神論的」「懐疑論的」な性格のためであった。神戸病院では創設当初から医学教育が行われていたが、ベリーはここでアメリカ流医学の導入に努め、週一回、生徒との祈禱会を開くようになり、その結果神戸病院は、ベリーの医療伝道活動の人材供給源としての期待も担った。ベリーの教えを受けた医師のなかから、ベリーの伝道旅行に帯同し、医療面においても伝道面においても助手として働く者が出現することとなる。またベリーの伝道旅行によって周辺地域に診療所が設置されていくが、神戸病院は最も高度な知識と施設とを備え、難しい症例については判断を仰ぐことができる場であり、地域医療の要として機能していたといえる。

ベリーは医療伝道の先駆者としてすでに高い評価を得ていた長老派の宣教師ヘボン（James Curtis Hepburn）を引き合いに出し、医療施設の自給の必要を説いていた。横浜のヘボンの診療所は一八六二年に開設され一八七六年まで存続するが、ミッションの援助はほとんどないものの、駐日イギリス公使パークス（Sir Harry Smith Parkes）をはじめとする外国人や外国商館の援助や寄附によって維持されていた。(3) ベリーは、ミッションのみならず在留外国人からであっても外国の援助は一切受けるべきではないと述べ、日本人側の寄附金のみによって運営されている神戸病院を高く評価していたのである。

一方で兵庫県は、神戸病院という場とベリーという人材を積極的に活用し、近代医療の普及に努めた。

一八七六年一月、内務省は各府県に対し、新規開業医師には開業試験を実施するよう通達し、試験を行うべき諸科目を示したが、これを受けて三月に兵庫県では、神戸病院において試験を実施し、その成績を内務省に具状して免状を公布することを管下に通達している。(4) 近代的医療知識を備えた医師の養成が国によって図られ、兵庫県もその下に動いたわけであるが、注目されるのは、同年六月に兵庫県が神戸病院への奨学生制度を導入していることである。(5) 各区長、戸長、および医務取締の推薦を受けた十六歳から二十五歳の者を対象とし、簡単な一般書の試験を行ってから入学を許可することとした。明治五年（一八七二）八月より兵庫県は十九区に区分された行政区画を設けていたが、県下十九区中、一・二・五・六・七・九・十二・十三・十七区は、一人あたり一月三円の費用は区の賦金から支出し、それぞれ生徒一名を送り込むこと、残りの区も賦金からの学資支給の見込みが立てば、同様に一名を送り込むこととされた。課程を終えた生徒は内務省に届け出されて免状を得、出身区に住んで医師として働く義務を有していた。このように兵庫県は、行政の力により県下各地域の医師を神戸病院で養成することを図ったといえる。医学伝習所などと呼ばれていた神戸病院の医学教育機能が、神戸病院附属医学所として正式に制度化されたのがこの一八七六年だとされるが、(6) これは奨学生制度導入による医師養成の制度化を内実とする措置であったと考えられる。

一八七三年の夏、神田県令はベリーに対し、上海や香港で流行中のコレラの予防に関する本を出すようにと求めた[7]（Berry Diary 1873. 9. 1）。これに応えたベリーは、一八七四年に種々の症例や日常衛生に関する記録を『治験録』として医師向けに刊行し[8]、一八七五年暮から一八七六年半ばにかけては、『七一雑報』上に養生法に関する一般向けの連載をもつなど[9]、医療・衛生知識の普及に積極性をみせた。ベリーはこうした書物は日本語で書かれなくては意味がないと述べている[10]。また監獄の改良を県や政府に進言したことはよく知られているが、同様に“lepers”についても病院設置の必要や予防法を進言している（Berry 1876. 9. 30 1877. 1. 2）。一八七六年四月に兵庫県が各町村に「癩病患者」の取り調べと届け出を通達しているのは、このベリーの提言に対応するものであろう[11]。

県の側はこうしたベリーの力量と功績を高く評価しており、伝道の意図を伴った彼の活動にも理解を示していた。院長の西春蔵との関係も友好的であり、西がベリーの代わりに伝道地の三田へと赴くこともあった（Berry Diary 1874. 4. 27）。一八七六年後半になるとベリーは、病院への充当金の一部を自分の裁量に任せて欲しいと県に申し出た（Berry 1877. 1. 8）。その理由については、診療や各地での伝道診療所開設に従事している伝道者を援助するため、患者に聖書を配るため、衛生法や県下の疫病についてのトラクト配布のため、経済的に厳しい診療所の援助のため、としており、医療とともに伝道上の目的を掲げている。これを病院の管理者（“Superintendent”）[12]は了承し、上限百五十ドルの資金を増設する旨を回答するにいたっている。

このように、兵庫県は医療行政にベリーの力を生かし、ベリーも県の裁量下に伝道の発展を期し、双方の良好な関係は一八七六年の後半まで続いていた。

（2）伝道診療所の開設——三田方面・神戸隣接地

神戸ステーションと三田との関係は深い[13]。一八七二年の夏に、デイヴィス（Jerome Dean Davis）が避暑地の有馬で旧三田藩士と知り合い、それがきっかけとなって、旧藩主の九鬼隆義とその家族との親交が生まれた。神戸に戻ったデイヴィスと神戸に移転してきた九鬼一家との親密度は増し、ベリーも一家の医師として交流をもつようになった。九鬼は洋学やキリスト教に強い関心をもち、アメリカン・ボードの活動を支える役割を果たしたことで知られる。一八七一年九月に廃藩置県によって三田藩は三田県へと改組され、同十二月に兵庫県へと統合されている。翌年三月には旧三田県庁が兵庫県出張所となり、先述のように兵庫県が十九区に分けられると大部分が第十七区となって、兵庫県下に組み込まれた。しかし以下からもうかがわれるように、旧藩主九鬼の影響力は、新体制になってからも強く維持されていたと思われる。

ベリーが直接三田を訪れたのは一八七三年八月のことであり、影山耕造を帯同して六日間滞在した[14](Berry Diary 1873. 8. 16–20)。三田出身の医師、川本泰年が神戸病院でベリーの教えを受けていたが、彼からベリーの能力を聞き知った若林元昌ら三田在住の若い医師が、ベリーに来訪を要請したという[15]。現地では五人の医師が衛生的で大きな家を準備しており、ベリーはここで朝の祈禱会を開くとともに診療を始めた。影山は自らも神戸病院に学んだ医師であり、自宅を診療所用に提供するなど、ベリーを来神当時から援助した人物である。三田での影山はベリーの診察を助けるのみならず、説教を行うなど伝道助手として目ざましい働きをみせ、ベリーも高い評価を与えている。結果、ヨハネ伝一章に関心をもつ僧侶なども出現し、ベリーは集まってくる人々の熱心さや聖書への理解力の高さに満足するにいたった。中には二割引で聖書販売を手がける協力者も現れた[16]。

ベリーが四日ほどの間に診察した患者が九十人以上にのぼることは確実であり、現地の医師によれば、彼は三田の全患者を診たとのことであった。特に五名のコレラ患者を回診することが期待されての招聘であったと思われる。ベリーの仕事ぶりをみた医師たちの間では、ここに診療所を設置する話が早速まとまった。ベリーの訪問は六週間に一回とされ、助手の日本人医師が五名、一ヶ月交替で神戸から来て毎日診察を行い、難病患者や手術を要する患者は、神戸病院に送られることになった。十二月頃には建物も完備したようである（Berry Diary 1873. 12. 23）。経営は地元の富裕な日本人の寄附のみによって成り立っており、外国人の支援を得ない自給を志向するベリーの理想とするところであった。往診する日本人医師の給与も、半分は三田から支払われた。診療に必要な薬を扱うのは、神戸のベリーの下で研鑽を積む三田出身の医師、木村強の薬店であった。神戸在住の元三田藩士白洲退蔵は、九鬼隆義が総裁を務める志摩三商会の社長であったが、海外から正しい薬を輸入し貧困者に頒布したいとの相談をベリーに持ちかけ、収入の一部をキリスト教伝道に捧げると述べている[17]。このように三田の人脈は、キリスト教勢力による医療活動に協力し、商業的な支援態勢も築きながら、これを発展させる方向に向かったのである。

ところで有馬は、神戸在住の宣教師たちがしばしば保養に訪れた場所であり、初めて三田を訪問した際のベリーもここを経由している（Berry 1873. 8. 11, 8. 15）。ベリーはそのとき、"Arima Ken"（ただし当時行政区画としては「有馬県」は存在しない）によって診療用の部屋が用意され、永続的に診療を行うならば、使用し続けてよいとの許可を受けた。また特定はできないが、長崎でフルベッキ（Guido Herman Fridolin Verbeck）の弟子だったという日本人医師が中国語聖書を手にして神戸から来ており、キリスト教に関心を示していた。このように有馬は、伝道診療所設置の見通しが立ちやすい場所であったと思われ、横川四十八もここに診療所が置かれたと記している[18]。しかし設置の有無について、現在のところ確証は得られない。三田に診療所ができたことで、処置の難しい有馬の患者はそちらに回すこともでき（Berry Diary, 1873. 12. 23）、後には神戸病院の卒業生がその近くに住み、診察の難しい場合には神戸病院に足を運んで判断を仰ぐ、という関係が生まれた。そのためベリーとしても、ここに急いで診療所を設置する必要を感じなくなっていったようだ[19]。少なくとも一八七七年一月段階では、診療所の存在は報告されていない（Berry 1877. 1. 2）。

三田はベリーが設置した最初の伝道診療所であったといえる。それはベリー自身の着想・行動によるというよりも、地元医師の力に誘導されたところが大きかったといえよう。だが、この三田方式はベリーの頭の中で伝道診療所設置のモデルと認識され、まもなく広がりをみせていくこととなった。

三田以外の兵庫県下各地域においては、神戸の隣接地に診療所が置かれていったことを指摘でき、なかでも兵庫での医療伝道が目を引くが、その始期は不明確である。ベリーの日記によれば、一八七三年十二月には日本人助手が診療所用に建物を準備しており、グリーン（Daniel Crosby Greene）が礼拝を開始したとあり、グリーン自身も、その頃に兵庫で日本人の町中の奥まったところを説教所として借りていた旨を記している[20]（Berry Diary 1873. 12. 7, Greene 1874. 8. 1）。一方、アッキンソン（John Laidlaw Atkinson）によると、診療と礼拝のための建物を兵庫に借りたのは一八七四年秋であり、テイラー（Wallace Taylor）によって目立たぬように診察が開始され、初めて礼拝がもたれたのは一八七五年三月だという[21]（Atkinson 1874. 12. 15, 1875. 4. 19）。彼によれば、区の役人が大の聖書嫌いであり地元の医師も漢方に固執するなど、兵庫は伝道が困難で長い間足場を得られなかった地域であった。以上を考え合わせると、一八七三年末頃より兵庫伝道が目指されたが、一年ほどは活動が停滞もしくは頓挫した状態であり、一八七五年にようやく医療伝道がすべり出したといった経緯だったのではなかろうか。一八七七年一月時点でのベリーの書簡によれば、この診療所は財源の五分の四を民間からの寄附、五分の一をミッションからの支出によってまかなっていた（Berry to Richard P. Bush 1877. 1. 2）。神戸ステーション管轄の伝道診療所において、ミッションの援助を受けている診療所はここだけであった。

またベリーはこの書簡において、灘・西宮・伊丹・尼崎の各地域でも、民間からの寄附のみによって成り立つ診療所が運営されている旨を報告している[22]。いずれも詳細は不明であるが、西宮では、一八七四年四月に誕生した神戸公会（摂津第一公会）の教会員らが伝道を行っていたといわれる[23]。尼崎でも、一八七五年頃からデイヴィス（Jerome Dean Davis）、アッキンソン、ギュリック（Orramel Hinckley Gulick）が日本人信徒と度々やってきて演説会を催していたという。[24] ベリーは、神戸病院の医師が一週間に二回尼崎を訪れ、その途中に西宮にも立ち寄っていると述べ、仏教徒の妨害により定期的礼拝が中断した旨を伝えている。[25] 尼崎を訪れた日本人信徒のなかには、ベリーの教えを受けた医師である横山（二階堂）円造の名が挙げられているので、ベリーのいう神戸病院の医師とは彼のことを指しているとも推察できるが、ベリー自身がこの方面を訪れたとの記録は見当たらない。神戸以東の近接地は、ベリーが弟子の日本人医師に完全に任せるという方法により医療伝道が行われた地域と位置づけられるのではないだろうか。

二　飾磨県下での医療伝道

（1）播州伝道の開始――明石・加古川・姫路

ベリーの活動領域は兵庫県内にとどまることなく、海岸沿いに西隣の飾磨県へと延びていった。宿泊を伴う医療伝道旅行への着手は、兵庫県の三田よりむしろ飾磨県下の沿岸地帯の方が早い。本節では、主に明石・加古川・姫路の三地域において繰り広げられた飾磨県下での医療伝道の経過を追うが、まずは県政の枠組について概観しておこう。

一八七一年九月の廃藩置県によって、明石藩および姫路藩は廃止され、それぞれ明石県・姫路県が設置された。さらに十二月になって明石県は廃止となり姫路県へと編入され、その姫路県は飾磨県と改称された。一八七二年八月になると飾磨県に大区小区制が導入され、明石郡は第一大区、加古郡は第六大区、姫路の中心部を含む飾東郡は第八大区となった。しかし大区は地理的区画として設定されていたに過ぎず、実際にはその下の小区に置かれた戸長の職務を元の大庄屋が担い、地域を統轄していた。[26]

飾磨県政を主導した人物として特記すべきは森岡昌純である。一八七二年十月に飾磨県参事として姫路に赴任し、一八七四年八月には権令に昇格する。[27] 参事在職中に上司としての令や権令は存在しなかったから、一八七二年半ば以降の飾磨県政は彼の下で展開したと考えてよいだろう。

一八七三年六月、ベリーは同地方へ約二週間の旅行をしている（Berry Diary 1873. 6. 7-6. 20）。三田訪問より二ヶ月前のことであり、彼の最初の医療伝道旅行であった。随行者は小野俊二と三田出身の木村強であり、途中から横山円造も加わった。小野は一八七四年四月に神戸公会が誕生すると最初の受洗メンバーとなっており、横山も続く五月に、木村は一八七六年四月に同公会で洗礼を受ける。[28] つまり彼らはこの旅行の折にはまだ受洗していなかったわけだが、このときにみせたキリスト教への熱意と知識とは、ベリーを充分満足させるものであったという。

一行がまず滞在したのは加古川であった。加古川では、治療のかたわら小野や木村がマタイ伝八章やコロサイ人への手紙一〜十章を題材に説教を行い、ベリーは日本人助手の効力を実感した。聴衆のなかには、神の国に遠くないと評価される者もあった。[29] 加古川を拠点として彼らは次に姫路に足を延ばした。ここでの聴衆は五十〜六十名の医師であり、五名の県吏や漢学者も、[30] 眼病手術の見学がてら臨席していた。題材はヨハネ伝三〜十七章、マタイ伝七章であり、永遠の命、人間の罪深さ、神やキリストなどについて説教や討論が行われている。最後に訪れた明石では、医師・僧侶・神主・商人・士族・官吏など十五名、また女性や子供各七名もベリーの下に足を運んだ。ヨハネ伝一章が題材となり、治療を受けた神主がデイヴィスの配布したトラクトを手に再来し、ある僧侶は連日ベリーのもとを訪れている。この旅行中最も関心をもったのは、未来について質問する僧侶との対話であったとベリーは記した。診察およびその見学と抱き合わせることで、聖書の話に多くの聴衆を動員でき、また宣教師への敵意も緩和されることとなったため、ベリーは医療伝道の効果を実感して神戸へと戻ったものと思われる。[31]

ところでこの旅行は、加古川に計七泊、明石に二泊、姫路に三泊という二週間弱の行程であったが、注目したいのは、三田と同じく遊歩区域内にある加古川・明石のみならず、その外にある姫路においても、ベリーが数日間の宿泊をしていることである。このことと、遊歩規程や内地旅行に関する規定との関連性を考えよう。まずこの旅行のきっかけが判然としないが、この頃には、ベリーの名声を聞きつけ遠方より往診を求める者も増えてきていたようである。[32]キリスト教や外国人への敵意の強い場所から呼ばれ、人力車で外から見られないように移動し侍屋敷に閉じ込めて診察をさせられることもあったというから、この旅行もそうした地域有力者がかりのひそかな旅であったのかもしれない。また、外国人の旅行に関する制度が整えられ、許可基準や手続方法が確定されるのは一八七四年から翌年にかけてのことである。[33]法令の未整備なそれ以前の状況において、神田県政の下、外務省への伺出と公認を経ずに遊歩区域内外への宿泊を伴う旅行が行われた可能性が高いとみるべきだろう。

（2）会社病院の設立

一八七三年八月、今度は木村強と影山耕造とを伴ってベリーは明石を再訪し、数日間滞在している(Berry Diary 1873. 8. 25–27)。ベリーの日記をみる限り、飾磨県において診療所設置の話が出されたのは、このときが初めてである。前節（2）に述べたように、ベリーはこの月の前半に三田を訪れており、地元の医師の主導による診療所設置という予期せぬ成果を上げた。その結果がベリーを直ちに明石に向わせ、三田同様の手順による診療所設置という試みにつながったものと考えられる。

明石には影山を先遣し、まず支援者となる一人の医師を得たのだが、三田のようにうまく事は運ばなかった。ベリーは明石での外国人に対する憎しみやキリスト教への侮辱の念を強く感じていたし、診療は求められたが朝の祈禱会への参加者は得られないなど、伝道は困難な環境であるとの印象を得ていた。また、人々のキリスト教への反感に加え、地域の役人が伝道に大反対であることも大問題であった[34]。医師はベリーの診療用建物の借り受けを申し入れたが、これは拒否されている。

しかし、この町の十一人の医師中、四名が診療所分室の設置を希望し、協力を約束したことは成果であり、彼らが中心になって計画が進められていくこととなった。最初の支援者となった医師の特定は難しいが、ベリーの日記のなかに名前を確認できる明石の医師は、松浦元周・大賀潤平・松井保尚であり、このなかの一人であったことは確実だろう。このうち松浦は緒方洪庵門下の元明石藩医であったとされ、適塾の姓名録のなかにその名を確認することができる[35]。

ベリーは十一月にも明石に木村を送り、後から自分も訪れて診療所設置の相談をしている（Berry Diary 1873. 11. 17-18）。伝道面においても、礼拝を開き聖書を頒布するなど一定の成果をみせ始め、診察によって子供の命を救われた富裕家からは、診療所のために三百ドルを寄附する話が寄せられた。また加古川から医療上の助力を求めてやってきた医師たちに対しては、診療所を開設するならば、という条件で月一度の往診を約束している。診療所設置が医療伝道の進展には不可欠な到達点であると認識され、眼前の目標となっていることがわかる。

十二月に明石の松浦・大賀・松井を連れて加古川に向かったベリーは、十八人の医師や商人に迎えられた。このとき飾磨県下に三、四ヶ所の慈善病院を設置することについて県庁に打診することが話し合われており、県下の医師らの連合による病院設置構想が実現に向けて動き出したことがわかる。県下の各地域が個々に病院設置を目指すのではなく、明石の医師たちが働きかけて連合体を結成し、県に認可を求める方法がとられたことが特徴的である。この集団は温知医会（温知会・温知会社）と称するようになった[36]。

月末には、神戸に戻ったベリーのもとを大賀らが訪れ、飾磨県からの許可が下り、設立資金として五百名以上が一ドルから十ドルずつ、合計二千五百ドルを寄附した旨を報告した。ベリーは、自分の仕事は病院の診察というより聖書を教えることにあり、県に掛け合う際にはその認可も得るようにと念押しすることを忘れていなかったが、その件についても許可が得られたとの報告であった（Berry Diary 1874. 12. 25）。ただ、森岡権令の反応は好意的なものではなかった。彼は最終的には不承不承設立を認めるが、なぜキリスト教の影響下に病院建設がなされなくてはならないのかと尋ね、当初は計画を中止しようとしていたのである（Taylor 1874. 2. 28）。

病院設置に向けてのベリーの活動は、姫路では行われなかった。それは、遊歩区域外にある姫路への訪問が許可されなかったからである。一八七四年二月には、一月に着任したばかりのテイラーを伴い姫路に向かおうとしたが、医師には許可が下りるという認識の下に申請した遊歩規程外への旅行が認められなかったため、これは叶わなかった[37]（Berry Diary 1874. 2. 16, Taylor 1874. 2. 28）。現地の医師たちの話では、キリスト教に関わる宣教師であるためだろうということであった。ベリーが姫路入りを果たしたのは一八七四年四月のことであり、妻とテイラーとを伴って姫路を訪れた（Berry Diary 1874. 4. 1-4. 3）。だが実はこのときも、外務省（“head quarters at Yedo”）の内地旅行許可は下りていなかった。現行法を遵守する態度を示すためには加古川にとどまる必要があったが、医師たちの提案により、彼らは加古川から日帰りで姫路に日参するという方法で訪問を実現したのであった（Taylor 1874. 4. 16）。

姫路ではすでに木村と現地の医師たちの間で病院建設の話が具体化しており、ベリー来訪以前に、明石や加古川の医師が姫路を訪れて話をまとめていたと考えられる。姫路入りしたベリーは病院の敷地検分を行うとともに、県下すべての村から代表者を出し、理事会などについての規約を制定することが必要だと助言して素案を示した。規約の制定は地元の利権誘導を図り専制的に事を進めようとする医師らの間で難航したが、ベリーはこれを彼ら自身の手に委ね、夜通しの審議を経て出来上がった規約を民主的だと評価している[38]。

この規約は残っていないが、医師の代表（"representatives"）である松井保尚・木村博明・中川義雄・池谷伴・藤井玄堂・川本麟三郎・井上甚平・児島典の八名とベリーとの間に交わされた五月付の雇用契約書をみることができる。このうち松井は明石の医師でもあって病院設立に奔走した中心的人物であり、木村は東京大学医学部の前身校で学んだ医師であったといわれる(39)。

全十条からなるこの契約の概要は以下のとおりである(40)。

一．大名町百十八番の会社病院（"Association Hospital"）に、明治七年六月一日から同十二月三十一日までの七ヶ月間、往復所用日数を除き毎月十日間、通勤して医療を施す。

二．在任中は住宅一軒を貸し、破損時は社中で修理する。食糧・家具・家僕などはすべて社中から提供を受ける。妻子を伴う際も同様である。

三．毎月到着日から十日目に二十五円の給料を支払う。

四．院長（"resident Medical Director"）が定まるまで、規則や治療時間・順序の決定については当直医（"resident Physician"）や監事（"Overseers"）の指揮に従う。診療時間は一日六時間とする。

五．案件についてはすべて社中の決定を待つ。

六．在任中、契約内容について異論があるときは日本の裁判所にて裁決を受ける。

七．在任中、政府の免許を持たない者は止宿させない。

八．在任中は商売事に関与しない。

九．日曜日と日本の祭日は休日とする。

十．定められた休日以外の休みを希望するときは、その日数の給料は支払われない。

ここでいう「会社病院」とは、一八七三年七月の文部省第百号における規定にみられる用語である[41]。この達は、府県に対し、管下の病院または会社病院について設立状況を調べるよう求めたものであり、有志が会社を結成して設立した病院を指して会社病院と呼んでいる。すなわち後述する一八七四年八月の医制において、私立病院として規定されることになる概念が「会社病院」であったといえるだろう。

病院の場所が大名町となっていることから、これは姫路の会社病院にのみ適用される契約であったと考えられる。明石・加古川についての契約書は残っていないが、同じく四月に診療所が開業した。明石の病院の場所は材木町宝林寺であり、中心となった医師は前出の大賀・松浦のほかに藤田元築・山野元道であった[42]。地元の役人の反対や人々の反感が強かったため、診療所開設は三地域のなかで一番最後となったようである。また加古川では、横川・黒田・梅谷といった医師の協力者があったことを確認できるが、ここに設置された診療所自体はやがて高砂に移転されたようである[43]。なお明石・加古川は遊歩区域内であって、雇用というかたちをとらなくてもベリーの往診を仰ぐことはできる。そのため、契約は交わされなかった可能性が高い。だが姫路は遊歩区域外にあるために、外国人が滞在するには雇外国人として契約して県の承認を得ることが不可欠であり、ここに示した契約書の作成に及んだものと考えられる。この三地域の会社病院は、ミッションの資金援助を得ず地元での寄附金のみによって運営されていた。松井保尚には百ドルが支給されたが、それも寄附金のなかからまかなわれていた。

このように飾磨県では、ベリーの最初の訪問から約十ヶ月にして、明石・加古川・姫路三地域の医師層の連合による自給の会社病院設立という成果をみたのである。会社病院こそが、飾磨県下でのベリーの伝道診療所にあたるものであった。姫路・明石の両病院理事会の議長であった井上との間には、いずれ県の認可を得てアッキンソンによる貧しい子供や孤児のための学校を姫路に設立する話も持ち上がり（Berry Diary 1874. 4. 8）、アウトステーションとしての姫路の発展構想はふくらんでいった。

会社病院設立に向けてのこの数回の旅行中も、ベリーは明石で医師の松井に聖書を配布したり、加古川では遠方からやってきた学者と永遠の命などについての対話を持ったりと、日々伝道に励んでいたが、病院の設立後も診察のかたわら播州での伝道に努めた。同伴した妻やタルカット（Eliza Talcott）が対女性伝道の成果を上げていることに注目し、内地伝道旅行には女性を同伴することが不可欠であると述べており（Berry 1874. 10. 13）、今後の開拓伝道のさらなる進展も思い描かれることとなったのである。

三　県医療行政の展開と医療伝道のゆくえ

（1）飾磨県下会社病院――公立病院への移行

一八七六年は、飾磨県の医療行政の転換点であった。すでに前年から、開業者の把握や種痘の勧告など、医療行政の近代化に着手してはいたが、制度面での改編が大幅に進み本格化をみせたのがこの年であったと考えられる[44]。飾磨県の動向をみる前に、行論に関連する範囲で、国の医療行政の進展状況を把握しておこう[45]。

国の医療行政が本格化するのは、文部省が一八七四年八月に医制を公布し、医療・衛生行政全般について初めて体系的に規定してからのことである。医制は医療行政の指針を示した訓令的性格が強く、実際の施行にあたっては慎重な態度がとられ、当初は三府に対して通達されていたに過ぎない。しかしともかくも、文部省の下での医療行政機構の整備、西洋医学に基づく医学教育の確立、医師開業免許制度や医薬分業制度の樹立を目指した法令であった。翌一八七五年五月に医制は一部改正され、より整えられた。

府県に対する政策は、同年六月に医療行政が文部省から内務省の管下へと移されて以降、本格化した。各府県に設置された医務掛が中央の指令の下に医療行政を担当し、各地域においては医師や薬屋が医務取締に任命され、末端にあって日常の医療・衛生全般を取り締まることを命じられた。公・私立病院の開設については、地方官・衛生局を通じて内務省の許可を受けねばならなかった。院長は医術開業免状を所持する者に限られ、公立病院については吏員を内務省に届け出る必要があった。雇用できる外国人医師については医師免状を有する者に限られ、雇用の際には契約書案を作成して内務省の許可を得ることとされた。また一八七六年三月の府県宛内務省達乙第四十三号は、病院の種類を官立病院（国税により設立し各省庁が管轄）、公立病院（地方区画の民費により設立・府県税により民費を補助し設立・人民の献金穀により府県が設立）、私立病院の三種に判然と区別することを求めた。その上で、私立病院設置については府県が判断し内務省に届け出ること、公立病院については内務省に伺い出て対処し、院長の進退や給料増減についても同省衛生局に開申することが求められた。こうして医療における「官」と「公」と「私」とが明確に区分され、府県の公立病院は国の指揮下に位置づけられた（第九章第一節（２）参照）。

さて、一八七六年一月、飾磨県は公立病院を設置し、長崎県士族深町朗英を病院長に任命することを布達した。この病院は白銀町に置かれ（一八七八年六月に豆腐町に移転）、四月には公立病院での受診を促す告諭が県下に発布された[46]。三月には病院内に変則医学教場も設置し、五月に規則を定めた[47]。三十名を入学させて医師の速成を目指し、七月になると飾磨県医則や公立病院の諸規則を整え[48]、県下の医療体制をつくり上げていったのである。院長として招かれた深町については不明であるが、長崎医学校には佐賀藩出身の深町姓の教師・生徒が多く在籍しており[49]、あるいはそのなかの一人としてオランダないしはドイツ系の医学を修めた人物ではなかったかと想像される。

同年のものと推定される公立姫路病院の人員録をみると、院長の深町の下に、当直医として松井保尚・木村博明、副当直医として池谷伴（兼薬局長）・中川義雄・大賀潤平（明石出張所）・山野元道（同）が任命されている[50]。

すなわち、会社病院設立時に名を連ねていた医師たちが、ここで公立姫路病院のスタッフとして位置づけられ、主要なポストをほぼ独占する状態となったのである。また大賀は、三月から設置された第一大区（明石郡）の医務取締にも任じられている。

飾磨県権令森岡正純の下で進められたこの一連の政策は、県内の医療を新設の公立病院を通じて実現する体制を整備し、新しい西洋医学を修めた医師の養成を図るとともに、従来の医療関係者を掌握し登用していくことを企図したものといえよう。そのなかで飾磨県は、ベリーの影響下に力量を貯えていた会社病院すなわち私立病院を利用し、これを公立病院へと編成替えしたというのが実態であったと思われる(51)。ベリーは、県庁が会社病院の業績を評価し、名声のある有能な日本人の医者（深町を指すと推定される）を新しく管理者として招聘し、業務を引き継いでくれたとの楽観的見解も示していた。しかし一方で、播州での事業から自分は強制的に切り離されてしまったと述べているのは、おそらく、この改革のなかで病院との雇用関係すなわち姫路との関係を失ってしまったという意味であろう（Berry 1875. 12. 5）。日本人からの寄附金は千ドルにまで減ってしまい、この地における事業は縮小してしまったとも捉えている。病院の公立化に伴いベリーは排除され、県の主導性は強まり、伝道診療所としての拠点的性格は衰退を余儀なくされたと考えられるのである。

（2）兵庫県下神戸病院——県令の交替と組織変革

一八七六年に入ると内務省の監督による公立病院の制度化が次第に進んだが、神田孝平の下での兵庫県政は、第一節（1）でみたような医学教育の充実に重点を置いており、神戸病院の機構改革のための施策を展開したようには思われない。しかし同年八月、兵庫県は飾磨県を併合し、九月には飾磨県権令であった森岡昌純が神田孝平に代わって兵庫県権令に就任した。神戸病院が急激な組織変化をみせるのはこれ以降のことであり、伝道活動に理解のあった神田県令の転任は、ベリーと神戸病院の進路にとって大きな影響を及ぼす事件であった。

同年暮に神戸病院の管轄が、学務課（"Educational Department"）の官吏から医事（"Medical interests"）のみを気にかける新しい管理者（"Superintendent"）の手へと移ったとベリーは書き送っている[52]（Berry 1877. 1. 8）。神田県政の時代、ベリーは神戸病院に無給の顧問のような立場で勤務しており、正式な契約を結んだお雇い外国人ではなかった（第一章）。しかしこの新来の管理者はベリーに対し、一日四時間の契約で外国人指導者（"Foreign Director"）の任務を引き受けるかどうかとあらためて打診した。ベリーは、彼はキリスト教を憎み排除しようとしているため、あえてこのような打診を行い、中央政府が認可しないような契約を持ち出すのではないか、また県政の力を増大させて、援助の名の下に民間の診療所をすべて支配下に置くのではないかと危惧している（Berry 1877. 2. 2）。

東京に倣ってドイツ人医師を雇用したいとするこの管理者とは誰を指すのであろうか。新来の森岡兵庫県権令、あるいは一八七六年に神戸病院および附属医学所に赴任したとされる白井剛策を指すのではないかと思われる[53]。白井剛策は新潟医学所において医監・病院長を務めていた人物であるが、飾磨県から異動した森岡新兵庫県権令が白井を招聘し、白井の指揮下に改革が行われたのではないだろうか[54]。

新しい神戸病院との契約は、正式に県のお雇い外国人になるということを意味していたが、すべての医療伝道活動の要となる神戸病院という地盤を失うことははばかられ、ベリーも大阪での宣教師会議もこの話を受諾することを決定し、本国本部の委員会もこれを了承していた（Berry 1877. 1. 8, Clark to Berry 1877. 2. 14）。だが結局、県の側が当分外国人を雇わないと方針決定したため、ベリーの就任は立ち消えになってしまった。だが五月に新外国人が着任していることを考え合わせると、ベリーの言うとおり、彼を神戸病院から排除することが目的であったとも推察される。

ベリーも激務のなかでかねてより疲労と病気に悩んでおり、四月には一時帰国の途に着き病院を去ることとなった。彼は帰国にあたり、アメリカ人クリスチャンを県に紹介するつもりにしていたが（Berry 1877. 3. 2）、五月になって神戸病院と契約を交わしたのは、オランダ人のヘイデン（Wilhelmus Hubertus Heyden）であった[55]。ヘイデンは一八七四年に来日して新潟県病院に雇用され、解剖学・生理学・病理学を教授していた医師であり、前述した白井が彼を神戸病院に招聘した可能性が高いとされている。また白井の長崎時代の後輩にあたる小石第二郎も新潟医学所から赴任してくる。ここで神戸病院は、元新潟医学所のスタッフが運営に力をもつ体制へと変化したわけである。森岡の人事異動は、飾磨県時代には長崎、兵庫県時代には新潟、というように、進歩しつつある日本の医学教育制度の下で訓練を受けた日本人医師を求めて、各県下の公立病院における人材を登用していったことに特徴があるといえよう。

一八七七年二月に神戸病院の正式名称が公立神戸病院となったとされるが、この一連の人事にみられるように、同年前半に神戸病院の改革が進められたことは間違いない。この管理者は役所の権限を拡大することに情熱的であり、経済的便宜を図るという口実ですべての伝道診療所を公営化し傘下に収め、設備が充実し名声を得ている神戸病院を合併後の県の病院へと改編しようとしているのだとベリーは嘆いている（Berry 1877. 1. 8, 2. 2）。神戸病院が公立神戸病院になることとはすなわち、県による統制を強化し中央政府の政策下に位置づけるという意味において、県下医療機関の「公立化」が図られたことの象徴であった。そのなかで、医療に付帯していた伝道という目的は排除されるにいたったのである。こうして神戸病院とアメリカン・ボード宣教師との関係は終わりを告げた。

旧飾磨県下の医療施設も兵庫県政の傘下に収められていった。前節に述べた公立姫路病院も、飾磨県が兵庫県に併合されると兵庫県の公立姫路病院となり、明石には一八七八年五月に神戸病院明石分院が設置された。例えば一八七七年九月に、淡路島の共立洲本病院も公立洲本病院へと改組されている[56]。このように、森岡権令の下で飾磨県に引き続き、兵庫県による県下医療の統合と統制、すなわち「公立化」が進展していったといえるのである。

(3) 伝道診療所の活動成果

ここで、ベリーの伝道の特質とその成果についてまとめておこう。

ベリーの医療伝道の方法とは、伝道診療所を設置することであったが、その発端となったのは三田での成功であった。その後、兵庫・飾磨両県下の各地に三田方式が適用されていくこととなる。ベリー来日以前、アメリカン・ボードは定まった対日医療伝道構想をもっていたわけではなかった。ベリーは日々の体験をふまえ、本国本部や日本での宣教師会議に対して医療伝道の意義をアピールし、高い医療知識をもった宣教師の派遣を望み、方法を確立、発展させようとした。伝道診療所は在地の医師たちの協力なしには設置できず、ベリーは日本では医師が尊敬される階層であることを実感し、医療伝道の成功の秘訣は彼らと結びつくことにあるとした[57]。伝道の希望の灯は医師層に見出されたのである。

訪問先において現地の医師層や富裕な商人層、役人との接触が生まれると、ベリーは金銭的な面も含め、伝道拠点となる診療所の設立と運営を彼ら自身の手に委ねようとした。また常に日本人助手――大半が士族階級の出身であった――を帯同もしくは先遣しており、彼らに現地での指導を任せていく傾向があった。来訪地において開拓伝道の端緒をいったん切り開いた後は、そこに継続して精力をつぎ込むことはなかったように思われる。結果として彼は一八七七年四月の一時帰国まで、神戸の地を離れることはなかったが、神戸に滞在した四年弱の間、未開拓地への赴任を絶えず念頭に置いていた。神戸病院での居場所を失う状況に陥った折も、四国や瀬戸内方面に開拓伝道の可能性を見出し、いつの日かまた“unoccupied field”に赴任したいとの希望を表明して帰国していったのである（Berry 1877. 2. 16, 3. 2）。ベリーは既設アウトステーションの「維持・発展」ではなく、アウトステーションの「新設」にこそ熱心な、文字どおりの「開拓宣教師」であった。

次に、宣教師としてのベリーの功績を考えるならば、彼の医療活動が伝道面での成果をどれほど生み出したのかということが問題である。そのひとつの目安となるのは、各地域での教会形成の有無であろう。

最もはっきりとした成果へと結びついたのが三田である。[58] 最初のベリー来訪から約二年を経た一八七五年七月になって、十六名の男女がギュリックから受洗し、摂津で三番目の教会である三田公会が発足した。そのなかには、最初にベリーを迎えた医師の一人である若林元昌も含まれている。この教会にはデイヴィス・アッキンソン・タルカット・ダッドレー（Julia Elizabeth Dudley）・ゴードン（Marquis Lafayette Gordon）など、神戸ステーションの諸宣教師が頻繁に訪れ、発展していくこととなった。

神戸近辺において診療活動が行われていた地域についてみると、まず兵庫において、一八七六年八月にアッキンソンや村上俊吉を中心として、摂津で四番目の教会にあたる兵庫公会が開かれるという成果を生む。[59] ここでの診療所は、公立の神戸病院が拠点として機能しえなくなった後は、行政に統合されなかった存在として、神戸近辺における医療伝道の期待を一身に担うこととなった（Berry 1877. 1. 8など）。そもそも財源の五分の一をミッションに頼る診療所であったが、私立病院として認可も得ており、一八八〇年七月にはテイラーの主唱により、兵庫・神戸・多聞の三教会による共有診療所となる。そして翌年には私立分恵病院となって、三田出身の医師川本泰年の助力の下に十年ほど存続することになる。完全な自給を達成できていなかったことが逆に幸いして、存続に結びついたといえるのかもしれない。

一方で、西宮教会の成立は一八八四年、尼崎教会の誕生が一八八七年である。[60] いずれもアメリカン・ボードの影響下での発足ではあるが、ベリーらによる一八七〇年代半ばの医療伝道活動の直接の成果とはいいがたい。前者は一八七八年の日本基督伝道会社の成立や一八八四年からの同志社神学生の伝道活動が、後者については、一八八五年からの浪花教会の有志の伝道が、教会設立の直接の引き金になっているからである。

明石の会社病院は一八七五年に自然閉院となったが、同年八月、医師松浦の家において、神戸からやって来る外国人宣教師や日本人伝道者により土日に聖書の講義や説教が行われるようになったとされる(61)。一八七七年六月には一時伝道が中止されたようだが、同年十月に設立された神戸の多聞公会のメンバーが中心になって明石伝道を再興し、翌一八七八年四月には樽屋町に講義所を設置、十月に十九名がアッキンソンから受洗し明石教会の設立をみる。明石伝道に熱心であった日本人伝道者は、ベリーの弟子であった神戸の医師山田良斎であり、明石での最初の受洗者には、会社病院設立に奔走した松浦医師や、会社病院でベリーの指導を受けたとされる医師の湊謙一が含まれていた。

加古川の会社病院は、前述の通りしばらくして高砂に移転されているので、高砂の状況をみてみよう(62)。高砂伝道は、明石教会の牧師である川本政之助らが一八八七年頃から始めたとされる。明石出身の川本は明石教会にて一八七九年にアッキンソンから受洗し、その後同志社に学んだ人物である。それゆえ、高砂伝道はアメリカン・ボードの勢力下に進められたということができるが、ベリーの医療伝道の直接の成果とは考えにくい。高砂での教会設立は一八九七年のことになる。

姫路の会社病院は、結局教会形成には結びつかなかった。アメリカン・ボード系の動きとして、一八八一年には三田出身の佐治職や同志社出身の不破唯次郎が姫路伝道を行うものの、一八七九年にアメリカ福音教会で受洗した井上文慈郎が就光社を結成してキリスト教を伝え、一八八三年よりバプテスト派として姫路伝道を行った内田正が一八八五年に同派から独立して教会を設立するなど、姫路のキリスト教はアメリカン・ボードとは別の系譜によって開拓されていくのである[63]。すなわち姫路でのアメリカン・ボードの活動は、医療の挫折とともに伝道面においても衰退したと捉えざるを得ない。

すなわちベリーが医療伝道を通じて蒔いた種は、必ずしもすべてが順調に成育して実を結んだわけではなかったといえようが、これらを大別すると、①直接的成果を挙げた三田・兵庫・明石、②後に間接的成果をもたらした西宮・尼崎・加古川、③期待した成果がみられなかった姫路、ということになるであろう。

最後に、ベリーの伝道診療所設置活動が神戸ステーション全体に対してどのような意義をもったかについて考えておく。

神戸ステーションの早期からの旺盛なアウトステーション開設活動は、ベリーの医療伝道そのものであった。そしてその活動を通じ、兵庫・飾磨両県以外にもアウトステーションを新規開拓する構想が広がっていった。まずは、京都もその一環として浮上したことを指摘できる。外国人の立入りが難しく伝道の見通しが立ちづらい京都に対しても、本国の本部は宣教師を配置することを強く望んでいたが、現場の宣教師は人員不足もあってこれに反発を覚えていた[64]（Greene 1873. 10. 3）。しかし一八七四年四月の神戸での宣教師会議では、ベリーの飾磨県での努力と成果が評価され、京都か彦根か名古屋にステーションを開設し、ベリーにはアッキンソンとともに赴任して同様の仕事をさせるとの結論が出されている（Berry 1874. 4. 10）。続く五月には、グリーンやアッキンソンが京都・大津・彦根に視察に出かけた[65]（Berry 1874. 5. 6, Greene 1874. 5. 9, Atkinson 1874. 5. 18）。来日直後に博覧会開催中の京都を訪ね、医師たちの歓迎ぶりに日本での医療伝道の可能性を見出していたベリー本人についても、京都府の病院・医学校の医師に就任する話がもち上がり（第一章第三節（1）（4））、京都開拓は現実味を帯びた[66]。結局、ベリーが京都に赴くことはなかったが、神戸ステーションの宣教師たちが京都開拓を具体的に考え出す契機をベリーの活動がもたらしたともいえるだろう[67]。

また、第三章第二節（1）で詳述するように、ベリーが開拓した飾磨県下の会社病院については岡山県病院の医師たちからも問い合わせがあり、温知医会がベリーの功績と設立の経緯とを一八七五年一月に回答している。四月にはテイラーが岡山を訪問し、彼と岡山県病院との間には雇用契約を結ぶ話も進んだ。岡山伝道が本格化するのはベリーが再来日する一八七七年からであるが、同地への展開はベリーの神戸での活動期にすでに胚胎していたのである。

ただ、神戸ステーションが全面的にベリーの志向するところを支援していたかとなると、話は別である。特にアッキンソンの発言には、医療伝道をめぐるベリーの考え方との違いがあらわれている。アッキンソンは、兵庫を例にして医師のクリスチャンとしての限界を伝え、当面はこれ以上アウトステーションを増やさずに既設の拠点の充実に努めるほうがよいとも述べている（Atkinson, 1875. 11. 20）。医師層への評価とアウトステーション活動の方針については、神戸ステーション内でも共通見解は築かれていなかったと考えられる。

おわりに

以上のように、兵庫・飾磨両県下におけるベリーの活動を明らかにしてきた。最後に、両県政とベリーの関係について整理して論じよう。

医療宣教師の問題を考えるとき、国の医療行政が医制公布により本格始動し、外国人の内地通行対策についても法整備が始まるという点において、一八七四年という年の画期性を認識させられる。本章で扱った一八七三年から一八七七年にかけてのベリーの活動期は、その前後の過渡期的時期にあたっていた。

兵庫県も飾磨県も、ベリーの医療活動を利用した点においては共通している。しかし、兵庫県が伝道というベリーの目的を受け入れながら病院運営を進めたのに対し、飾磨県の公立病院は、ベリーを排除する方向に進むことになった。この両者の違いは、両県の医療行政への着手の時期、および神田・森岡両県令（権令）の政策の違いに起因する。神田はそもそも中央政府の指示を受ける以前に、ベリーの力を借りて中央に依存しない県独自の地域医療の実現を図っていた。それが結実したのが神戸病院であり、ベリーの伝道もその功績によって容認されていた。[68]これに対するに森岡は、中央の医療制度化の動きを忠実に体現しながら公立病院の編成に努めた。[69]それはベリーと地元医師とが設立した会社病院の吸収につながり、伝道の可能性を失わせる結果をもたらした。その後飾磨県は兵庫県に併合されるが、逆に医療行政の方向性としては飾磨県型が兵庫県型を併呑するかたちとなった。それは、新兵庫県の権令に旧飾磨県権令の森岡が任命されたことに起因するといえるだろう。

兵庫・飾磨県下においては、宣教師と地方行政府という二つの主体による医療の近代化路線が存在したといえる。本章においてみてきたのは、この両者のからみ合いの過程だったわけである。京都や岡山からのベリーへの接触にもみるごとく、一八七〇年代中葉の神戸周辺府県の医療行政とは、国の政策の下に位置づけられつつ宣教師の活動にどう対処するか、ということだったのであり、兵庫・飾磨両県の対応の違いにみられるように、そこには独自性が発揮されうる領域が存在していた。そして、ベリーの医療伝道にとって直接の障害となったのは、地域社会における僧侶や漢方医といった勢力もさることながら、地方行政を通じた国による医療の制度化であったといえよう。いわば「伝統」とともに「異なる近代」こそが、医療宣教師の競合相手となったと考えられるのである。

先に述べたようにベリーは一八七八年に再来日し、新たな活動拠点を求めて岡山に赴任する。岡山での彼の活動については章をあらためて論じよう。

（1）“Dispensary Station”は、ベリー自身が時折用いたことばである。彼の書簡には、“Out Dispensary Station”という語句も登場しており（Berry 1877. 1. 8）、医療活動を伴うアウトステーションのことを指す概念が"Dispensary Station"であったと考えられる。ベリーは一八七四年十月にすでに宣教師の会議という公的な場でこの語を用いており（"Thoughts on Medical Missions in Japan"第一章注60参照）、来日宣教師間でも共通理解を得られるようになっていた概念だといえよう。本章では「伝道診療所」と訳してみた。

（2）『兵庫県史』史料編　幕末維新二（一九九八年）の八の6「風俗・旧慣の規制」所収、兵庫県布達申第二十三号。

（3）高谷道男『ヘボン』（吉川弘文館、一九八六年）の六「横浜居留地時代」参照。

（4）兵庫県布達甲第十七号（一八七六年三月十八日）。以下の兵庫県布達はすべて兵庫県公館県政資料室所蔵。

（5）兵庫県布達甲第五十六号（一八七六年六月十六日）。医務取締については第三節（1）を参照。"Report of Medical Work"（同志社大学図書館所蔵マイクロフィルム"Papers of the American Board of Commissioners for Foreign Missions" Unit3 Mission to Asia Mission to Japan Reel 327. 第一章注59参照）では、県内の十九区から二人ずつ医師を志望する有望な学生を集め、貸与奨学金を与える構想であったとされる。Katherine Fiske Berry, *A Pioneer Doctor in Old Japan ; The Story of John C. Berry* (Fleming H. Revell Company 1940. 以下"*Pioneer*"と略）の'A Yankee Teaches the Samurai'は、一八七五年までに十八人の奨学生が置かれたとしている。また『神戸港新聞』（該当号現存せず）掲載の記事を英訳転載した"The Hiogo News" No.784（1876. 6. 17）においても若干の違いがあり、十六歳ではなく十二歳以上とされ、賦金による学資支給の見込みのない区については、県から支給するので生徒を送るようにと決められている。

（6）神戸大学医学部五十年史編纂委員会編『神戸大学医学部五十年史』（一九九五年）。

（7）ベリーは盛んに医療伝道旅行を行った一八七三年六月から一八七四年五月の間は、ボストン本部宛に書簡を認める余裕がなく、手元で付けていた日記をそのまま送付することで報告に代えている。

（8）三田学園図書館など所蔵。ベリーの自叙伝（大久保利武編『日本に於けるベリー翁』、東京保護会、一九二九年所収。以下『ベリー翁』と略）においては、これは後出の三田出身の医師木村強によって和訳され、まとめられたとされる。

（9）これについては加藤明美「『七一雑報』の『養生法』と宣教医ベリー」（同志社大学人文科学研究所編『近代日本社会とキリスト教』、同朋舎出版、一九八九年）がある。

(10) 注(1)"Thoughts on Medical Missions in Japan".
(11) 兵庫県布達甲第二十七号（一八七六年四月十五日）。
(12) "Superintendent"の特定をめぐっては、第三節（2）の考察を参照。この場合は西春蔵院長ではないだろうか。
(13) 三田伝道の概況については茂義樹『明治初期神戸伝道とD・C・グリーン』（新教出版社、一九八六年）を参照。本章では、ベリー自身の当時の記録にあらわれる範囲での、彼と三田との医療を通じた関わりを描くこととする。
(14) 以下三田については、注記がない限りこの期間の日記に基づき記述した。第二節で扱う各地域についても同様。
(15) 注(5)"*Pioneer*"の'Queer Gifts, Signs and Texts'および注(8)ベリーの自叙伝による。
(16) ここでいう協力者、"Fuziisezaburo"は特定できなかった。注(13)『明治初期神戸伝道とD・C・グリーン』はこれを「藤井瀬三郎」としている。
(17) このとき白洲はベリーに、岩倉具視に聖書販売制限の撤廃をかけ合うと告げている。またベリーは、神戸ステーションの活動に協力的な居留民フォーブスの中日貿易会社から薬を輸入することをアドバイスしている。フォーブスについては第一章第三節(1)参照。
(18) 横川四十八「恩人ジョン・シー・ベリー氏を迎ふ」（注8『ベリー翁』所収）。横川については後述。
(19) 注(5)"Report of Medical Work".
(20) グリーンの書簡は、茂義樹「D・C・グリーンの手紙（Ⅶ）：横浜時代（1）一八七四年六月より一八七五年まで」（『梅花短期大学研究紀要』第四十号、一九九二年）収録の和訳による。
(21) 以下、本章で用いるアッキンソン書簡については、同志社大学人文科学研究所アメリカン・ボード宣教師文書研究会における石井紀子氏訳を参照させていただいた。本章以下、アッキンソン書簡は注(5)マイクロフィルム所収。
(22) 注(8)『ベリー翁』所収のベリー伝（「兵庫に踏み出されたる翁の働き」部分）は、巡回診察を行った場所として住吉も挙げているが、管見の限りでは確認できなかった。
(23) 西宮教会百年史編集委員会編『西宮教会百年史』（日本基督教団西宮教会、一九八五年）。
(24) 尼崎教会一〇〇年記念誌編集委員会編『尼崎教会一〇〇年の歩み』（日本キリスト教団尼崎教会、一九九六年）。アッキンソンの書簡中にも尼崎での伝道が報告され、ダッドレー（Julia Elizabeth Dudley）が加わることが予定されている

(Atkinson 1875. 11. 20)。

(25) 注(5)"Report of Medical Work".

(26) 奥村弘「飾磨県の行政機構の形成過程」(『飾磨県布達』三、姫路市市史編集室、一九九七年)。

(27) 「森岡昌純略歴」(『飾磨県布達』一、姫路市市史編集室、一九九六年)。

(28) 小野俊二・横山円造については注(13)『明治初期神戸伝道とD・C・グリーン』を参照。横山は後に同志社に学び、伝道師・牧師として、多聞・西宮・三田など神戸近辺の教会で活躍する(『日本キリスト教歴史大辞典』、教文館、一九八八年)。

(29) "Yokogawa"や"Ume"といった名が挙げられているが、後述のように、加古川での診療所開設を主導することになる医師の横川と梅谷であろう。

(30) そのなかの"Torinoumi"は、後に大日本武徳会創設に尽力したことで名を知られている鳥海弘毅であると推定できる。彼は一八七四年三月から権中属・中属として飾磨県に勤務し、一八七五年九月に文部省督学局に移っている(「飾磨県官員録」『飾磨県布達』六、姫路市市史編集室、一九九九年所収)。

(31) この旅行の途中に、ベリーは八人の同行者と"Ichiba"という場所に赴いて一泊し、百人の患者を診察した。トラクト配布も行い、天皇の御用絵師の絵画を送られたり、診療の場に使った寺の僧侶の関心を得たり、と地域住民との交流成果を得ている(Berry Diary 1873. 6. 17-18)。加古川から何百マイルも離れた三木の先にある町のようであるが、場所を特定できなかったため、注記するにとどめる。

(32) 注(5)"*Pioneer*"の'On Horseback with Pills, Plasters, and "Water Medicine"'など参照。

(33) 以下内地旅行問題については、今井庄次「明治二十年代における「内地雑居」的傾向について」(『内地雑居論資料集成』一、原書房、一九九二年)、伊藤久子「明治時代の外国人内地旅行問題――内地旅行違反をめぐって」(『横浜開港資料館紀要』第十九号、二〇〇一年)を参照。内地旅行の実態については未解明の点が多く、今後具体的事例に基づきながら研究を深化させる必要がある。本章で扱うベリーの行動は、そのひとつの事例となりうると考えている。ちなみに、前節で扱った遊歩区域内の有馬・三田方面への伝道旅行についても、宿泊が認められる法的根拠はなかったが、これも神田県令の下で黙認されていたのではないだろうか。

(34) ベリーの日記や注(5)"*Pioneer*"には、"chief officer","local government","Mayor","town authorities"など、地域の役人を表す語句が登場する。これらは、おそらく区長レベルの役人のことを指すと考えられる。
(35) 梅溪昇「「適塾姓名録」による都道府県別塾生名簿」(同『洪庵・適塾の研究』、思文閣出版、一九九三年)。
(36) 注(8)『ベリー翁』の「巻末余滴」に所収された史料による。「巻末余滴」は晩年のベリーが所持していた和文の史料五点であるが、地元の医師たちの手になる書類や書簡であって、貴重な一次史料である。
(37) 注(33)伊藤論文によると、この時期は駐日外交団との間において内地旅行規則案をめぐって係争中という状態であったが、五月に制定された外国人内地旅行允準条例における許可基準のうちに、雇外国人の使用の場所への旅行、開港場から医師を招聘する場合、内地旅行を許可された外国人に欠くことのできない従者、などの項目が挙がっている。これらに基づけば、彼らが姫路行きを許可される可能性はあったといえる。ただベリーは不許可の理由を、テイラーを伴っていたためであるとし、テイラーは二人とも不許可であったとしており、事実関係は明らかではない。なおアッキンソンは八月の時点で、行政府雇いの医師にのみ、内地旅行権が与えられると認識している(Atkinson 1874. 8. 10)。
(38) 注(5)"*Pioneer*"の'Queer Gifts, Signs and Texts'にもこの件について詳しい記載がある。
(39) 播磨史談会編『市制施行三十年記念　姫路市史』(姫路市役所、一九一九年)の第三編第十五章「衛生志」参照。
(40) "Regulation of the Association Hospital within the jurisdiction of Shikama ken" (1874. 5. 12. Berry 1874. 5. 18 に添付)、和文は注(36)「巻末余滴」所収。( )内は英文史料上の用語である。
(41) 内閣記録局編『法規分類大全　第一編　衛生門　薬剤病院』(一八九一年)所収。
(42) これらの医師名は、明石の医師たちの記した事歴書(一八七五年一月)による(注36「巻末余滴」所収)。加古川の医師についてはいずれもフルネームを確定することはできないが、注(35)梅溪論文において、兵庫県下の「梅谷慊堂」という人物が適塾に学んでいることを確認できるので、あるいはこの人物かその家系の者ではないかと考えられる。また加古川には、ベリーの日記では"Kiskawa"、注(5)"*Pioneer*"の'Queer Gifts, Signs and Texts'では"Kiokawa"となっている人物がいる。
(43) 注(8)『ベリー翁』の伝記も、高砂にも診療所があったと記す。また、日本キリスト教団高砂教会百周年委員会編『高砂教会百年史』(キリスト新聞社、二〇〇一年)は、一八七三年八月にベリーが高砂に診療所を開設したとの「高砂教会略史」を引用しているが、この年月日には疑問が残る。

(44) この年、以下に指摘するものを含め、医療に関わる県布達が数多く発布されている。『飾磨県布達』九（姫路市史編集室、二〇〇一年）参照。

(45) 以下、国の医療行政については、厚生省医務局『医制八十年史』（一九五五年）を参照。

(46) 飾磨県布達乙第三十一号（一八七六年一月三十一日）、番外（一八七六年四月十七日）。

(47) 飾磨県布達乙第百四号（一八七六年三月二十日）、乙第百八拾貳号（同五月十一日）。

(48) 飾磨県布達乙第二百七十二号（一八七六年七月二十九日）。

(49) 長崎大学医学部編『長崎医学百年史』（一九六一年）の第三章第六節「種痘掛医師と医学校職員並びに在塾生名簿」参照。

(50)「公立姫路病院スタッフ一覧」（姫路市史編集専門委員会編『姫路市史』第五巻・上・本編・近現代一、一九九九年）。

(51) 注(39)『市制施行三十年記念　姫路市史』の「衛生志」も、根拠となる一次史料は示していないものの、会社病院が県庁の意図により公立病院になったとしている。

(52) これが県の正式な職掌変更によるものなのかはわからず、当時の県庁帰航の詳細が不明であるため、部署名を確定することができなかった。

(53) 白井および後出の小石・ヘイデン、神戸病院の組織改革については、注(6)『神戸大学医学部五十年史』を参照。なお、白井も小石も新潟赴任以前は、前述の長崎医学校に学んでいた。

(54) 森岡は九月に権令に着任しているので、その年の暮れに新しい管理者が来たとするベリーの話と若干のずれがみられることと、注(5)*"Pioneer"*の'A Yankee Teaches the Samurai'では、西春蔵院長を指して"Hospital superintendent"とする用法がみられることとによる。ベリーの"Superintendent"の用法は、権令より下位にある現場の人間を指すように思われる。

(55) ヘイデン招聘の旨が公告されるのは七月であるが（兵庫県布達甲百十九号、一八七七年七月二十七日）、契約上は五月からであり、月給は三百円であった（『明治三拾八年　職員進退録　県立神戸病院』兵庫県公館県政資料室所蔵）。なお無給であったベリーは帰国時に、神戸病院での功績を賞する二百円を与えられている（同上）。なお、「神戸病院の設立と医学教育」（『神戸大学百年史』通史一・前身校史、二〇〇〇年）にも彼に関する記述がある。

(56) 兵庫県布達甲第百五十号（一八七七年九月二十日）。

(57) 注(1)"Thoughts on Medical Missions in Japan".

(58) 日本基督教団攝津三田教会編『日本キリスト教団攝津三田教会創立百周年記念史』（一九七五年）。なお、診療所の方がどのような経緯をたどったのかは不明である。

(59) 兵庫教会創立八十周年記念事業委員会編『兵庫教会八十年小史』（日本基督教団兵庫教会、一九五六年）。

(60) 注(23)『西宮教会百年史』、注(24)『尼崎教会一〇〇年の歩み』。

(61) 明石市教育委員会編『明石市史資料　明治前期篇』第七集下（一九八八年）に収録された、教会創設メンバーの一人、湊まきの回想による（原本は日本基督教団明石教会編『一粒之麦』、一九二八年所収）。しかし病院が閉院した事情や、伝道が中絶した困難な状況とは何を指すのかは示されていない。あるいは一八七六年の飾磨県公立病院の発足により、明石に出張所が設けられてそこに統合されたという意味であろうか。同回想は、創設期明石教会に関する唯一の史料であり、明石教会九十年記念誌編集委員会編『明石教会九十年』（日本基督教団明石教会、一九六八年）に収録された「明石基督教会二十五年間歴史綱要」もこれに基づくと考えられる。

(62) 注(43)『高砂教会百年史』。

(63) 日本キリスト教団姫路和光教会百年史編集委員会編『姫路和光教会百年史』（日本キリスト教団姫路和光教会、一九八五年）。

(64) 茂義樹「D・C・グリーンの手紙（Ⅴ）一八七三（明治六）年五月より十月まで」（『梅花短期大学研究紀要』二五、一九七六年）収録の和訳による。

(65) グリーンの書簡は、茂義樹「D・C・グリーンの手紙（Ⅵ）一八七三（明治六）年十月より一八七四（明治七）年五月まで」（『梅花短期大学研究紀要』二六、一九七七年）収録の和訳による。

(66) 京都療病院は、先述したベリーの『治験録』の頒布先の一つでもあり、一八七五年一月に同病院の医員ら（須川英橘・広瀬元周・木下熈・新宮凉介・安藤精軒・島成家・真島利民・半井澄）からベリーに感謝状が送られている（注36

「巻末余滴」所収）。

(67) 結局は、新島襄の帰国によって一八七五年十一月に同志社が発足しデイヴィスが赴任、医療宣教師としてはテイラーが一八七六年三月に同志社へと雇い入れられる結果となる。テイラーについては長門谷洋治「W.Taylor の本部宛報告書について——その1、初期（主として同志社関係）」（『同志社アメリカ研究』別冊六、一九八二年）を参照。

(68) ただし、こうした神田の政策を固定的に捉えるのは危険である。「兵庫県令神田孝平事務引継演説」（注2『兵庫県史』の四の7「府県統廃合による第三次兵庫県の成立」所収）には、「病院の事」として、ベリーが無給で神戸病院での治療と教育とを行っている現状は十分な状態とはいえないが、良医を雇うには資本が足りないので、やむを得ずしばらくこのままに続けているとの旨が書かれている。神田に任期上の余裕がありかつ財政状況が整えば、ベリーに代わる別の外国人医師を正式雇用するという方向に向かったかもしれない。

(69) 宮川秀一は森岡を、「上からの命令を忠実に守り、且つ実行した、きわめて几帳面な官僚であった」と評価している（「飾磨県布達について」、注27『飾磨県布達』一に所収）。

第三章　岡山県における医学・洋学教育体制の形成とアメリカン・ボード

はじめに

アメリカン・ボード宣教師は他派との競合を避けて京阪神を拠点とし、やがて西日本および北日本へと活動範囲を広げていった。岡山はその活動地のひとつであり、一八七九年（明治十二）に伝道拠点としての岡山ステーションが開設されている。

岡山でのアメリカン・ボードの活動については、キリスト教史の立場からの研究蓄積がある。その嚆矢となったのは、一次史料である宣教師文書を用いた一九六〇年代の竹中正夫の研究である(1)。その後、比較的最近の守屋友江の包括的論考など(2)により、岡山伝道の実態はかなり解明された。だが、岡山ステーション設立の先鞭を付け、同地開拓の中心的存在として県行政官や有力者と関わったのは、何といっても医療宣教師ベリーである。彼の書簡や回想を検討してその活動実態を把握し、神戸以来の彼の活動を軸にするかたちで、岡山県政とアメリカン・ボードとの関係を追っていきたい。

県政と宣教師との関係を考える際には、それが生じる以前の歴史的状況を把握しておく必要がある。そこでまず第一節では、一八七〇年代半ばまでの岡山県においては、いかなる態勢下に医学・洋学教育の実現が図られていたのかを論じる。その上で第二節以降において、一八七〇年代半ばから一八八〇年代半ばの時期に、アメリカン・ボード宣教師と岡山県との関係がどのように築かれ、変化していったかを明らかにしていく。最後に、第一章からの分析をふまえて、岡山県とアメリカン・ボードとの関わりの特質を比較史的に検討し、ベリーの活動からみた地域教育とキリスト教勢力との関係についての考察を締めくくる。

一　岡山県による医学・洋学教育の開始

(1) 医学教育機関の展開──岡山県病院発足

明治三年(一八七〇)六月、大阪の緒方洪庵の下で学んだ明石退蔵ら藩医層が中心となり、岡山藩医学館が発足した。[3] 藩知事の池田章政が医学修業者に対し扶持を給与し、当初からオランダの軍医ロイトル(Franciscus Johannes Antonius de Ruijter)を招聘するなど、[4] 蘭医学の摂取に積極的な機関であった。医学館の向かいには病院が設置され、診察が行われていた。

しかし翌年の廃藩置県を経て岡山県の管轄下に置かれると、県の方針の定まらぬなか、医学館は明治五年(一八七二)一月には医学所、七月からは病院と統合されて病院附設の医学所(あるいは医学教場)へと改組・改称が続き、一部廃止や人員縮減も行われるなど、不安定な状態が続いた。さらに大きな影響を与えたのが、同年八月に文部省が頒布した学制である。学制体制は、府県の教育体制の統制や一元化を目指すものであった。岡山県では病院及びその中の医学所に対し、維持費として定額三千円を支給していたが、これが停止されたのは、府県に対し学事用の公金支出を禁ずる十月二十八日の文部省第三十八号を受けてのことであろう。存亡の危機を迎えた病院及び附設の医学所であったが、有志はこれを会社病院(民間病院)として維持した。以後約一年余りを、彼らの尽力によって何とか持ちこたえたことが実を結び、一八七三年十一月、文部省の許可を得て岡山県病院として再発足したのである。岡山県自体も一八七三年六月十五日に「医事教育奨励ノ諭告」を布達しており、[5] 医療発展への強い志向を有していた。一八七五年八月には生田安宅を初代院長とし、病院規則も制定された。この頃には、病院の運営も一応の軌道に乗ったと考えていいだろう。生田安宅は備前藩医の家に生まれ、京都や東京で西洋医学を修めた。岡山藩医学館が創設されると二等教頭に任じられ、廃藩置県後の医学所廃止の危機にも率先して維持に尽力した。一八七〇年代末まで、この機関は彼の主導力の下に動いたと考えられる。

（2）洋学教育機関の展開――私立池田学校発足

明治四年（一八七一）一月に岡山藩は洋学所を設置した。[6] 兵学館から選ばれた生徒に英仏語学や士官術学を授けることを目的にした機関であり、イギリスからオースボン（P. Osborn）を招聘して語学教育にあたらせた。[7] 一方、寛文三年（一六六六）以来の歴史をもつ藩学校においても、廃藩置県後に岡山県の学校督事に就任した西毅一らが学校からの漢学者締め出しを図るなど、徹底した洋学機関化が断行された。明治五年（一八七二）一月には、藩学校は普通学校と改称され、洋学所もここに吸収された。前項に述べた医学所も普通学校付属と位置づけられた。つまり、県下の高等教育施設をすべて普通学校として一本化し、総合教育機関とすることが目指されたといえよう。普通学校は、東京や大阪の高等専門教育機関への進学のための予備教育を施す学校として、語学中心の教育を目指した学校であった。ただし西の改革はあまりに急激であり、彼には独断専決であるとして減俸の罰則が課されている。

続く明治五年（一八七二）八月の学制章程発布は、医学教育の場合以上に、普通学校の行く末に対して大きな影響を与えた。これと同時に公布された文部省第十三号は、府県が設置した学校を一度全廃することを求めるものであった。旧藩時代より外国人教師を雇い入れてそれぞれに府県が設置してきた学校は特例として存続が認められたが、やはり十月十七日の文部省第三十五号により、全廃を言い渡された。これにより、岡山県の普通学校は廃止の対象になったのである。

だが、藩校の系譜を引く普通学校を閉鎖するに忍びなかった関係者は、何とかエリート養成機能をもつこの学校を維持しようと努力した。まず翌一八七三年一月には、普通学校は第一中学区一番小学兼教員仕立所と称し、教員養成機関としての存続を目指した。だが、十月には文部省督学局より廃止を命じられてしまったため、普通学校出身の小松原英太郎をはじめとする有志は、その校舎を引き継いで、十二月に私立の遺芳館を設立した(8)。県下および他府県の英学者・仏学者を教師とし、普通学校同様に高等教育機関への進学予備教育機関となることを目指した学校であった。

県は一八七四年六月、新たに岡山県温知学校を発足させ、これを教員養成機関とした。この学校が一八七六年四月、中学生養成所を附設した岡山県師範学校となり、変則中学科の扱いを受けていた遺芳館は、実質この学校に吸収されて消滅してしまった。しかし、高度な洋学教育を継続したいという思いは失われることがなかった。一八七七年、西毅一は、岡山県の宣教師招聘のキーパーソンとなる中川横太郎とともに、大阪・京都を経て上京、勝海舟、副島種臣、福沢諭吉、中村正直を訪ね、海路四国に渡って板垣退助と面会した(9)。彼らとの交わりに刺激を受けた両者は、約二ヶ月の旅から戻ると、旧藩主池田章政の資金を元手に、普通学校出身者の杉山岩三郎(中川の弟)・青木秉太郎・大口精義らの協力や醵金を得て、私立池田学校を発足させた。この学校については従来知られるところが少なかったが、県の公的報告により新たに判明するところでは、設立は一八七七年十一月、場所は中川が所有する岡山区西川の元瀧川一遵居住地で、一八七九年二月時点で月謝は二十銭以上一円以下と定め、生徒百三十六名を擁していた(10)。

以上にみたように、県による公教育機関は教員養成・中等教育機関として新設され、旧藩以来の洋学教育は旧藩主の資金を元手とした新設の私立学校によって引き継がれることとなったとまとめておこう。

（3）小　括

（1）（2）から確認すべきは、岡山県においては、①公教育としての医学・洋学教育には、旧藩時代に培われた底力があったこと、②中央政府の構想する学制体制に翻弄され、県の既設学校は廃止の危機を迎えたものの、学校当事者あるいは県により、公立と私立の間を行き来しながら存続の道が模索されたこと[11]、③結果として、医学と洋学とは異なる道をたどった、すなわち、医学機関は県により維持され、洋学機関は私学として維持されたこと、の三点である。

③の差異の原因は、まずもって政府の方針が異なったことに求められる。例えば学制体制の始動に伴い発布された文部省第三十五号は、外国教師を雇い入れる学校の全廃を府県に命じるものであったが、医学校については、病院に改組した上で雇外国人医師に治療法を質問するという形態で存続することは許されていた。学制による統制は、医学教育よりも、洋学を主とする教育に対し、より強く及んでいたといえる。

しかし、ここでの公立と私立の区分は、実態としては明確なものではなかった。私立池田学校が、創設の翌月から師範学校兼中学校教頭の能勢栄を嘱託に採用していることは注目に値する[12]。公職にある者が私立学校教員を兼ねているのである。江戸の幕臣の家に生まれた能勢は、一八七〇年十月よりアメリカに留学してオレゴンのパシフィック大学等に学び、県からは翻訳著述編輯の仕事も命じられていた。おそらく私立池田学校は、高度な洋学教育を実現すべく、洋書を用いストーブ付きの教室で授業をしたという能勢に目を付けたのであろう。池田学校は、教員を共有したという点で、公立学校と不即不離の状態にあった。一方県病院も、次節で触れる一八七五年の外国人雇用に際しての契約内容をみると、契約主体は県でありながら、給与を有志の醵金によってまかなうとしていることが目を引く。病院の財政と運営が、有志組織である会社病院的な性格をまだ強く有していたことがうかがわれる。すなわち、一八七〇年代における公・私の教育機関は、人材的にも財政的にも未分化な側面を有していたということである。
こうした状況下に、岡山県とアメリカン・ボード宣教師との関係が始まることとなる。

二　岡山県とアメリカン・ボードの邂逅

(1) 県病院と医療宣教師の接触

両者の出会いは、まず医学分野において始まった。

一八七四年、県病院の医員は、ロイトルに代わる外国人の雇用をあらためて構想した。県に宛てた上申書では、外国人教員の招聘は「我ガ県政令ノ他ノ諸県ニ卓絶セルヲ知ラシムル」先進的事業と捉えられ、「内ハ以テ満県ノ医俗ヲ感喜セシメ、外ハ以テ坂府以西崎陽ニ至ル間ノ学校及ビ病者ヲ欣慕蝟集セシムルニ足ランカ」[13]と、県内医学の向上のみならず、官立医学校の存在する大阪と長崎との間における医学の中心機関となろうという大望が述べられていた。実際、一八七四年の時点で外国人医師を抱えていた西日本の府県立病院は京都府療病院・兵庫県病院（神戸病院）のみであり、全国的に見渡しても、東京府病院・神奈川県の十全病院・新潟県の新潟病院・石川県の金沢医学校・長崎県の病院[14]を数えるのみで、大半は居留地を有する地域の病院であった。

ところで岡山県の東隣の飾磨県では一八七四年四月、神戸を本拠地として活動するアメリカン・ボード医療宣教師ベリーの指導の下に、有志が温知医会と称する組織を結成して会社病院（民間病院）を設立していた（第二章第二節）。この会社病院はベリーと雇用契約を交わし、新たに来日してきた医療宣教師テイラー（Wallace Taylor）も往診に訪れていた。岡山県病院の医師らが飾磨県におけるベリーの活動を知ったのは、ベリーが医療伝道活動のかたわら、様々な症例と治療法を『治験録』としてまとめ、広く頒布していたことがきっかけでもあろう。外国人招聘を切望する岡山の医師たちの白羽の矢は、アメリカン・ボード医療宣教師に当たった。彼らは飾磨県の会社病院に対して両人を招くことの可否を問い合わせ、翌一八七五年一月、会社病院側は病院の現況を紹介し来訪を促す回答を送っている(15)。

医療宣教師テイラーが岡山を訪れたのは一八七五年四月のことであった。彼もベリー同様に医療を通じて内陸部に別のステーションを設置したいと考えており、岡山の医師たちとの連絡が始まっていた。ここで医療伝道歴の長いベリーではなくテイラーが当事者となった理由は不明であるが、ベリーは神戸病院で恒常的に勤務していたのに加え、兵庫・飾磨両県での医療活動の要であったので、後から神戸ステーションに着任したテイラーが岡山の担当になったのではないか。テイラーは数名の医師と岡山県中属中川横太郎(16)の訪問を得、中川の尽力を通じて内地旅行免状を入手し、横山（二階堂）円造を帯同して岡山入りを実現したのである（Berry 1875. 6. 16. 以下は Taylor 1875. 6. 14）。岡山は居留地周囲十里以内という遊歩区域の外にあるので、内地旅行の許可を得ることが必要であったから、県吏の関与は当然であろう。一八七四年五月に制定された外国人内地旅行允準条例において、遊歩区域外への内地旅行を許可される特例者のうちに、「招聘された開港場の医師」が挙げられており、テイラーの場合はこれを適用したのではないかと考えられる。

岡山入りしたテイラーは、参事の石部誠中や権参事の西毅一らに迎えられている(17)。西はすでに聖書を読み、少なからぬ関心を寄せていた。テイラーは西の自宅にて高官を集め伝道集会を開き、マタイ伝一章を扱って聖書の話をしてみた。すると全員が、中国語訳の聖書や日本語訳の新訳聖書、あるいはトラクトをもっていたのである。宣教師来訪以前に聖書への関心が引き起こされていたことはテイラーにとって驚きであったが、岡山からアメリカに留学中に受洗して帰国した青年を通じて、聖書への関心が培われたのではないかとみている。断定はできないが、この人物は帰岡後すぐに死んだということなので、一八七〇年に華頂宮に随行して渡米し、ニューブランズウィックに在住の後、一八七四年に帰国、四月に病死した岡山県大参事の土倉正彦のことかと推察される。[18]

テイラーは他方で、医学修行のため神戸に滞在中、妻とともに神戸教会員となった大田源造が、郷里の岡山に戻ってきていたことを知った。大田は友人らに聖書を読み聞かせ、二人の帰依者を生み出していた。聖書に関心を持つ県高官らとのつながりはなかったので、テイラーは自分が去った後は西宅での集会を大田に担わせるよう取り計らって、はじめの岡山訪問を終えたのである。

ところで石部や西らは、当初からテイラーを県病院に招きたいと述べ、そのために中央政府から居住許可を得ることも告げていた。府県の外国人雇用については、主務省である内務省および外務省から許可を得る必要があったため、早速稟請がなされ、八月になって外務省より雇用免状と神戸との往復に必要な寄留証票とが交付された。[19]免状には月三十円の給与で期間は九月より六ヶ月という契約内容が記されていたが、これは病院長の生田安宅らが神戸に赴いてテイラーととり決めて申請した草案どおりである。認可が得られないのではないかとの県高官やテイラーの懸念に反して、中央省庁はこれを認めたということになる。

テイラーとの契約は、前年に飾磨県の会社病院がベリーと交わしていた約定を参考にして提示されたと思われる。飾磨県の会社病院は、期間は七ヶ月、給与は十日ごとに二十五円という条件でベリーを招いていた（第二章第二節（2））。これは、活動拠点を神戸に置くベリーが内地旅行の範囲内で訪問することを可能にしようとの意図に基づいていたに違いない。岡山県病院も同様に、テイラーの岡山移転が実現するまでの暫定的契約と考えていて、月三十円・六ヶ月という条件には、毎月一回訪問して十日間滞在してくれればよいという条件を読み取ることができる。この金額は、テイラーと二人の助手の交通費をまかなえる額であった。岡山県は、国への申請の通りやすさや、テイラーの側の事情が整うまでの時間を考えて、飾磨県会社病院とベリーとの契約同様の、内地旅行型契約を暫定的に結ぼうとしたのではないか。であるから、妻子の居住も雇用免状に含まれていなかったのである。

テイラー自身も、岡山伝道に積極的であった。居住が認められなくても内地旅行というかたちで関係を続けたいと考えており、七月にも神戸教会員の鈴木を伴い岡山を再訪し、伝道集会を開いている[20]（Taylor 1875. 10. 2）。だが、中央省庁からの承認を得られたにもかかわらず、テイラーと岡山県の契約は十二月に解除された。その理由は、新島襄による同志社設立の動きによって、神戸の宣教師たちによる京都ステーションの新設計画が本格化し、限りある神戸ステーションのスタッフのなかから、テイラーが京都に派遣されることになったことにある。同志社設立に伴う京都ステーションの開設は、日本ミッションとしても重要かつ高い可能性の見いだせる事業である。テイラーが岡山を気にかけて、ボストンの本部からの宣教師増派を望みつつも、京都赴任を第一義に考えたことは不思議ではなかった。

ところで同志社の誕生した京都においても、一八七二年以来、府が近代病院としての療病院を発足させていた。そして、テイラー招聘を企図した岡山県病院と同時期に、類似した動きをみせていることに注目できる。京都療病院は、一八七二年からドイツ人医師ヨンケル（Ferdinand Adalbert Junker von Langegg）による教育を実現しており、岡山県病院と同じく早くから外国人医師を登用していた府県病院であった（第四章第一節（1）参照）。このヨンケルが一八七六年に解雇されることとなった折、兵庫県と飾磨県で医療活動を繰り広げるアメリカン・ボードのベリーに対し、後任に就任する話が持ちかけられた（第一章第三節（4））。岡山の医師らと同様、京都療病院の医師たちはベリーの『治験録』を手にしており、彼の先駆的働きを知るなかで、雇用の話が持ち上がったのであろう。居留地を持たず外国人との接触機会が容易に与えられない京都府と岡山県とが、京阪神に展開するアメリカン・ボード所属の医療宣教師に等しく目を付けていたのであり、図らずも両府県の間では、アメリカン・ボード医療宣教師の争奪戦が繰り広げられていたことになる。そして兵庫県も含め、医療宣教師の登用を図るという方策は、医療の充実に積極的な府県病院における共通現象であったと認識しておこう。

だが京都でのベリー雇用は実現しなかった。現場の医師らの意向に反し、槇村正直知事に率いられる京都府当局が、ベリー雇用に積極的ではなかったのではないか。ベリーは兵庫県において、神田孝平県令の保護の下、神戸病院を拠点とした医療伝道を数年間にわたり実施してきたところであり、その成功には県令の主導力と保護が欠かせぬものと考えていた。それゆえベリーとしても、京都療病院からは高額の給与を提示されていたけれども、神戸での環境を失ってまで京都に赴任することを決断できなかったのだろう。

京都府と岡山県の事情を比較してみよう。従来、アメリカン・ボードと岡山県を結びつけた人物として、中川横太郎の働きは常に指摘されるところであった。しかしアメリカン・ボードとの関係は中川一人の感性と行動が生み出したわけではなく、石部・西などを含む複数の県高官が有するキリスト教への親和的態度と期待に支えられて始まったと考えられる。こうした協力者層が京都府には未だ存在していなかったといえよう。

なお、テイラーとの契約が解除された後の岡山県病院の動向であるが、翌一八七六年四月に公立病院と改称されたのは、同月の内務省達乙第四十三号が、各府県下の病院に官立・公立・私立の区別を求めたことに対応している。同年ここに医学教場が設置され、六月には若栗章を第二代病院長に迎えた。若栗は福井藩出身の軍医で、海軍医学教師であったイギリス人アンダーソン（William Anderson）の教えをおそらく受けたとされている。[21] 彼を招いたのは、テイラー招聘にも関与していた初代院長の生田安宅であった。西洋医学に通じた高いレベルを有する日本人医師の招聘により、外国人医師による教育が実現しなかった穴を埋めようと考えての方策であったと捉えられる。

（２）宣教師雇用の実現

一八七五年段階における岡山県病院へのテイラー登用は、結局軌道に乗らないままに終わったが、一八七八年末にいたると、岡山に派遣されたアメリカン・ボードの諸宣教師と県内諸機関との間に本格的な雇用関係が実現することとなった。そしてそれは、医学に加え洋学領域にも広がった。背景には、岡山県とキリスト教勢力双方の状況変化がある。

岡山県側の事情としては、一八七五年十月に高崎五六が県令に就任したことが大きい。薩摩藩出身の彼は、地租改正断行のために県庁職員を一斉に罷免するなど、組織を刷新するところから近代化政策の実現に努めた県令であった。一八七九年に入ると、民立の勧業博覧会開催、県庁舎の新築、『山陽新報』の発刊、第二十二国立銀行の設立など、種々の振興策を展開している[22]。後述するように、こうした一連の施策のなかに宣教師の登用も位置づけられるであろう。

一方キリスト教勢力の全体的動向としては、一八七七年に京阪神の諸公会（教会）が日本基督伝道会社を結成したことで、日本人による諸地域への伝道活動が本格化したことが注目される。同志社出身者の活動が活発になるのもこの頃からである。一八七七年に入ると、三月にテイラーが金森通倫と岡山を再訪し、続く五月には中国・四国方面への伝道旅行の一環としてアッキンソン（John Laidlaw Atkinson）が横山円造・小崎弘道とともに来岡するなど、神戸在留のアメリカン・ボード宣教師と同志社学生による継続的伝道が始動した。

岡山を訪問したテイラーやアッキンソンは、新たな協力者を得る（以下 Taylor 1877. 5. 19, Atkinson 1877. 8. 7）。それが前述の師範学校兼中学校教頭、能勢栄であった。能勢とキリスト教との関係は従来不問にされてきたが、アッキンソンによれば、フォレストグローブの組合教会員となり、在米日本人留学生によくある行動として、洗礼まで受けたという。能勢を通じて、テイラーの開いた集会に師範学校（“normal school”）の教師や生徒が集まってきた。能勢は偶像を公然と焼き捨てるなどの過激な行動に走り、仏教徒をはじめとする人々の反感を買っていた。そのやり方には宣教師も首をかしげるところであったが、まずは有力な味方とみなされた。彼はアッキンソンに対し、クリスチャンの妻を得たいので紹介してほしいと告げたという。

この時期のアメリカン・ボードでは、西日本方面への新ステーション開設に向けて、神戸ステーションの宣教師が、方々への視察を計画しつつあった。その中心にあったのはアッキンソンで、一八七八年春にも、バローズ（Martha J. Barrows）、ダッドレー（Julia Elizabeth Dudley）と山田良斎を伴い中国・四国旅行を行っている。新ステーション開設には、医療宣教師の存在が欠かせなかった。なぜなら、神戸でのベリーの活動を通じて医療伝道の有効性は認識されるところだったし、外国人が遊歩区域外に定住するためには現地での雇用関係を結ぶことが必要な状況の下、医師としての契約の実現性が高かったためである。そこで十一月、候補地視察のためアッキンソンは医療宣教師のベリーを連れて神戸から旅立つことになった（以下 Berry 1878. 11. 4, 11. 20, 12. 23, Okayama SR-1 1879. 6）[23]。そのとき彼らは、すでにアッキンソンが知遇を得ていた中川横太郎と偶然と出会った。その夜の話し合いで宣教師らの医療伝道構想を聞いた中川は、岡山県下の医療のためにベリーを招聘することを考えついたという。三年来、公立病院にテイラーを雇い入れる構想は実現しなかったが、アメリカン・ボードと同志社生徒による岡山伝道が軌道に乗り、新伝道地開拓に熱意をもつベリーと出会ったことで、中川はいよいよ医療宣教師招聘の期が熟したと判断したのだろう。

神戸ステーションの宣教師は、岡山を西日本方面の新ステーション建設地に決定していたわけではない。具体的候補地として松山や福岡、広島も挙がっており、宣教師のなかには福岡を推す者も、ベリーのように広島を推す者もあった。だが、県の協力を得て人々から好意的に迎えられる見込みがあったはずの福岡では、主導的立場の人々との連携がうまくいかなくなり、加えて広島訪問が嵐のために中止になってしまうという偶然も重なった。その一方で、以下に述べるように、協力者を得て県への受け入れ体制が着々と整った岡山が、目下のステーション建設地に選定されたのである。

岡山に到着したアッキンソンとベリーは、医師や町の有力者らと面会し医療事業への協力の約束を得た。これらの協力者名はわからないが、彼らは五百ドルの資金提供や家屋敷の確保を申し出、県（"government"）に雇われるのではなく私立病院を設立するようベリーに勧めたという。中川はさらに、アッキンソンやベリーを県令高崎五六にも引き合わせた。高崎は彼らを歓迎し全面的協力を申し出、病院をもち好きなように場所や規則を定めてよいと述べると同時に、ベリーが同伴する宣教師を県の師範学校（"normal school"）の教師として迎え入れたいと発言した。師範学校は、当時三十五名の生徒を有していたが、ベリーによれば、能勢も宣教師を学校に招きたがっており、学校にキリスト教を浸透させる希望がもてた。福岡を回り神戸に戻ったベリーは、すぐにケーリ（Otis Cary）とペティー（James Horace Pettee）を伴って岡山を再訪した。すると、新たに両者に対しては、前節で触れた私立の洋学機関・池田学校で雇用するとの話が持ち上がったのである。

ここまでの経緯よりわかることは、宣教師たちの前には、医療・洋学の両分野において、岡山に県雇として居住するか、それとも私雇となって居住するか、という選択肢が示されていたということである。そして結果として宣教師らは、医療分野においては公立病院に、洋学分野においては私立学校に、それぞれ雇用されることとなった。この対照的な決定にいたる当事者の意向を、限られた史料より推測してみよう。

まずベリーは県の公立病院雇となった。彼にとって、有志による私立病院を新設するよりも、安定した基盤とそれなりのレベル・規模を保つ既存の公立病院で働くことが現実的であったといえる。神戸時代の医療伝道は公立の神戸病院を拠点とすることで発展し、それは県令神田孝平の裁量下に可能であったという揺るがぬ理解があったことは間違いない。それゆえ、新たな開拓地岡山においても、県令の庇護が得られるならば、神戸病院同様に公立病院を拠点化できるとの見込みをもっていたと考えられるだろう。

対する高崎県令の側は、むろん県下医療の充実を期して、中核医療施設である公立病院へのベリー登用を図ったということであろう。さらに、一連の県政刷新政策のなかで、病院の改革を課題視していたという事情がある。一八七八年四月、財政的問題から公立病院に県の衛生掛員が派遣され、勤務状況を管理しようとした。これに対して病院内の医員が県に陳情して抵抗したために、掛員の派遣は頓挫してしまった。(24) つまり県と病院との関係は良好ではなく、病院は、着任早々県吏の更迭・再編成を断行した県令が手をつけられなかった領域として残っていた。高崎がベリーに寄せた期待のひとつは、彼を通じて病院に対する県当局の優位を確立することにあったのではないか。

ベリーは一八七九年四月一日をもって公立病院と契約を交わしたが、全十二条から成る条文において、「顧問」(“Adviser”)と呼ばれる役職が示された(Berry “Translation” 1879. 5カ)。その任務は、県令や病院職員の要請に応じて、寄せられた質問に対して説明し、病院職員に助言を与え、患者を看護し、生徒を教授することとされた。給与は年二百円、仕事の時間や曜日は特定されないが、要請があれば義務を果たすことと記されていた。仕事以外で他所に赴く場合は、病院に行き先を告げ、県令の許可を得ることが必要であった。病院規則や教授規則は県令によって定められ、顧問の助言は求められるが、決定権はないとうたわれている。しかしベリーは、県当局が、アメリカのキリスト教病院に倣って自ら提示した運営規則を三年間は守ると約束したという(Berry 1878. 12. 23)。ベリーにとっては、神戸病院同様の裁量権が約束されたと捉えうる関係であった。

一方、ケーリとペティーの雇用の背景には、県と地域有力者との間の緊張関係があった。西や中川らは元県吏であったが、岡山における士族民権運動の旗手でもあった。一八七八年五月には愛国社再興を目指す板垣退助が岡山を訪ね、西や中川のほか、青木秉太郎、杉山岩三郎など池田学校と関わりを持つ面々が顔を合わせている。

翌年三月には中川やその食客長田時行が板垣を訪問する[25]。すなわち宣教師雇用が画策されているのは、ちょうど民権運動の広がりの下に彼らが激しく行動している時期にあたっていた。高崎県令は、一八七九年三月に開設された県会における議員の国会開設運動に停止命令を下すなど、県下の運動には敏感に対応していた。ベリーによれば、ケーリやペティーに非常勤での英語教師の話をもちかけた"educational group"の一部リーダーは、反政府運動家としての容疑下にあり、高崎はベリーに対し、宣教師が彼らに与して私雇関係を結ぶのならば、公立病院に雇って協力することはできないと告げていたという[26]。彼らが伝道集会を隠れ蓑として各地で反政府演説を行うために宣教師を雇うのではないかとの警戒心も抱かれていた。この"educational group"とは池田学校関係者を指すと考えられる。そして前節末に指摘した公立と私立とのあいまいな境界が、民権運動下にあって明確なものへと変化させられていく様を確認できる。

結局二人の宣教師は、県令や校長も望んでいた師範学校ではなく、私立池田学校への雇用となった。その理由は、池田学校の発展を期した西や中川の熱意が勝ったということであろう。県令が危惧した池田学校の民権運動的性格のほどは不明であり、西らの宣教師雇用に含むところがあったかどうかもわからない。しかし、一年前にアメリカ帰りの能勢を教師に招いたほどであるから、西らにとって宣教師の来岡は、教育レベル向上のためのまたとない好機とみえたはずである。対する県令の側は、中央政府との関係上、宣教師を公教育に登用することに躊躇があったのかもしれない。一八七五年十一月三十日の府県事務章程（太政官達二百三）によれば、学校教師としての外国人雇入は府県が専決でき、主務省に届け出ればよかったはずだが、空洞化していたとはいえ、一八七三年六月十四日の文部省第八十七号以来、教員に宣教師を雇用することは禁制下にあったからである。近代化のため外国人を県下に呼び寄せることを第一義に考えた県令は、あえて池田学校による随伴宣教師雇用を阻止しようとは考えなかったものといえよう。

しかしこの雇用をめぐっては、今ひとつの緊張関係が存在していた。それが、県と国との関係である。一八七七年三月の太政官布告第二十七号により、外国人を私雇して居留地外に居住させるには、地方官の添書をもって外務省へ伺い出て許可を得なくてはならず、ペティーとケーリの雇用は難航した。一八七九年一月、学校委員の大口精蔵と西毅一のほか、戸長の鈴木光耀、成瀬久徴の名を揃えた雇入願を受け取った岡山県[27]は、この両者に関する雇用許可を申請したが、外務省からは以下五点についての釈明が求められた[28]。①雇主とされる西毅一と大口精蔵は、どれほどの規模の家屋の所持者なのか。彼らが外国人を雇うのでなく、実態は逆で、米国人が別の場所で彼らを雇用しているのではないか。②実際の池田学校は米国人の開設した学校であり、諸経費も米国人が支弁しているのではないか。米国人教師が英語学を教授するとは名ばかりで、宗教を教えるために来たのではないか。③学校はどこで開設しているのか。米国人の居住する中川横太郎の家屋については、雇主ではなく米国人が家賃を支払っているということはないか。④学校は以前から開設していたのか。それならば幾人の生徒が就学しているのか。新設なのであれば、米国人を二名も雇うとは、多くの就学を見込んでいるからなのか。⑤給料は生徒の月謝から支払うとあるが、一人も生徒がない場合は給与を支払わないつもりなのか。

これらの疑念はすなわち、池田学校に実体はなく、ペティーとケーリが外国人取扱規程に反した滞在を企てているばかりか、彼らがキリスト教を布教するための口実として池田学校の名を用いているのではないかと懸念したものだといえる。

実際、外務省の懸念は的を射ていた。学校委員らと宣教師との間では、将来的に同志社（“Kyoto School”）に似た規則を取り入れ、早晩クリスチャンスクールにするという話も出ていたのである。もし反対があった時には、学校の理事の一人、杉山岩三郎が東京から戻ってくることを契機に、教鞭も執る西を校長として独立した学校を作り、後で二つを統合できればという話もあった（Cary 1879. 1. 22, Berry 1879. 2. 11）。彼らが池田学校のクリスチャンスクール化をどの程度本気に考えていたのかはわからず、リップサービス的な将来構想であった可能性もあるが、少なくともその姿勢は宣教師たちに大きな期待を抱かせるのに十分であった。

杉山や西が東京にて奔走し、三月に外務省からの認可が通知されて、宣教師雇用は実現にいたった。宣教師に対しては、すでに前年末に西と中川が神戸を訪れて一八七九年一月二十日からの契約を交わしていた（Berry 1878. 12. 23, 1879. 1. 7）。全十条、給料額は明示されず、生徒からの月謝をもって充てると記されている。ベリーが公立病院と契約することで、五年間の県との公的関係を維持し、かつ神戸時代の医療伝道スタイルを続け、ペティーとケーリは私立学校と契約を交わして滞在の根拠を得て活動する。宣教師たちにとっては望ましい契約形態であった。

なおベリーは、新ステーションには訪問看護婦（"Visiting Nurse"）として若い女性を同伴することを以前から希望していたが（Berry 1878. 11. 4）、すでに京都に着任し、新島襄らと一八七八年一月から二年間の雇用契約を交わしていた女性宣教師ウィルソン（Julia Wilson）がその役に選ばれた。彼女に対しても、岡山の七十名ほどの生徒を抱える女学校校長から、聖書を使ってよいので学校で働かないかという打診があったというが（Berry 1879. 1. 7）[29]、結局はベリーの家族という扱いで来岡したようである。

三　岡山県下でのアメリカン・ボードの活動

（1）岡山伝道の展開

こうしてベリー・ケーリ・ペティーの各夫妻とウィルソンの七名から成るアメリカン・ボード岡山ステーションが発足した。一八八〇年十月には西田町に岡山教会が設立され、初代牧師には岡山伝道に深く関わってきた金森通倫が就任した。宣教師や日本人信徒が行った伝道の概況は竹中や守屋の先行研究に詳しいので、ここでは県側の協力者に即してその動向を整理していこう。

岡山伝道の特徴は、高崎県令の積極的な協力の下に進められたことにある。そもそも先にみたように、中央政府との折衝により池田学校への宣教師雇用を実現し、宣教師定住の道を開いたことは、県の苦労の賜物である。さらに、やがて岡山教会敷地となる宣教師仮宅も、高崎県令が息子のために立てた旧武家屋敷街の別邸を提供したものであり、高崎は教会設立式には区長太田卓之らを伴って臨席していた（Cary 1880. 10. 23, Berry 1879. 5. 29）。同月の安息日学校開業式にも、大書記官津田要、高津暉警部課長と揃って出席している[30]。やがて県令の斡旋で、新たに旧藩主庭園の一角、東山偕楽園に三棟の洋館が新設され、宣教師たちにあてがわれた。また、伝道上の助力となったのは、県令高崎が周辺町村に対して、宣教師集会に関する特別の許可は必要ないと布告し集会の妨害を防いだことである。県令や区長は、『天道遡源』や『七一雑報』を公立学校に備え付け、公教育へのキリスト教伝播にもやぶさかではなかった（Okayama SR-21880. 5, Cary 1879. 12. 5）。

岡山の宣教師らは、京都や彦根で伝道する宣教師を通して伝わってくるよその地方行政府の態度と比べてみても、高崎県令による厚遇は驚くべきものであり、中央政府との摩擦を引き起こしかねないほどだと認識している。彼のキリスト教への傾倒は、新聞上の風刺対象となるほど際立っていた（Cary 1880. 8. 16）。

宣教師に求められるのは福音だけでなく、進歩しつつある新生日本が求める多くの施設の設立であるとベリーは認識していた（Berry 1879. 5. 29）。そのとおり、高崎県令は、病院対策をはじめとする県近代化政策の一環として宣教師に協力的な態度を示したのだといえる。しかし彼は、県民の品位の低さや不道徳を嘆き、物質的な繁栄と外面的改善に終わらない、底辺レベルからの改革が必要であるとも考えていた（Cary 1879. 10. 1）。自身も金森を招いて聖書講義を聴き、家族は教会に出入りしていたという[31]。ケーリが指摘するように、高崎のキリスト教への接し方には中川の影響が強かったから、彼自身の確固とした考えと捉えることには留保が必要である。しかし高崎が、内面的近代化への関心からキリスト教こそが道徳性を実現すると考え、期待を寄せていた側面があるとはいえるであろう。

中川横太郎は一八七七年、西毅一との東京・高知漫遊から岡山に帰る途中、神戸で演説する新島襄に出会っており、その後京都の新島宅を訪ねるなど、すでに新島との親交をもっていた(32)。その新島が一八八〇年二月に来岡し、中川とともに高梁伝道にも出向き、岡山では西のほか県内有力者と面会の上、西のような県の人望家が信仰を得たならば、県下の人民の幸福だと述べている(33)。

西や中川らが育てた池田学校は、一八八〇年一月に旧藩主よりの学資金が停止されたが、西がこれを引き継いで三月に私立原泉学舎を創設、自身も漢文を担当するとともにケーリやペティーの雇用も継続した(34)。一日一時間の英語の講読や会話を受け持ったケーリは、将来のエリート層と触れ合える機会であること、聖書の話を含む教科書を用いることができることにメリットを見出している。また宣教師の私宅での英語教育や神学教授も行われた（Cary 1879. 5. 10, Okayama SR-2 1880. 5）。

先述のように、県令と民権家との間には対立関係があったが、宣教師の家は、両者がしばしば足を運び、そのときだけは論争をやめて神のことを話す場となっていたとベリーは述べている（Berry 1881. 1. 29）。文明をもたらす宣教師に対する好意は、両者の共有するところだったのである。

（2）ベリーの医療伝道

では、公立病院を拠点としたベリーの医療活動はいかなるものであったか。先行研究に新たな知見を加えて叙述する(35)。

一八七九年五月、ベリーは着任早々に人事の刷新を行った。ベリーは市内から六名の医師を選んで新たに登用したという。院長であった若栗章は医学教場教頭となり、副院長であった生田安宅は二等助診駆梅院長（後に一等助診）に降格となった。一方、神戸でクリスチャン医師となり帰郷していた大田源造がベリー属に、旧藩時代からの医員二名がベリーの随診役に任じられた。人事改革への不満は大きく、ベリーも回顧するように、"Mr. I"、すなわち生田を中心とした医員の不満がストライキなどのかたちで噴出した(36)。六月からベリーが避暑・病気を理由に神戸に戻ると、生田を議長としたコレラ予防対策のための臨時会議が開かれ、その場において大田ら三名のベリー側近は病院を辞職した。若栗院長は七月に病院を離れ、生田が院長心得となった。そして十月になると、次節に述べるように、生田による人事面での抜本的反撃が開始されることとなるのである。

一八七六年に県当局からの勤務評定を病院側が阻止した経緯をみても、院内には自律性を重んじる風潮が強く、独断的なベリーの人事に反感がつのったのではないか。テイラー招聘が頓挫し、病院はロイトルの解雇から約八年を日本人医師だけでやりくりしてきたのであり、外国人から頭ごなしに改革されることへの抵抗が強かったものと推察できる。

一八七九年九月に岡山に戻ったベリーは、月末から週三日間午前診察、週一日は紹介患者の診察と医学上の質問受付、その他往診と自宅診察を行うというかたちで仕事を始めた。医員の私宅での診療は、就任後の五月から許可されていた。着任後約一年を経た時点での診察状況をみると、岡山県病院全患者一万四千九百三十名のうち、ベリーが治療したのが二千八百名、ベリーが私宅で治療したのが千二百四十二名で、往診患者が七百九十五名とされている（Okayama SR-2 1880. 5）。日本で得た症例をアメリカの学会誌に発表することもあったベリーだが、ボード本部には特に、"immoral deceases"すなわち性病患者の割合が高く、僧侶の間にも蔓延していることを報告している（Berry 1882. 10. 31）(37)。

ベリーは伝道面に関しては、自尊心をもつ文明化された階層の異教徒と宣教師との間に医療宣教師が位置しうると考えていた。宣教師の下に足を運ぶのをいやがる彼らも、相手が医師ならば、中立的だと見て寄ってくる。彼らに一度近づくことができれば、後はたやすいというのである（Berry 1881. 1. 29）。弓之町旧県庁跡での病院新築に始まり衛生問題や流行病対策、監獄改良問題にも助言を与える一方で、ベリーは神戸時代と同様に、周辺地域への医療伝道を繰り広げた。現地の医師の関心と協力とを取り付けてアウトステーションとしての伝道診療所（"dispensary station"）を設置し、それを教会設立へとつなげていく方法が、これまでに築き上げてきた彼のスタイルであった。中川横太郎も当初から各地での医療展開に期待しており、東京や横浜でキリスト教と接触した食客の長田時行を指名して五年間ベリーの補助者に任じるなど、協力的姿勢を示していた[38]（Berry 1878. 11. 20）。ベリーには、診察とともに現地の医師への医術教授も望まれ、テキストを配布し授業を開くこともあった。

一八八〇年五月までの診察患者数として、高梁五百十八名、総社百十八名、河辺百五十八名、西大寺七十九名、下津井六十七名、とのデータが挙げられている（Okayama SR-2 1880. 5）。この数字にみるように、医療活動が最もスムーズに広がったのは、高梁であった[39]。赤木蘇平や須藤英江・彌屋修平といった現地の医師たちはベリーに関心を寄せ、診療所が開設された。後に社会事業家として知られる留岡幸助は、赤木の紹介でベリーの診察を受け、神の前にあって、士族も町人も魂の価値は同一であるとのことばを聴いて入信を決意したという。一八八〇年二月にこの地を訪れた新島襄も、ベリーの患者百名余りに説教をした。これが両者の初めての出会いであったが、ベリーは今まで会ったなかでもっとも"noble"な人物の一人だと評価している（Berry 1880. 2. 28）。ベリーは金森通倫と毎月一回同地に出張したが、診療所は一八八三年頃には私立高梁病院として、県にも認知される組織となった。

高梁での成功は、民権結社開口社によるところが大きい。最初から公立学校校舎での講話が許され、三百名の聴衆を集めたというが、県令の懸念どおり、政治演説会と抱き合わせるように伝道集会が開かれた結果だと考えられる。現地の商人にして民権運動家、初代の県会議員でもあった柴原宗助が結社の中心であり、赤木医師もそのなかの一人であった。高梁教会の誕生は一八八二年四月であったが、柴原や赤木はその日に洗礼を受けた。

当初、被差別部落伝道を除けば、すべてのアウトステーションはベリーの医療活動がきっかけとなって生まれた（Okayama SR-2 1880. 5）。しかし、ベリーに同行する伝道者の不足や、移動には費用や許可が必要であることの制約、彼の再訪問までの間仕事を促進してくれる現地での人材に恵まれなければ無益であるとの判断により、アウトステーション開設活動は低調になっていった（Berry 1881. 1. 29, Okayama SR-3 1881. 4. 1）。実際、総社・河辺・下津井での伝道はその後発展しなかった。岡山県下においては、倉敷（天城）・笠岡・落合・牛窓などへ伝道の手が広がり、ベリーの医療訪問も行われたが、伝道の進展は必ずしもすべてがベリーの医療活動に負うものではない。

そもそもベリーは神戸在住期より、既設ステーションの充実よりも、新ステーションの開拓への志向を強くもった宣教師であった。一八八〇年十一月には、岡山ステーションの活動は今治のほか、松山・尾道・福山・丸亀など他府県へも拡大しており、ベリーの関心は遠方に向けられるようになったと思われる（以下 Berry 1880. 11. 30）。岡山開設時から有力候補として推していた広島に対するベリーの思い入れは強く、諸方面との地理的関係を考えても、当然活動対象地に組み込むべきだと捉えていた。ベリーは今治教会の伊勢時雄とともに、広島を訪ねた。ここにはかつて官立広島英語学校で教鞭を執っていたカロザース（Christopher Carrothers）が与えた影響が残っており、礼拝は守られていなかったが聖書を読む習慣を持つ人々が四名残っていた。一人は戸長で一人は医学校生徒だったという。県当局から温かく迎えられたこともあり、広島に活動を広げることをベリーは強く希望した。また九州伝道の拠点としてかねてから有望視されていた福岡の私立病院にも医療宣教師の派遣が予定されていた（Berry 1882. 10. 31）。

従来、ベリーが監獄改良について内務卿大久保利通に進言したことはよく知られてきたが、政府高官へのもうひとつの働きかけが、駐日米公使ビンガム（John Armor Bingham）と外務卿井上馨に対する一八八一年十二月から翌年二月にかけての外国人宣教師の居住権・内地旅行権の拡大要求である（Berry 1881. 12~1882. 2）。これは結局実らなかったが、彼の新ステーション設置への意欲をうかがい知ることのできる行動である。

四　岡山県とアメリカン・ボードの分離

（1）民権運動の影響

アメリカン・ボードと岡山県との結びつきは、中川横太郎や西毅一をはじめとする県内有力者と、これに協調する高崎五六県令によって維持されていた。彼らは宣教師のよき協力者であったが、信仰という観点からみたときには、当初から限界も有していた。ステーション設置前からそれに敏感であったのはアッキンソンである。彼は一八七七年に初めて岡山を訪れた際、中川をクリスチャンと呼べるとは思わないと評していたし、在米中に受洗していた能勢についても、活きたクリスチャン（"live Christian"）ではないと見ていた(40)（Atkinson 1877. 8. 7）。また彼らの妾をもつ風習は宣教師たちの気にするところであり、従来指摘されてきたように、外来知識のみを求めたり、福音を理解することなく洗礼を受けたりする流行的なキリスト教への接近は、当初から宣教師の警戒するところであった(41)。

有力協力者らは、家族をキリスト教に近づけることには躊躇がなかった。西の家族は礼拝に出席し(42)（Pettee 1882. 9. 30）、中川の妻は入信、妾の炭谷小梅にいたっては後に名を残す伝道者となる。しかし彼らは、自身が受洗に踏み切ることはしなかった。こうした傾向は、例えば神戸にてキリスト教勢力への援助を惜しまなかった九鬼隆義にも共通している。その点、先に触れた土倉正彦や能勢栄のように、彼の地でいともたやすく受洗した多くのアメリカ留学体験者の選択とは対照的である。

宣教師が雇用された一八七九年は、岡山の民権派が独自の国会開設要求運動を起こし最高潮の盛り上がりをみせた年である[43]。西こそがその中核であり、十月に彼が起草した国会開設建言書は、高梁にて中川の目に通された。翌年に入ると彼らはむしろ、児島湾干拓を手がける微力社の結成や岡山紡績所の設立など、士族授産策の方に力を入れるようになったのが実態であろうが、その頃からケーリは、中川がキリスト教に関わることを避けて政治の喧騒に再び巻き込まれたと、無念さを表している（Cary 1880. 10. 23, Okayama SR-3 1881. 4. 1）。自らは政治から距離を置くことを宣教師が表明しているのは（Cary 1880. 4. 30）、民権運動家とこれを牽制する県令との対立の間にあって、双方との良好な関係を維持することを願ったゆえでもあったと思われる。政治的活動は、キリスト教に目が向く時間が奪われるという点でも、無用な対立を生むという点でも、宣教師にとっては好ましくなかったに違いない。有力協力者たちがキリスト教と決別したというよりは、岡山教会員という核となる支持者を得つつあった宣教師の側が、彼らに見切りをつけ始めたと解釈するのが妥当ではなかろうか。

（2）官製医学教育の伝播

アメリカン・ボードの岡山伝道が本格化した一八七七年は、国の高等教育体制が東京大学を軸として整備され始める時期であった。そしてそれがアメリカン・ボードと岡山県との関係をも規定していくこととなった。

一八七七年四月、大学東校を前身とする東京医学校と東京開成学校が合併して東京大学が創設され、医学教育は医学部にて行われることになった。その前年には、成業の後、各地方病院にて勤務することを条件に学資を給付する官費生制度が内務省により導入されていた。東京大学医学部卒業生は、各地の病院に赴任し全国的な医療レベルを引き上げることを期待されたのである。

この東京大学体制成立の影響が岡山に及ぶのは、一八七九年十月のことであった。五月のベリーの人事改革において対立関係にあった生田安宅が、清野勇を第三代病院長に招いたのである[44]。清野は駿河出身で、蘭学を修めた後、大学東校を経て東大に学び、医学士の資格を得ていた。

一八八〇年九月、県病院から医学教場が分離され、岡山県医学校と改称された。このとき、東京大学医学部を卒業したばかりの菅之芳が校長兼病院副院長として着任した。一八八二年一月には東大出の医学士四名（清野・菅のほか山形仲芸と中浜東一郎）と製薬士一名（吉田学）を擁し、岡山県医学校は有数の医学教育機関になった。同年四月には全国で初めて、卒業生が開業試験を経ずに開業免状を得る許可を得ており、翌年八月には、甲種医学校としての認可を受けている。実現はしなかったが、医学士らによる大学昇格運動も起きるほどであった。

清野院長の下で、病院の運営方法は一新された。彼は従来の教員生徒を入れ替えて、ドイツ語を基礎とした教育を導入し、ベリーも解雇しようとした。ベリー雇用への口出しを越権行為とする高崎県令とは激しいやりとりとなったが、書記官の仲裁によって収拾し、ベリーは病院勤務を続けた。しかし院内では経費についてもその都度県の承認が必要で、“freedom enjoyed in Kobe”――すなわち神田県令の下で財政的な裁量権も与えられた神戸病院時代に比べたときの不自由さが痛感され（Berry 1881. 1. 29）、次第に病院顧問としてのベリーの医療活動は、個人宅での診察が中心となっていった。

ベリーはすでに神戸時代から、懐疑論や無神論に傾くドイツ流医学の流入への危機感を示していたが（第一章第三節（4））、実際の医療行為においては、ドイツ系と英米系との違いは少ししかないとの認識があり、ドイツ人教師の教えを受けた官立学校の卒業生たちは、アメリカの大学生よりももっと医学に習熟しているとも認めている（Berry 1881. 9, 6. 18）。ベリーは、神戸時代や岡山時代当初と比べ、三年程前から院内に外国人の意見を聞こうとする態度がなくなり、珍しい症例のときしか意見が求められなくなったと報告するとともに、院内医員が自分を超える千五百～千八百円の報酬を得ており、知識も野望も増した結果、外国人に頼らず自力で行いたいとの欲求が起こるのだと捉えた（Berry 1883. 12. 6, 7. 25）。また背後には、急進的な政治上の著作などに近づく危険があるとして、官僚が英学教育のかわりにドイツ学研究を奨励している状況があると指摘している（Berry 1883. 1. 20）。彼はこれが自然かつ不可避の事態だと理解していた。つまりは、学問内容としてのドイツ医学への抵抗感というよりも、国レベルでの政策を直接反映した県病院におけるヘゲモニー喪失への失望・無力感が強かったと考えられる。

以上のようなことから、岡山県病院ならびに医学校は、神戸病院のような伝道拠点とはならなかった。ここで教育を受けた人物の一人に石井十次がいる[45]。一八八二年九月に入学、カトリックを経てプロテスタントへと転会し岡山教会で受洗する。受洗前にケーリの説教を聴いたり、後年に孤児院活動を通じて宣教師ペティーから大きな影響を受けたりしたことは認められるものの、医学校在籍時に接触の機会に恵まれていたはずのベリーから薫陶を受けた形跡はない。また、石井のなかでは、プロテスタント・キリスト教への帰依とドイツ流医学の習得とは矛盾せず、日々双方に励む生活を送っていた。ベリーが抱くドイツ医学に対する対抗心は、医学生の信徒に共有されるわけではなかった。

清野や菅のキリスト教への接し方を直接示す史料に乏しいが、後に菅宅に寄宿しながら医学修業を続けた石井は、菅に聖書の話をしたところ、医学書生としての分を尽くし他人にまでみだりに伝道しないようにと諌められたり、霊魂が天国に行くとの話を嗤笑されたりしたことを書き残している[46]。ベリーが岡山を去ってから約半年後に、石井は医学校生徒六名が開いた祈禱会に陪席したと記しているから[47]、医学生中に信仰者がいなかったわけではない。しかし例えば札幌農学校のように、学校自体が信徒を輩出し地域伝道を担うような伝道拠点的役割を果たすためには、日本人教員側の理解者が不可欠なのであり、岡山県医学校はそうした人材を欠いていた。

（3）雇用主体の変化

ベリーおよびケーリとペティーが岡山県公立病院あるいは私立池田学校と雇用契約を交わしてから五年が経った一八八四年は、契約の更新年に当たっていた。そして結論からいうならば、宣教師自身の判断により契約は更新されなかった。しかし彼らは岡山ステーションすなわち岡山伝道自体を放棄しようとしたわけではない。外務省の記録によれば、彼らは別の民間人との間に五年間の私雇用契約を新たに交わし、引き続いて岡山に在留する根拠を得ている。ここに、彼らの伝道戦略の変化を読み取ることができる。

まず、ケーリとペティーであるが、着任後約三年が経つと、池田学校を引き継いだ原泉学舎での仕事を辞めて、クリスチャンの保護の下に新しい学校を設立するのが最良であるとの見解を示すようになっていた。前述した中川らの民権運動への入れ込みようにより、原泉学舎をキリスト教主義の学校としていく見込みが見失われたことによるのだろう。新しい学校の目的は、他の学校での授業の補習として英語を一時間程度教授するということであり、場所は教会が予定されていた[48]（Cary 1882. 4. 1, Okayama SR-5 1883. 4. 1）。

またベリーも、岡山県病院での日々を、直接キリスト教の仕事と関わることがなかった不幸な経験であるとし、別の形態の関係を築くあるいは別の地に移ることで、キリスト教の影響下にある仕事をしたいと切望するにいたった。高崎県令からは引き続いて五年間の居住免状と住居手当の交付が申し出られたが、宣教師が公立病院と連携する時代は終わったと認識するベリーは、それを断っている。彼によれば、永続的な岡山クリスチャン慈善組織（“Benevolent Association for the Okayama Christians”）をつくり、そこに自分の管轄による医学部門を設置するという構想を立てていたという（Berry 1883. 7. 25）。これはおそらく、ケーリ・ペティーの学校設立案と一体のものであり、この有志連が語学教育と医学教育を行いながら伝道を進めるという計画だったと思われる。

彼らの新たな雇用主として記録されている名前は、丸毛真応・吉岡正矩・撮所信篤・福家篤男・徳田紋平である[49]。すべて岡山教会の教会員であり、ベリーのいう慈善組織とは、教会員の集団のことであったと考えられる。ケーリとペティーは授業料に応じて給与を受けるという条件で、ベリーは無給医師として、彼らと契約を結んだ。県病院や私立原泉学舎との関係はここに終わりを告げた。岡山県において、宣教師の連係相手は、協力的な府県や地元支持者から純キリスト者である教会員へと移ったといえる。

教会員が宣教師を雇用することにより独自の病院を発足させるという計画が直ちに実現することがなかったのは、ベリーが一八八四年三月、帰国の途に着いてしまったことが大きかった[50]。帰国の理由は、鼻の手術の必要など健康上の問題にあったともいわれるが[51]、一八八二年秋から新島襄との間で具体化していった、京都に医学校を設置する計画の実現に向けての準備のためでもあった（第四章第三節参照）。彼は、公教育機関には若者を惹きつける強い力があると認めており（Berry 1883. 11. 17）、それ以上の影響力をもつ私立医学校を設置すべきで、しかもそれは日本人による機関でなくてはならないと認識していたこと（Berry 1883. 5. 24）を指摘しておこう。岡山県病院における東大卒業生らとのヘゲモニー争いに直面した局面で新島と出会ったことにより抱くことのできた新構想だったといえる。ベリーは、医療宣教師の仕事を支えるためには、まだ教会が少なすぎるし若すぎると考えていた（Berry 1883. 7. 25）。岡山教会員との計画は気にかかるところではあっただろうが、京都での新島との計画に現実的戦略を見出し、こちらを優先させたものと思われる。

高崎が設けた送別の席においてベリーは、日本での改革は世界に類を見ない迅速さで行われている、しかし不可避的に吸収される西洋の悪のなかにゆゆしき危険性がはらまれており、日本を救うためには有効な道徳的影響力が作用しなければならないと挨拶した[52]。これは県病院での挫折体験を念頭においた総括なのであり、キリスト教の力による私立の医学校設立こそが、岡山を去る彼の次なる夢となったのである。

おわりに

明治前期において、医学と洋学双方の発展のために宣教師が登用された府県は、全国的にみても稀である。岡山でそれが可能となった背景や、宣教師との関係の結び方の特性をまとめてみよう。

医学教育においては、近代化を図る五つの主体があった。①県病院の実質的担い手であった旧藩医層（生田安宅ら）、②キリスト教勢力アメリカン・ボードの医療宣教師（ベリーら）、③内務官僚である県令（高崎五六）、④ドイツ系医学を修めた東京大学医学部卒業生（清野勇・菅之芳ら）、⑤士族有力者層（中川横太郎・西毅一ら）がそれである。①は以前より西洋医学の摂取に積極的であったから、②に接触し医療宣教師テイラー招聘を試みたがこれは実現しなかった。後に③が②の招聘を積極的に進め、県の病院での雇用が実現した。だが①と③との間には摩擦が生じており、③の後ろ盾を得た②による人事改革は、①との対立を招いた。①は④を導入していくことで病院運営の刷新を図ったため、②は排除されることとなった。⑤は①と②、③と②を結びつけた脇役であった。

このように岡山県では、医学の領域において近代化を模索する多様な勢力がからみ合っていた。各勢力は、近代化の方策をめぐり、ときに協調しときに対立したのであった。

第一・二章で検討した一八七〇年代半ばにおける兵庫県のケースと比較してみよう。神戸病院は岡山の公立病院とは異なり、旧藩校の系譜にはなく、居留地との関連から新設された県の病院であった。それゆえ①の勢力を欠いて事態は展開する。神田県令（③）によりベリー（②）が登用されて県内医学のレベル向上が図られたが、続く森岡権令によって、各地の公立医学校で修業した日本人とオランダ人医師（これらが④にあたる）とが雇用され、居場所を失ったベリーは病院を去った。一方、岡山県病院では、病院内に存在した旧勢力の藩医層（①）が最新勢力の東大卒業生（④）を招き、両者が結びついて②を追い出した格好になり、ベリーはより直接的に排除の感覚を味わったものと考えられる。

一八六一年から施療活動を始め、日本における医療伝道の創始者とも目される横浜の長老派宣教師ヘボン(James Curtis Hepburn)は、一八七八年四月に「医療伝道を復活することはどうしようかと迷っています。すでにその必要がないようですから」[53]と記しており、健康上の理由も加わって、医療伝道を中止した。ベリーが岡山県公立病院と契約を結んだのはその頃であって、やがて医療伝道の時代の終焉を、身をもって知ることとなる。ヘボンとベリーがそれぞれ医療伝道を断念した時期のずれは、ベリーが、岡山という地方都市に滞在したため中央官庁による医療教育制度の整備状況を体感するのが少し遅かったこと、個人診療に終始したヘボンとは異なり、公立病院に入って地方行政府との友好関係を結び周辺地域への伝道を実現するというスタイルをとったことに起因するといえよう。

対するに、岡山での洋学一般教育についていえることは次の通りである。洋学教育においては、前述の①④という勢力が不在であった。洋学教育機関の担い手は、何より⑤の士族有力者層であり、旧藩時代からの漢学者は排除されていたし、医学と異なり、まだ国の教育制度の伝播もなかったからである。②にあたる宣教師ケーリ・ペティーの招聘は③(県令)の下での師範学校と⑤の下での池田学校において期待され、後者において実現するが、③と⑤の関係に亀裂をもたらす民権運動によって、②と⑤との関係もやがて疎遠になった。

兵庫県が医療方面の連携にとどまっていたのに対し、旧藩時代から洋学一般教育の胎動があった岡山県では、宣教師が洋学教育にも登用されたことが特筆される。その場は公立機関ではなく、士族有力者が旧藩主の資金を元手に発足させた私立池田学校であった。ただ、民権運動下にこの学校は危険視される向きがあり、県令の全面的支持は得がたかった。この学校は私立学校として未成熟だったのであり、宣教師との関係は当初より不安定さを抱えるものであった。[54]

池田学校は、地域有力者の主導、宣教師の登用による洋学教育の実現という点で、終章で扱う一八八〇年代後半の東華学校を先取りした側面がある。しかしこれが本格化するには、新島襄が表舞台に登場してこなければならなかったし、府県の中等教育制度の進展をも待たなくてはならなかった。

本章で取り上げた、岡山におけるベリー・ペティー・ケーリの雇用契約は、一八七九年から一八八四年までの五年間であったが、これはアメリカン・ボードと府県との間の、医学における協同の終焉期であり、洋学における協同の萌芽期であったと位置づけられる。

ベリーが一八八四年三月に岡山を去ったことは、アメリカン・ボードが医療面における地方行政府主導機関との連携を断念したことを象徴する出来事であった。ベリーが再来日して京都での活動を始めたのは、一八八六年一月のことである(55)。岡山在住時代、新島襄との接触により抱いた医学校設立の夢は、やがて同志社病院と看病婦学校の設立として実現するが、それはもはや、私立学校として構想されるしかなかったのである。

（1）竹中正夫「岡山県における初期の教会形成」（『キリスト教社会問題研究』第三号、一九五九年）。

（2）守屋友江「アウトステーションからステーションへ——岡山ステーションの形成と地域社会」（同志社大学人文科学研究所編『アメリカン・ボード宣教師　神戸・大阪・京都ステーションを中心に、一八六九〜一八九〇年』、教文館、二〇〇四年）。守屋の研究は、岡山ステーションの活動を、アメリカン・ボード西日本伝道の発展過程や在地仏教界の動向に留意して描き出した点で竹中の研究を進展させている。なお、本章におけるケーリ（Otis Cary）書簡および岡山ステーション年次レポートについては、同志社大学人文科学研究所アメリカン・ボード宣教師文書研究会における同氏および柴田陽子氏の和訳を使用させていただいた。宣教師文書に依らない岡山伝道の考察としては、竹中以前の業績である工藤英一「明治初期岡山県プロテスタント伝道史の社会史的考察——天城教会を中心として」（『明治学院論叢』第三十三号、一九五四年）、および一色哲「キリスト教と自由民権運動の連携・試論——岡山と高梁を事例に」（『キリスト教社会問題研究』第四十三号、一九九四年）がある。

（3）岡山県の医学教育については、中山沃が史料を網羅して詳細に研究している。「岡山県病院略史」（『日本病院協会雑誌』一八六八年一月〜四月）、『岡山の医学』（日本文教出版、一九七一年）等の論考があるが、岡山大学医学部百年史編集委員会編『岡山大学医学部百年史』（一九七二年）の記述が集大成となっており、史料所在先が明記されていないうらみはあるが、以下、本書も多くを負っている。

（4）ロイトルは、医学生時代の教師であり叔父にあたるボードインの斡旋により、岡山藩医学館に就職したが、契約三年のうち一年を終えたところで岡山を去っている。「岡山県史料」（『岡山県史』第三十巻・教育・文化・宗教、一九八八年所収）はその理由を病のためとしているが、石田純郎は解雇の原因として、酒乱癖を指摘している（「ハラタマ、レーウェン、ブッケマとロイトル――ウトレヒト陸軍軍医学校の同窓生たち」『医学近代化と来日外国人』世界保健通信社、一九八八年）。

（5）岡山県教育会『岡山県教育史』中巻（一九四二年）の第二編第二章第二節二の一「初等教育」の「教育普及の論告」所収。

（6）岡山県の洋学教育については、前注『岡山県教育史』中巻が基礎史料を含む貴重な叙述である。概説としては、ひろたまさき・倉地克直編著『岡山県の教育史』（思文閣出版、一九八八年）がある。

（7）二年契約で雇用され任期を残していたオースボンは明治五年四月をもって学校を去り、十月からは神奈川県雇として長く翻訳・通訳に従事することとなった。

（8）小松原英太郎君伝記編纂委員『小松原英太郎君事略』（一九二六年）の「自叙経歴」第一章「青年時代」を参照。

（9）小林久磨雄『西薇山』（薇山先生追讃会、一九三一年）の一〇「私立学校経営」を参照。

（10）「私雇外国人居留地外住居許否雑件」（外務省外交史料館所蔵『外務省記録』三―九―四―三二）。宣教師雇用をめぐる国と県との緊張関係がわかるとともに、池田学校の実態がうかがわれる貴重な史料である。

（11）「公立」と「私立」の区分が明らかにされたのは、一八七四年八月二十九日の文部省布達第二十二号によってである。第九章第一節（2）参照。

（12）能勢の経歴については、多田房之輔「マスター、オブ、アーツ　正七位能勢栄君小伝」（『大日本教育会雑誌』第百七十四号（明治二十九年二月）、彼の授業の様子については注（5）『岡山県教育史』中巻の第二編第一章第二節の「私立遺芳館」を参照。能勢は一八八〇年八月に岡山県を辞し、学習院・長野県・福島県を経て一八八七年二月からは森有礼の下で文部省に奉職する。一八七六年九月にアメリカから帰国してすぐに岡山県に赴任した経緯はよくわからないが、あるいは東京漫遊中の西や中川に出会って同地に導かれたとも考えられる。

（13）注（3）『岡山大学医学部百年史』第二部第三章二「米国人医師ワーレス・テーラーの招聘と辞任」所収。

（14）長崎医学校・病院は、一八七四年十一月から文部省の下を離れ蕃地事務局病院となっていた。一八七五年から再興論が起こり、一八七六年から長崎県管轄の長崎医学校となる。一八七五年からは蘭医リーウェンが雇用されている（長崎大学医学部編『長崎医学百年史』、一九六一年の第三・四章参照）。

（15）この往復文書は、大久保利武編『日本に於けるベリー翁』（東京保護会、一九二九年、以下『ベリー翁』と略）の「巻末余滴」に所収。

（16）この人物は、“one of the third officers of the ken,-there are five or six of the same rank”だとテイラーは記している。同年三月の『官員録』によると中属（全五名）の地位にある中川である可能性が高い。

（17）“Governor”が最高位の参事職にあった石部、“Vice Governor”が権参事の西と推定した。このとき、中川とは別の「三番目の地位」の役人もテイラーを迎えたというが、テイラー書簡のみから人名を特定することは難しい。『官員録』に名が挙がっている中属の一人だとするならば、西らとともに後に池田学校を設立した青木秉太郎、税所信篤、大口精蔵あたりだと思われる。

（18）土倉については、石附実『近代日本の海外留学史』（中央公論社、一九九二年）所収の「海外留学者リスト」などによる。

（19）岡山県史編纂掛編『岡山県史稿本』下（岡山県地方史研究連絡協議会、一九六七年）の明治八年の項、および注（13）所収史料による。

（20）鈴木とは、鈴木清である可能性が高い。彼は三田出身で、彦根をはじめ各地に伝道していたという（茂義樹『明治初期神戸伝道とD・C・グリーン』、新教出版社、一九八六年）。このとき“the principal of High School”が親切にも礼拝用に家を提供してくれたというが、この学校の特定はできない。県の温知学校ならば木畑道夫、私立遺芳館ならば青木秉太郎であろうか。西らと親しかった青木の可能性が高い。

(21) 注(3)『岡山大学医学部百年史』第二部第四章一「病院の改称と若栗章の病院長就任」参照。

(22) 蓬郷巌『岡山の県政史』(日本文教出版、一九七六年)。

(23) このときはアッキンソンが旅行免状を持っており、それにベリーが随行するというかたちでの旅行であったという(Berry 1878. 11. 20)。アッキンソンは医師免許を持たないため、春からの内地旅行に際しては学術研究や病気療養を理由として免状を申請していたはずであるが、その経緯は不明である。宣教師の雇用や内地旅行をめぐる問題を、国の規程下にあって府県がどのように処理したのかは、考察を深めるべき問題である。

(24) 注(3)『岡山大学医学部百年史』第二部第四章七「県衛生科員の病院派遣に対する抗議」参照。

(25) 岡山県史編纂委員会編『岡山県史』第十巻・近代Ⅰ(一九六一年)の第二章第三節二「愛国者と岡山の民権運動」、内藤正中『自由民権運動の研究』(青木書店、一九六四年)の第四章「国会開設運動の発展」参照。

(26) Katherine Fiske Berry, *The Pioneer Doctor in Old Japan ; The Story of John C. Berry* (Fleming H. Revell Company 1940. 以下 "*Pioneer*" と略)の 'Life in a Toy House'。

(27) 注(5)『岡山県教育史』中巻の第二編第二章第三節一「学事一班」の「私塾の調査」所収史料による。

(28) 注(10)「私雇外国人居留地外住居許否雑件」。契約書もここに含まれる。

(29) この学校は公立師範学校に附設された女紅伝習所か、岡山区内に二箇所あった私立の女子手芸学校かと推定されるが、特定できない。翌年ウィルソンは心身の健康を害し帰国、同一八八〇年九月からはダッドレーが岡山伝道に加わるが、彼女も岡山での雇用契約は確認できない。なお、ベリーらの雇用当初から、現地では中川が女学校を新設する夢をもっており、そこに女性宣教師を登用したいと考えていた(Cary 1879. 5. 24)。

(30) 「日抄」明治十三年十月十七日の項(『新島襄全集』5 日記・紀行編、同朋舎出版、一九八四年)。

(31) 河本乙五郎「ベリー翁の事ども」(注15『ベリー翁』所収)。

(32) 「新島襄との交渉」(久米竜川編『中川健忘斎逸話集』、岡山県人社、一九三七年)、一八七九年二月十日中川より新島宛書簡(『新島襄全集』9〈上〉来簡編、同朋舎出版、一九九四年)。

(33) 一八八〇年二月二十五日新島襄より新島八重宛書簡(『新島襄全集』3 書簡編Ⅰ、同朋舎出版、一九八七年)。

(34) 注(9)『西薇山』。池田家からの学資金が停止された理由は不明である。
(35) 病院内の動きについては多くを注(3)『岡山大学医学部百年史』第二部第四章「岡山県公立病院と医学教場」に負う。
(36) 注(26)"*Pioneer*"の'Berry Sensei the "Hundred-Handed"'は、あまりこの騒動について触れておらず、生田を匿名で挙げた日記を抜粋引用するにとどまっている。
(37) 前注に同じ。
(38) 長田については、本井康博「長田時行小伝（上）――新潟教会第十一代教師」（『潟』第一〇号、一九九三年）。
(39) 高梁の状況は、『高梁教会八十年史』（高梁教会、一九六二年）、柴多泰『明治前期高梁医療近代化史』（高梁市医師会、一九八八年）のほか、注(2)一色論文をはじめとする先行諸研究にも詳しい。留岡の回想「ベレー師と私の発心」は注(15)『ベリー翁』所収。
(40) ベリーは、中川がアッキンソンによってキリストへと導かれたと述べている（Berry 1878. 11. 20）、ベリーは希望的観測に基づいて本部への報告を記す傾向があり、その点において、アッキンソンとは好対照をなす。
(41) "Missionary Herald" 1881. 1.
(42) かつて"vice governor"であった漢文教師で、個人的友人である新島襄ともキリスト教について話し合い、家族は礼拝に出席していたとあり、西毅一のことだと推定できる。
(43) 注(25)『岡山県史』第十巻の第二章第三節「自由民権運動の展開」、内藤著書参照。
(44) 注(3)『岡山大学医学部百年史』第二部第四章九「若栗章の辞任と清野勇の病院長就任」参照。
(45) 石井の経歴については同志社大学人文科学研究所／室田保夫・田中真人編『石井十次の研究』（角川書店、一九九九年）巻末年表を参照。
(46) 『石井十次日誌』明治十九年（石井記念友愛社、一九七三年）の一月三、九、三十一日。
(47) 『石井十次日誌』明治十七年（石井記念友愛社、一九七〇年）の十月十九日。参加者として、瀬尾・水川・杉山・大田・武田・野津の名が挙がっている。
(48) なお、注(9)所収の年譜によれば、一八八四年七月に原泉学舎は閉鎖された。

(49) ユネスコ東アジア文化研究センター編『資料御雇外国人』(小学館、一九七五年)の「ケアリー」「ピテー」「ペット」「ベリー」の項を参照。それぞれの雇用主は、ベリーが丸毛・福家・徳田、ケーリは吉岡・丸毛、ペティーは吉岡・税所(撮所ではなくこちらの字が正しいと思われる)・丸毛である。この雇用主の違いが何を反映した結果なのかはわからなかった。丸毛・吉岡は岡山教会設立の日に受洗し、教会執事の職に就いた丸毛は、二年間ケーリの日本語教師を務めていた(Pettee 1882. 9. 30)。税所は『岡山県郡治誌』上(岡山県、一九三八年)によると、郡長を歴任した(一八八二年五月~英田郡長、一八八三年三月~上道郡長、一八九二年七月~御野郡長)。

(50) ただし学校の方は、一八八六年十一月に私立山陽英和女学校が開校し、女子教育機関として実を結ぶ。発起人の岡山教会員中には、税所・福家・丸毛なども名を連ね、ケーリやペティーも教鞭を執る。また一八八八年には男子英学校(のちに薇陽学院と命名)が発足する。薇陽学院については、拙稿「明治中期における地域の私立英学校構想と同志社」(『キリスト教社会問題研究』第六十号、二〇一一年)を参照。

(51) 注(26)"Pioneer"の'Summering in an Old Temple'.

(52) 前注に同じ。

(53) 一八七八年四月十七日ヘボンより改革派本部ローリー宛書簡(高谷道男編『ヘボンの手紙』、有隣堂、一八七六年)。なお、アメリカン・ボードの医療宣教師スカッダー(Doremus Scudder)も、一八八五年二月の来日早々、ヘボン、テイラー、ベリー、パームを通じ、日本における医療伝道の時代の終焉を認識させられたことが、本井康博により紹介されている(本井『アメリカン・ボード200年 同志社と越後における伝道と教育活動』、思文閣出版、二〇一〇年の第二部第一章二「日本ミッションとの抗争」)。

(54) この点、旧藩校の系譜を引く青森の私立東奥義塾が、一八七〇年代前半からアメリカ・メソジストの宣教師イングを登用して洋学教育を充実させたことは、突出した事例として目を引く。この学校については、北原かな子『洋学受容と地方の近代』(岩田書院、二〇〇二年)がある。

(55) 京都での活動については、小野尚香による「医療宣教師ベリーの使命と京都看病婦学校」(注2『アメリカン・ボード宣教師』所収)などがある。

第四章　京都府下の医学教育態勢と新島襄の医学校設立構想

はじめに

新島襄は同志社創設の当初から、医学教育の希望を抱いていた。創設の翌年、一八七六年（明治九）三月には、アメリカン・ボード医療宣教師テイラー（Wallace Taylor）を三年契約で雇用し、窮理諸学科を教授させるとともに、京都府に彼の医術開業を申請した。申請却下にもかかわらず投薬行為を行ったテイラーは府の抗議を受け、一八七八年五月、新島はテイラーを解約する。(1)その後、新島の医学校構想が本格化するのは一八八二年のことであり、岡山県医学校雇の医療宣教師ベリー（John Cutting Berry）との二人三脚が始まる。しかし紆余曲折を経て、結局同志社医学校は設立されずに終わった。一八八七年十一月、京都看病婦学校と同志社病院のみの開業式が行われたことで、新島の構想はひとまずの決着をみる。

一八八〇年代において、同志社医学校はなぜ誕生できなかったのであろうか。まずはその理由を、従来の見解に探ってみよう。

佐伯理一郎編『京都看病婦学校五十年史』（一九三六年）は、次のように記す。「我京都看病婦学校の起源に遡りて之を考ふるに、頃は明治十六年五月のことにてありき。同志社に於て社長新島襄氏初め社員中村栄助氏数名相会してドクトル・ベリーを遥に岡山より招き具月三日をトして創立の協議会を開けり、此協議会の目的は嚢《さ》きに医師大村達斎氏より其建仁寺内に設立せる汎愛医学校（生徒凡五十名）を同志社に提供せんとの申出ありしに、愈々契約と云ふ場合に大村氏に一大食言あり、為に新島社長は大に感奮する処あり、断然之を謝絶して直にベリー氏を呼び以て病院と看病婦学校とを先づ設立して徐ろに医学校を創めんと決心し、ベリー氏の同意を得るに在りし」。

こうした理解は、当時府議であり、以後同志社の主要役職も歴任する中村栄助が、一九三六年に回顧した内容に基づいた記述とされる(2)。後述するように、ここで汎愛医学校とされる学校は正しくは洞酌医学校であるなど、中村の記憶違いは大きいが、ともあれ彼は、民間医学校主宰者大村達斎との関係を記憶にとどめ、契約上の行き違いで同志社医学校計画は一度頓挫したと説明している。最近の本井康博による考察も、新たな書簡の発見を契機に、新島と大村の関係を「違約騒動」として明らかにすることを試みている(3)。

一方、京都府知事北垣国道と新島との関係を示唆するのは、京都府教育会による『京都府教育史』上（第一書房、一九八三年）である。同書は、「……新島社長は、十五年五月府会に於て医学校の廃止を決議した事を聞くと、直ちに山本覚馬、浜岡光哲、中村栄助等と打合はせ、当時上京第二十組大黒屋町に開業せる名医大村達斎と連名して医学校を引受け、生徒の方向を失はしめず、又地方病者の困厄を救護する道に尽したいと願ひ出でた。北垣知事は医学校廃止には全く反対であつたので、流石にこの伺ひは詮議に及び難しと却下した……」と記す。ただこの記述については、その後根拠が定かではないとの否定的な見解も示されている(4)。それは北垣が同志社に好意的な地方長官であるというイメージが強いからだといえる。確かに北垣の子弟は同志社に学び、医療行政に関してみても、一八八六年の病院および看病婦学校設立は、彼の協力があってこそ実現したものである。新島の伺を却下するという措置は、同志社シンパとしての北垣像からは、想像しにくい行動だということになる。

次に、キリスト教勢力内部の問題がある。『同志社百年史』（一九七九年）が記すように、ベリーは医学校が多額の費用を要することから、来日諸宣教団による超教派でこれを設立することを計画した。(5)設立自体には、長老派のヘボン（James Curtis Hepburn）などの理解も得られていたが、その場所をどこにするかについては、京都を推すベリーへの賛意は必ずしも得られなかった。何よりも、アメリカン・ボード本部自体が超教派による医学校設立に反対したことで、計画は実現しなかったとされる。

さらに『同志社百年史』は、全体的な医学教育界の動向も説明に加え、「明治初期乱立していたわが国の医学校は一八八七年ころより廃校となるものが多く、新設は困難な状況にあった。いずれにせよ同志社医学部は生まれ難い状況にあった」と記している。

同志社医学校が創設されなかった理由は、以上四点、私立洞酌医学校、北垣府政、アメリカン・ボードをはじめとする来日宣教団、医学教育政策の全体状況、との関係から説明されてきた。

だが、まず四点目の説明には修正が必要であろう。たしかに一八八七年九月、府県立医学校の費用を地方税から支弁することを次年度より禁止する勅令が公布された。千葉・宮城・岡山・石川・長崎各県の医学校は、文部大臣管理下の高等中学校医学部に実質上引き継がれたが、それ以外の公立医学校はほぼ廃校となり、残るは愛知・京都・大阪の医学校だけとなった。しかし、私立医学校廃校の契機となったのは、むしろ一八八二年五月二十七日公布の文部省達第四号「医学校通則」である。卒業生が無試験で開業可能な甲種医学校と認定されるには、四年以上の修学年限の設定、臨床実験用附属病院の設置、最低三名の医学士登用、といった諸条件をクリアしなくてはならなくなった。『文部省年報』によれば、翌一八八三年以降、私立医学校として残るのは、東京の二・三校のみという状況となっている。同志社医学校構想の頓挫を医学教育政策の推移と結びつけるならば、むしろ医学校通則を理由に挙げる方が適当と思われる。

また、最初に掲げた中村の回想に基づく理解は、そもそも洞酌医学校を汎愛医学校と混同している点であまり信用のおけるものではないし、二つ目の北垣知事と新島の申し出との関係についても、疑問が投げかけられたままの状態である。

本章の目的は、文部省の医学教育政策を念頭に、府医学校を中心とする京都の医学教育、府政・府会との関係という視点から、新島襄の医学校設立計画の展開を明らかにすることである。医学校の問題を通し、地域高等教育態勢の形成過程において、キリスト教勢力としての同志社がどのような位置を与えられていたのかということを問うてみたい。

一　京都府下の医学教育

（1）京都府療病院

まず、一八八〇年代初頭にいたるまでの京都府における医学教育の概況を理解しておこう。[6]ただし行論との関係上、財政の問題は次節に譲る。

明治四年（一八七一）十月、京都府は療病院建営の告諭を発布した。市内寺院住職による病院建設嘆願書をまとめるなど、設置の立役者となったのは、府少属明石博高であった。

京都出身の明石は新宮凉閣に蘭医学を学び、一八六五年には新宮ら蘭方医と医学研究会を起こした。また、一八六六年には理化学研究会を組織した。後に岩倉具視の知遇を得、大阪の官立医学校や舎密局に学ぶ道が開かれ、さらに西洋医学や化学を究めた。西洋知識や技術の導入に積極的な槙村知事の目にとまり、明石は京都府属となる。

療病院掛兼務となった明石の周旋により、明治五年（一八七二）十月、ドイツ人医師ヨンケル（Ferdinand Adalbent Junker von Langegg）が教師として着任し、十一月、粟田口青蓮院にて京都府療病院が開業した。一八七六年三月にはヨンケルに代わりオランダ人マンスフェルト（Constant George van Mansvelt）、翌年八月には代わってドイツ人ショイベ（Heinrich Botho Scheube）を招き、外国人医師による西洋医学の摂取を継続した(7)。外国語による教育に対応するため、府仮中学校内に療病院管理の医学予科校が開設され、ドイツ語と数学の教師としてレーマン（Rudolf Lehmann）も招かれた。

このように一八七〇年代半ばから外国人教員による医学教育を府県レベルで実現していたのは、居留地を内包する地を除けば、愛知・石川・静岡・岡山、そして京都のみである。京都は西洋医学摂取への意欲という点で、先進的な地域であったといえる(8)。

他府県同様、医学教育は病院と未分化のかたちで行われていた。一八七五年以降、療病院には常時百名前後の生徒が学んでいたようであるが、入退学の出入りが激しく卒業人数も不詳である。ショイベの仕事も診療を主としており、講義は毎朝診察前の二時間にとどまっていた。しかし一八七〇年代の終わりから、教育体制が整備されていく。一八七九年四月、医学予科校（四年）・京都療病院医学校（四年）を療病院内に附設し、八月には京都療病院医学校通則により学課表を定め、生徒五一名を入学させた。また一八八〇年七月、五年がかりの工期を経て、療病院は河原町広小路に新築移転した。そして翌年七月、医学校は京都府医学校となり、療病院から独立したのである。

（2）私立医学校

一八八〇年代初頭、京都府下に存在した私立医学校としては、以下の二校が確認できる。その実態はよく知られていなかったので、新出史料に基づく知見を紹介してみよう。

一校は、一八七九年十二月に開業した汎愛医学校である(9)。静岡県士族菅野慎斎が府に開業届を出して発足した。二条河原町東入に置かれていたが、一八八一年七月には広島県に移転しており、それ以上の詳しい状況はわからない。ただ府下においてそれなりの存在感をもった医学校であったことは間違いなく、府会議事録にもその名は散見する。だからこそ中村栄助は、同志社と関係した洞酌医学校の名を汎愛医学校と誤って回想してしまったのであろう。

もう一校が大村達斎の設立した洞酌医学校であり、これが同志社と深く関わることとなる学校である。[10] 一八八一年二月十五日、堺町二条上ルで授業を開始し、やがて建仁寺久昌院に校舎を構えた。一八八二年六月には生徒増加に伴い、上京区第三十一組鉾田町五十二番地（京都舎密局跡）に移転している。一八八三年四月十七日現在で、教師四名、生徒百名という規模であり、校長代理の伊藤貢の下、四名の教員が教鞭を執っていた。伊藤の経歴は不明であるが、大村および四名の教師については、学歴や職歴がかなりの程度までわかる。

大村達斎（一八四〇～一八八九）は津山藩出身。西洋医学を学び、京都の漢蘭折衷派医師、大村達吉の養子となった。達吉は号を春城又洞酌楼と称し、衣棚下立売北にて開業していた。明治天皇に種痘を施したり、大村益次郎を手当てしたりといった経験をもつ、京都でも屈指の有力医師である。達斎は京都府療病院での解剖実習にも参加し、療病院への献金も行っている。府から医務取締副長や医師試験委員に任命され、一八八一年三月の「京都医師明細表」では筆頭に上がり、油小路出水上ル大黒屋町で開業していた。医学校設立と同時期に、府舎密局を引き継いだ私立化学校を設立すべく、明石博高らと結社してもいる。プリマス派の同信社教会の信徒となり、キリスト教との所縁も深い。[11]

菅野虎太は宮城出身。一八六五年より仙台藩医学校で大井長嘯から漢医学を学んだ。続いて江戸で東山降延に外科学を、村上英信（英俊カ）に仏蘭西学を学び、林鶴梁にも師事した。戊辰戦争に参加し宇和島藩に幽囚された後、一八七〇年から大学南校にて独逸学を修め、翌年から大学東校のミュラー（Leopold Benjamin Karl Müller）

とホフマン（Theodor Eduard Hoffmann）から独逸医学を学んだ。一八七七年、医学校副長となり、一八八〇年には愛知県医学校幹事兼開業医術試験委員に転職、一八八一年二月より洞酌医学校教頭となった。

森岡敬三は滋賀県出身。一八六九年より大阪舎密局にて理化学を、続いて大阪医学校で医学を学んだ。一八七四年から堺県医学校助教、翌年に度会県医学校教諭、一八七六年三重県病院附属医学校、翌年和歌山県病院教諭と、南近畿一帯の県医学校をわたり歩いている。一八七八年に外科医術開業免状取得、翌年堺県病院に赴任、個人開業の後、一八八一年には工部省鉱山局雇となり生野鉱山分局に赴任した。洞酌医学校には一八八二年六月、教諭として着任する。

高屋賀祐は京都生まれ。一八七〇年にドイツ語と算術をレーマンから学ぶ。一八七三年より京都府療病院にてヨンケルに師事し、解剖学・生理学・理化学を研究し、一八七六年からは内務省京都試薬場雇となり、理化学・植物学・鉱物学・薬物学・処方薬をゲールツ（Anton Johannes Cornelius Geerts）の下で研究、一八七九年に療病院正則予科を卒業した。その間、京都府が設置する独逸学校に監督心得・権舎長・助教として勤めた。療病院予科卒業後、一八八一年一月まで本科に学び、ショイベの下で組織学と生理学を研究した。この間、授業補・医学舎監督なども兼任している。一八八一年一月に依願免職となり、洞酌医学校に移ってきた。なお、高屋は洞酌医学校が廃校になると、一八八四年には長崎医学校に招聘されている。[12]

以上のほかに、基礎教育を担当する加藤保吉が在籍した。加藤は大垣生まれ。大垣藩や野村藩で皇漢学や算術を修めた後、一八七三年より岐阜師範学校、一八七五年から愛知・大阪師範学校に学び、師範学課を修業した。翌年から四年間、志賀泰山の下で理化学を学ぶ傍ら、金石学・気象学・代数・幾何学を研究した。一八七九年より岐阜県農学校にて理化学教員を務めていたが、一八八一年八月に洞酌医学校教員となった。

本節全体のまとめを兼ねて、洞酌医学校のレベルや規模について、府医学校と比べつつ検討してみる。一八八二年五月の医学校通則以前の段階では、府県医学校と私立医学校は同等の立場にあった。一八七九年二月の医術開業試験規則は、試験の免除は日本の官立大学（要するに東京大学）や欧米の大学校の医学卒業証書を得た者に限ると定めていたからである。私立医学校は、西洋医学に基づく開業試験通過のための予備校的な意味をもっていた。洞酌医学校のスタッフについてみれば、東京大学医学士の称号はもたないが、その前身校や大阪の官立医学校、京都府医学校に学んだ三名の医学教員を揃えており、ドイツ流の西洋医学を邦語で教授できる態勢にあった。京都府医学校が正則（洋書教育）とは別に通則（邦語教育）課程を設けたのは、漢方医の子弟がこうした私立に流れるのを防ぐためであったともされる。一八八一年から一八八三年にかけて、府医学校の生徒数は、百十三、百十二、百三十二名と推移しており、これと比したとき、一八八三年四月に百人を擁していたという洞酌医学校の規模が、それほど小さいとは思われない。次節にみる府会の医学校費審議においても、汎愛・洞酌医学校の存在が前提となって議論が進められている。

一八八〇年代における京都府下の医学教育は、高水準を維持する府医学校のリードの下、医師速成という現実目的に即して、私立医学校が不可欠な役割を果たしつつ展開し始めたといえよう。

二　京都府会における府医学校存廃論議

(1) 医学校費地方税支弁の開始

ここであらためて、京都療病院の実状を財政面から把握しておく。

かねてから府による病院建設を切望してきた明石博高がその具体化に成功したのは、寺院勢力の協力を取り付けて、資金面の問題に見通しを立てたことによる。明治四年（一八七一）の京都府療病院開設布告は、願成寺・慈照寺・禅林寺の三住職を発起人とし、市内著名寺院住職四十余名の連名で府に提出された病院設置嘆願書に対応したものである。三住職が療病院勧諭方となり、府下の寺院や医師・薬舗を中心とする数千名から十万円の資金が集められた。

この民間資金を元手とし、府が病院を管理・運営するという形態で療病院は運営された。その後も療病院は、教育に関わる予算も含め、診療費収入によって経営されてきた。ところが、前述のように医学課程が整えられ、校舎が移転竣工した一八七九年には、医学校費を地方税支弁に切り替えることが構想されるようになった。

第一回京都府会は一八七九年に開設されたが、四月十二日の経費議案第二次会では、七月から始まる同年度会計予算が審議され、計上された「予科医学校費」六七六四円（銭以下四捨五入、以下全章につき同じ）をめぐって議論が戦わされた[13]。審議の焦点は、医学校費の地方税支弁の是非であった。それも民力休養の観点からというよりは、そもそも医師養成費用を民費から支弁することが妥当かどうかという、本質のレベルで論議された。慎重論として、将来は全部地方税支弁とするにしても、この年度はまず半額を地方税で支弁し、もう半分は「医家ノ協同費」によることとしたい（吉井省三）という意見が出された。家業としての医家の利益を考えれば、その協同費から半分支出させることが妥当ではないかという論理である。しかし、医家がそのようなことをするはずはないのは自明であり、したがって医学の道も「不盛大」となるだろう（石田真平）、医学校とは小学校とは異なり「立派ナルお医者ヲ拵ヘ人民ヲ助ル者」なので、地方税支弁も結構なことだ（糸井又助）、旧医師は「追々老朽」し新医が必要な昨今、地方税から支弁しても差し支えないだろう（武内孫八郎）といった見解が多数を占め、新築費用計上への理解を求める府知事槙村正直の弁明を経て、総員起立により無修正で原案が通過した。

翌一八八〇年の府会では、府立学校費中医学予科学校諸費として、一万一〇六六円の予算が計上された[14]。六月二十四日から翌日にかけて、内訳の費目ごとに減額修正方向で決議がなされたが、特に全体の三割近くを占めるレーマンの給料が廃棄議決されたことで、予算は六五六六円に縮小された。ドイツ語を中心に医学予備教育を授けてきたレーマンを解雇し、日本人教員に切り替えようという措置である。さらにこの府会では、予科費とは別に、本科費にあたる新たな「医学校費」が議案として提示されていたことが重大問題であった。七月八日の審議では、予科についての審議の折に当局の説明がなかったことや、かといって医学校費を廃棄してしまえば予科の存在意義がなくなることなどが問題視されたが、結局は過半数で廃棄と決議された。しかし、槙村知事が原案執行の措置を執り、本科のための予算四九〇〇円はそのまま地方税から支弁されることとなったのである。

一八八一年の府会は、二月に知事が槙村から北垣国道に交代した後に行われた[15]。今度は教育費中の医学校費という費目で、本科・予科を合わせ八八〇四円が提示された。五月二十八日の一次会での争点は府医学校の存在意義であり、府属雨森菊太郎からは、郡部における医師養成という目的について説明がなされた。郡部では、将来出身郡区にて十六年間医療に従事することを条件に、「協議費」から学資を支弁する貸費生徒の制度（「民費生」）が採られており、現実に山城地域から三十六名、丹波から十五名、丹後から十六名の生徒が在籍していた。しかしこの制度が本当に成功しているかが郡部選出議員からも問われた。議論は尽きず六月九日の二次会に持ち越されたが、ここで常置委員に委託し、学科課程再編による修正見積を審議することが可決された。常置委員案は、本科・予科の区分を廃し計八年の課程を五年に縮め、ドイツ語の原書による教育は最終学年でのみ行い、四年間は日本語にて教育しようという計画であった。欠乏する良医を速成する教育が至急求められているのに、「規模ノ宏遠ニシテ学科ノ高尚ナル」このような学校に巨額の経費が投じられている現況は、一般の民情に適さないという判断が働いたのである[16]。本案が了承され、府医学校は変則医学校として維持し、予算は五九四七円に縮減されることになった。これに伴い、外国人教師ショイベは解任された。

本項の内容をまとめておこう。前節で述べたように、一八七〇年代末から医学教育の充実を志した京都府は、設備や学課目などを改善し、独立した医学校としての整備を図ることでこれにあたった。同時にこれを契機とし、病院収入でまかなわれていた医学校費の地方税支弁を恒常化させることに取り組んだ。ところが府会の合意は簡単には得られず、槙村知事は原案執行の強硬手段に出た。続く北垣知事の下での府会では、常置委員に対応が委ねられた。彼らは高いレベルの教育ではなく、速成教育に重点を置く医学校とすることで予算をスリム化するとともに、医学校の実質的な有用性を高めようと考えた。

この三年間の府会を振り返った府議の次のような総括がある。「該年度〔一八七九年〕ノ如キハ我府民ノ智識未ダ発達セスシテ府知事ノ顔ヲ見レバ目モツブレルガ如ク思惟スル者多カリシニ其勉メテ説明維持セシニヨリ心ニ負担スルヲ欲セザルモ其威ニ恐怖シテ唯々其意ニ従ヒシモノナレバ、真ニ認可セシモノト謂フヘカラス。依テ十三年度ニ至リテハ議会ノ輿論之ヲ無用ノモノトシテ廃棄セシニ内務省ハ之ヲ許サスシテ原案施行ノ圧令ヲ下シ議会ノ許サヾル費金ヲ徴収セリ。如斯ノ故ヲ以テ十四年度ニ於テハ不得止変則ノ医学科ヲ制シテ之ヲ存シタレトモ決シテ輿論ノ認可セシモノニアラス」(17)――医学校問題をめぐり、府当局と府会の間にはしこりが残ったまま、一八八二年を迎えることになった。

(2) 医学校費全廃の代案

一八八二年の通常府会では、医学校費の実質審議にあたる二次会が四月十日から始まった(18)。府当局の提示した予算は、前年の約二倍にのぼる規模の一二〇〇一円であった。審議は項目ごとに行われたが、最初の俸給審議の際から、廃棄説が提起されることになった。俸給廃棄論はすなわち医学校の成否存廃に関わる議論である。廃棄説はまず森務が提起したが、中心的論客となったのは伊東熊夫であった。

伊東熊夫（一八四九〜一九二二）は、綴喜郡普賢寺村選出の有力議員である。一八七九年三月から翌年七月、さらに一八八二年二月から郡部会副議長を務めた。製茶業を営み、一八七八年八月には京都府山城茶業者総代会代議員に就任、以後茶業界で活躍した。一八八一年十月から一八八三年三月まで南山義塾の初代社長を務め、一八八二年三月には立憲政党常議員となった。後には衆議院議員にも当選し、自由党員として活動した人物である[19]。彼は、府医学校を存続させれば、たまたま有志が私立医学校を起こそうとしても、その挙が妨害されてしまうだろうと述べた。そして、中学校であれ医学校であれ、地方税を用いるのは自分の大いに嫌忌するところであって、徹頭徹尾廃棄説を主張するとし、府医学校廃止・私立医学教育奨励という立場を表明した[20]。

一方、これに対抗する論陣を張ったのが田中源太郎である。田中は周知のとおり、府会を代表する有力議員であり、このとき府会議長であった。彼は、器械や薬品に多額の費用を擁する医学校は、中学校と異なり有志が容易に設立できるものではなく、府医学校を有志に譲り渡して継続させることも難しいと述べた。

医学校存続派は、田中源太郎のほか、西村七三郎・浜岡光哲・中村栄助ら区部常置委員を中心とし、対する廃止派が伊東・森のほか、垂水新太郎・吉井省三などの郡部選出府議を主としていたが[21]、結局、後者による俸給廃棄説は二十一対三十四で否決された。そして、予算審議は各項目それぞれを縮小する方向で、逐次修正可決された。

議論紛糾の折から、二十二対三十一で三次会も開かれることとなった。四月十三日の三次会は、二次会での下方修正を項目ごとに順次可決していったが、最終局面において、二次会まで存続論側であった中村栄助が突然翻意し、議場の景況を見るところ到底完全な医学校を維持することなどできないのがわかったのでこれを断念すると発言し、医学校費全廃を建議した[22]。また同じく存続の立場にあったはずの浜岡光哲も、無暗滅法に減額した費用をもって維持するよりは、むしろ全廃して速やかにその継続者を探し委ねるほうがよいと主張し、中村に同調した。

田中源太郎によると、「行政者ト議定者トノ間ニ於テ原案保護ノ依頼云々アリシ」との噂があり、「是迄ハ独リ行政者ノミノ圧制ナリシニ昨年来ハ又常置委員ノ圧制ヲ併セ受クルニ至リタリ」などと唱える議員もあったという。前年、北垣知事の下に常置委員が動いた手法に対する不満が一部議員の間にくすぶっていた。田中はそれが原因で事態が混乱していると述べ、中村の全廃建議を破棄した上で、一次会から再議することを主張した。しかし府会はこれを容れず、中村の医学校費全廃説を二十七対二十四の僅差で可決するにいたった。

だが四月十五日、副議長の西村七三郎らより再議の希望があり、議会はこれを可決、五月五日に審議した結果、再び医学校費全廃が可決された。また五月　十六日には、府当局から再議指令が下ったが、府会は再議自体を否決、さらに二十九日には、田中源太郎が重ねて再議を建議したが、これも否決された。要するに、正・副議長や府当局が再三にわたり再議を要求したものの、医学校費全廃は動かなかったのである。

六月一日、府会が北垣知事宛に提出した否決理由書には、次のように書かれている。「府下有志ノ士其閉校ナランコトヲ惜ミ同心協力シテ之カ維持ノ目的ヲ立テ継続ヲ乞フノ企望アル由」「今後医学ニ熱心ノ士及ヒ教育上多年経験アル者ニシテ或ハ数人申合セ将来ノ維持ヲ成サント請フ者アラハ之ニ継続ヲ任スルハ本会ノ素志ナリ」(23)

――ここにみるように、医学校費廃止は、引継ぎ手の存在を想定しての決定だったことが重要である。

伊東は四月十一日の二次会より、なぜ医学校の維持を地方官に依頼し地方税支弁が必要だというような「卑屈未練ノ考」をするのか、と議員に訴えかけ、汎愛医学校は閉鎖したけれども、府下には洞酌医学校があり、医者を養成する道は存在していると述べるとともに、(24)医学校の継続者は必ず存在する、もしいないのなら必ず自分が連れてくる、との自信をみせ、廃棄説を堅持していた。対する田中源太郎は民間の力量に懐疑的であり、「全体痛快ノ論ヲ吐ク者ハ兎角自由ニ流レ改進ヲ謀リ民度ヲ誤ルコト少カラス」(25)と伊東を批判し、洞酌医学校に対しても、維持は困難を極めていると聞いている、と厳しい評価を与えていた。(26)

伊東の説明は五月五日（三次会）になると、「現在之レヲ継続セント欲スルノ有志輩ヲ探リ得タリ」「又其有志者ノ資本金タル大凡貳万貳千円許リナリト」「継続者タルモノハ何々医学校ニ校長セシトカ又何処其処ノ医学校ニ於テ数年間教授セシ者トカ又ハ今日継続セシメタルトキハ明日ヨリ寝食ヲ忘レテ世話スルトカ云フ程ニアラサレトモ本場ニ於テ継続者アリト公言セハ其姓名ハ明言シカヌレトモ必ス信用ヲ置クニ足ルノ人物ナラン」[27]と、医学教育者ではない人物の存在を匂わせるものへと変わっていく。

府会ではついに最後まで引継ぎ手の名は明言されなかったが、それが誰であるかは暗黙の了解となっていった。「社会ノ為メニハ一身ヲ惜マサルモノナリ。銭儲ノ為メニスルニアラス」「本員ノ見込ミシ人物ハ大ヒニ世上ニ信任セラル、モノニシテ、八十万人モ安心シテ継続セシメラル可キナリ」(吉田喜内)であり、「宗教家ニテ云々ノコトモ聞込タレトモ、一旦之レニ放任スルトキハ従来ノ法ハ必ス変スルナラン」「其人タルヤ必英法ヲ拡張セントスルモノナラン。而ルニ今此人ニ継続セシムルトキハ、今ノ法則ヲ変シテ英法ヲ以テ教授スルコト必セリ」[28]と田中に懸念される人物、それは明らかに新島襄であった[29]。

伊東と新島は、いつどのように知り合ったのだろうか。確証はないが、新島は一八八一年夏以降、古沢滋・土倉庄三郎といった近畿民権運動関係者と頻繁に接触している。十月中旬、新島宅を訪ねた古沢は大学の必要を説き、土倉は同志社への経済的援助を申し出る[30]。彼らは同年創設された立憲政党の中心メンバーであり、伊東も常議員である[31]。新島が伊東を知ったのは、この立憲政党関係者を通じてではないかと想像される。

伊東と新島の関係は、府下田辺の南山義塾にもっとも反映されている[32]。南山義塾は一八七七年、京都の儒者である山口正養を迎えて有志が創設した私塾・盍簪家塾を前身とする。一八八一年八月、南山義塾と改称して仮開業し、校舎や学科目、教員の充実を図った。小学校卒業レベルの生徒に、物理・博物・経済・生理など西洋の学問を教授した。先に記したように、その初代社長であった伊東は、いわば南山義塾の創始者である。新島は府会会期中の一八八二年四月三十日、南山義塾の正式な開校式に臨席し、祝辞を寄せている。また、東京英学校を主宰する弟子、和田正幾を南山義塾の教師として推薦していた。

世間では、大村の洞酌医学校もしくは同志社が府医学校を継続するという風説が飛びかっていたが、[33] 伊東は、姓名は公言し難いが、一人ではなく二三名の同志者により七月一日から継続する見込みであると、新島一人の所業でないことを府会でほのめかしていた。[34] 新島は六月七日、大村と「医学病院寄附金ノ相談」をし、八日には伊東の訪問を受けている。[35] 府医学校の引継ぎは、新島—大村、伊東の協同策として動き出していた。

こうした動きに対する北垣府政の対応は次のようなものであった。北垣は四月十一日から五月十二日まで上京しており、彼の日記には、当該期の関連叙述として「府会議員石川来リ医学校ノ事ヲ具申ス」(四月八日)、「田中源太郎来リ医学校費ノ事ヲ談ス」(七月十八日)の二記事しか見出せない。[36] 府医学校と新島をめぐる北垣の意図を明確に知りうる史料は、六月十四日の閉場式演説のみである。[37] 彼は「教育中医学ハ実ニ急務中ノ急務」とし、「継続者ニ十分ノ者アレハ各員ノ満足セシモ、如何ニ見ルモ各員ノ満足スル継続者ハ未タアラサルナリ。何トナレハ医学ナル者ハ議会ニ於テモ緊用ト見認メ行政者ニ於テモ緊用ト見認ムル以上ハ、資力ノ足ラサルモノニ軽々ニ継続セシムルコトハ出来サルナリ。故ニ十分ノ継続者ヲ求ムレハ少クトモ十万円ノ資本ハ備ヘサレハ継続セシムルコト能ハサルナリ」と述べて、資力が不充分な継続者に医学校は任せられないと結論づけた。そして、府県会規則第五条を適用し、内務卿の裁定による原案執行を行うしかないと宣言したのである。五月に東大卒の医学士猪子《いのこ》止戈之助《しかのすけ》や斎藤仙也が月俸百円で一等教諭に任じられており、[38] 府当局において医学校の廃止はほとんど考慮されていなかったと思われる。

本項を、府会で新たに表出した議論に即してまとめておきたい。

四月十四日、中村は教育費中の区町村教育補助費の項目に準拠して、幾分か医学校に対する補助費を置きたいと述べた。これは一旦廃案となるが、重ねて浜岡もアメリカのチャーター制に倣った制度として、補助費の捻出を要求した。同志社に近い彼らが、新島による引継ぎ計画を知り、援護射撃をした可能性がある。[39] 伊東も、地域に利益を与える学校なのだから補助をしてよい、私立学校だからといって府知事が監督してはいけないということはないだろうと述べて、補助費の支出を唱えた(40)。

区町村教育補助費は、教育令（改正）第二十五条「町村費ヲ以テ設置保護スル学校ニ於テ補助ヲ地方税ニ要スルトキハ府県会ノ議定ヲ経テ之ヲ施行スルコトヲ得ヘシ」に基づく費目であり、ここで示されたのは拡大解釈であった。そして当局の雨森府属自体、「区町村補助費トハ公立学校ニ対シ補助スルノ精神ナリ。私立学校ト雖トモ公立ニ代用ス可シト見認ムルトキハ補助スルナリ。其他公立ニモ非ス又公立ニ代用ス可カラザル分ハ地方税ヲ以テ補助スルヲ得ザルモノ(41)」と、場合によっては公立の代用となる私立に補助金を与える可能性も示唆していたのである。結局は伊東が補助金なしの学校の方が好ましいとの意から提案を取り下げ、沙汰やみとなったが、この議論は、学校の経費支出主体と運営主体に関する問題をはしなくも提示していたといえる。

この府会は、中学校費に対する地方税支弁も否決していたが、医学校の新島の場合と同様、中学校は本願寺が継続するとの噂が流れ、暗黙の前提になっていた(42)。北垣は医学校のような原案執行措置は採らなかったが、中学校講堂を府会の議事堂に供して地方税により支弁するとする号外議案「中学校維持法」を通して経費の一部を捻出し、東西両本願寺からの寄附を得ることで、中学校維持に漕ぎつけた(43)。医学校のような原案執行措置は回避した点で対照的であるが、本願寺に委譲はせず資金のみを引き出しており、学校運営を任せなかった点では共通している。民間に委ねて補助金を与えるのか、府の学校として民間から寄附金を得るのか、二つの選択肢が発想されていたわけだが、「爾来種々風説もあれど府知事ハ飽までも該校を保存して干渉教育を為さんとの目的と見え(44)」と新聞に報道されるように、北垣の教育政策は「干渉教育」、すなわち府が教育の運営主体となることを保持する方針であった。この点、諸学校通則の下、京都府尋常中学校を大谷派本願寺へ経営委託した一八八〇年代後半段階とは異なることを認識せねばならない(45)。

新島に医学校を引き継がせなかった北垣の判断の理由は、キリスト教の学校であることへの懸念からではないとは言い切れないが、まずはその経済的力量を信頼できなかったことに尽きるだろう。しかし本願寺のような財力があったとしても、当該期の北垣の「干渉教育」政策の下では、新島が委譲を受けることは難しかったのではなかろうか。

三　京都民立医学社計画

（1）ベリーの参画

府医学校の引継ぎは頓挫したが、新島の医学校設立計画は鎮火しなかった。

中村栄助は、「明治十五年の夏、基督教々役者の間に、日本伝道上の対策として、神学教育と並行して必要なるものは、即ち医学教育であると云ふ意見が持ち上った。而して新島先生、松山高吉の二名を委員に挙げ、之が実行方法を当時有馬に避暑中であった医療宣教師ベリー博士に願った」[46]と述懐している。しかし、新島と松山が有馬のベリーを訪問したのは、前年の一八八一年夏のことであり、一八八二年夏にベリーが有馬にいたのは確かだが、東北旅行中の新島が有馬を訪ねたという記録はない[47]。新島は一八八一年暮れには、ベリーに大村を紹介しようとしていた痕跡があり[48]、すでにこの年から、新島と大村の関係、新島とベリーの相談が始まっていた可能性がある。ただ計画が具体的に進みだすのは、一八八二年の府会終了後、秋のことと考えてよい。

ベリーは十月十五日頃に、京都と岡山どちらで会うかを尋ねる書簡を新島に送った[49]。大村と相談した新島の返答をふまえ、ベリーは十月三十一日付の書簡で、妻の出産が間近なので、希望があれば大村同行の上、来岡してほしい旨を新島に告げた[50]。「同志社大学設立之主意之骨案」（十一月七日）に、大学の学科に「宗教兼哲学」「法学」とともに「医学」を設けると明記し、新島は十一月十六日、松山高吉とともに岡山を訪問した。ベリーをはじめ岡山ステーションの諸宣教師と医学校設立について協議を始め、二十日には、校則の翻訳にとりかかった。[51]
十二月十二日付の新島宛ベリー書簡は、ベリーの考えの特徴と、新島が異なる意見をもっていたことをよく物語っている。要旨は以下のとおりである。

・行政府に却下される懸念があれば、新島と大村は、京都ステーションのメンバーのアドバイスの下に、ベリーの示した規約を変更してもよい。ただし、外国人寄附者の信用を保証する条目は削除してはならない。
・日本人からの寄附のみで、不充分な当座の医学校を設立することは避けたい。なぜなら、医学校通則が適用された強力なライバル（福岡・岡山・大阪・東京の各府県立医学校）が多く存在するのが現状だからだ。遠方の生徒も確保するために、"morality"のみならず"ability"でも特筆される学校を持たねばならない。
・外国勢力、すなわち"our Mission"と"American Board"と"American Philanthropist"の協力が要る。アメリカン・ボードの援助があれば、一人かできれば二人の外国人医師を雇用できる。
・外国人の権利濫用は避けるような規約になっているから、新島と大村でよく説明すれば認可されるだろう。二人で京都府知事と非公式に面会して、正直に十分説明し、彼の公的権限下にあっては何が認められるかを理解されたし。

要するに、新島や大村は、当初は小規模でかまわないから日本人の寄附金のみで設置すべきであり、それでなければ認可も下りにくいと考えていた。これに対してベリーは、本格的医学校設立の必要があり、そのためには外国人からの寄附が不可欠だと捉えていたのである。そしてその権限は規約で保証されねばならなかった。アメリカ人個人慈善家の寄附は新島も認めるところであったから、問題は、アメリカン・ボードの支援を仰いで大規模な医学校にすることであった[52]。

来日以前から日本での医科大学設立を夢みていたベリーであるが、彼は五月に公布された医学校通則の内容、すなわち、四年課程、三人以上の"Doctor"の配置、病院附設といった甲種医学校（卒業生は無試験で開業可）の認可条件をよく理解していた。"Doctor"の称号をもつ外国人医師がいれば、東大卒業生を揃えなくてもこの条件をクリアできる。また、七月十五日に文部省達第五号が定めた医学校設置認可の手続きについても、ベリーは理解していたと思われる。私立医学校も町私立同様、臨床実験用の病院の種別（附属・単立等）、その位置と医学校までの距離、臨床実験のための患者定員を具して伺い出、尋常患者の概数、名称、院長履歴も開申しなければならなかった。認可を下すのは府知事である。だからこそ、彼（北垣）との関係に神経を遣っているのである。

明くる一八八三年一月十日、今度はベリーが京都を訪問し、グリーン（Daniel Crosby Greene）宅で新島や同志社の教師陣と医学校計画を相談した[53]。帰岡したベリーは一月十八日付で新島に書簡を送り、"Ono"に京都に行くよう勧めたことを知らせている[54]。"Ono"とは小野俊二のことであり、ベリーの神戸時代からの弟子である。一八七四年四月の神戸公会創設メンバーとして受洗し、ともに飾磨県方面への伝道旅行にも出かけている。一八七七年五月、一時帰国するベリーと同船して渡米し、フィラデルフィア大学医学部に学び、帰国後は奈良病院長に着任していた[55]。年が明け、医学校設置はいよいよ現実化しつつあった。

（2）計画の特質と挫折

以上のやりとりのなかでまとめられたのが、「医学校規定」と題される史料だと推定される[56]。この草案は作成時期不明とされてきたが、外国人寄附者や政府の法令、京都府との関係に触れている点で、先に分析した一八八二年十二月十二日のベリー発新島宛書簡の内容に合致しており、新島が和文で整理した当該期の草案と考えられる。また、この英文版と推定される史料も残されている。内容は以下のようにまとめられる。

一　社名を京都民立医学社（"Peoples Medical School of Kiyoto"）と称す。医学校に関する政府の法令に従い、政府から他校に与えられた特典の要請も行う。

二　本社では、内外を問わず、土地物品家屋金銭などの寄附を受け付ける。

①医学校……本校の授業は英米二国の医学を採用する。

②看病人学校……看病人の心得並びに実施法を授業する。

③病院並施療所……医術実施は勿論、慈仁を本旨として患者の便益を計る。

これら学校病院等の位置は京都府下、やむを得なければ京都近隣の地を選ぶ。

三　本社の事務は次のような選挙方法で選んだ委員七人に委任する。

①委員七名のうち六名を三組二人ずつに分け、順次一年ごとに改選する（三年任期）。一人は監察員から毎年改選して選ぶ。

②委員のうち四名は社員が、二名は客員が選任する。欠員時はそれぞれ社員・客員自体から補充する。

四　社員は校中幹事や他の役員の選任、その職分権限の規定にあたる。全校の支配・会計等に関する規則細則の編成を行う。ただし政府の規定や当該規定と抵触しないようにする。

五　外国人寄附者はその国の総代を選ぶ。総代は、在留該国人のなかから二名、客員を選出する。客員は年何回でも本校を巡覧し、生徒や患者の実況を視察し、規則細則の点検を行い、特に外国人の寄附金を調べ、学校病院がその主旨目的に背いていないか監察する。生徒や病院の巡覧と規則の点検を行う。

ただし委員二人を選任する義務は、二十年後には同志社社員に譲り渡す。

六　本社より要請を受けた府知事、区長、府会議長が監察員に就任する。監察員は年二回、本校を巡覧し、生徒や患者の実況を視察し、規則細則の点検を行い、本校設立の主旨目的に背いていないか監察する。

まず述べられるのは、政府の法令に基づき、甲種医学校の認定を申請するという目標である。だから京都民立医学社は、単に医学校のみを有する組織ではない。病院設置は必要条件であり、これに看病人学校を加えた三位一体の総合医療機関として構想された[57]。当初の京都民立「医学校」を「医学社」と訂正した跡があるのは、そのためだろう。

教育方針に「キリスト教」の文字は登場していないが、「英米二国」の医学に基づくことが明記されている[58]。この点、前節に述べた府会での田中源太郎の懸念は当っていたということになる。ダーウィニズムの浸透に対抗し、キリスト教の価値観に基礎を置く医学教育を目指すベリーは、東大卒医学士の着任によりドイツ系医学が主流となった岡山県医学校において、居場所を失いつつあった（第三章）。まずもって英米流医学の採用が掲げられたのは当然であろう。

資金は、日本人外国人双方からの寄附によるとされ、外国人寄附者の代表は、「客員」として運営に関わることになっていた。これがアメリカン・ボードの支援を想定したものであることは先ほど述べたとおりである。一方、府知事・区長・府会議長が「監察員」に指名されている。「監察員」は「客員」同様、オブザーバー的構成員として、定期的な査察を行うとされた。つまり京都民立医学社は、アメリカン・ボードと京都府を同時に運営体制に組み込んだ機関として想定されていた。

ベリーの構想は、神戸時代に着想していた総合医療施設をも髣髴とさせる。第一章第三節でみたように、一八七二年五月の赴任直後に、神戸居留地の外国人が専用医療施設として自主設立した国際病院（"International Hospital in Hiogo")の医事監督に就任した彼は、この施設を日本人にも開放し、また兵庫県からの資金も調達することで、キリスト教に基づく医学教育の中心施設に発展させることを目論んだ。結局は、神田県令が兵庫県が管理する神戸病院にベリーを登用するかたちでその力を発揮させ、県下医療の充実を図ることになるが、ベリーの発想としては、神戸時代からの連続性を見て取ることができる。

なお、設置場所は京都府下としながらも、場合によっては京都近隣の地も選択肢に入れている。ベリーは、大村・新島のほか、医家子弟のクリスチャン川本恂蔵、神戸教会の松山高吉、大阪教会の宮川経輝などを結社メンバーに考えていた。[59] ベリーが京阪神一帯のキリスト者による運営をイメージしていたのに対し、新島はすでに伊東や中村ら府議との関係を培っており、大村を含め、京都の民間人脈を重視していたと思われる。「同志社医学校」ではなく「京都民立医学社」である点に、後の大学設立運動における「明治専門学校」構想につながる新島のスタンスをみてとることができる。

結社の経緯は先行研究も記すとおりである。一月十八日、新島邸に新島・大村・中村・同志社教師市原盛宏の四名が集まり、小野とベリーを招聘する好機会であり、そのためには結社が必要であることを合意した。[60] さらに一月二十三日、河原町商工会議所にて再び新島・大村・伊東・中村の会合が行われ、具体案が固められた。月百六十円、年千九百二十円の支出が計上され、医学校創設のための結社を設立すること、大村所有の公債証書二万八千円を預金して利子月二百六十円を得、新島・大村・伊東・中村・市原の五名で結社することを決定した。また、翌日中に大村と新島それぞれから、小野に月給五十円での就任を依頼することに決した。

しかし大村の思惑は、洞酌医学校校員の同意を得たものではなかった。校員三名は、大村に声明文を送り強く抗議した。[61]「許多ノ歳月間家事ヲ抛チ専ラ校務ニ勉励」してきた彼らにとって、「今般俄カニ此迄嘗テ関係ナキ人々ト御結社被成従前心力ヲ注キ候我輩共ヲ御疎外被成候」しかも「結社ノ人々ヨリハ更ニ出金無之」という状態は、「平素篤実誠信ヲ旨トスル先生ノ御行為トモ不相心得」受け入れ難い計画であった。英米医学の採用を掲げた点も、ドイツ系医学に則ってきた彼らの存在を無視した措置と映ったことは、想像に難くない。

裏切り行為として内部の反発を買った大村は、二月九日、新島・伊東・中村・市原宛に資金提供の困難を詫びて出た。翌日新島は「大村氏違約ス」とし、結社が難しくなった旨を記している。(62) 京都民立医学社計画は水泡に帰し、医学校構想は振り出しに戻った。

おわりに

本章は、国や京都府の教育行政をふまえ、蓄積のある同志社―新島襄―アメリカン・ボード研究を再検討する試みでもあった。医学校問題に関連して、従来の研究の細かい事実誤認についても、修正ができたと思う。

一八八二年の京都府会における府医学校存廃論は、地方税支弁の可否をめぐって争われた。議事録を注意深く読むならば、争点はこの学校を民間勢力に委ねることの是非、さらに隠れた焦点は、民間勢力一般ではなく、洞酌医学校の大村達斎と結んだ新島襄に引き継がせることの妥当性であったことがわかる。そして京都府会が事実上、新島への府医学校委譲を可決したということは注目に値する。民力休養のため教育は民間に委ねるべしとの強硬な主張をもち、立憲政党や南山義塾を通じて新島と親交をもった府議（伊東）、および親同志社派の府議（特に中村）の存在が、それを可能にしたといえよう。

北垣知事は前任者槇村正直と異なり、正・副議長の力を借りながら、原案執行措置を採らずに済むような努力を重ねた。しかし府会は医学校費廃棄に強硬であり、北垣は最終手段の原案執行を決意した。同志社・新島に対し友好的な印象のある北垣であるが、一八八二年五月段階では、府会の決議に反して地方税支弁による府医学校の経営を堅持し、これを新島に引き継がせようとしなかったのである。(63) もし仮に、府会の決議がそのまま実行に移され、府医学校が新島に委譲されていたならば、今日の同志社大学は医学部を有し、京都府立医科大学は存在しなかったかもしれない。

同志社の財政的能力への低評価、および府の主導性の確保という北垣の「干渉教育」政策が、この結果をもたらした。加えて、着任後一年余の北垣は、新島について未だ確たる印象を持ち合わせていなかったことも作用したと思われる。北垣が新島と直接面会してその教育意図を理解し、同志社生徒への学費補助を決定するのは、当府会の半年後、十一月のことである。再び「仮に」の話であるが、府会の府医学校廃止・新島への引継ぎ決定がもう一年遅かったなら、あるいはこれを容認したのかもしれない。ちなみに、田中源太郎や西村七三郎といった、引継ぎ反対派議員が同志社の大学設立運動に協力し始めるのは、一八八三年秋以降のことである。

北垣の判断により命運を保った京都府医学校は、十一月には甲種医学校の認定を受け、陣容とカリキュラムを整えていくこととなる。

一方、府医学校の受け継ぎは成らなかった新島ではあるが、大村と手を組んでの私立医学校計画は、ベリーの参画により具体化していった。一八八二年五月以降の国による医学教育政策の進展は、公立医学校の現場に精通するベリーを通じ、図らずも計画策定の追い風となった。政府の認可を受け、官公立医学校に太刀打ちできる本格的医学校を目指したベリーの意向を反映しつつまとめられたのが、京都民立医学社構想である。アメリカン・ボードおよび日本人からの寄附金により、医学校・看病人学校・病院を合わせた総合医療施設を建設し、府当局の監督も仰ぎながら経営するというビジョンであり、結社には府議の伊東や中村も加わっていた。

しかしこの計画は、洞酌医学校の現場の合意を得られなかったため、資金面でつまづいた。医学校構想はキリスト教勢力内部に閉じられた方向へ舵を取り、ベリーは来日諸教派との連携を主軸に、新たな模索を開始する。(64)やがて一八八六年、同志社に誕生したのは、医学校を欠く看病婦学校と病院であった。

新島の京都民立医学社計画は実現にいたらなかったが、アメリカン・ボードと地方行政府の双方を組み込んだ運営体制、地域有力者との連携といった発想は、同じく一八八六年に時と場を得て開花した。それが仙台の東華学校であり、終章の分析に委ねられる。

（1）本井康博「京都ステーションの特異性」（同志社大学人文科学研究所編『アメリカン・ボード宣教師　神戸・大阪・京都ステーションを中心に、一八六九～一八九〇年』、教文館、二〇〇四年、以下本井A。後に本井『アメリカン・ボード200年　同志社と越後における伝道と教育活動』、思文閣出版、二〇一〇年に所収）、新島襄全集編集委員会編『新島襄全集』8　年譜編（同朋舎出版、一九九二年）参照。

（2）京都府医師会医学史編纂室編『京都の医学史』（思文閣出版、一九八〇年）の第八篇第五章「同志社病院と京都看病府学校」。同書は、新島と大村の間に悪感情が残っていたとは考えにくい、と中村の記憶違いを指摘する。

（3）本井康博「新島襄と大村達斎――新出書簡をめぐって」（『同志社談叢』第二十八号、二〇〇八年、以下本井B）。中村の記憶違いはあるものの、大村の違約に対して新島が激怒したという回想には信憑性があるという立場をとり、（2）とはある意味対照的である。

（4）吉田亮「ステーション間の相互作用とアメリカン・ボードの日本伝道」（注1『アメリカン・ボード宣教師』）は、「根拠は定かではない」と注記している。新島と北垣の良好な関係については、高久嶺之介「新島襄と北垣国道」（『新島襄全集を読む』、晃洋書房、二〇〇二年）も指摘する。

（5）『同志社百年史』通史編一（一九七九年）第一部第十一章「京都看病婦学校と同志社病院」（執筆担当長門谷洋治）。

（6）京都府療病院・医学校については、『京都府立医科大学百年史』（一九七四年）の第一章「衛生行政と療病院」・第二章「困難つづきの医学校」、および注（2）『京都の医学史』の第八篇第四章「府立療病院の設置」を参照。

（7）ヨンケルは横暴で仕事に不熱心、マンスフェルトの医学は時代遅れであり、実際に着実な成果を上げたのはショイベだったとされる。ショイベについては、森本武利編著・酒井謙一訳『京都療病院お雇い医師ショイベ：滞日書簡から』（思文閣出版、二〇一一年）を参照。彼は一八八〇年十一月、満期三年の契約を終了したが、契約は三年間更新された。なお、第一章・第三章で触れたように、ヨンケル解雇時に、ベリーを招聘する話が持ち上がったこともあった。

(8) すなわち東京・神奈川・新潟・大阪・兵庫・長崎を除く。愛知はヨングハウス(米)・ローレッツ(墺)、石川はスロイス(蘭)・ホルターマン(蘭)・ローレッツを雇用した。静岡には、カナダ・メソジスト教会宣教師マクドナルドが赴任している。明治前期のお雇い外国人医師には、非医療宣教師系(=欧州系)と医療宣教師系(=北米系)とがあるといえる。ロイトル(蘭)解任後、テイラーとベリーの雇用につながっていく岡山県は両方の性格を有する(第三章)。

(9) 以下汎愛医学校については、京都市総合教育センター所蔵「徳重文書」の「郡区私学校願」明治十四年(整理番号六―三)、『日本立憲政党新聞』明治十四年二月二日を参照。

(10) 以下洞酌医学校については、「郡区往復綴込」明治十六年(同前「徳重文書」六―三)、『日本立憲政党新聞』明治十四年二月十日、十九日、明治十五年六月十四日。

(11) 大村達斎については、藤田俊夫「大村達斎――その事跡と達斎をめぐる人々」(『啓迪』第六号、一九八八年)参照。大村のキリスト教(同志社)への積極的支援を疑問視し、中村やベリーを介して新島と知り合ったのではないかと推定するのが注(3)本井Bであるが、現在のところ、両者の接近の理由を語る決定的史料は見つかっていない。

(12) 長崎大学医学部編『長崎医学百年史』(一九六一年)の第五章第十七節「教員の増聘と長崎医学校の整備」参照。

(13) 一八七九年度の府会については、『明治十二年　京都府会議録事　附日誌』(京都府立総合資料館所蔵。以下府会議事録はすべて同館所蔵)。

(14) 一八八〇年度の府会については、『明治十三年八月　京都府会決議録及議録事』による。

(15) 一八八一年度の府会については、『京都府府会議録事　明治十四年』による。

(16) 「甲第六号議案教育費中医学校費決議ノ理由開申書」(京都府会議長松野新九郎より京都府知事北垣国道代理京都府大書記官国重正文宛、明治十四年六月二十一日付、同右所収)。

(17) 一八八二年四月十日の府会における森務議員の発言(後出の注20参照)。

(18) 一八八二年度の府会については、『京都府府会議録事　明治十五年』による。以下、府議発言の引用注に付した同年度「京都府会議録事」は、すべてここに所収。

(19) 京都府議会事務局編『京都府議会歴代議員録』(一九六一年)。以下府議の略歴や当該期の立場については、同書およ

び京都府編『京都府会志』（一八九七年）参照。

(20) 四月十日「京都府会議録事第九号」。

(21) ただし郡部選出議員のなかには、北部船井郡の田中半之丞など廃棄に懐疑的な者もおり、当該問題に関する府会の構造を、区部対郡部と一概に勢力分けすることは控えたい。伊東と同様の論者には、立憲政党創設に関与し愛民義塾を主宰していた南部綴喜郡の吉田がいるが、立憲政党員である点は田中も同じであった。同じ郡でも、北部と南部では民間教育の進展具合が異なっていたことが、意見の相違の背景にあるといえる。

(22) 以下、四月十三日「京都府会議録事第十二号」。

(23)「明治十五年度　京都府会決議録　第貳編」（『京都府府区部郡部会決議録　明治十五年』）。

(24) 四月十一日「京都府会議録事第十号」。

(25) 五月三十日「京都府会議録事第三十三号」。

(26) 四月十日「京都府会議録事第九号」。

(27) 五月五日「京都府会議録事第廿壹号」。

(28) 五月三十日「京都府会議録事第三十三号」。

(29) 小股憲明は「明治期京都府の教育政策」（本山幸彦編『京都府会と教育政策』、日本図書センター、一九九〇年）において、「府会の医学校費全廃自体が同志社の動きを計算にいれ、それと連動していた可能性がある」と注記している。本項の分析からすると、先見的な指摘といえる。

(30)「同志社大学記事」（『新島襄全集』1　教育編、同朋舎出版、一九八三年所収）。

(31)『日本立憲政党新聞』明治十五年三月三十一日。

(32) 南山義塾については、田辺町近代誌編さん委員会編『田辺町近代誌』（一九八七年）第七章「田辺の教育」を参照。祝辞は前掲『新島襄全集』1所収。本井Bはこれを一八八一年の開業時の祝辞と推定するが、『日本立憲政党新聞』明治十五年五月三日により、新島が出席した一八八二年四月の正式な開校式時の祝辞とみられる。和田については、新島の「日誌」（前掲『新島襄全集』5所収）六月十四日に、本人から就任断りの連絡があったことが記されている。

(33)『日本立憲政党新聞』明治十五年六月六日。その他、上京下京区でも、区長や戸長が醵金や協議費、勧業恩賜金などを用いて、中学校や医学校を受け継ごうとする動きがあった模様である（同五月二十五日、六月六日、六月九日）。
(34) 五月二十七日「京都府会議録事第三十一号」。
(35) 注(32)「日誌」。ここでは「綴喜郡ノ伊東経夫氏来訪ス」と解読されているが、「伊東熊夫」の解読ミスであろう。
(36) 塵海研究会編『北垣国道日記「塵海」』（思文閣出版、二〇一〇年）。
(37) 六月十四日「京都府会議録事第四十三号」。
(38)『日本立憲政党新聞』明治十五年五月十七日。
(39) 四月十四日「京都府会議録事第十三号」。ただし彼らはこのときまだ同志社社員ではない。中村はこの問題が一段落した一八八三年三月に社員となり、医学校設立運動をあらためて支えていく。
(40) 五月八日「京都府会議録事第廿三号」。
(41) 五月二十七日「京都府会議録事第三十一号」。
(42)『日本立憲政党新聞』明治十五年六月六日。
(43)「京都府会議録事第四十一号」、小林嘉宏「京都府会における中学校論議――明治前期」（注29本山幸彦編『京都府会と教育政策』所収）。
(44)『日本立憲政党新聞』明治十五年六月三十日。
(45) 諸学校通則は、民間から維持費を拠出させ、府県が管理することを可能とする（終章「おわりに」参照）。荒井明夫「明治中期府県管理中学校における「官」と「民」――京都府尋常中学校を事例として」（『日本教育史研究』第八号一九八九年。後、荒井『明治国家と地域教育　府県管理中学校の研究』、吉川弘文館、二〇一一年に、補論「京都府尋常中学校の管理をめぐる京都府と真宗大谷派との相剋」として収録）を参照。
(46)「第七号　中村翁伝未定稿」（同志社大学人文科学研究所所蔵「中村栄助伝稿本」マイクロフィルム）。
(47) 松山高吉「旅日記」（溝口靖夫『松山高吉』、創元社、一九六九年）、注(32)「日誌」。
(48)「新島遺品庫」一一八五〔Dr. Berry宛書簡稿（一八八一年十二月二十一日付・Dr. Omuraに関するもの）他〕。"Our friend Mr. Omura"について記そうとしている。
(49) 以下、注記がない限り、新島の動きは注(32)「日誌」、「日抄」（『新島襄全集』5所収）による。ここでの十月から十二月までの経緯については、注(3)本井Bも記すが、本章は、①十月半ばのベリーの書簡は、面談場所を京都にするか岡山にするかの相談であり、自身の京都移転か岡山残留かを相談するレベルではない、②ベリーの依頼による十一月の新島の岡山出張は事実である、③十二月十二日のベリーより新島宛書簡における“government”は政府ではなく京都府のことを指す、との別見解を示すものである。

(50)　本書簡を含め、本項で使用したベリー発新島宛の書簡三通（十月三十一日、十二月十二日、一月十八日）は、「新島遺品庫」二四一九、二四二二、二四一〇。いずれも同志社大学人文科学研究所編『新島襄宛英文書簡集（未定稿）(1)』（二〇〇七年）に翻刻収録されているが、解読ミスの箇所もある。

(51)　この時期の医学校計画については、河野仁昭「新島襄の大学設立運動（一）」（『同志社談叢』第九号、一九八九年）も叙述している。河野は新島が翻訳したという「校則」を、「ベリー所有の医学校に関するもの」とみているが、ベリーは岡山県医学校雇で医学校所有の事実はなく、新たな医学校構想の規約草案翻訳と考えるほうがよいと思う。

(52)　自給路線か否かをめぐる新島とベリーの相違とみることもできる。自給問題については、注(1)本井A、注(4)吉田論文参照。

(53)　「同志社記事」（前掲『新島襄全集』1所収）。

(54)　本書簡は一八八二年一月十八日付であり、注(3)本井Bもそのように叙述する。だが本章では、年頭のことでもあり、ベリーが一八八三年を一八八二年と書き間違えたものと推定する。少し大胆な実証であるが、「戻ってから」（“since my return”）頭痛でしばし手紙が書けなかったと述べ、新島の妻に京都滞在中の礼を伝えてほしいと告げていることから、一月十日の来洛後に書かれたと考えられるからである。一八八二年一月にベリーが京都を訪問した事実はない。

(55)　神戸時代の小野については、茂義樹『明治初期神戸伝道とD・C・グリーン』（新教出版社、一九八六年）。『七一雑報』二巻第二十九号（一八七七年七月二十日）に掲載された航米日記に、ベリーと同船だと記されている。また、帰国後に活動を予定していた奈良病院とは、奈良県が未発足のこの時期、大阪府が設置していた奈良病院であろう。なお小野は岐阜県出身であり、新島も岐阜訪問の折にはよくその実家を訪れたようだ（注3本井B、注49「日抄」所収）。

(56)　「医学校規定」（前掲『新島襄全集』1所収。「新島遺品庫」○一五三）。ただし原文書には表題なし。英文は「新島遺品庫」○一五九〔医学校設立・維持・管理・経営に関する意見〕。なお、「新島遺品庫」○一六○〔キリスト教医学校設立団体の規約原案の一部」はベリー筆と推定され、運営会議の開催要領や会計・秘書・諸職員の選考方法などを詳しく定める。一月十八日の手紙でこれを三と四の間に挟むよう新島に求めていた。また、五の「客員」と同じ権限を"The Trustees of Doshisha" に認めようとした英文草稿も残る（「新島遺品庫」〇一五二〔医学校設立に関するメモ〕）。

(57) 注(51)論文において河野は、一八八三年四月八日付中村栄助宛の新島書簡に、ベリーの「看病人学校」のことで相談があると書かれていることに触れ、この段階で医学校と別にそういう学校を設けようとする意図がベリーや新島にあったわけではなく、どちらの学校にするか、まだ確定していなかったにちがいないと推定している。だがここでみたように、「京都民立医学社」構想は当初から「看病人学校」も作ろうという大計画であった。

(58) しかし「新島遺品庫」一一三一〔医学校設立に関するメモ〕（英文）に記された単語（"Medical Miss. Training Institute", "Theo."）をみると、医療宣教師養成機能をもつ学校設置が期待されていた向きもある。

(59) 注(56)「新島遺品庫」〇一五九。川本は三田出身で、神戸を経て天満教会で受洗。大阪専門学校から同志社に転じ、一八八四年にはベリーに同行して渡米、ペンシルベニア医科大に学ぶ。帰国後は同志社病院副院長となる（比屋根安定『日本近世基督教人物史』、大空社、一九九二年復刊）。

(60) 以下、「新島遺品庫」〇一五五「洞酌医学校関係書類」による。この書類は「区部常置委員用箋」に記されており、中村栄助の関与の傍証となる。注(3)本井Bは「同志社医学校発起人会」として、同様の事実経過を叙述しているが、このときの計画は「同志社医学校」ではなく、あくまで「京都民立医学社」であったと本章では捉えてみた。

(61) 同右所収。一八八三年二月、山岡弘匡・高屋賀祐・河内周平・伊東貢《ママ》から校長大村達斎宛。会計惣代河内・伊東から大村宛の書面もある。

(62) 小野は奈良病院に辞表を出し、すでに来京を決定していた。大村は約束不履行の詫びとして、一年間五十円で小野を雇入れる旨を申し出た（注32「日誌」一月二十七日、二月十一日、十三日）。この顛末については、新島と大村の間の「違約騒動」として、注(3)本井Bが詳しく扱う。

(63) 「はじめに」に引用した『京都府教育史』上の記述は典拠不明であるが、本章の分析をふまえると、大筋では間違いないということになる。ただ、山本覚馬の関与は一八八二年中には確認できず、一八八三年五月以降のことと思われる。

(64) 本章冒頭三つ目に掲げた来日諸教派やアメリカン・ボード本部との関係は、これ以降の問題となる。

第五章　大阪官立学校とキリスト教

はじめに

キリスト教との深いかかわりをもった明治前期の官立学校といったとき、決まって口にされるのは札幌農学校の名であろう。そしてその深い関係ゆえに、札幌農学校は特異な官立学校だとされてきた。なにゆえに札幌農学校はキリスト教と密接な関係をもちえたのか。その理由は、これまでの研究から次のようにまとめられよう(1)。

未踏の実験場としての北海道に米欧文化の積極的導入を図った開拓使は、札幌農学校に招聘したお雇い外国人クラーク（William Smith Clark）に「教頭兼黌園長」という高い地位を与えた。彼は宣教を志していたわけではなかったが、当然の徳育方針としてキリスト教を伝え、学生組織「開識社」の結成による課外のキリスト教学習を促し、「禁酒禁煙の誓約書」「イエスを信じる者の契約」という二つの契約の当事者へと学生を導いた。学生の自発性を重視するこうしたクラークの方針は、彼の辞任後も後継の外国人教師たちによって受け継がれていった。そして信仰集団化した学生たちは、宣教師や教会組織を欠いた新開地北海道での伝道拠点となって学内外での活動を続けていき、学内においては全卒業生の約六人に一人という教会員を生み出していったのである。

たしかに独特な官庁である開拓使の下でのクラークの地位と裁量権の大きさは、他の官立学校に求めることのできないものであり、「特異な」と評するにふさわしい。また、クラークという有能な指導者自体も、よそには得られなかった稀なる人材だろう。しかし、例えばクラークの活動が当時のアメリカ・プロテスタンティズムの趨勢とされる平信徒（有資格の聖職者ではない一般の信徒）伝道の広まりを反映したものだとする大山綱夫の指摘からは、他の官立学校における外国人教師にはこの平信徒伝道的性格の動きはみられなかったのか、といった疑問に導かれる。つまり、札幌農学校のキリスト教との関係のもち方すべてをその固有性に帰してしまうことがためらわれるのである。

札幌農学校の特異さが強調される影には、官立学校とキリスト教の関係についてのもうひとつの大きなイメージ――主に一八九一年（明治二十四）の内村鑑三不敬事件の評価を通じて培われてきた、対抗の図式――があると考えられる。そしてこのキリスト教に対抗的な官立学校像は、主に一高を含めた東京大学系の教育機関によって担われてきた。例えば矢内原忠雄は、「官学と呼ばれるものの歴史をみると、明治の初年において日本の大学教育に二つの大きな中心があって、一つは東京大学で、一つは札幌農学校でありました(2)」と述べている。ここで明言はされていないが、彼がキリスト教への対応を重要な座標軸として両校を対称の位置に配していることは間違いあるまい。だが、キリスト教への両極的対応が東京大学およびその系列校と札幌農学校とに割り振られた結果、研究史上、二つの点への関心の薄さが生み出されたように思われる。

ひとつは歴史的経過である。一八七〇年代以来、東京大学前身校では、教頭職にあった改革派宣教師フルベッキ（Guido Herman Fridolin Verbeck）により、長老派のコルンズ（Edward Cornes）、タムソン（David Thompson）、マッカーティー（Divie Bethune McCartee）、改革派のヴィーダー（Peter Vrooman Veeder）やグリフィス（William Eliot Griffis）など、宣教師や神学生が相次いで雇用されており、キリスト教の流入に神経質であったイメージの強い同校も、キリスト教界との関係が意外に深いことがわかる。例えば東京開成学校時代の一八七三年には、

E・W・クラーク（Edward Warren Clark）がバイブルクラスを開いていたことも知られている。ではその後、キリスト教に厳しいとされる官立学校へとなぜいかに変化していったのか。それについては解明されていない。
もうひとつは両校以外の官立学校におけるキリスト教への対応である。一八七四年、全国七ヶ所に発足した官立英語学校は、宣教師の職場となりうる可能性の高い学校であった。東京英語学校に勤めた経歴のあるイギリス・バプテスト派のポート（Thomas Pratt Poate）、新潟英語学校で教鞭を執ったアメリカ改革派のブラウン（Samuel Robbins Brown）、広島英語学校に着任したアメリカ長老派出身のカロザース（Christopher Carrothers）が想起される。さらにW・S・クラークのような平信徒の活動も視野に収めるならば、官立学校とキリスト教界の関係はなおさら広範である。

明治前期の日本にはいくつもの頂点をもついわば八ヶ岳状の高等教育分布があり、東京大学とて頂点をなす特別な学校として存在していたわけではないことがいわれている(3)。制度未確立期ゆえの学生の流動性（転学率）の高さや人事異動の激しさもこれを裏付けよう。とすれば、「特異な」札幌農学校と「特別な」東京大学だけに限定することなく他の学校も視野に含め、官立学校とキリスト教の関係史の全体像はもっと豊かに描いていくことができる。その際には、各学校固有の方針や内部事情もさることながら学校を取り巻く地域性にも注目する必要があるだろう。

本章は、以上のような問題関心に基づき、一八七〇年代半ばから一八八〇年代にかけての大阪における第三高等学校前身校とキリスト教との関係を明らかにしようとするものである。この学校は、文部省の政策下にあって高等教育機関と中等教育機関とのはざまを揺れ動いたが、西日本においては最高の、全国においても二番目に位置するレベルの官立教育機関であり続けた。それゆえ、官立学校とキリスト教との関係を総体的に検討する上で、従来不問に付されてきたこの学校とキリスト教との関係を明らかにすることは、妥当かつ意義ある作業と考えられよう。

ここでいう前身校とは、大阪外国語学校（一八七四年四月〜）―大阪英語学校（一八七四年十二月〜）―大阪専門学校（一八七九年四月〜）―大阪中学校（一八八〇年十二月〜）―大学分校（一八八五年七月〜）―第三高等中学校（一八八六年四月〜）と、一八九四年六月の高等学校令により第三高等学校に改組されるまで、度重なる組織改編を余儀なくされた官立学校を便宜的にまとめて指すことばである。[4] この呼称は一般に広く通用してきたが、歴史的用語ではなく、概念にあいまいさも抱える。[5] そこで本章では、当時、大阪在住の宣教師らによって"(Central) Government School"と呼ばれていたことにも鑑み、この学校の一貫した特性を「大阪に所在した官立学校」ということに求め、「大阪官立学校」と表記することとする。

なお本章は同時に、第四章までの問題関心の延長上に位置している。ここまで、神戸（兵庫・飾磨）・岡山・京都というアメリカン・ボードの宣教地を対象に、それぞれの府県下高等教育と宣教師らの活動との関係を明らかにしてきた。文部省の管轄下にある各地の官立学校は、府県学校同様、キリスト教勢力と交わる可能性のある地域の高等教育機関である。本章は、神戸・岡山・京都と同じくアメリカン・ボードのステーションが置かれた大阪に関するケーススタディでもあり、最後にその地域的特色について論じることにする。

一　アメリカン・ボードとお雇い外国人教師

（1）大阪ステーションの創設

アメリカン・ボードの日本宣教は、一八七〇年より神戸にて始まるが、一八七二年、大阪の川口居留地にO・H・ギュリック（Orramel Hinckley Gulick）とゴードン（Marquis Lafayette Gordon）が着任した。[6] 彼らは英語教授のかたわら伝道を開始し、続いてレヴィット（Horace H. Leavitt）、デフォレスト（John Kinn Hoyde DeForest）、アダムス（Arthur Hyman Adams）も来阪する。一八七四年には五名の日本人受洗者が誕生し、大阪で最初の教会の梅本町公会（後の大阪教会）が組織された。さらに一八七六年になると、アダムスが信徒の日本人医師らと心斎橋筋に松村診療所を開き、居留地外での伝道活動が始められていったのである。

宣教師たちのみるところ、大阪は伝道拠点としての重要かつ適切な性格を備えていた。ここにはすでに高等教育機関が存在していたのである。彼らはこれを“2nd Great Government School”、すなわち東京開成学校に次ぐ全国第二のレベルの官立学校と捉えており、その存在ゆえにこの町に魅力を感じていた。実際に入学できない者も含め、志望者が全国から集まってきており、なかにはすでに宣教師との接触を持ちキリスト教に入信する者もあったと報告されている（Gordon 1874. 12. 26）。

ただし宣教師たちは、大阪の町の道徳性はひどく、官立学校自体も、キリスト教に入信した者が身を置く環境としては厳しいもので、信仰が試される場所である（“severely try his Christianity”）と考えていた（Davis 1875. 5）。批判の矛先は、特に同胞である外国人教師たちに向けられた。宣教師たちは、彼らが思想的にも行動上もキリスト教の敵であって、無作法で公然と妾を囲い、何年もの間不道徳と不信心とを生徒に教え、腐りきった状態である（“indescribably rotten condition”）と評していたのである（Gordon 1876. 11. 6, Davis 1876. 12. 30）。

（2）外国人教師の経歴と行動

ところが一八七六年に入ると、このように批判される外国人教員とは一線を画する教員が大阪官立学校に雇われ出すことに気づく。

まず、官立学校一般における外国人教員の雇用の行われ方が問題となるが、大阪官立学校の場合には、学校独自のリクルート活動による雇用、文部省からの照会（本人の文部卿宛自己推薦文が添付される）を受けて学校側が採否決定、という二タイプの採用方法に分類できる。特に後者に関しては、一八七七年二月に長崎・愛知・新潟・広島・宮城の各英語学校が廃止され失業した外国人教師が大量に出現したことで、東京英語学校とともに生き残った大阪英語学校への照会は頻度を増すこととなった。一八七七年から翌年にかけて、カロザース、サマーズ（James Summers）、ウォルフ（Charles H. H. Wolf）が新規に雇用されているが、後述するように、すべて他の英語学校から移ってきた教師である。

彼らに先立って一八七六年十一月に着任したのが、初期同志社を支えた熊本バンドの産みの親として知られるジェーンズ（Leroy Lansing Janes）であった。熊本洋学校との契約満了を一八七六年十月に控え、地元熊本では、彼およびその指導によってキリスト教に入信した生徒たちに対する迫害が起こっていたが、それとは対照的に、彼の教育実績を評価して就職の誘いをかけてくる複数の声があった。最初に彼の招聘を試みたのは、東京開成学校であった。校長畠山義成が熊本洋学校での彼の仕事ぶりを知り、就任要請を決めたのである。畠山は四月よりフィラデルフィア万国博覧会へと出張したので、実際の交渉を担当したのは、畠山の意を受けた校長補の浜尾新だったようだ。この学校には熊本洋学校出身の山崎為徳や横井時雄が学んでいたし、畠山、浜尾という運営側の二人が、真の熱心なクリスチャンであるということは、ジェーンズの心を動かした。六月には卒業生を通じて打診があり、彼は二日後には受諾の返事をしている。

一方、ある意味で東京開成学校よりも切実に彼の獲得を願って接触してきたのは、アメリカン・ボードであった。宣教師たちは、前年発足したばかりの同志社にカレッジを設置し、そこに彼を迎えたいという構想をもっていたからである。同志社には熊本バンドの青年が多く移籍してきており、彼らを育てたジェーンズに宣教師たちが大きな期待を寄せたのは当然だといえよう。招聘の話がもちこまれたときには、ジェーンズはすでに東京開成学校に受諾の返事をしてしまっていたが、彼の心もこちらに傾き、東京開成学校の方は断っても大過ないだろう

とまで宣教師に書き送っている。(7)

ところが、結局は東京開成学校もアメリカン・ボードもジェーンズを雇用しなかったのである。東京開成学校への就職は七月末になって頓挫した。ジェーンズ自身は、認可権を握っている文部省が、キリスト者を育てた彼の前歴に難意を示したからだろうと想像している。(8)一方のアメリカン・ボードも、カレッジ設置を時期尚早と判断したり宣教団に所属しないジェーンズの独立心を警戒したりする反対意見を内部に抱え、彼の招聘に二の足を踏んでいる状態であった。そのうちに、宣教団内部での騒動には巻き込まれたくないという気持ちをもつジェーンズにも、ボードの対応への不信感が生まれたのである。(9)

こうしたトラブルの間隙を縫うように名乗りを上げ、ジェーンズ獲得に成功したのが大阪英語学校であった。交渉のために教員を熊本にまで派遣している。いったんはボードへの就職を考える彼からの断りの返事によりあきらめたが、それが進捗していないとの報に接すると再び接触を試みた。そして、ボードの宣教師にしてみればジェーンズの非キリスト教的学校への就職は驚きであったが、ついに大阪英語学校は一八七六年十一月からの彼の雇用に成功したのである。(10)

一方で、文部省の照会によって採用された前掲外国人教師たちの前歴を簡単に振り返ってみよう。(11)カロザース（一八四〇～?）は一八六八年にアメリカ長老派教会牧師として来日した。慶応義塾で教鞭をとるかたわら、日本独立長老教会を創設したが、一八七六年には宣教師を辞任し、広島英語学校に職を得ていた。イギリス人サマーズ（一八二八～一八九一）は聖職等を経た後、岩倉具視全権大使の紹介で来日、開成学校を経た後、新潟英語学校に赴任した。ウォルフ（?～一九一九）は一八七一年にアメリカ改革派教会宣教師として来日、伝道に従事し東奥義塾でも教鞭をとったが、(12)一八七六年には宣教団を離れたとされ、同年からは愛知英語学校に勤めていた。つまり、ジェーンズも含め、一八七六年から一八七八年にかけて大阪の官立英語学校に新たに雇用された四名の外国人教師は、いずれもキリスト教方面の活動によって知られる人物であることがわかる。加えてもうひとつ、彼らが皆、聖職者集団から離脱したり距離を置いたりして官立学校に職を得ているという共通点に注目せねばならない。

文部省からの照会文に付されたカロザースの自己推薦文をみてみよう。[13] 彼は、「文部職ニアレハ却テ本職ニアルヨリ過多ノ善事ヲ施行シ得ルヲ望ミテ布教会社〔宣教団〕ノ関係ヲ辞退」したという。なぜなら「日本人ハ殆ト基督教ハ如何ナルモノナルヤヲ知ラスシテ西教ヲ悪ムノ念アリ」との状況下で、「聖経ノミヲ教ユルハ良策ニアラス、先第一ニ西教ノ応効ヲ教ヘサルヲ得ス今ニ至ツテ耶蘇教ノ功顕ハ教育ナリ社会品行ノ進修ナリ」と考えるからだと述べる。彼はそれゆえに品行と教育経験が教員に必要な資質であると強調し、「文部省ニ奉仕スル〔外国人〕教師ノ内不品行ノモノ頗ル多シ」と非難して、「予輩経験上ヨリ日本少年輩ノ勉強法及ヒ知識ヲ付与スルノ最良法ニ通暁ス」と、自分の日本での教育経験の豊富さをアピールしているのである。

この時期の来日欧米人には、キリスト教への信仰はもち続けているものの宣教団とは距離をとろうとする動きがみられ、それが官立学校への就職という選択に結びついていったといえるのではないか。そこには、彼らによる平信徒伝道を通じて学校にキリスト教がもちこまれていく可能性が広がっていたと考えることができる。

大阪官立学校においても、一八七〇年代後半にはこうした外国人教師が約半数を占める状況となっていた。だが、病気などの個人的理由や後述する頻繁な学校改組のために、彼らが長く在職して大きな影響を与えるということはなかった。キリスト教との関係はむしろ日本人教師によって築かれていくことになったのである。

二　「阪神バンド」の活動と教員・生徒

（1）教会建設とクリスチャン教員

前述のように、大阪の伝道活動はアメリカン・ボードのステーションが中心となって展開してきたが、一八七六年八月にアメリカから日本人留学生沢山保羅が帰国してきたことにより新局面を迎え、にわかに活気づくこととなった。沢山は一八七二年よりノースウエスタン大学に学び、同年十一月に受洗した。帰国後、同郷長州出身で大阪府参事の内海忠勝が官途へ誘うのを振り切り、アダムスの松村診療所で通弁を務めながら日曜の聖書講義を開始した。そして一八七七年一月、沢山を牧師とする浪花公会が、この診療所から一一名で発足したのである。

布教熱心な青年の集団をバンドと呼び、近代日本プロテスタント史上大きな役割を果たした「三大源流」として横浜・熊本・札幌の各バンドがあることはよく知られているが、これらとは別の流れとして、大阪・神戸の教会グループを「阪神バンド」と呼び、その存在意義を評価することが提唱されている。その特徴は新島襄・熊本バンド・同志社を母体とする京都の動向とも区別され、沢山保羅の浪花教会が顕著に示していると捉えられている。阪神バンドはまず、経済的にミッションの援助を受けない自給独立の理念をもち、自給独立運動の先頭に立った。また、近郊や遠隔地に講義所や伝道地を設けて積極的に宣教活動を行い、一八七八年の日本基督伝道会社設立の原動力となった。阪神地域におけるキリスト教系新聞『七一雑報』を発刊したのもこのグループである。[14]

この阪神バンドの活動を担いつつ、大阪官立学校の教員を務め、教会と学校との架け橋となっていったのが、田村初太郎と小泉敦である。

田村初太郎（一八五二〜一九一五）は、開成所・静岡英語学校・大学南校を経て一八七〇年六月に渡米した。[15]オレゴン州パシフィックユニバーシティを卒業した後、東部に移り、オハイオ州オベリン神学校に入学、一八七七年五月に受洗している。帰国は一八七八年四月であり、しばらく実家のある浜松にて「日曜日毎ニ神ノ道ヲ講議シ幼年生徒ヲ集メ英語ヲ教」えていたが、九月一日に大阪英語学校教員に採用された。これは沢山の口利きであったといわれている。英語のほか、物理学やラテン語も担当したが、就任直後の十月二十日から、大手筋一丁目すなわち学校のすぐ前に「小屋ヲ借リ日曜学校及講議場ヲ開」いており、すでに十一月にはレヴィットが、田村の日曜学校と説教会に三十～四十名の大阪英語学校生徒が定期的に参加していると報告している（Leavitt 1878. 11. 20）。この大手筋の説教所は、田村が十一月から浪花教会に転入したことにより浪花教会の傘下に位置づけられ、教会員や宣教師と生徒たちとの接触がもたれるようになっていった。

小泉敦（一八五三～？）の経歴には不明な点が多い。東京府士族であり、一八七五年五月に大阪英語学校の英語教員になっている。[16] 一方その年の十一月に梅本町公会で洗礼を受けた。彼は沢山の浪花公会の創設メンバーであり、一八七九年一月には子教会として天満教会を分立させた教会員の一人でもある。この天満教会は官立学校のすぐ近くに設けられたものであり、キリスト教に関心をよせる生徒の主要な集いの場として機能していった。

阪神バンドの特筆すべき活動に一八七八年一月の女学校開校がある。ミッションの援助なしの完全なる自給経営を目指したところに本領があるが、これを支えるのは在阪の二公会、すなわち梅本町公会と浪花公会であり、両会から一文字ずつをとって梅花女学校と名づけられた。この梅花女学校の初代・二代目校主を務めたのが、浪花公会員である小泉と田村であり、教育者としての立場を生かして教会活動へ寄与していたのだといえよう。

（2）学校長のキリスト教体験

次に検討するのは、学校長の対応である。ここまで触れてきたような、ジェーンズへの熱烈な勧誘や他の外国人教員の雇用、あるいは沢山の斡旋を受けた田村の雇用など、キリスト教との関係上見逃すことのできない人事の背後に浮かび上がるのは、高良二校長（在任一八七五年十月～一八七九年四月）の存在である。

一八七九年三月二十九日、大阪英語学校が大阪専門学校に改組されるにあたり、閉校式（“commencement exercise”）が行われたが、そこには宣教師や『七一雑報』を発行する雑報社の社員も招かれた（Curtis 1879. 4. 7）[17]。プログラムには生徒たちによる英語演説や高校長の「語学生徒の責任」との演説とともに、天満教会のカーティス夫人（Delia E. Curtis）による洋楽演奏も入れられていた。宣教師レヴィットによれば、“the Director of the school”すなわち高は、学校の教室で日曜学校を開くよう促したりもしていたようだ（Leavitt 1878. 11. 20）。ゴードンは、学校の態度が数年前とは一変したとの感を抱き感謝の祈りを捧げているが（Curtis 1879. 4. 7）、それはこうした高の方針のなせる業であったといえる。

高がどのような教育理念をもった校長だったのかは史料的制約から説明が難しい。だが、一八七〇年から一八七四年までニュージャージー州立大学へ留学し、一八七三年六月には受洗しており[18]、それが宣教師や教会への友好的な態度にも影響しているのではないか。留学時期は沢山のそれと重なっているので、あるいはその折に知遇を得ていた可能性もある。

大阪英語学校は一八七九年四月をもって大阪専門学校へと改組され、高に代わって、東京大学法学部文学部総理補および予備門主幹であった服部一三（在任一八七九年四月～一八八〇年四月）が赴任してきた。彼は一八七〇年に岩倉具定・岩倉具経に随行して渡米し、一八七五年までニュージャージー州ラトガース大学に留学していた。在米中の受洗は確認できないが、キリスト教についてはかなり頭を悩ませたようである[19]。そして彼は阪神バンドの要、沢山保羅と深い関係をもっていた。両者は同じ長州藩吉敷村の出身で、郷校憲章館ではいずれが秀才かと噂される間柄だったという[20]。二人の関係は大阪でも続いていたようであり、沢山は、服部校長は宗教においてはダーウィンの弟子であるが（"he is in religion a disciple of Darwin"）、医学科や化学科などの授業を参観させてくれた、とアメリカに書き送っている[21]。

一八八〇年四月に服部は東京大学に転出し、代わって折田彦市（在任一八八〇年四月～一八八五年十二月、一八八七年四月～一九一〇年十一月）が校長となる。折田は服部と同じく岩倉具視の息子たちの付き人として一八七〇年に渡米し、高と同じニュージャージー州立大学に学んだ。在米中、高とは最も深い親交があり、キリスト教についても語り合っていたようだ。帰国数ヶ月前の一八七六年五月には自分も受洗している[22]。

このように、一八七〇年代後半から一八八〇年代にかけての大阪官立学校校長には、アメリカ留学時のキリスト教への関心あるいは帰依という共通体験があり[23]、それが在阪キリスト教界への寛容な対応を導き出していたものと考えられる。

（3）浪花基督青年会結成と宣教師の期待

さて、大阪官立学校の生徒とキリスト教との関係が最も活況を呈したのは、一八八〇年六月一二日の浪花基督青年会発足時であろう。「該教会の大手通説教所に於て大坂専門学校の生徒十三名意を決し、基督のため事の難易を論ぜず、業の成否を問わず、神栄主誉を目前死地の暗に陥れる人民の心に輝かさんと欲し畢生の智弁を振い、満脳の労力を竭し、他日成功万分の一も天父の鴻音に報い奉らん事を志して[24]」結成されたと報じられている。結成経緯は不明だが、前月に東京の京橋教会で東京ＹＭＣＡが発会したとの情報が伝わっていた、あるいは結成の場に臨席していた田村や沢山、レヴィットの指導があったとも考えられる。

この青年会による活動は、演説会の開催を特徴とする。デフォレストによれば、演説会は宣教師のアドバイスなく自発的に始められ、キリスト教に関する様々な問題を、説教というかたちではなく自由に語る場であり、宣教師から少年にいたるまで多くの聴衆を集めていた（Osaka SR '80–'81)。キリスト教に関する演説以外に「男女同権論」などといった啓蒙的な題目を含む「闘論会」も開かれている[25]。

生徒のなかの中心人物は白藤信嘉である[26]。山口県出身の士族であり、大阪英語学校で学ぶかたわら、一八七九年四月に洗礼を受けて浪花教会員となっている。堺への地方伝道活動にも参加し、青年会でも自ら、「人間の価直《ママ》」との演題の下で演説を行っている。

ところでキリスト者として歩むこと、それも平信徒としてではなくそれを本職とすることを決意した大阪の若者の念頭には、どのような進路が思い描かれていたのか。一例として、官立学校の生徒であった古木寅三郎（一八五四～一九一三）を取り上げよう[27]。彼は小泉と知り合ったのをきっかけに沢山と出会い、一八七八年三月には浪花教会で洗礼を受け、梅花女学校でも教鞭をとるようになった。その過程で聖職者を志すにいたったものと思われる。一八八〇年には同志社に進学し、翌年一月には牧師として天満教会に着任、以後備中高梁教会牧師、大阪島之内教会牧師を務め、聖職者としての道を全うした。この経歴にみるように、キリスト教界において志を立てた若者がそれをかなえるためには、聖職者としての訓練を積むべく京都の"Training School"（伝道者養成学校）すなわち同志社で学ぶ、というのがお定まりのコースだったと考えられる。

だがこれは在阪の宣教師たちにとっては看過できない問題であった。彼らは京都に教員や牧師を送ることを好ましくは思っていなかった。経済的理由から京都への進学が不可能な者が多くある。また、大阪専門学校生徒に京都行きを勧めることは、専門学校の方を辞めるよう促していることを意味し、学内での大きな影響力ゆえにかけがえのない人材、田村との対立を招くだろう、それは避けたいのだ、と彼らは説明するのであった（DeForest 1880. 2. 9)。

こうした説明を聞くまでもなく、有為の若者が京都に進学することは、伝道基地としての大阪の勢力減退につながるわけであるから、在阪の宣教師たちがこれに積極的でなかったのは当然であろう。さらにいえば、彼らの真意はもっと先、すなわち大阪に独自のキリスト教の学校を設立することにあった。彼らは大阪に学校を設置する必要性をアメリカン・ボード本部に力説していた。官立学校に学びたいと集まってきた若者たちに満ちあふれ、なかには入学がかなわない者もいるという大阪の状況は、神学校設立の好条件であると捉えられていた（Leavitt 1879. 2. 10）。

一八七八年十一月頃には、宣教師たちは当面の方策として“boys school”を設置していたようだ(28)。週四回夜に二時間、英語・説教法・神学などが教えられており（DeForest 1878. 11. 18）、一八八〇年二月時点で大阪官立学校の生徒二百名中十五名が出席していたという（以下 Leavitt 1878. 11. 20）。彼らがかけもちで学べるような神学校の設立を、宣教師たちはますます望むようになっていた。

また、この“boys school”は大阪官立学校を参考に教育内容を考案しており、官立学校教師のイギリス人ペニー（George J. Penny）も宣教師らに混じって英語を受け持つようになった。ペニーは一八七四年九月に大阪外国語学校に雇用され、一八七六年七月に満期解約となって宮城英語学校に転出するものの、一八七八年九月から大阪英語学校に復帰していた(29)。信仰を公言はしていなかったが、彼の存在は宣教師にとって朗報であり、日本人教員の田村や小泉に加え、彼の好影響もあって、生徒たちが教会に導かれていると評価されていたのである。

本節でみてきたように、校長の理解を背景に、阪神バンドの存在の下で教員や生徒のキリスト教活動が行われていった。その結果、一八七九年から翌年にかけての大阪官立学校には、不道徳な嫌悪の対象から有望な若者から成る期待の集団へと、宣教師の評価を一変させるようなキリスト教との親和的関係が生まれていたのである。

三　大阪中学校の発足とその影響

一八八〇年十二月、官立学校は大阪専門学校から大阪中学校へと改組され、全国唯一の官立模範中学校として位置づけられることとなった。キリスト教との関係を考えるとき、この改編は大きな転換点となった。以下、その要因を検討していきたい。

(1) 人材の流出

大阪専門学校時代の達成は宣教師たちにとって満足すべきものだったが、彼らは中学校への改組が生徒と教会とが築きつつあった緊密な関係にもたらす影響を懸念していた (Osaka SR June 1st '78–June 1st '79)。そして彼らが予感したとおり、専門学校本科であった医学科が課程変更によって廃止されたことなどにより、転学を希望する生徒が続出し、大阪を離れて各地へ散らばってしまったのである。転学者の正確な人数や行き先は不明であるが、東京大学に移る者もあり、同志社へ行く者もあり、大阪府医学校を考える者もあったようだ。最も熱心なクリスチャンの生徒である白藤も、アメリカのミシガン大学へ医学を学ぶために留学している[30]。浪花基督青年会では送別親睦会が開かれ[31]、その後も活動は行われてはいるが、担い手はもはや中学校生徒ではなく在阪の教会関係者となっていった。一八八三年六月にはあらためて「大阪基督教徒青年会」の結成式が開かれ、このときが大阪YMCAの正式な発足だとされている[32]。

痛手は生徒の流出だけではなかった。一八八一年に入り、フレジール (S. R. Frazier)、フレーザー (Frederick W. D. Fraser)、そしてウォルフが次々と契約を打ち切られ、一方で新規採用も行われなかった結果、外国人教員は一人もいなくなってしまった。この措置は日本語教育への転換と経費削減をもくろんだものであり[33]、大阪ステーションの宣教師は有能な外国人教員のいた“the Government College”，“the second great school in Japan”すなわち大阪専門学校は、政府によって格下げとなり、外国人教員は解雇されたと報告していた（Osaka SR June 1st '78-June 1st '79）。宣教師にとってみれば、クリスチャンの外国人教師の解雇は、彼らを通じた生徒への感化が望めなくなった点で深刻な問題であり、“College”とも呼びうる全国第二の期待の官立学校が、一地方学校（“a local school”）へと失墜したことを意味するものであった。

（2）信仰のゆくえ

一八八一年七月、文部省は中学校教則大綱を制定し、各学年二時間の修身科を設置した。これにともない、大阪中学校でも修身科が新設されることになった。中学校は規則の制定に取りかかったが、規則中の「授業ノ要旨」において、従来存在しなかった「修身科」がいかなる目的をもった科目なのかを説明しなければならなくなった。一八八二年二月から七月にかけて、中学校と文部省の間で数回の「授業ノ要旨」草案のやりとりが行われ、最終的には文部省の決定を受け、『大阪中学校一覧』の一部として刊行されている[34]。この過程で、当初の中学校案では触れられていなかった「其道理ヲ説クハ専ラ儒教ニ基キ他ノ理論ニ渉ルコトナキヲ要ス」という一節が文部省側によって提示されており、中学校側は再作成した草案にこの一節を組み込んでいる。「他ノ理論」が「他教ノ理論」と書かれた草案もあることから、キリスト教の排除が念頭に置かれていたとも推察できる[35]。

こうした状況にあって、日本人クリスチャン教師はどのように身の振り方を考えたのであろうか。

まずは田島藍水（一八三五〜一八八七）のケースである[36]。彼は姫路藩の出身で、藩教官や幕府儒官の下で漢学・儒学を修めた後、一八五七年から一八六九年まで藩校好古堂で教え、一八七一年からは私塾盍簪学舎で教鞭を執っていた人物である。この私塾は漢学や英語を教えており、姫路では進歩的な塾として通っていたようだ。彼の長女ぜん、次女たかは神戸英和女学校に学んだクリスチャンであり、それぞれ小泉敦、沢山保羅と結婚していた。そして田島自身もクリスチャンとなったといわれる(37)。一八八二年八月に大阪中学校教員となり、一家を挙げて大阪に移住してきた。採用経緯を直接示す史料はないが、七月に決定をみた授業要旨がいよいよ実施されるにあたって、漢儒学者として豊富な教師経験をもつ義父を小泉が紹介したのではないか。担当は修身科と漢文科であり、修身科を教える際には論語や小学内篇・外篇、忠経を用いている(38)。彼がキリスト教と修身科で教える儒教との関係をどう考えていたかは史料的に把握が難しいが、一八八六年四月に第三高等中学校に改組されるまで在任し、その後梅花女学校在職中に死去している。

一方、彼の娘婿にあたる小泉は、一八八三年四月に退職を願い出て学校を去った(39)。公的には眼疾ゆえとされているが、身体的事情は方便でもあり、他にも理由はあったのではないか。彼はすでに一八七八年から、梅花女学校での仕事やキリスト教的文筆活動に専念するために年度一杯で辞職したいとの希望を宣教師に漏らしていたようだ（Leavitt 1878. 1. 7）。また、公の場での演説を制約する政府の命に従ってこれ以上精神を枯渇させられないので、できるだけ早く辞めて“Arnold of Rugby”の如き生涯を送りたい、とも語っている（DeForest 1880. 2. 9）。宗教家として教会と国家の絶対的同一説を擁護しつつ、男子パブリック・スクールであるラグビー校の校長を務めたイギリスのトマス＝アーノルドを理想としているのである。一八八二年九月には寄宿舎取締に就任し、アメリカン・ボードのオルチン（George Allchin）夫妻や女性宣教師コルビー（Colby）を寄宿舎に案内するなど(40)、校内においてキリスト者であることに特別の支障があったとは思われないが、その辞職からわかるのは、彼が教育にキリスト教を直接反映できるような環境を求めており、官立大阪中学校ではそれはかなわないと判断したのだということである。

熱心なクリスチャン教師であった田村はどうか。彼は一八八二年三月に教場監事に就任し、「授業ノ要旨」に対する各科担当者の意見を取りまとめる立場にあった。「授業ノ要旨」との関連性は不明だが、同月、文部卿福岡孝弟に建言書を提出している(41)。校長折田彦市が、田村の留学経験や就任以来の品行方正さと人望を紹介した上で、福岡に取り次いだものである。建言書本文は残念ながら見当たらないが、「道徳ノ衰頽ヲ歎ジ其興復ノ方法四ヶ条ヲ論究ス」るもので、道徳を学校より振起せしめることを主張する道徳論であり、第四条では「耶蘇教ヲ普及セシムベキ事」が論じられていたようだ。田村は道徳喚起のためのキリスト教普及を文部卿に建白してはばからなかったわけである。

だが田村の進路選択は小泉と好対照をなす。小泉が辞職した一ヶ月後、彼は「校務多端ノ故」梅花女学校の校長を辞している(42)。つまり、活動の場として、キリスト教系学校の梅花女学校ではなく大阪中学校の方を選んだということなのである。彼の心中を示す史料はない。だが、かつて大阪英語学校の教員に採用されるやいなや、生徒対象の日曜学校を開始した彼は、留学経験をもつ人材として器械掛や教場監事といった学内要職をも務めていくなかで、この官立学校にこそ自らの考えの実現の場を見出していったのではないか。建言書の内容自体を知りえないのが惜しまれるが、キリスト教普及を訴える田村が、修身科を儒教に基づかせようとする文部省の方針をどう捉えどう対応したのかは興味を引く問題である。

(3) 教員管理問題の浮上

ところで、一八八三年に相次いだ、学校と教会とのパイプ役小泉と田村の身辺変化の背景として、学校および教員に対する管理の問題が浮上していることに着目したい。

同年七月に制定された行政官吏服務規律は、官吏は本属長官の許可を得なければ給料を得て本職以外の事務を行うことはできないと定めていた。一八八四年一二月、折田彦市校長は普通学務局長辻新次に対し、教員が私塾

（「少数ノ生徒ニ躬視ヲ教授スルモノ」）を開設したり私立学校（「多数ノ生徒ヲ抱ヘ別ニ教員ヲ雇使スルモノ」）の校長・経営者・教員を兼ねたりする場合、それが「上款」事項（校長が意見を具上して文部卿の裁可を経た上で施行可）なのかそれとも「下款」事項（校長の専決により施行可）でよいのかを尋ね、前者すなわちその都度伺い出よという回答を得ている[43]。このことから、小泉や田村の梅花女学校との兼任が問題化される状況が生まれていたのではないかと考えられる。

これまで教員本人と学校との裁量で可能だった校外での教育活動が、文部省の認可に委ねられる体制が出来上がってきたのである。教育活動にいわゆる公私の区分が設定され、私的活動は管理の下に許されるようになった。教員の行動に以前のような自由さは失われ、官立学校教員としての公的行動が求められてきたのである。

官立学校とキリスト教との関係にとっては、正面きっての思想的な対決というよりも、以上にみてきたような学科課程・内容や教員身分などに関する公教育制度が確立していくなかで、教員の公私の活動が区分されていくようになっていったことが、この時期特有の問題として重要といえよう。この学校でも、校長折田はキリスト教そのものには理解を示しているが、中学校改組以降、校長の権限に関する本省との往復が盛んになっていることが、田村や小泉などの活動の可能性を狭めていったと考えられるのである。

人材流出に追い討ちがかけられるなか、宣教師も大阪官立学校への期待感を失い、ステーションレポートにも、この学校やその教員・生徒に関する記載は少なくなっていく。

官立学校内にキリスト教的な動きが復活するのは、大阪中学校時代が終わってからのことになる。特に第三高等中学校に再編された後の一八八八年五月、一八八六年九月大阪に発足した教会自給の男子クリスチャン・スクール泰西学館の教師、T・W・ギュリック（Theodore Weld Gulick）が雇用されたことが重要である[44]。一八八九年には彼と田村の指導で第三高等中学校基督教青年同盟会が創設された[45]。かつての浪花基督青年会とは異なり、学校単位のＹＭＣＡを明確に意識した組織である。同年には京都への校地移転という画期的な出来事もあり（第六章参照）、これ以降、学校とキリスト教との関係は、形態と場所とを変えて展開することとなる。

おわりに

全国第二のレベルの官立学校が大阪に置かれていた時代は、ちょうど大阪でのキリスト教の発展期に相当していた。そのなかで、大阪官立学校とキリスト教勢力との間には、大阪英語学校から大阪専門学校の時代、特に一八七九年から一八八〇年にかけての時期をピークに、親和関係が生まれていた。

札幌農学校と比較してみるとどう位置づけられるだろうか。札幌の場合は、キリスト教勢力のないところに誕生した札幌農学校自身が地域伝道の母体となっていった。これに対して大阪では、アメリカン・ボードの大阪ステーションや阪神バンドというキリスト教勢力と、ハイレベルな官立学校とが双方別個に動き出しており、官立学校の教員や生徒が阪神バンドの活動に参加していくという関係が展開していった。この関係は、平信徒の外国人教師の存在、アメリカ留学体験をもつ歴代校長のキリスト教への理解によっても支えられ、一時の盛り上がりを見せた。しかしこの学校特有の事情である度重なる改編、とりわけ中学校へのそれは、外国人教師や伝道方面に有望な生徒の定着を妨げるとともに、自由度の高い組織から文部省に管理される学校へという変貌をもたらしていった。それゆえ、札幌農学校のように、学校が全体としてキリスト教的な道徳精神に覆われるにはいたらず、(46)対外的な伝道の拠点として機能していくこともなかったといえよう。

これまでの章でみたごとく、医学ないしは洋学教育の進展を望み、開港地神戸周辺府県の地方長官あるいは有力者は、アメリカン・ボード系のキリスト教勢力と接近した。大阪府の場合、府知事や府吏あるいは地方議員、有力者などが、地域の教育に関してキリスト教勢力の能力を活用し、協同作業を試みた形跡はほとんどなく、府の中学校や医学校などがこれと関わることもなかった。しかし大阪は、官立学校なる若者集団が存在する特異な地であり、海外経験をもつ文部官僚が率いるそれが、キリスト教に無関心な内務官僚の下にある地方行政府の代わりを果たすがごとく、キリスト教勢力と友好的に交わり、地域伝道の環境を準備したのであった。

一八八〇年半ばまで、一部の府県を除き、官立学校なるものは地域には存在しなかったし、設置府県の一つである大阪府をみても、官立学校は深く考慮すべき対象ではなかった。第Ⅱ部では、概念も実態も不明瞭なまま、地域にあらたに「官立学校」が登場し、府県政とも抜きさしならない関係を結んでいく経緯と背景とを明らかにし、そこにキリスト教勢力もからんで地域の高等教育が展開していく時代を描いていくことにする。

（1）　代表的研究として大山綱夫「札幌農学校とキリスト教」、田中彰「札幌農学校と米欧文化」（『北大百年史』通説、ぎょうせい、一九八〇年）、近年の研究に小枝弘和『William Smith Clark の教育思想の研究――札幌農学校の自由教育の系譜――』（思文閣出版、二〇一〇年）の第六章「札幌農学校教頭としての教育実践とその影響」などがある。

（2）　矢内原忠雄「大学と社会」（『大学について』、東京大学出版会、一九五二年）。

（3）　寺﨑昌男「明治日本と東京大学」（『プロムナード東京大学史』、東京大学出版会、一九九二年）。

（4）　さらに大阪外国語学校には、舎密局（―化学所―理学所）・洋学校―開成所―第四大学区第一番中学―第三大学区第一番中学―開明学校という一八六九年以来の前史があるが、本章は、宣教師の大阪での活動が本格化し、この学校を意識するようになる一八七四年頃以降を対象とする。

（5）　特に系列校の年史編纂事業において、この呼称は多用されてきた。だがその含意は明確ではない。例えば、京都大学百年史編集委員会編『京大百年』（一九九七年）も、「前身校」を用いる書物の一つだが、「舎密局から第三高等学校までの諸学校を京大の「前身校」と呼」ぶとし、京都帝国大学以前を「(京大) 創設前史」として叙述する。しかし、一八九七年に創設された京都帝大は、第三高等学校とは別に設置されたもので、その後も第三高等学校は存在するわけであるから、正しい定義とは言い難い。このように、年史編纂の中で、「前身校」は、第三高等学校の「前身校」という意味を超えて京都大学の「前身校」という意味も付与され、漠然と使用されているのである。
（6）以下大阪伝道の概要については、茂義樹「明治初期における組合教会の大阪伝道と梅花女学校」（『沢山保羅研究』一、一九六八年）、同「大阪伝道」（同志社大学人文科学研究所編『アメリカン・ボード宣教師　神戸・大阪・京都ステーションを中心に、一八六九～一八九〇年』、教文館、二〇〇四年所収）を参照。
（7）以上、前段からのジェーンズの動向については、彼がデイヴィスに宛てた一八七六年七月八日の書簡による。この書簡は、大阪ステーションよりボード本部に回覧され、アメリカン・ボード宣教師文書中に残っている。
（8）前注に同じく、一八七六年八月一日付デイヴィス・ギュリック・ゴードン宛書簡。
（9）F・G・ノートヘルファー（飛鳥井雅道訳）『アメリカのサムライ』（法政大学出版局、一九九一年）より「第十章　争論の歳月」。
（10）本井康博「大阪のL・L・ジョーンズ」（『英学史研究』第二十一号、一九八八年）。
（11）以下各外国人の経歴は、主にユネスコ東アジア文化研究センター編『資料御雇外国人』（小学館、一九七五年）、『日本キリスト教大事典』（教文館、一九八八年）による。なお、この学校の外国人教員の雇用実態については、拙稿「明治前期の官立学校における外国人教員雇用――第三高等学校前身校を事例に」（『洋学』第十号、二〇〇三年）を参照。
（12）東奥義塾とキリスト教については、北原かな子『洋学受容と地方の近代』（岩田書院、二〇〇二年）を参照。
（13）一八七七年二月一六日付「文部卿田中君」宛「シーカローザルス」書簡（七七〇〇一一『明治十年一月　本省往復簿　大坂英語学校』、京都大学大学文書館所蔵「第三高等学校関係資料」所収）。引用はこの書簡による。以下、六桁の数字を付した簿冊は、すべてこの「第三高等学校関係資料」群の史料である。
（14）以上、沢山保羅と「阪神バンド」については、笠井秋生他『沢山保羅』（日本基督教団出版局、一九七七年）を参照。また、沢山の授受書簡その他関係資料は、茂義樹編『澤山保羅全集』（教文館、二〇〇一年）にまとめられている。
（15）以下田村については、平安女学院メモリアルルーム所蔵「田村初太郎履歴」による。同校や梅花学園資料室には数種類の「履歴」が存在するが、原出典はひとつであり、"The St. Agnes' Times" 第九十七号（一九三七年三月）によれば、田村の長男が採録したもののようである。今のところ彼の生涯を最も詳細に記述しており、二次史料ではあるが信頼のおける記録と判断できる。また京都大学大学文書館所蔵の履歴書も参照。
(16) 京都大学大学文書館所蔵の履歴書による。注(14)『澤山保羅全集』には、小泉授受の書簡も含まれている。
(17) 『七一雑報』四巻第十四号（一八七九年四月四日）。
(18) 京都大学人間環境学研究科・総合人間学部図書館所蔵「折田在米日記」（複製版）一八七三年六月一日条。
(19) 留学生間で交わした数通の書簡（勝田銀次郎編『服部一三翁景伝』、服部翁顕彰会、一九四三年所収）がそれを物語る。詳細は不明だが、例えば名和緩とは神と人の関係について意見を交換し、山川健次郎とは日本のキリスト教政策の動向について論じ合っている。
(20) 「逸事及び雑録」（武本喜代蔵・古木虎三郎『澤山保羅傳』、警醒社書店、一九一〇年）。
(21) 沢山より Anna Greene Boutell 宛書簡（日付不明。成瀬仁蔵 “A Modern Paul in Japan”（日本女子大学『成瀬仁蔵著作集』一、一九七四年所収。のち注14『沢山保羅全集』にも所収）。
(22) 注(18)「折田在米日記」一八七六年五月二十八日条。折田の在米時代については、板倉創造『一枚の肖像画』（三高同窓会、一九九三年）、厳平『三高の見果てぬ夢　中等・高等教育成立過程と折田彦市』（思文閣出版、二〇〇八年）の第一章「折田彦市の米国経歴とその意義」がある。
(23) 第一章(2)で触れた東京開成学校の畠山義成・浜尾新も含め、当該期の官僚が多く共有する体験であり、その影響についてはあらためて考察したい。
(24) 『七一雑報』五巻第二十六号（一八八〇年六月二十五日）。
(25) 『七一雑報』六巻第十四号（一八八一年四月八日）。
(26) 以下白藤については、「浪華基督教会記録」（『沢山保羅研究』四、一九七四年）、『七一雑報』五巻第二十九号（一八八〇年七月十六日）、同第五十号（同年十二月十日）による。
(27) 以下古木については、今泉真幸『天上之友』一（日本組合基督教会教師会、一九一五年）による。
(28) 『七一雑報』四巻第二号（一八七九年一月十日）に年末試験の模様が伝えられている「大坂仮神学校」がこの “boys school” に当たると考えられる。
(29) 注(11)『資料御雇外国人』参照。

(30) 校長折田彦市はイギリスより生理学・解剖学担当教員フレーザーを招き、さらに駐英留学生監督正木退蔵の手を経て外科学教員の獲得を試みるなど（七九〇〇四九『明治十三年　海外駐在官員等往復書類　大坂専門学校』）、東大―ドイツ系とは異なる医学教育の確立を目指していた。このわずかな英米学系医学の芽は、中学校への改組によって摘まれたかにみえる。しかし、白藤に続いて川本恂蔵も同志社を経てペンシルバニア大に留学し、両者とも帰国後は同志社病院の医師となった。こうしたかたちで大阪専門学校医学科の初志が引き継がれたことは興味深い。なお、小林山郷も同校を経てペンシルバニア大に医学留学していること（『三高同窓会会報』第七号、一九三五年七月）、アメリカに到着した白藤にも同行留学生がいたこと（一八八一年八月五日付白藤より沢山宛書簡、注14『澤山保羅全集』所収）が確認できるので、アメリカは同校生徒の有力な転学先であったと推察しうる。

(31) 『七一雑報』六巻第四号（一八八一年一月二十八日）。

(32) 奈良常五郎『日本ＹＭＣＡ史』（日本ＹＭＣＡ同盟、一九五九年）。

(33) 『京都大学百年史』総説編（一九九八年）の第一章第三節「官立模範学校としての大阪中学校」（執筆担当海原徹）参照。

(34) 六二〇〇〇五『明十二年ヨリ明十五年ニ至ル　教則　参考書　大阪専門学校　大阪中学校』。各草案は断片的であるため、ここでは確認できる範囲の事実提示にとどめた。中学校側の草案作成には、前年に赴任した修身・和漢文教師の岡道紹が関わっていたようである。

(35) ただし文部省の最終決定は、後半の「他（教）ノ理論ニ渉ルコトナキヲ要ス」の部分を削っている。経緯等は不明である。

(36) 以下田島については、「履歴書写」（注26『沢山保羅研究』四所収）、注（15）「履歴書」による。注（14）『澤山保羅全集』には、田島授受の書簡も含まれている。

(37) 貝出寿美子『野口幽香の生涯』（キリスト新聞社、一九七四年）に田島の入信の件が記されている。

(38) 八四〇一〇一『学期申報』。

(39) 「助教諭御解任相成度義上申」（京都大学大学文書館所蔵「第三高等学校関係書類」マイクロフィルム所収）。

(40) 八二〇一〇三『明治十五年九月　寄宿舎日誌　寄宿舎取締』。

(41)「文部省へ教諭田村初太郎より建白書差出」(八二〇〇一六『明治十五年中　文部省伺届原稿　大阪中学校』)、注(15)「田村初太郎履歴」。
(42) 注(15)「田村初太郎履歴」。
(43) 八六〇〇九五『職務章程　反省録　第壱　第一高等中学校』。なおこれに先立つ一八八二年五月にも、ある教員の大阪府公立中学校での授業兼担について折田が文部省に伺い出ていたことを確認できる(「当校助教諭他校ノ授業兼擔ノ義伺」、八二〇〇一七『明治十五年　文部省伺指令本紙　大坂中学校』)。
(44) 宣教師一家の一員、T・W・ギュリックは、大阪伝道の創始者O・H・ギュリックの弟にあたる。大阪赴任以前については鈴木鎮平「有島武郎の横浜時代についての一考察――流浪の外人教師 Theodore W. Gulick をめぐって――」(『語文』第六十号、一九八四年)がある。また、泰西学館については、研究史も含め、拙稿「明治中期における地域の私立英学校構想と同志社」(『キリスト教社会問題研究』第六十号、二〇一一年)を参照。田島も泰西学館で教鞭を執っている。
(45) 長尾正昭編『第三高等学校基督教青年会百年史』(同刊行会、一九九〇年)。
(46) 林森太郎編『神陵小史』(三高同窓会、一九三五年)や大浦八郎編『三高八十年回顧』(関書院、一九五〇年)では、当時の寄宿生の「荒っぽさ」「腕白」ぶりが回想されている。

第II部

文部省の学校の登場

地域史としての官立学校史

中扉図版：1889年（明治22）竣工の京都・第三高等中学校。（三高自昭会提供）

第六章　第三高等中学校設置問題再考
——京都府における「官立学校」の成立

はじめに

初代文部大臣森有礼の下で発布された「諸学校令」中の一法令、中学校令によって発足した高等中学校は、管下のハイレベルな教育（中学校・医学校その他専門学校）の維持あるいは実現を模索してきた各府県の目の前に、新たな選択肢として出現した制度であった。

第Ⅱ部においてくり返し参照するであろう一八八六年（明治十九）四月十日勅令第十五号、中学校令の第一条から第五条を最初に掲げておく。

第一条　中学校ハ実業ニ就カント欲シ又ハ高等ノ学校ニ入ラント欲スルモノニ須要ナル教育ヲ為ス所トス

第二条　中学校ヲ分カチ高等尋常ノ二等トス高等中学校ハ文部大臣ノ管理ニ属ス

第三条　高等中学校ハ法科医科工科文科理科農業商業等ノ分科ヲ設クルコトヲ得

第四条　高等中学校ハ全国北海道沖縄県ヲ除クヲ五区ニ分画シ毎区ニ一箇所ヲ設置ス其区域ハ文部大臣ノ定ムル所ニ依ル

第五条　高等中学校ノ経費ハ国庫ヨリ之ヲ支弁シ又ハ国庫ト該学校設置区域内ニ在ル府県ノ地方税トニ依リ

之ヲ支弁スルコトアルヘシ但此場合ニ於テハ其管理及経費分担ノ方法等ハ別ニ之ヲ定ムヘシ

中学校令の画期性は、第二条・第三条を通し、既存の「中学校」と「専門学校」という異なる学校種を包括的にカバーしうるひとつの組織、すなわち「高等中学校」という枠組を提示した点に認められる。しかし、高等中学校に関する基本的規定として、①文部大臣の管理とすること（第二条）、②法医工文理農商等の分科教育を施しうること（第三条）、③全国を五区に分画し、それぞれに一校を設置すること（第四条）、④国庫金ないしは国庫と地方税の共同支弁により維持すること（第五条）、の四点を示した以外は、設置場所やカリキュラム、そして経費分担方法も、具体的には定めていなかった。この包括性と不確定さゆえに、高等中学校制度の受け止め方には幅が生まれることとなり、さらにこの制度に対する反応のあり方が、この制度の内実を逆に規定していくことにもなったといえる。

各地での高等中学校設置という事実は、後身校の年史や自治体史などで記述されてきたが、府県側の公文書や地元紙を活用し、府県行政との関係からその意味を論じた研究は少なく、「地域史」として検討されてきたとはいい難い。多くは森文政期の制度的大変革として位置づける、もしくは実態をふまえぬまま、地元での「誘致運動」の存在を述べるレベルにとどまる。

本章は第三高等中学校を素材に、その設置計画が府県にどのように受け止められたかを考えようとするものである。

第三高等中学校は、新設ではなく既設の官立学校を改組するかたちで発足した高等中学校である。中学校令に続く四月二十九日の文部省報告において、文部省は大阪の大学分校を第三高等中学校に改編することを公表した。しかし同年十一月三十日の文部省告示第三号は、第三高等中学校の設置場所を京都と定めるものであったため、同校は大阪から京都に移転することとなり、一八八九年七月三十一日に移転が完了した。

第三高等中学校が前身校時代から二十年余りを過ごした大阪を離れ、京都に移転したことは大事件であり、そのために第三高等中学校の設置にまつわる問題は、研究史上、主にこの移転問題として捉えられてきた。そのなかでも小林嘉宏や中村隆文の論稿は、京都府による誘致という側面に焦点を当て、府会での議論を扱った点において示唆的であった(1)。先行研究において、学校の設置から移転までを主導した文部省と京都府とのやりとりが不明なのは、文部省側の一次資料がほとんど残存していないという状況に鑑みれば、致し方ないことであろう。だがそうした史料的制約を斟酌してもなお、移転決定過程の解明状況には、隔靴掻痒の感がある。

例えば、従来の叙述における京都府会の扱われ方には二通りある。小林や中村の研究は、府知事の諮問を受け、五十六対十二で地方税による設置費用の支弁が可決された一八八六年十一月二十日の通常府会を対象とし、その後の審議にはほとんど触れていない。対するに『京都大学百年史』総説編は十一月の採決には言及せず、翌一八八七年五月十三日の臨時府会において、高等中学校の創立費という新たな費目の増設が三十二対三十の僅差で決議されたことを強調している(2)。通常府会での地方税支弁決定と、半年後の臨時府会での創立費費目増設決定は、高等中学校設置問題上、どのような意味をもっており、どちらが強調されるべきなのか。両議決の票差の違いをどう読み取るべきなのだろうか。

さらに、問題を第三高等中学校の移転ではなく設置という次元で捉えるならば、大阪から京都への移転をもって事態が収束したとはいえない。高等中学校発足後に設けられた設置区域制度との関連性を考える必要がある。一八八六年十一月三十日の文部省告示第三号により、第三高等中学校の設置区域は、京都・大阪・兵庫・三重・滋賀・岐阜・鳥取・島根・岡山・広島・山口・和歌山・徳島・愛媛・高知の二府十三県とされ、一八八七年八月二日の勅令第四十号は、高等中学校一般経費の地方税支弁額の分担額をこれら府県が合同して決定するよう定めていた。そのため、同年十月末には、各府県会の議員からなる区域内の連合委員会が開かれている。すなわち、これら十五府県すべてが第三高等中学校設置問題の当事者であったといえる。

本来ならば、先述の府県すべてについて府県会での議論等を追う必要があるが、さしあたって京都府、これに大阪府と兵庫県を加えた三府県に注目する。京都と大阪は移転問題の直接的当事者であるし、兵庫県も移転候補地に挙げられたことがある。各府県会の議論や背景としての教育体制について言及してみたい。要は、第三高等中学校設置問題を、複数府県の動向をふまえて地方税支弁という観点を中心に再構成し、高等中学校制度解明の一助とすることが本章の目的である。

一　第三高等中学校発足以前の状況

（1）府県による公教育の概況

一八八〇年以降の兵庫県・大阪府・京都府のハイレベルな教育に関する行政とは、中学校・師範学校・医学校に関わる施策であったといえる。以下、中学校を中心に各府県の状況を概観してみたい。

兵庫県では一八七七年一月に師範学校が発足、翌年十一月、その中に公立神戸中学校が設置され、やがて模範中学校となった(3)。しかし一八八三年四月に一名の卒業生も出すことなく廃止され、県下には郡連合組合立というかたちでの中学校がいくつか残るのみという状況となった。一八八四年三月の県会では、早速県立中学校設立の建議案が審議されるが、原案の七校設置論、二校設置論、不要論に票は分かれ、可決されなかった(4)。一八八五年三月には民間中学校の不振から、県当局と常置委員の側が県立中学校設置案を提示するが、民力衰耗を理由に約三分の二の議員が反対し、廃棄が決議された(5)。しかし同年十一月の県会では、県下に三中学を興すための区町村教育補助費支出が一票差という僅差で可決されている。このように、「中学校ノ事タル年々建議ニ原案ニ出テハ甃レ出テ、甃レ」[6]との状態が続くなか、県の中等教育体制構築のための模索が重ねられていたといえよう。

こうした議論の最中に言及されているのが、一八六九年創立の舎密局以来、度重なる改組を経つつ、約二十年にわたって大阪に設置されていた官立学校の存在であった。大阪専門学校（一八六九年四月～）、大阪中学校（一八八〇年十二月～）、大学分校（一八八五年七月～）の時代を経て、第三高等中学校につながる学校である。一八八四年三月に県立中学校設立建議廃案を訴えた県会議員中には、「大坂ニハ文部直轄ノ中学アリ之レニ入ルモ可ナリ今年之ヲ延期スヘシ」との意見もあった。一方で、一八八五年十一月に区町村教育補助費支出が可決された折には、「今ヤ大坂ニ大学分校アリ、小学ノ卒業生ハ現ニ之ヲ眼前ニ望ミナカラ唯其階梯ナキカ為メニ進ンテ之レニ入ル能ハサルモノタリ」との県側による説明もあった。兵庫県の中等教育政策上、大阪の官立学校との関係は無視できなかったといえる。表の①②欄はこの時期の当該官立学校における就学者数を府県別に示したものであるが、兵庫県は一貫して大阪府に次ぐ多くの生徒（全体の十五％）を送り込んでいる。

一八八二年四月に発足した県立医学校は、一八六九年創設の兵庫県病院（神戸病院）以来の長い伝統をもち、甲種医学校の認定を受けるなど、高い水準を誇っていた。しかしこの医学教育についてさえ、一八八五年には公費生を減員せざるを得ないなど、財政基盤は確立していなかった[7]。一八八五年十二月十三日、兵庫県会は「近府県連合シテ教育ノ振起ヲ図ル儀建議」と題し、兵庫県会議長石田貫之助の名で内務卿山県有朋に建議書を提出している[8]。その趣旨は、「各府県ニ於テ設立スル所ノ諸校ハ、既ニ前述ノ如ク尽ク皆其基礎確固タラス其規模完全タラス、到底学生進歩ト共ニ駢行シ難キモノナレハ、寧ロ三四ノ他府県ト相合シテ確固完全ノ学校ヲ興スハ、啻ニ教育上ノ利益アルノミナラス実ニ是経済上ノ得策ナリ」との文言に集約される。「大阪京都滋賀等ノ数府県ト連合シ其地勢人情ニ応シ各一校ヲ設立スルヲ得ハ」、「諸般高尚専門ノ学校」を設立できるのではないかとし、そのための制度設置を訴えるものであった。はじめにも述べたように、高等中学校制度とは、地方税からの支弁と

表　府県別第三高等中学校（前身校含）就学生徒数および明治21（1888）年度経費負担額

	① 1883年10月 生徒数(人)	② 1885年12月 生徒数(人)	③－a 1887年10月 本部 生徒数(人)	③－b 1887年10月 医学部 生徒数(人)	④－a 当初議案 負担額(円)	④－b 決定議案 負担額(円)
京都	11	18	18	0	1752	4613
大阪	100	161	118	6	3530	5995
兵庫	36	62	52	5	3511	2731
三重	2	5	5	5	2062	1602
滋賀	9	16	13	2	1591	1238
岐阜	1	5	8	1	1801	1401
鳥取	2	4	6	7	816	635
島根	0	0	0	61	1274	992
岡山	1	11	6	161	5613	5088
広島	1	2	4	9	2424	1885
山口	15	13	14	33	1585	1233
和歌山	3	3	7	23	1252	973
徳島	7	1	1	12	1286	1000
愛媛	9	12	26	30	2941	2288
高知	5	4	3	7	1062	826
小計	202	317	281	362		
その他	30	35	51	51		
計	232	352	332	413	32500	32500

①『大阪中学校一覧　従明治十六年九月至明治十七年八月』②『大学分校一覧　明治十八年九月起明治十九年八月止』（以上京都大学大学文書館所蔵）③④『明治廿年　第三高等中学校設置一件書類　第一部庶務課往復主任』（京都府立総合資料館所蔵）より作成。

数府県からなる設置区域の発想をもつ制度である。その理念に結びつくかのように、中学校令発布の約四ヶ月前に、地域からの要求として府県連合教育の発想が提示されていたことは注目される（第八章参照）。

次に大阪の状況をみよう。[9] 大阪府は一八八〇年段階において、一八七〇年代前半に誕生した欧学校と進級学校の両中等教育機関を源流とする府立大阪中学校（一八七九年二月～）、一八七三年二月に開院した大阪府病院が改組され教育機能が分離してできた大阪府医学校（一八八〇年三月～）、一八七三年末以来の教員教育をもとに発足した大阪府師範学校（一八七五年八月～）を有していた。医学校と師範学校はいずれも、当初官立学校として発足していたものが府の管轄へと移されたという経緯をもつ。

一八八〇年五月から開催された大阪府会においては、議長らの動議による中学校費の全部削除が可決されている。[10] 動議理由には、「将来ニ於テ大学校ニ進マントノ志望ヲ抱クモノナレハ、此学校ナクトモ当府ニハ中学校ニ代ルヘキ専門学校ノ設ケアリ。故ニ特ニ地方税ヲ支出シテマテ中学校ヲ設置スルニ及ハス」とある。中学校に代わる「専門学校」を、私立専門学校とみなす向きもあるが、[11] 当時の私立専門学校の設立状況を考えると、これは一八七九年四月から大阪専門学校と称していた官立学校を指す、あるいは少なくともこれを含むのではなかろうか。この府会では、医学校費や師範学校費の削除も発議された。医学校費については、「当地ニハ専門学校アリ東京大学医学部アリ。此ニ入学スレハ十分医学ヲ修業シ得ヘシ。必スシテ当地ニ設置スルニ及ハス」との説明がなされ、地方費の支弁廃止が訴えられた。こちらも、官立大阪専門学校が専門課程のひとつに医学科を設置していたことを念頭に置いた発言だと考えられる。兵庫県の事例でもみたように、四割以上の生徒を大阪府出身者が占める大阪専門学校は、官立学校があるから府立学校への地方税支弁は止めても問題はないという論理を導き出し、府の教育費支出を消極化させる役割を果たすこともあったということである。この大阪府会において地方費支弁の削除が否決されたのは、師範学校費だけであった。医学校についても地方費支弁廃止が決議され、地方税外の病院収入など別途金にて維持された。

いったん廃校になった府立大阪中学校は、その後、私立学校化することで存続の道を開き、一八八一年七月からは府立師範学校の別科大阪府中学校として府の支弁による経営に戻された。これは、同年五月に区部会が府立中学校の設立を建議したことを受けており、学校は区部の地方税のみから維持された。大阪府においては、中等教育をめぐって区部と郡部との温度差があったことがうかがわれる。また、一八八五年三月から開かれた大阪府区部通常会においては、区部議員より「大阪府下ニ大学校ヲ設置センコトヲ望ムノ建議」と題する知事宛建議案が提出された[12]。「今ヤ小中学校ノ設ケ到ル処ニ完備シ文運日ニ昌盛ナルモ、顧ミテ一国元気ノ根元タル大学校ノ所在ヲ問ヘハ、僅カニ東京ニ一校アルノミ。是レ教育界ノ恨事ト謂フヘシ。我大阪ハ其地位関西ノ咽喉ニアリ随テ大学校設置ノ好適地ト謂フヘシ。依テ明年若クハ明後年度ニ之レニ相当スル原案ヲ理事者ニ乞ハンコトヲ建議ス」とうたうものであった。大学設立は「美事」ではあるが「時期尚早」だとして否決されてしまったが、府会レベルにおいてもこの時期に大学設立の提言があったことは、指摘に価するだろう。

最後に京都府の状況を略述する[13]。一八七九年四月に再出発した京都府中学校は、一八七〇年十二月に政府から移管された仮中学校以来の歴史を有する。教員養成教育はこの中学校で行われていたが、一八七六年六月からは京都府師範学校が開校してそれに代わった。医学校は一八七二年十月に診療と教育を開始した療病院を発端とし、兵庫・大阪同様に高いレベルを保っていた。一八八〇年・一八八一年の会計年度において、中学校・師範学校・医学校を完全に地方税によって支弁する体制が完成する。

だが師範学校については、府会で予算全廃が可決されることはなかったものの、予算削減要求が恒常化する状態となった。また医学校は一八八一年七月に療病院の管理下より独立するが、一八八二年五月の府会は負担が大きすぎるとして医学校費全廃を可決した。これに対し北垣国道府知事は、内務卿の裁定を仰ぎ原案執行に及ぶことで、従来どおりの医学校地方税支弁に漕ぎつけたのである（第四章）。この時の府会においては、主に郡部選出議員の主張により中学校費の全廃も可決された。対するに北垣知事は、当面本願寺の寄附により中学校を維持する方策を採り、一八八三年七月からは区部が単独負担することで地方税からの支弁が復活したのである。区部と郡部の分離は大阪と共通の現象だといえよう。郡部については、一八八四年三月に、郡部のみが費用を負担する三つの中学校の新設が決定した。これらは既存の私立中学校を移管したものであり、知事の設立案に基づいていた。京都の教育行政の特徴は、府知事の強い主導力によって中等・専門教育が維持されたことにある。

以上のように一八八〇年代に入ってからの兵庫・大阪・京都の教育状況を概観した。全般的傾向として、府県会において予算の削減や全廃が常に討論され、府県立学校は衰退せずとも発展せずといった停滞状態にあり、それぞれに維持の方法が模索されていたことを確認しよう。また、大阪の官立学校の存在を前提とする兵庫県と大阪府、府県連合による教育を進言する兵庫県、知事の主導により公教育が維持される京都府、などといった特質についても頭に留めておきたい。

（2）官立学校と私立学校の大学設立構想

地域の教育態勢は、府県の公教育のみにより成り立っているわけではない。当該地域において特筆すべきは、大阪の官立学校と京都の私学同志社の存在である。一八八〇年代半ばにこれらの学校は、自らを母体に関西にも大学を設置することを考えていた。

まず官立学校においては、大阪専門学校時代の一八七九年に校長の折田彦市が「文部省最初之目的ハ年々定額金ヲ増殖シ随而規模ヲ大ニシ遂ニ大学校ト可相成筈[14]」と述べたところをみると、この段階から文部省による大学化構想があったものと思われる。しかし一八八〇年十二月に大阪中学校に改組されたことで、その構想は事実上頓挫していた。

よく知られているように、引き続き大阪中学校の校長を務めた折田は、一八八五年春頃になって「関西大学創立次弟概見」を文部省に提出した[15]。その内容は、大阪中学校を「関西大学校」とするにあたっての重要案件を挙げたもので、発令時期や地所の相定、建設工事、学科教則、在校生徒の処遇の諸件についての方策を述べている。文部省も、これを関西高等学校とする、あるいは大阪大学部校とし徐々に一大学に発展させる、などと様々な案を打ち出すようになった。前述したように、ちょうど同年同時期の大阪府会区部会においても大学設置が建議されていたことになるが、府レベルではあっさりと否決されたのに対し、官立学校レベルでの大学設置構想は検討が本格化したのである。（3）で述べる学校の移転問題も、この構想とからみ合いながら進められていく。

ところでこれとは別に、私立同志社の新島襄によっても大学設立運動が展開されていることが注目される。新島の計画は、折田の「関西大学創立次弟概見」よりも早くから始動していた[16]。彼は一八七五年の同志社設立以前から大学設立を宿願としていたが、一八八二年、奈良の豪農土倉庄三郎から寄附金の約束を得たことで弾みをつけ、計画を積極的に進めていく。この年に大学設立に関する草稿を数種類作成し、翌年四月になると、活版の『同志社大学校設立旨趣』を一般に配布した[17]。

新島は、「〔政府が東京大学を設置はしたものの〕嘗テ全国ヲ八大学区ニ分チシハ蓋シ各区ニ一大学ヲ設置スルノ趣意ナルベシ、然リ而シテ今日ニ至ル迄未ダ其挙アルヲ見サルハ他ナシ国事多端ノ為メニ未ダ此ニ及フニ暇アラザルノミ、我輩明治ノ民タルモノ縦令ヒ今八大学ヲ列置スル能ハザルモ、セメテハ一ノ大学専門校ヲ関西ニ創設シ、以テ同胞兄弟就学ノ便ニ供スルトコロナクシテ可ナランヤ」とし、アメリカの事例を引いて、「有志者ノ醵金」による大学設立の必要を述べ、寄附を訴えている。それは官立大阪中学校の「関西大学創立次弟概見」と同様、関西の大学として構想されていた。彼はそれを広範な民間人の力を結集させることにより、私立の大学として創設しようとしていたのである。

新島はこの構想を運動へと発展させていったが、その特徴は、多くの京都府会議員を参画させることに成功したことである。[18] 一八八四年一月に会合を開き、新島のほかに十六名の発起人を選定したが、このうち九人が現役の府会議員である。四月初頭には発起人の大会が開かれて具体的な話し合いが行われた。キリスト教に触れずに「智徳両全ノ教育」を綱領に掲げ、同志社の名前は避けて名称を明治専門学校とするなど、新島ら同志社関係者とその他の発起人とが妥協点を見出しながら綱領や仮則を定めた。そして発起人を主体に、新たに二十一名の理事委員が選定されたが、区部の発起人に加え、ほぼすべての郡から委員が選ばれていることが目を引く。この郡部委員十六名もすべて府会議員であった。

新島は同四月、以前より計画していた欧米外遊に出発する。[19] 残された委員は五月に『明治専門学校設立旨趣』を作成・配布し、規則を制定して賛同者を募った。しかし運動は翌年には休止状態に立ちいたり、後述のように、再開されるのは一八八五年十二月に新島が帰国してしばらく経ってからであった。新島を欠いては運動が進まなかったとはいえ、府会議員の多くが同志社の大学設立運動に協力の姿勢をみせていたことは特筆に価する。そして第四章で明らかにしたように、かつて同志社に府医学校を委ねることをよしとしなかった京都府知事北垣国道も、この時期から新島の設立運動に助言を与えていた。[20] また、府当局も「同志社ノ如キ僅々タル私立学校タルモ為メニ京都府民ノ利益ヲ教授セシコトハ実ニ大ナリト謂フベシ」[21] と認識し、中学校や師範学校の運営にあたって同志社の教育を参考としていたのである。前述のように、この時期の京都府の公教育が経費削減の論調下にあるなか、「京都府下ハ民途大ニ進ミ教育ノ思想モ甚タ盛ニシテ且ツ教育適当ノ土地ナリ」との印象が持たれる理由の一端は、同志社の存在、そしてそれが府会議員や知事以下府当局の支持を得ていたことにもあるといえよう。

前項でみてきたように、一八八〇年代の兵庫・大阪・京都の各府県は、それぞれにハイレベルな教育の維持に苦心している状況であった。その一方で、官立学校と私立学校においては、関西における大学への発展を期する動きがあり、具体化の兆しをみせていた。当該地域の教育態勢は、こうした二局面をはらむものとして成立していた。

（3）校地の移転問題

こうした大学設置構想との関係、および次節以降で扱う京都移転について考える上で、高等中学校への改組以前からの懸案事項であった校地移転問題の経過を把握し、位置づけておく必要がある。

大阪の官立学校の頻繁な改組過程については、第五章「はじめに」に記したが、校地の狭さを理由として、移転は少なくとも一八八〇年代初頭から計画されていた。一八八〇年一月から二月にかけて、大阪専門学校長の服部一三が京都府伏見方面へしばしば出張し測量を始めており、四月に着任した折田彦市も五月に伏見桃山の検分を行っている[22]。大阪中学校と改称されると計画はしばしば中断されるが、一八八四年四月になると、折田大阪中学校長が文部少輔九鬼隆一とともに伏見桃山を再び巡視した[23]。視察に文部省の人間が伴うのはこれ以降で、移転計画の本格化が想像される。翌一八八五年八月には、大学分校校長となった折田が、文部大権書記官久保田譲とともに大阪府堺・京都府・兵庫県に出張している[24]。その直前に折田が提出した前述の「関西大学設立次弟概見」は、学校改組と移転問題を結びつけ、なるべく早く校地を選定するよう訴えていた。文部省の回答は、大阪府内において市区から一里以内の場所に設置せよと指令するものであったが、この折田と久保田の視察をみると、大阪以外にも京都や兵庫へと候補地は拡大していたようだ。大学分校への改組以降、折田の移転地検分はいよいよ本格化し、九月にも大阪府信太山、京都府伏見陸軍兵営、兵庫県摩耶山・西之宮の近辺を巡視している[25]。

この頃から文部省は、大阪専門学校時代以来の候補地であった伏見一帯における陸軍兵営跡を最有力としていたようである[26]。それは、文部省と陸軍省との間での敷地交換が内議されていたことによる。大学分校敷地を隣接する大阪鎮台に譲る代わりに、伏見陸軍兵営跡地に大学分校を移すという計画が両省の間に持ち上がっていた。だが、命を受けて兵営跡の視察に赴いた折田校長の評価は、「欲望スベキ場所ニハ無之」というものであった。

大阪・京都・兵庫での視察結果をまとめた十一月の「検地功程記」において、彼が具体的候補に掲げているのは、兵庫県下の兎原郡原田村、生田川旧河床、上ヶ原、大阪府の小野新田、阿部野、京都府の伏見兵営跡の六ヶ所である。原田村、阿部野については地元郡長を通して地図や価格表も用意され、有力候補であった。なかでも折田が最適地と考えるのは兵庫県原田村一帯であり、他についてはすべて地勢や環境の面での不適切性を縷々指摘していた。例えば伏見兵営跡を不適とするのは、狭さと「地方病」の存在ゆえであり、陸軍省との交換という条件を重視する文部省を慮ってか、兵庫県神戸区阪本村の陸軍用地の図面も準備されていた。

だが、交換条件の交渉のために森文相の来阪を待つうちに、陸軍内で伏見兵営跡を別に転用する話が決まったため、陸軍との敷地交換による大学分校の伏見移転は立ち消えとなってしまったのである[27]。移転計画は陸軍とは関係なく進められることとなり、翌一八八六年二月には、一転して大阪府南部の東成郡天王寺村茶臼山付近（阿部野近辺）への移転計画が本格化した[28]。ここは避病院や火葬場に隣接しており、学校側は必ずしも適当としなかったが、文部省が大阪設置を方針とするならば、第一の候補とされる場所であった。

一八八五年十二月末に文部省に転出した折田に代わって文部大書記官から異動となった中島永元校長も、兵庫県原田村を推しながらも文部省が大阪設置にこだわると予想している節がある。これは、一月頃から文部省内で持ち上がっていた「五大学校」構想と関係している可能性がある（第八章第四節参照）。「五大学校」構想は、東京大学を学校系統からは外し一段高い研究機関と位置づけ、この他に各地に「第二流ニ位する大学」「稍卑近なる大学」を設置する構想であったこと、「非常の入費を要する」との理由で消滅したこと、少なくとも一月末には浮上しており二月末には消滅していたらしいことが、中野実によって推定されている[29]。在阪新聞における風評では、二月初旬段階で、「五大学校」の設置箇所は第一東京、第二大阪、第三金沢、第四広島、第五鹿児島となる計画であったという[30]。すなわち、「五大学校」の設置場所のひとつが大阪と指定されており、このことと、二月に文部省が大阪府南部への大学分校移転を構想していることとは整合性をもつといえる。

以上の経緯をまとめると次のようになろう。大阪の官立学校の移転は、校地の狭さゆえに一八八〇年以来の懸案事項であり、一八八五年七月に大学分校が発足すると、学校改組構想とあいまって具体化した。当初より候補地に挙がっていた京都府伏見は、文部省と陸軍との敷地交換計画により、少なくとも一八八五年十一月までは最有力候補であったが、その後二ヶ月余りの間に交換計画が頓挫したため変更となった。学校側が第一に推薦したのは兵庫県原田村であったが、翌年二月には大阪府天王寺村への移転が有力となっていた。

ところで気にかかることは、大学分校の大阪府南部への移設計画が進められている折に、「〔新校地には〕中之島府立病院の構内に在る府立医学校をも引移さるゝ都合なり」と新聞が伝えていることである[31]。これ以上のことは不明であるため憶測の域を出ないが、学校の改組を含むこの移転計画において、大阪府の医学校を統合する話も持ち上がっていたのではないか。府県教育行政との関わりは、それまでの移転計画の経緯においては確認できない新たな方向性であり、大阪府医学校が、やがて大学分校改組により誕生する第三高等中学校医学部の母体の有力候補となったことを想起させるものである。

一方、本項でみた大阪専門学校時代以来の京都移転案は、陸軍との敷地交換を念頭に、学校と文部省とによって立案されたものであり、京都府当局との関連はなかったことを確認しておきたい。京都府との関係は第三高等中学校発足以降に生じるのであり、候補地も伏見とは全く別の場所が選定されていくのである。

二　第三高等中学校の移転と京都府会

(1) 高等中学校建設地の模索

一八八六年四月十日公布の中学校令は、第四条に「高等中学校ハ全国北海道沖縄県ヲ除クヲ五区ニ分画シ毎区ニ一箇所ヲ設置ス」と定めていたが、「其区域ハ文部大臣ノ定ムル所ニ依ル」とし、各校の設置場所にも言及していなかった。十一月三十日の文部省告示第三号によって確定されるまで、区域の決定には半年以上の時間がかかっている。設置場所は東京・大阪・広島・長崎・仙台に決定したなどの風聞も伝えられたが[32]、四月二十九日の文部省報告は、東京の東京大学予備門を第一高等中学校に、大阪の大学分校を第三高等中学校とすることのみを伝えたものであった。

高等中学校制度発足後の状況として着目すべきは、各地において高等中学校の設置運動が起こったことである。文部省は設置場所や区域の決定に時間を置き、これらの動きをみながら判断していったものと思われる。

例えば石川県においては、五月中旬に石川県会の河瀬貫一郎と真館貞造が高等中学校誘致の嘆願に上京し、文部省学務局長折田彦市や文部次官辻新次の巡視を経た結果、文部省告示第三号において金沢が第四区の設置箇所に指定されたことが明らかにされている[33]。設置に必要な約十万円は、旧藩主前田家の寄附と県吏など地元有志の寄附金で準備された。また四月十日の勅令第十六号、諸学校通則の第一条、「師範学校ヲ除クノ外各種ノ学校又ハ書籍館ヲ設置維持スルニ足ルヘキ金額ヲ寄附シ其管理ヲ文部大臣又ハ府知事県令ニ願出ルモノアルトキハ之ヲ許可シ官立又ハ府県立ト同一ニ之ヲ認ムルコトヲ得」を適用した例も考察されている[34]。七月以前に辻文部次官と接触し、山口中学校をいったん私立学校化して諸学校通則の適用下におき、十一月二十日の文部省告示第二号において山口高等中学校として認可を受けることに成功した山口県がそれである。設置維持に必要な資金は、旧藩主毛利家や旧藩士・県出身官僚が組織した有志団体の防長教育会による寄附金を基本とする手続きがとられた。石川・山口両県とも辻文部次官の深い関与がうかがわれ、旧藩主と有力者の寄附金を資本としている。

それでは、第三高等中学校の位置が京都案へと絞り込まれていく過程はどうだったのであろうか。限られた史料から類推してみる。

諸報道を総合すれば、高等中学校設置取調のため、七月より森有礼文部大臣自身が山口方面と福井・石川・富山方面へ出張する予定であったが、森の父の危篤に伴って中止となり、代わりに辻次官がそれら地域を巡視することとなった。またこれと並行して、大学分校校長から文部省学務局長に転じていた折田彦市も、六月から七月にかけて、石川、山口、高知、そして京都と大阪を対象とする出張に出かけていた[35]。辻は山口や北陸への中継地として関西を訪問したに過ぎなかったきらいもあるが、往路の神戸港では内海忠勝兵庫県令や学務課長らの出迎えを受け、帰路の大阪では学務課長の案内により、府立中学校や大阪商業学校を臨視し、府立師範学校では私立教育会の主催により演説会を行った。中島第三高等中学校長や同校職員との宴会も開かれ、建野郷三府知事をはじめとする面々によって北陸方面へと見送られた。また、折田の関西における行動は辻よりも積極的であり、大阪では建野郷三知事と面会、京都では中学校・師範学校・女学校・盲唖院・同志社などの巡回を行っている[36]。

辻や折田の巡視が、関西における高等中学校の位置に目処をつけることも目標に掲げて行われたのかどうかはわからない。だが、北垣京都府知事は後に、「高等中学校位地ノ儀ハ該校建築并ニ敷地ニ係ル経費凡拾萬円有志者等ノ出金ヲ得ハ当府下ニ設立ナルヘキ段御内定相成候旨嘗御省〔＝文部省〕次官ヨリ内示有之[37]」と記しており、どの時点かで文部次官の辻新次から知事に対し、経費約十万円を用意したら、京都府下に高等中学校を設立するとの内示があったことが確認できる。山口や石川での辻や折田の行動を考え合わせると、文部省は全般として、高官による視察結果をふまえ、教育への熱心さや約十万円の設置費用提供の見込みといった条件を満たす府県に対し、高等中学校設置を内示していく方策をとっていたのであり、関西における彼らの府県当局や各教育機関との接触も、内示の判断材料になったとはいえるだろう。

ただ巡視の段階で、いずれかの府県がこの地域での高等中学校設置箇所の決定的候補となっていたとは考えられない。彼らの巡視とちょうど同じ頃にあたる六月十五日からの京都府臨時府会では、地方税の支弁や補助による府県立中学校を各府県一校に限ることを規定した中学校令をうけ、府下の中学校体制再編と教育費の改正とが話し合われていたが、「已ニ高等中学校ハ大坂ニ設立スルアレバ更ニ京都ニ設クルノ必用ノ見ルベキモノナシ(38)」との議員発言からもうかがわれるように、京都府下での高等中学校設置計画が動き出していた形跡は認められない。一方、大学分校時代に大阪南部案で進められていた移転計画の方も、第三高等中学校への改組後、中断している。

九月末になって、移転地が京都府に決定し、京都府愛宕郡東紫竹大門村、葛野郡谷口村を候補とする調査結果を府が文相に上申したという報道があった(39)。十月末にも、京都府に設置することが内決し、府は葛野郡谷口村・小松原村・等持院村のうちから七万坪を選ぶのが適当との見込みを立てて調査中だと報じられた(40)。十一月六日には中島校長らが等持院村の視察を行っている(41)。府が候補地を物色しているとの報道がみられるということは、九月頃までに先述の京都府に対する内示が出された可能性が高い。

京都府中学校の校長今立吐酔の回想は、この間の経緯を知る上で重要である。今立の回想には事実関係の誤認が多々含まれているが、大筋では以下のような話である(42)。東京出張をした際、森文相を官邸に訪ねた。すると、大阪でも京都でも良いが敷地取得と建築の費用に十万円を出した方に第三高等中学校を建てよう、と森に告げられた。これに対し、中学校敷地を師範学校に譲れば、師範学校新築予算が浮く、それを文部省に差し出せば京都に移してもらえるかと尋ねたところ、妙案だとの返事を得た。折りしも東京出張中の北垣知事に諮ると彼も同意した。こうして京都移転の運びとなったが、そのとき森からは、府立中学校の在学生を高等中学校予科生として収容することの了解を得た。――たしかに北垣は九月中旬から十一月初めまで東上しており[43]、今立の話に従えば、その折に文部省との間で高等中学校京都設置の話がもたれたということになる。

こうした文部省と京都府との新たな関係は、必ずしも現場の第三高等中学校と連動したものではなかったと思われる。十一月以降も大阪府阿部野村への校長出張が行われているし[44]、特に、かつて折田校長や中島校長が推していた兵庫県への移転計画が具体化しているからである。十月末から十一月にかけて、兵庫県武庫郡の住吉三宮間への移転計画や住吉近郊の畑地調査が報じられたり、同県菟原郡清堀村の戸長らが学校に出頭して移転確定の喜びを述べ、移転作業のための労働力を提供すると申し出たとの旨が伝わったりしている[45]。後述する十一月二十日からの府会において、京都府属原田千之助は、「石川県及ヒ兵庫県ノ人民ノ如キモ之〔=高等中学校〕ガ設立ニ甚夕奔走ノ労ヲ取レリト[46]」と述べている。ここで指摘される動きの主体や性格は不明であるが、兵庫県で地元側の誘致的活動があったことは事実なのだろう。以上のことから、十一月の半ばにおいて、現場の学校側が大阪・兵庫・京都一円における候補地模索を継続する一方で、京都府と文部省との間で頭越しに京都移転が有力になっていたという状況だったのではないか。

今立の回想のなかで目を引くのは、府立中学校を高等中学校予科として組み込むことを前提とし、師範学校に関わる予算を転用する案を示したとしていることである。高等中学校設置にあたり、新設の寄附金からではなく、従来の府の教育行政と関わらせて費用を捻出しようという計画である。しかしそのためには、地方税の使途を審議する府会に諮る必要があった。続いて、知事の府会への諮問とそれを受けた府会の審議状況をみていこう。

（2）通常府会――地方税支弁の決定

一八八六年十一月二十日より開かれた京都府会の最初の議題として、京都府属原田千之助により高等中学校設立に関わる諮問案が提出された(47)。

多くの論考が誤解していることであるが、これは第三高等中学校の誘致を諮問したものではない。すなわち、四月以来大阪に設置されていた「第三高等中学校」を誘致するという話ではなく、「高等中学校」を京都に設立する問題として議会に上程されたものである。京都に設ける高等中学校が「第三」高等中学校であること、結果として大阪からの移転を確定したものであることは、後に十一月三十日の文部省告示第三号によって初めて明らかにされたことであって、この府会においては「第三高等中学校」という文言は一切登場しない。厳密には「京都府による第三高等中学校誘致」ではないのである。

諮問案は、「凡拾萬円若シ有志者等ニ於テ出途ヲ得バ文部省ニ於テハ〔高等中学校を〕当府下ニ設立アルベキ計画」であることを告げ、「固ヨリ我京都府下教育上ニ関係ヲ有スルノミナラズ地方経済ニ於ケルモ其得失亦尠ナカラズ実ニ地方一般ノ重大事項トス」として、「本年〔明治二十年＝一八八七年度〕ニ於テ此金額ヲ地方税ヨリ支弁シ之レガ設置ヲ稟請」することを訴えるものであった。後に述べるように、地方税によって支弁することのみを諮問していることが重要である。

審議では、ここでいう地方経済上の利益とは何かということについて質問が集中した。原田属はこれに対し、府の教育行政との関係から説明をなした。府立中学校を高等中学校の予備科に改編し高等中学校内に設置する、そうすれば、改築が議論されている師範学校は空いた中学校校舎に移転できるとの見込みを述べたのである。高等中学校設置による地方利益とは、経済効果等の問題ではなく、府の教育体制再編と予算削減の手段として認識されていたということになる。府立医学校も高等中学校に組み込めるはずだとの見通しを述べる議員もあった。

前述したこの年六月の臨時府会において、こうした議論の萌芽はすでにみられた。四月の中学校令により、京都府でも郡部の三中学校は閉校されることになったが、残る一校となった区部の府立中学校についても、近隣の大阪に新設された高等中学校がその役割を代替するから廃止してもよいとの意見が出されていたのである。特に郡部にとっては、区部に寄宿させるのも大阪に寄宿させるのも同じではないかとの論理が展開された[48]。前節(1)で述べたように、第三高等中学校発足以前、その前身校に多くの生徒を送り込む大阪や兵庫において、大阪の官立学校が自府県自前の教育の代わりを果たすという主張があったが、それが高等中学校制度発足を機に、京都でもみられるようになったものと解釈できる。

支弁賛成論に対しては、高等中学校制度の永続性を心配し、如何ともしがたい民力困弊の状況下に地方税から巨額を支出することへの疑問を表明する議員の発言も相次いだ。だが諮問案はその場において、五十六対十二の大差であっさりと可決され、続いて行われた答議書の審議も、その日のうちに全会一致で可決された。京都府会議長田中源太郎から北垣に宛てた答議書は、諮問案を可決した旨を報告しつつ、「可成地方有志者ノ寄附金ヲモ御奨励相成地方税ノ支出額ヲ被減候様相成度」との文言を組み込んだものとなった。

府当局の対応は迅速きわまりない。通常府会開会当日に答議書を得、その日のうちに文部省に稟請書を提出した[49]。地方経済の困難にも関わらず支出を決定したのであるから、「高等中学校位置当府下ニ御確定速ニ御建築相成候様致シ度」と要請したのである。第一条で高等中学校の設置区域を示し、「高等中学校ノ位置第一区ハ東京第三区ハ京都第四区ハ金沢トシ第二区第五区ハ追テ之ヲ定」との第二条を付け加えた文部省告示第三号が公布されたのは、十一月三十日のことである。第二区・第五区については未決であるにもかかわらず公にされたこの第二条は、途中経過報告ともいえるものであり、このタイミングと内容は、北垣の稟請に後押しされたがごとくである。公布の意図は、京都や金沢への設置を公示し、両府県に設置を確約することにあったと思われる[50]。

この間の経緯は、あまりにも性急との印象がぬぐえない。北垣の文部省への稟請において、府会に諮問した理由は、「地方ニ関スル重大事件ニテ単ニ有志者出金ノミニ任スルハ府民ノ本意ニ無之地方一般ノ負担スヘキハ理ノ当ニ然ルヘキモノニ付」と説明されている。だが実際に目指されたところは、府の従来の公教育と関連づけた地方税の捻出である。そして当初の諮問案は、正確な支弁額や支弁方法にはまったく触れることなく、地方税からの支弁という結論のみの議決を求めるものであった。地方税転用手続きの審議を始めれば、議決の困難が予想される。そのため、とりあえずは地方税から支弁することだけを議決してしまい、文部省にその旨を早く表明したかったというのが真意ではなかろうか。大阪や兵庫も相変わらず移転候補地であり、かつ「諸府県知事モ高等中学校ヲ設クルハ将来ノ開化ヲ助クルモノナレハ大ニ此思想ヲ抱キ居ルトノコトナリ」[51]という状況下にあって、地方税支弁の確定を急いだのだろう。通常府会での早々の大差可決は、府の教育費減少への期待、議員の教育事業全般への好意的姿勢などを背景としていようが、後述の臨時府会での「元来始メ情実ヨリ成立タルモノナル」との発言が示すように、新しい高等中学校制度についての共通理解がないなかで、うやむやのうちに可決にいたったというのが実際のところではなかったか。そして、紛糾の火種は後に残されることとなった[52]。

（3）臨時府会――議論の再燃

高等中学校設置に漕ぎつけはしたものの、それを決定付けた地方税による設置費用支弁の決定は、すんなりと実行に移されたわけではなかった。

十一月二十日の府会において地方税支弁が決定した後、支弁方法をめぐる議論はすぐに始まっていた[53]。十二月六日の審議で原田属は、教育費中の中学校費として六万八千余円の追加案を提示した。これを従来積み立てられてきた府立の京都中学校の資本金三万一千余円に加え、さらに同校の財産処分の議案を成立させて全十万円を高等中学校設置費にあてるという発案であった。京都府は、有志からの寄附金をもとにした中学校資本金を維持しており、その利息を教育費の雑入として中学校経費の補填に用いてきた。三万一千余円はその資本金全額である。この中学校費追加案は票決に持ち込まれることもなく可決された(54)。

こうした迂遠な方法を提示しなくてはならなかった理由は、地方税規則にある。地方税規則は第三条に地方税をもって支弁すべき項目を挙げていたが、一八八一年二月十四日の太政官布告第五号により、そのうちの「教育費」には、「府県ニ属スル教育ノ費用及区町村立学校ノ補助費」であるとの但書が付された。翌年一月二十日の太政官布告第二号でこれは削除されたが、地方税を直接文部省へ交付することは不可能であると府は判断し、府中学校費として追徴した上で、従来からの中学校資本金に加えて財産処分することで、文部省への寄附を実現しようとしたのだと思われる。ところがそれでもなお、地方税規則を乗り越えることはできなかった。おそらく内務省が、現実の出所が地方税である以上、認められないとの判断を下したのだろう。土地買い上げも既に始まり切羽つまった状況の下、府会常置委員は、追加中学校費を特別費目「高等中学校創立費」へと変更することを考案した。特別費目は、地方税規則において「特ニ費目ノ増加ヲ要スルトキハ府県会ノ決議ヲ経テ府知事県令ヨリ内務大蔵両卿ニ具状シ政府ノ裁可ヲ受クヘシ」との条件下に設置が認められているものである。特別費目の増設を北垣知事から具申された内務大臣山県有朋は、府県会規則第三十七条第二項「常置委員ハ地方税ヲ以テ支弁スヘキ事業ニシテ臨時急施ヲ要スル場合ニ於テハ其経費ノ予算及徴収方法ヲ議決シ追テ府県会ニ報告スルヲ得」を適用することはできないとして、まずは臨時府会に附議するようにとの訓令を下した(55)。

以上のごとく、内務省は一貫して地方税規則や府県会規則の筋を通し、京都府がこれをかいくぐって文部省への高等中学校建設費寄附を実現することを容認しなかったといえる。かくして府は、一八八七年五月十三日から十七日にかけて臨時府会を開催せざるを得なくなった(56)。

半年前の通常府会では曖昧な判断のまま諮問案を可決してしまった各議員であったが、ここに来てようやく、高等中学校制度への疑問および文部省と府当局への不信感が形成されたと考えられる。例えば、前年決定したはずの追加中学校費との二重取りを懸念し、創立費という名目下に四十万円にも膨れ上がる全建設費用が府の負担となるのではとの不安の声が上がった。また、京都に置かれるはずであった医学部が、その後大阪設置へと変更されていたことも、府の医学校を高等中学校に組み込めることがメリットのひとつだと認識していた向きには予想外の展開であった[57]。結局、高等中学校創立費を設けるとの原案は、三十二対三十の僅差でかろうじて可決されたが、「元来国庫支弁ノ性質ナルニモ拘ハラズ地方税ヲ以テ支出スルコトトシ法ニ抵触スルヨリ却下サレタルニ此上変則ヲ施サントスルハ甚不可ナリ」との本質をついた意見が出されるにいたり、議会は紛糾したのである。

こうして紆余曲折の末、既設の中学校資本金三万一千余円を財産処分して文部省に交付し、特別費目高等中学校創立費として新たに地方税六万八千余円を追徴することで、合計十万円分を当該年度において高等中学校用に支弁できる態勢がなんとか整った。

ここまで検討してきた経緯を山口県のケースと比較すると、京都府政の特徴が浮き彫りになる。山口県知事原保太郎は、「地方税ヲ相手ニ取リ候仕事ニテハ兎角取扱上面倒多ク」と認識し、特別費目設置の方法を考えるなど[58]、県会開催以前から地方税規則との関係に細心の注意を払っていた。京都府の森本後凋属は臨時府会において、「内実ノ話」とし、「高等中学ノコトニ付テハ府知事モ見ル所アリテ曩ニ諮問ヲナシタルニ、会議果シテ之ヲ可トセリ。故ニ府知事モ資本金差出方ニ付種々心配セラレタルモ、如何セン法律ノアツテ前決議ノ旨趣ヲ達スルヲ得ズ、已ムナク特別費目ヲ置カザルヲ得ザルニ至リシナリ。実ハ特別費ヲ置クニ付テモ府知事ハ更ナリ其筋ニ於テ種々心配セラレ、漸ク此所マテ運ビヲ付ケタルナリ。最早是ヨリ良法ナシ」と述べている。地方税規則という既存の根本的制度と関連づけることなく地方税支弁のみを先に府会に決定させた京都府の方法は、不手際というより意図的とすら感じられる。最終的に臨時府会での可決にこぎつけたことをもって、「豪腕」とも評される北垣知事であるが[59]、むしろ「強引」とでも表現すべき一連の経緯であった。

京都府における高等中学校設置費用の地方税支弁問題は、高等中学校と地方税との関係が府県制の枠組に抵触することの前触れであった。高等中学校制度と内務行政との齟齬は、京都府という一府県の枠を越えた府県全般の問題として、その後さらに顕在化することとなったのである。

三　府県連合委員会の開催とその帰結

（1）府県連合委員会——府県間格差をめぐって

ここまでは、第三高等中学校の京都移転を実現させた京都府の動きについてみてきた。

本節では、第三高等中学校の設置区域に属する府県の動向を検討する。それは、一八八七年八月二日の勅令第四十号への対応に集約される。この勅令は、高等中学校一般経費の地方税負担分については、文部大臣が総額を決定し、各府県分担額は府県知事が協議して査定した上で、府県常置委員の互選をもって選出した各三名の委員が会同して議定することと定めるものであった。つまり、地方税からの支弁は区域内府県の連合支弁というかたちをとるものであったということである。そして、府県連合により支弁すべき総額は文部省の、区域内での負担率の決定は府県側の手に委ねられていたということである。九月十二日の勅令第四十六号は、この府県連合委員会の開催要領を簡略に示した規則であった。

一方、八月十三日の文部省令第八号は、勅令第四十号の規定に基づき、各高等中学校について地方税の負担額（国庫金負担額と同額）を示したものであり、例えば第三高等中学校は三万二千五百円と決められた。さらに八月十九日、文部大臣森から府県に対する内訓が出されていることが注目される[60]。これは、地方税負担額について、総額の七割五分を二分し、半分は府県の国税および地方税を、半分は人口を率として負担額を算出すること、残りの二割五分については、本部および医学部併置の府県に増課すること、医学部を分置する場合には、本部設置の府県に一割五分、医学部設置の府県に一割を増課すべきこと、とするものであった。すなわち、負担率の決定は府県連合委員会に任せるとしてはいたものの、文部省が内訓としてガイドラインを事前に提示していたということになる。また内訓とともに、文部省会計局長久保田譲により、この計算法の趣旨と、それに基づき具体的に算出した各府県の分担額とが示されていた(61)。久保田によれば、高等中学校の本部や医学部を設置する府県に増課するのは、生徒就学の便があることによる。また、国税及び地方税を基準とするのは民力の多少を考慮するため、人口を基準とするのは就学の多少がこれに比例するためであると説明されていた。文部省は設置位置に起因する受益者負担の発想により、府県間の傾斜配分方式をとったということである。

以上のような方向性の下に、第三高等中学校設置区域においても府県連合委員会が開催されることとなり、本部移転地に決まっていた京都府がこれを主催することになった。事前に内務省からは、なるべく文書で事前協議をなしおくようにとの指示があったため、会期以前から京都府と各府県の間に文書が取り交わされた。

関係府県の間で問題となったのは、大阪から京都への第三高等中学校本部移設は未了であるから、当面は京都・大阪両府に対して増課しないと久保田会計局長が付言していたことである。同八月十九日の文部省告示第六号により第三高等中学校医学部の設置が決定した岡山に一割が増課されていたのみであった。これに対し十月、兵庫・三重・滋賀・岐阜・鳥取・島根・岡山・広島・山口・和歌山・徳島・愛媛・高知の県知事、すなわち京都と大阪を除く区域内十三県の知事が協議し、京都府の北垣知事へ連名の照会書を送付した。第三高等中学校本部は未建設ではあるものの、京都への設置が確定している以上、文部大臣の内訓に基づき、京都府が本部所在地として一割五分を負担すべきであると主張するものである。しかし、大阪府他九県の賛同を得たとして、京都府は久保田から示されたとおりの協議案を府県連合委員会に附議した。島根県の籠手田《こてだ》安定知事や三重県の岩男三郎書記官からは、翻意した九県名を具体的に知らせてほしいなど、京都府の手続きへの疑念が示されたのであるが、附議はそのままに行われた(62)。

委員会は十月二十五日から三十一日にかけて開催され、各府県の委員が議論を戦わせた(63)。とりわけ、移転予定地である京都府と現設置場所である大阪府とが槍玉に上がり、両府には多くの負担を課すべきであるとの意見が噴出した。京都と大阪とで負担を押し付け合う攻防もみられたが、結果、医学部を有する岡山県も含め、三府県が全体の一割ずつを負担するということとなり、原案修正のかたちで決議されたのである。文部大臣の内訓に従えば、本部や医学部を有する府県が全体の二割五分を負担するべきところを、京都・大阪・岡山の三府県が合計三割を負担する結果となったわけであるから、他府県は自府県の負担額を原案よりも減少させるという成果を上げたことになる（一八二頁表④欄）。議論のなかでは、実際の就学者数に基づいて負担額を決めるべきだという意見も出され、開催府の京都府も、事前に第三高等中学校本部および医学部の母体となる岡山医学校に依頼し、府県別就学者数の報告を受けていた（表③欄）。しかし、これを反映させることは現実的でないとの判断により生かされなかった。

府県委員会においては、負担額決定という本来の目的もさることながら、議事進行方法、経費、知事臨監の可否などといった委員会そのものの性格をめぐる議論が活発に行われた。そしてそれは、委員会終了後の各府県会にも引き継がれていく。

（2）府県会――制度への抵抗

勅令四十号は、各府県の分担額が決まった後、その徴収法を府県会で議定するようにと定めていたから、連合委員会の閉会後、それぞれの府県会で審議を行う必要があった。

十一月二十二日から開催された京都府会においては、区部選出議員と郡部選出議員との間に、負担額をめぐっての攻防が展開された(64)。京都府属瀧山広吉から提示された議案は、第三高等中学校経費の京都府分担額については、人口を目安とし、区は郡の二倍額を支弁することという内容であった。これについて、原案支持派、区は郡の四倍を負担すべきとする格差拡大派、区郡の格差をなくすべきだという平等負担派がそれぞれ論陣を張った。区部選出の議員が区郡平等を主張したことは当然だといえるが、それは、高等中学校は高尚な学科を教授する学校であって、近接地であるゆえに生徒が多く進学する性質のものではない、尋常中学校とは性質が大きく違うという論理に基づいていた。

だが結局は、原案が三十九名の支持を得、区郡同率とする修正意見を支持する十九名を上回って可決された。京都においては、区郡の教育費負担額に格差を設ける発想は従前からの連続性をもつ。中学校令により地方税支弁による府下中学校が一校に限られると、教育費中の中学校費は、区は郡の二倍という目安により徴収されることとなっており、前節で扱った前年の臨時府会における高等中学校創立費増設の際も、原案の区部が郡部の二倍を負担するという部分については、ほとんど議論にならなかった。今回の区郡間格差問題が激しくもめたのは、府県連合委員会で決まった府県間の格差という点に共通する問題であることが認識されたからであり、文部省直轄の高等教育機関の教育上の利益が果して地域格差を前提とするものなのかという根本的疑問が提示されたのであった。

平等負担論を主張する区部議員の一人は、地方税からの支弁は規定である以上、従わないわけにはいかないが、そもそも大学や高等中学校は政府特許のものであり、国税をもって支弁すべき筋合いの学校ではないかと主張した。そして、帝国大学が設置された東京が国税を多く負担するわけではないのと同様に、各府県の高等中学校経費負担率に格差を設けるのはおかしいと述べ、府県連合委員会の決議を「卑劣千万」と批判した。このように、地方税による支弁そのものへの不満を抱きつつ、負担率に地域格差を設けるという発想を問題視したのである。

府会において表出した府県連合委員会の決定に対する不満は、決定内容自体に関する問題であるとともに、委員会の正当性をめぐる問題でもあり、他府県でも異議が噴出した。

兵庫県会では、府県会の根幹となる府県会規則との整合性という観点からの疑問が提示された[65]。府県会規則第一条は、「府県会ハ地方税ヲ以テ支弁スヘキ経費ノ予算及ヒ其徴収方法ヲ議定ス」と定めている。それにもかかわらず、府県連合委員会が相互の負担率を定めるのみで、地方税支弁額そのものについての審議ができないのはおかしいとする意見であった。加えて、連合委員会の委員が議員全体のなかからではなく、常置委員の互選で選出されることへの批判も出された。兵庫県会は府県会規則を楯として建議をなすことを五十二対七の多数をもって可決し、十二月二十二日付をもって、兵庫県会議長石田貫之助から内務大臣山県有朋宛の建議書が提出された。「来ル明治二十二年度以降ハ必ス其経費ノ予算ヲ委員会ノ議決ニ付シ該委員撰挙ノ法ハ議会全体ニ就テ特ニ之ヲ撰出スルノ制ヲ定メラレンコトヲ希望ス」と述べるこの建議書は、府県連合委員会について、その権限や委員選出方法などを定めた勅令第四十号の問題性を指摘したものとみなすことができる。

一方、京都府会も区部郡部の負担率の議決が済むと、十二月二十四日には高等中学校についての内相宛建議書の提出を可決したが、建議の趣旨は兵庫県会以上に強硬な要求であった[66]。「要スルニ政府カ高等中学校ノ経費使途ヲ国庫地方税ノ二途ニ待チタルカ為メト其委員会組織ノ不完全ナルカ為メニ生スル処ノ弊害ハ実ニ斯ノ如シ」と断じたものであり、先ほど触れた区部議員の不満が、最終的に府会の意見として明文化された建議だと位置づけられよう[67]。そして「本会ハ更ニ政府ニ向テ該校経費金額ヲ国庫ノ負担ニ帰セシメラレンコトヲ望ム」との結論は、高等中学校制度の根幹となる勅令第十五号中学校令の第五条そのものの廃棄を要求したということになる。完成した建議案は、最終的には七十三名の全会一致で可決された。

そのほか、滋賀県会でも、高等中学校経費は純然国庫支弁とする、あるいは地方税負担があるならば、支出議案を府県委員会の議決に付してほしい、との山県内相宛「高等中学校経費ノ儀ニ付建議」が満場異議なく可決された(68)。京都府案でなければ兵庫県案で、という性格の主張であったと理解できる。

一八八八年八月七日、内務大臣・大蔵大臣・文部大臣の名をもって府県知事に対し、高等中学校経費を地方税からも支弁させることは、翌年度以降当分止めるとの訓令が発せられ、同経費は専ら国庫負担となった。そのため、府県連合委員会も前年の第一回を最後に再び開催されることはなかった。訓令通達にいたるまでの議論の過程は、あらたな史料発掘を行わなくてはわからない(69)。しかし、地方税支弁による文部省直轄学校の試みが挫折したことを、開始以来二年余りを経て、文部省自身が認めたものだといえることはたしかである。

おわりに

本章で明らかになったことをまとめておく。

兵庫や大阪や京都をみる限り、一八八〇年代半ばにおいて、府県の教育は民力疲弊のなかで停滞していた。高等中学校制度とは、国庫金と地方税が経費を分担することを規定した中学校令第五条に基づき、行き詰まりの感がある府県の教育を文部省直轄学校制度のなかに組み込み再編する可能性を示すものであった。

京都府は、地方税による府教育費を転用することで高等中学校設立資金を準備し、これを設置しようとした。それは高等中学校制度を、府立中学校を高等中学校予科に組み込むことを中心に、医学校や師範学校も含めた府教育行政の打開策として受け止めたからである。しばしば語られるような地域開発や高等教育振興への期待は漠然と存在してはいただろうが、直接の動因ではない。そして府は設置を確定するために、地方税による設置費用の支弁ということのみを通常府会で先決し、既成事実化するという方法をとった。しかし、実際に地方税からの支弁を地方税規則に抵触せずに行うためには大変複雑な手順を経なければならず、再度開かざるを得なかった臨時府会は大いに紛糾したのである。

文部省は、高等中学校制度に地方税からの支弁という新方策を取り入れただけではなかった。ここには設置区域制度が導入された。区域ごとに府県連合委員会が設置されたことは、地方税支弁が連合支弁という形をとったことを意味する。だが連合委員会には府県間経費負担率の決定のみが委ねられ、経費総額についての決定権は文部省にあった。また連合支弁制は地域格差、すなわち学校の所在府県に多額を負担させるという考え方を伴うものであった。これらに対して府県の側は府県会規則を楯に反発し、高等中学校に対する地方税支弁制度それ自体を疑問視する方向へと動いていった。

結果、文部省が開始した高等中学校制度は、二年余りにして国庫金と地方税からの共同支弁という新機軸を崩壊させなくてはならなかったのである。一八八八年八月に地方税による支弁を当分中止するとの訓令が出されるにいたった過程、とりわけ内務省の動向については、史料発掘を含めて今後の検討課題である。しかし、森文相を中心とする文部省の高等中学校制度が、府県を管轄する内務省との連携と政策・法令の整合性を形成せずに走り出してしまったことに崩壊の一因があったことは確実だろう。高等中学校体制は、地方税規則や府県会規則といった既存の法令との齟齬を内包するものであった。内務行政の枠組は、地方税による高等中学校経費支弁に対する壁として立ちはだかっていたのである。

地方税からの支弁を定める高等中学校制度は、高等中学校設置府県に対し、府県立学校体制を再編する機会を与えるものであった。さらに府県には、ここに私立学校をからめ、府県下教育体制を再構築する可能性が開かれていたのである。高等中学校体制下において、官立学校・府県立学校・私立学校相互の関係は流動的であった。そこでの府県の裁量、および私立学校――とりわけキリスト教勢力による――の対応について考察することが続く課題となるが、それは終章に委ねたい。

（1）小林嘉宏「京都府会における中学校論議――明治前期」、中村隆文「高等教育機関誘致運動」（ともに本山幸彦編著『京都府会と教育政策』、日本図書センター、一九九〇年所収）。

（2）第一章第五節第三項「京都移転はなぜ行われたのか」で、この問題を取り扱っている（京都大学百年史編集委員会編『京都大学百年史』総説編、一九九八年）。なお神陵史編集委員会編『神陵史』（三高同窓会、一九八〇年）第二部第九章「京都移転」も五月の府会にしか触れていない。

（3）以下、兵庫県の教育体制の概略については兵庫県教育史編集委員会編『兵庫県教育史』（一九六三年）参照。

（4）『明治十七年　兵庫県会議事録』第九号、第拾四号（兵庫県公館憲政資料室所蔵、複製版、以下兵庫県会議事録はすべて同室所蔵）。次段落の一八八四年三月十二日田村駒太郎県議の発言も第九号による。

（5）『明治十八年度　兵庫県会議事録』第七～九号参照。

（6）一八八五年十一月二十一日小寺泰次郎県議の発言。次段落に引用した同日の大野親温県属の説明とともに、『明治十九年度　兵庫県会議事録』第十号による。

（7）神戸大学百年史編集委員会編『神戸大学百年史』通史一　前身校史（二〇〇二年）の第一編第一部第二章「神戸病院の設立と医学教育」参照。

（8）兵庫県編『兵庫県会史』第一輯（一九〇四年）の「県会ニ関スル事項」（第二章）に所収。議事録が残っていないため、審議の具体的内容は不明。兵庫県会や大阪府会の議事録は断片的にしか残っておらず、戦前に刊行された『兵庫県会史』、大阪府会編『大阪府会史』（一九〇〇年）がこれを補う。

（9）以下、大阪府の教育体制の概略については『大阪府教育百年史』第一巻概説編（大阪府教育委員会　一九七三年）の第五章第一節「普通教育」、第七章第一節「明治期の高等教育」を参照。

(10)「明治十三年自五月二十日至七月三日　通常府会議事摘要」（注8『大阪府会史』）。

(11) 注(9)『大阪府教育百年史』第一巻概説編の第五章など。

(12)「明治十八年自三月二日至四月七日　大阪府通常府会議事摘要」（注8『大阪府会史』）。

(13) 京都府の教育体制については、注(1)『京都府会と教育政策』所収諸論文が詳しい。

(14) 七九〇〇四九『明治十三年　海外駐在官員等往復書類　大阪専門学校』（京都大学大学文書館所蔵「第三高等学校関係資料」。以下、六桁の番号と表題とで記すかたちの史料はすべて同史料群中の簿冊である）。

(15) 八五〇〇一八『明治十八年度　文部省伺届原稿　文部省直轄大阪中学校』所収（『京都大学百年史』資料編二、二〇〇〇年にも収録）。文部省の回答もこれに付されている。この構想については、諸年史類が必ず触れる事項であり、厳平『三高の見果てぬ夢　中等・高等教育成立過程と折田彦市』（思文閣出版、二〇〇八年）の第三章の分析がある。厳著書については、拙稿書評（『史林』九十二巻四号、二〇〇九年）を参照。

(16) この時期の新島の活動については、新島襄全集編集委員会編『新島襄全集』1　教育編（同朋舎出版、一九八五年）、『同志社百年史』資料編一（一九七九年）の諸史料によるが、河野仁昭「新島襄の大学設立運動（一）」（『同志社談叢』第九号、一九八九年）の叙述が詳しい。

(17) 前掲『新島襄全集』1所収。

(18) 府会議員の大学設立運動への関わりについては、高久嶺之介「新島襄と北垣国道」（伊藤彌彦編『新島襄全集を読む』、晃洋書房、二〇〇二年）参照。

(19) 十月のアメリカンボード第七十五回大会において、新島は“An Appeal for Advanced Christian Education in Japan”と題する演説を行ったが、そのなかで、“Another university will soon be founded by the government at Osaka, the second important commercial city of the empire, to accommodate the youths so anxiously craving the higher education”と述べている（A. S. Hardy, “Life and Letters of Joseph Hardy Neesima” Boston and New York: Houghton, Miffin and Company, 1891. 邦訳は『新島襄全集』10、同朋舎出版、一九八五年所収の「新島襄の生涯と手紙」）。この史料は、東京大学に加え、大阪府が別の大学を設置しようとしているとも、政府が大阪に大学を設置しようとしているとも解釈できるが、ここまでの検討をふまえれば、後者だと読むのが自然であろう。新島が一八八四年時点までの大阪中学校における

何らかの具体的動きを念頭にこう述べているのなら、この学校の大学設立構想の始期の問題としても興味深いところである。

(20) 一八八四年四月一日付北垣国道宛新島襄書簡（『新島襄全集』３　書簡編Ⅰ、同朋舎出版、一九八七年）。北垣と同志社については、注(18)高久論文及び小股憲明「京都府知事北垣国道と京都府教育――北垣日記『塵海』にみる」（本山幸彦教授退官記念論文集編集委員会編『日本教育史論叢』、思文閣出版、一九八八年）参照。

(21) 一八八六年十一月二十日府会における原田千之助府属の発言（「京都府会議録事第一号」『明治二十年度　京都府会議事録』）。次の引用も同じ。

(22) 八〇〇〇四四『明治十三年　校員願届書類　大阪専門学校』。

(23) 八四〇〇〇四『明治十七年　文部省伺届原稿　文部省直轄大阪中学校』。後述のように、『日出新聞』明治十九年九月二十九日の記事は、この九鬼の巡視を「大学建設用地」視察であったと表現している。

(24) 八五〇〇一八『明治十八年　文部省伺届原稿　文部省直轄大阪中学校』。

(25) 同前。

(26) 以下、移転経緯については、注のない限り、八五〇〇五五『明治十八年　学校移転ノ件』、八五〇〇六七『明治十八年　会計往復書類　大阪中学校』所収の書類による。

(27) 大学分校がいずれ移転した折には、跡地を大阪鎮台が譲り受けるという話は継続した。明治十九年十月五日の『大阪日報』も、跡地が大阪鎮台の官舎となることを伝えている。

(28) 『大阪朝日新聞』明治十九年二月二日、『大阪日報』明治十九年二月七日。

(29) 中野実「帝国大学成立前史」（『近代日本大学制度の成立』、吉川弘文館、二〇〇三年）。氏の推定は『教育時論』と『時事新報』の記事に基づいている。

(30) 『大阪日報』明治十九年二月六日、『大阪朝日新聞』同日。後者は『東京日日新聞』記事の再録とある。二月九日の『大阪日報』は、五ヶ所の地方大学は現大学科第二級くらいまでの修学機関とし、東京大学を最高級大学とする構想だと述べている。

(31) 『大阪日報』明治十九年二月七日。

（32）『日出新聞』明治十九年四月二十日。『山陽新報』同年五月十六日では、第二が名古屋、第四に鹿児島造士館とあり、十一月まで多様な風評が乱れ飛んでいた。注（50）も参照。

（33）谷本宗生「第四高等中学校について」（『地方教育史研究』第二十三号、二〇〇二年）、同「「学部」金沢形成の端緒」（橋本哲哉編『近代日本の地方都市――金沢／城下町から近代都市へ』、日本経済評論社、二〇〇六年）、金沢大学五十年史編纂委員会編『金沢大学五十年史』通史編（一九九九年）第一章（2）「第四高等中学校の設置」など。

（34）荒井明夫「山口高等中学校の性格と歴史的役割」（前注『地方教育史研究』第二十三号所収）。

（35）辻・折田の出張については、『大日本教育会雑誌』第三十六、四十号（明治十九年七月三十一日、九月三十日）所収の木村匡による「文部次官学事巡視随行私記」に基づき、『大阪朝日新聞』明治十九年六月六・十五・十六日、七月二・十・二十・二十一日、『大阪日報』明治十九年六月十二・十六日、七月十・二十一日、『京都日出新聞』明治十九年七月二日、『神戸又新日報』明治十九年七月二・四・十・十三日、八六〇一〇一『自明治十九年四月廿九日　日誌　第三高等中学校庶務課』の記載で補った。なお、折田の訪ねた高知であるが、『大阪日報』明治十九年一月八日は、高知県において、県債二十万円を募集し、鹿児島や山口に併立すべき一大学校をつくりたいとの建議が県令に出されたことを伝えている。

（36）北垣京都府知事の日記には、六月二十八日、折田が盲唖院補助の件を談ずるために来京したことが記されている（塵海研究会編『北垣国道日記「塵海」』、思文閣出版、二〇一〇年）。辻も来京したという新聞報道があるが、北垣の日記にも辻に随行した木村の私記にも記載がなく信憑性が薄い。ただ木村は京都を単独訪問し、学務課長により案内を受けたと記している。

（37）京都市総合教育センター所蔵「徳重文書」所収の十一月二十日付文部大臣森有礼宛「高等中学校御設置之儀稟請」（整理番号C―五一―三）。

（38）一八八六年六月十六日府会における雨森菊太郎の発言（「京都府臨時府会及区部郡部会議録事第貳号」『明治十九年度京都府臨時府区部郡部会決議議事録　完』）。

（39）『日出新聞』明治十九年九月二十九日。注（1）中村論文は、これを「九鬼文部少輔が大学建設用地を調査するために派遣されて決定した」と誤読している。この記事で述べられている九鬼の視察は過去の話であり、おそらく大学分校時代に一八八四年四月に折田校長と伏見桃山を巡視したことを指す。九鬼は同年五月から特命全権大使となり、一八八七年十一月に帰国するまでワシントンに赴任しており、一八八六年に文部省から京都に派遣された事実はない。

(40)『大阪朝日新聞』明治十九年十月二十八日。

(41) 八六〇一〇一『自明治十九年四月廿九日　日誌　第三高等中学校庶務課』。

(42) 京都府立京都第一中学校学友会・同窓会『会誌』記念号（一九二〇年）所収。今立の回想の事実誤認は多岐にわたる。支障のない範囲で史料として用いたが、行論上指摘しておくべき誤認点をひとつ挙げておく。彼は、このときに師範学校新築予算として十三万円の予算が議決していたというが、そのような事実はない。たしかに、師範学校の狭隘さと改築の必要性は前年の議会で原田属により説明されているが（「京都府会議録事第三号」「京都府会議録事第七号」、『明治十八年　京都府会議録事』）、議案にも挙げられていない。今立の記憶違いであり、後述の原田の発言と連関させれば、府当局や校長がそのような見込みを立てていたという話であろう。この回想を根拠に師範学校移転予算が議決していたとする校史編集委員会編『京一中洛北高校百年史』（記念事業会、一九七二年）やそれにのっとった注(1)小林論文の理解は誤りだといえる。なお、今立校長は京都移転が決定すると、すぐに第三高等中学校を訪ねている（八六〇一〇一『自明治十九年四月廿九日　日誌　第三高等中学校庶務課』）。

(43)『日出新聞』明治十九年九月十四日、十月三十日。なお本件との関係は明らかではないが、十月二十九日の記事は、北垣が府学務課長の八代規に至急上京を命じたことを伝えている。

(44) 八六〇一〇一『自明治十九年四月廿九日　日誌　第三高等中学校庶務課』。

(45)『大阪日報』明治十九年十月二十一日、十一月十日、十一月三日。なお、十一月二十三日の『大阪朝日新聞』は、一度は兵庫に決定したが中止となったと報道している。

(46) 注(21)「京都府会議録事第一号」。

(47) 以下、十一月の通常府会については、注(21)「京都府会議録事第一号」に基づく。

(48) 注(38)雨森菊太郎の発言。

(49) 注(37)「高等中学校御設置之儀稟請」。

(50) 十一月上旬段階でも高等中学校設置箇所についての文部省の方針は定まっていなかったようである。新聞報道は混乱しており、明治十九年十一月七日の『日出新聞』は、第一東京、第三大阪、寄附を伴う運動の結果第二は金沢に決まり、第四・第五は山口仙台、または仙台熊本との説があると伝えていた。『山陽新報』同年十一月三日は、大阪とは別に京都に設置されるという報道をしている。

(51) 原田属の発言。例えば前述の石川や山口のほか、広島県でも、県会の議長と副議長が上京し、広島と福山で集める十万円以上の寄附金によって高等中学校を設置することを請願する予定があったことが報じられている（『大阪日報』明治十九年十二月十八日）。ちなみにこれは、京都が第三高等中学校設置場所に決まり、その区域に広島県も入れられたことで実らなかった。そこで県では第三高等中学校の負担金免除を受け、独自に高等中学校を設置する計画が出てきたという。

(52) ここで、その後新校地が愛宕郡吉田村に決定するまでの過程を追っておく。十一月二十日の府会において原田属は、「尾張邸」「仁和寺辺」「下立売因州邸」のいずれか近辺六万坪余の土地を候補とし、学務課から内々に文部省へ申告していたと発言している。このうち仁和寺辺は以前から新聞でも報道されていた西方の葛野郡候補地一帯であるが、尾張邸跡と因州邸跡は初出の情報である。因州邸跡は師範学校も設置されている府庁周辺の市内中心部である。そして旧尾張邸近辺こそが東方の愛宕郡吉田村であり、原田によればそもそもそこは師範学校の移転予定地であった。十二月六日、文部省総務局長より第三高等中学校に京都移転が通知され、十六日、中島校長は京都に赴くが、このときも移転地は未決、十二月二十七日に文部大臣の森有礼が来京して実地検分を行った（『日出新聞』明治十九年十二月二十八日）。諸候補地視察の結果、愛宕郡吉田村が選定される（以上、八六〇一〇一『自明治十九年四月廿九日　日誌　第三高等中学校庶務課』、『日出新聞』明治十九年十二月二十八日、同明治二十年一月四日）。第三高等中学校の京都移転がなければ、現吉田には師範学校が移動し、従って現在、京都教育大学が所在していたかもしれない。

(53) 以下、十二月の通常府会については、「京都府会議録事第十二号」「京都府会議録事第十四号」（『明治二十年度　京都府会議事録』）に基づく。

(54) 注(1)小林論文によれば、資本金全額を高等中学校に回すという決議の意義は、京都府が府立中学校を独自に維持することを放棄する端緒となったことにある。なお小林は、「第三高等中学校誘致の諮問案は、府会の側での障害があったわけではないが、明治二十年度府会開会期間中には決議されず、明治二十年五月の明治二十年度臨時府会で可決された」とするが、これは誤りである。本章で述べたように、通常府会開会早々に諮問案自体は決議されている。しかしそれ以降、地方税支弁の方法をめぐり再度府当局は府会に諮らなくてはならず、これを受けた臨時府会は大いに紛糾したのである。

(55)　一八八七年四月二十八日付訓令第三百九十九号（『自明治十九年至明治二十二年　各省内訓類及番外達目録　上局附書記』、京都府立総合資料館所蔵「京都府行政文書」明一九—二二）。

(56)　以下、臨時府会については、「京都府臨時府会議録第一号」「京都府臨時府会議録第二号」「京都府臨時府会議録第三号」（『明治二十年　京都府臨時府区部郡部会決議議事録』）に基づく。

(57)　だが結局、八月十九日の文部省告示第六号によって第三高等中学校医学部の位置は岡山に決定する。医学部設置箇所が京都でも大阪でもなく岡山に決定していく五月頃の経緯は第七章(2)で扱う。

(58)　注(34)荒井論文参照。

(59)　注(3)『京都大学百年史』総説編。なお、北垣知事はその日記『塵海』をみる限り、この誘致において、有馬の温泉に行っていてきちんと指示を出しておらず、むしろ同志社の大学設置運動への関与の方が大きい印象があるとの指摘がある（高久嶺之介「第三代京都府知事北垣国道はどんな知事であったのか」、同志社大学人文科学研究所ブックレット19『幕末から明治へ——時代を読み解く』、二〇〇四年）。たしかに彼は十一月の府会では、書記官の尾越蕃輔や原田属に府会対策を一任してしまっている感がある。ただ日記や新聞報道をみると、五月の臨時府会ではそれなりに審議のゆくえを心配し、次節で扱う府県連合委員会の際には臨監を試みて議場に騒動を巻き起こすなど、積極的な関与がみられる。

(60)　注(55)『自明治十九年至明治二十二年　各省内訓類及番外達目録　上局附書記』。

(61)　以下、会期以前の府県連合委員会については、注のない限り『明治廿年　第三高等中学校設置一件書類　第一部庶務課往復主任』（「京都府行政文書」明二〇—四一）所収の史料による。

(62)　「承諾ヲ申越シタル府県」として大阪・和歌山・滋賀・鳥取・愛媛・岐阜・兵庫・山口・高知、「異議アルモノ」として岡山・広島・三重・徳島、「半々ノモノ」として和歌山・島根の各府県名が挙げられているメモが残っている。

(63)　この委員会での審議についてより詳しくは、その議事録を用いた拙稿「第三高等中学校設置区域内府県委員会の実態と意義」（『一八八〇年代教育史研究年報』第二号、二〇一〇年）を参照。ここでの記述は、『日出新聞』明治二十年十月二十五日から十一月一日の記事に基づく。『大阪朝日新聞』『大阪日報』にも同様の記事が記載されている。

（64）以下、十一月の通常府会については、「京都府会議録第三号」「京都府会議録第五号」（『明治二十年　京都府府区部郡部会議事録』）に基づく。後掲の一八八七年十二月二十三日における区部議員（高木文平）の発言は第三号による。

（65）『明治廿一年度　兵庫県会議事録』第七・九・貳拾号。

（66）以下、十二月の通常府会については、「京都府会録事第十五号」「京都府会録事第十六号」「京都府会録事第十七号」（注64所収）に基づく。引用は第十六号所収の建議原案による。

（67）建議発案者の伊東熊夫議員の十二月八日の発言によれば、森文相に相談したところ、なるほど不都合ではあるが内相の管轄に属する事柄であり、そちらに上申せよとの返答を得、それが府会での建議書上程につながったという。なお伊東については、第四章で詳述したが、彼はこの前年の臨時府会の折にも、高等中学校創設費のむりやりな捻出を中心になって批判していた。

（68）『明治廿一年度通常滋賀県会日誌』第貳拾五号（滋賀県議会図書室所蔵）。

（69）第一高等中学校に関わる府県連合委員会は第三高等中学校のそれに先立って行われ、十月半ばには決議にいたる。ここでは原案どおり、全体の七割五分を国税地方税と人口の率から定め、一割五分を本部のある東京府に、一割を医学部設置の千葉県に増課することとなった。しかし沼間守一や田中正造など錚々たる顔が並んだこの委員会でも、地方税支弁への不満が起こったことが回顧されている（大束重善「教育界の創立及其活動」国民教育奨励会編『教育五十年史』、民友社、一九二二年所収）。三名の委員が内務大臣や文部大臣に対し、今後不完全な議案を下付しないようにと陳情したというが（『大阪日報』明治二十年十月十九日）、内相はもっとものことだと返答、文相は初めてのことゆえ担当係官すら計画不足であり、明年よりは明細な予算書を示すとの旨を答えたという。この件について、詳しくは注(63)拙稿参照。

第七章　高等中学校医学部時代の到来
――岡山県における「官立学校」の成立

はじめに

本章は、前章に引き続き、新奇な枠組として登場した高等中学校という制度を、府県教育行政との関連において検討するものである。

まず、第三高等中学校が京都府に設置された経緯を素材に論じてきたことを振り返っておこう。中学校令第二条で、文相管理下の機関であると明示されているにもかかわらず、高等中学校と府県政との関わりが生じ、府県が高等中学校を自らの問題として受け止めることとなった理由は、主として財政上の二点――第四条にいう五校の設置府県を決定するにあたり、文部省が一部の府県に対して設置経費（initial cost）の捻出を条件とした内々の打診を行ったこと、および第五条にみるように、地方税からの運営経費（running cost）支出が構想されていたこと――に求められる。京都府が高等中学校設置実現に向けて、その設置経費十万円を地方税および既存の府中学校資本金によって支弁したのは、高等教育への情熱、あるいは地域振興（都市整備や経済効果）への期待からではない。財政難のなかで維持に苦慮していた府の中学校や医学校での教育を、この新たな学校に委ねてしまえるとの見通しを府会がもちえたからであった。府県の高等中学校制度への対応を左右する主要因は、管下におけるハイレベルな教育機関（中学校・諸専門学校）の現況であり、京都府は教育行財政の次元においてこれに対処したのである。

ところで高等中学校は、中学校令第三条の規定により「分科」としての専門教育機能をもつことができたが、全国的に実現した唯一の分科である医学部は、五校中三校において本校とは別の府県に置かれたという特徴をもつ。第一高等中学校の東京―千葉、第五高等中学校の熊本―長崎と同様に、第三高等中学校も本校が京都、医学部が岡山に設置された。一八八六年（明治十九）十一月三十日の文部省告示第三号によって、第三区の高等中学校の位置は京都と示されたが、翌年八月十九日になって、同校医学部は岡山に設置するとの文部省告示第六号があらためて公布されたのであった。

高等中学校制度発足以前、医学教育は主に府県学校によって実施されていた。高等中学校医学部は、新設もしくは既設の官立学校を前身として発足した本校と異なり、設置箇所となった県の医学校を実質的母体として設立された。よって医学部設置問題には、高等な教育をめぐる文部省と府県との相克が、より具体的かつ複雑に顕在化したものと推察できる。

本章は、県の医学校が文部省管理下の高等中学校医学部へと転化していく背景・過程・その影響を究明することを目的とする。事例とするのは岡山県、第三高等中学校医学部であるが、岡山県と同じ第三区に属する府県、特に同校本校が置かれた京都府、あるいは設置が取り沙汰された大阪府・兵庫県を視野に収め、これらと比較するかたちで考察を進める。

以下第一節では、中学校令公布以前の府県医学校の状況を、岡山県に力点を置きつつ概観する。第二節では、中学校令公布前後における岡山県下の中学校や医学校の再編構想を検討する。第三節では、実際に高等中学校医学部が岡山県に設置された折の、文部省・県当局・県会の動きを明らかにする。第四節では、第三高等中学校医学部の設置が第三区内各府県の医学教育体制にどのような変化をもたらしたかを考察する。そして最後に、高等中学校制度をいかに捉えるべきかをあらためて論じる。

一　一八八〇年代前半における府県医学校

（1）概　況

各府県の医学校を中心に展開していた一八八〇年代前半の医学教育史上、最大の制度改革は、一八八二年五月二十七日の文部省達第四号医学校通則によって行われた。病院の附設、定められた学科目の設置、修業年限四年以上、入学資格初等中学科以上、教員に東大卒医学士三名以上といった基準を充たし、甲種医学校と認定された医学校のみに、開業試験という関門を経ずに卒業生が開業することが許された。

さしあたり、後に一八八六年十一月三十日文部省告示第三号によって高等中学校設置区域第三区を形成することになる十五府県について、その医学校設置状況や生徒数の変遷を表1に示した。以下具体例を挙げつつ、府県医学校の実情をみていこう(1)。

病院収入に恵まれた大阪を除き、各医学校は地方税からの支出により運営されており、民力休養を訴える各府県会での予算削減要求は恒常化していた。各校は全体として甲種認定を受ける方向を目指したが、さらなる支出が予見されるため、財政的には厳しい見通しであった。高知県医学校は、藩病院時代に一時外国人を雇用したこともある伝統校であり、多くの生徒が就学するにもかかわらず、「民間経済上ノ富饒ヲ待チ」（年報M17）という状態で、甲種化への足踏み状態が続いていた。見切りの早かったのが山口県である。医学校通則の基準に則ることは「地方税ノ負担ニ堪ヘカタキノ事情アルヲ以テ」早々に断念し、甲種化を果たさなかったばかりか、「生徒ノ養成ハ別ニ計画スル」として医学校そのものを廃止してしまった（年報M16）。乙種にとどまった岐阜県医学校も、一八八五年になって生徒の新規募集を停止し（年報M18）、甲種と認定され百五十名に迫る生徒を有するにい

表1　第三区域内府県立医学校生徒数　　　　　　　　　　　　（人）

	1881年	1882年	1883年	1884年	1885年	備考
京都	126	149	134	140	151	1883.4甲種
大阪	341	183	158	180	225	1882.11甲種
兵庫	122	149	172	167	210	1882.12甲種
三重	97	94	80	116	147	1883.9甲種
滋賀	—	—	—	—	—	
岐阜	78	54	65	80	46	乙種
鳥取	／	—	—	37	47	乙種
島根	—	—	—	32	91	1885.6甲種
岡山	130	171	226	311	265	1883.8甲種
広島	95	106	79	91	111	1884.1甲種
山口	85	75	—	—	—	
和歌山	—	80	109	136	133	1883.11甲種
徳島	108	111	55	56	67	1883.7甲種
愛媛	—	—	84	92	48	乙種
高知	145	147	119	164	160	乙種
総計	1327	1319	1281	1602	1668	

各年次『文部省年報』より作成。備考欄については『中外医事新報』『東京医事新誌』記事や各府県教育史類も参照。—は学校が、／は県自体が存在しなかった年を表す。大阪府の1884年データは当該年度に報告がなく、1885年の記述より割り出した。薬学科や産科の生徒数が明記された府県もあったが、それらを含む総数を示した。

たった三重県の場合も、「今ヤ校内ノ儲設大ニ完璧ノ域ニ達セシニ本年十二月通常県会ニ於テ十九年度本校経費ヲ全廃セリ遺憾豈ニ少小ナランヤ然レトモ目下民間ノ真情ヲ顧ミレハ連年ノ困乏殆ト民力ニ堪フ可ラサル」との事情から、一八八五年末に医学校廃止を決定している（年報M18）。

一八八〇年代前半を通じて、各府県医学校の在籍者数は変動が激しかった。学校だけではなく生徒の側も「民間ノ困弊ニ際シ学資ノ弁給ニ苦ミ半途退学セシ者多キ」（愛媛県　年報M18）という状況だったためである。それとともに、甲種化に伴うレベルアップが入試合格者を減少させることもあり（徳島県　年報M17）、卒業生の輩出も困難であった。岡山県医学校が一八八四年に初めて出した卒業生も、在校三百十一名中わずか十六名である（年報M17）。とはいえ、表1にみるように、当該地域の総生徒数は増加傾向にあった。

府県医学校とはそもそも自府県下の医師養成を目的とした学校であり、県内各地域からの奨学生が生徒の大半を占めていた。例えば兵庫県神戸医学校は、従来他府県士民の入校を許さなかったが、医学校通則公布後ようやく、卒業後同県下で開業する見込みがある者に限り、欠員があれば入校を認めるようになった(2)。一八八三年十月に乙種医学校をようやく発足させた愛媛県が「他府県ニ笈ヲ負ヒシ者帰テ本校ニ従学スルモノ往々之レアル」（年報M17）と述べるように、増加する医学校進学希望者にとっても、他府県での修学は窮余の策であり、本来は至便な自府県の医学校への入学が望まれていたはずである。だが例えば専門教育機関をもたなかった滋賀県においては、一八八四年の県会が農商学校の新設を審議した際にも、医学校設置案は上程されなかった。近隣府県においても未整備である農学校や商業学校の場合と異なり、京都・大阪・愛知をはじめ充実した甲種医学校が附近に既設され、県下子弟の進学先たりえたからだといえる。広島県医学校は、甲種化によって生徒が増加し、七十八名の管内生徒に加え三十三名の県外出身者を抱えていたという（年報M18）。先述した岐阜県や三重県が医学校廃止方針を固められたのも、近隣府県の医学校への依存が期待できたからであろう。事実、一八八六年三月、廃止された三重県医学校の生徒半数以上が大阪府医学校に編入された。

以上をふまえると、一八八〇年代前半における府県医学教育体制の特質は、①地方税支弁の困難さゆえに学校の廃止が相次いだこと、②甲種医学校制度発足により、地理的利便性に加え資格上のメリットという新たな格差要因が生じたこと、この二点から、医学を志す各府県子弟の越境現象、さらにはハイレベルな医学校への集中化が起こっていたとまとめられる。

(2) 岡山県医学校

表1にみるように、医学校通則公布の一八八二年以来、大阪を凌ぎ、西日本最大の生徒数を誇っていたのが岡山県医学校である。その明治初年以来のあゆみは第三章第一節(1)で扱ったが、今一度簡単に振り返っておこう。

明治三年(一八七〇)六月、岡山藩により開設された医学館は、当初よりオランダ人軍医を招き、西洋医学の摂取に積極的であった。しかし廃藩置県を経て岡山県の管轄となり、病院および附設の医学所に改組されると、学制章程の公布により府県学校に公金支出が禁止されたため、存立の危機を迎えた。そこで有志の拠出に頼りしばらく維持された後、一八七三年十一月に文部省の認可を得、岡山県病院として再発足した。一八七五年以来、神戸を本拠地として医療伝道を繰り広げるアメリカン・ボード宣教師との接触が始まり、あらためて西洋医学の教育が図られた。医療宣教師の雇用は一八七九年四月に実現し、ベリー(John Cutting Berry)が病院顧問となり、伝道のかたわら西洋医学を伝授した。

同年十月より、東京大学医学部の卒業生が病院に登用され始めた。一八八〇年、病院から医学教場が分離し、岡山県医学校と改称された。甲種医学校認定を受けたのは一八八三年八月であるが、一八八二年には菅之芳校長以下、東大卒の医学士四名と製薬士一名をすでに擁し、医学校通則公布に先立つ四月、全国で初めて卒業生が開業試験を経ずに開業できる許可を得ていた。実現こそしなかったが、同年には医学士らが知事相手に大学昇格計画を陳情するほど、自負と野心に溢れた学校となっていたのである。なお、ベリーは一八八四年の契約満了をもって岡山を去った。東大卒の日本人教師が自前で教鞭を執り、進化論的ドイツ系医学が導入され、居場所を失ったためである。

第一回卒業生を出した一八八四年、岡山県医学校は飛躍的に生徒数を延ばしているが（表1）、三百十一名の生徒中、他府県出身者は七十名（年報M17）、さらに翌一八八五年三月になると、生徒三百八十一名中、県外出身者は百三十名を数えるとされた(3)。ちなみに同年の東京大学医学部在籍者は二百四十四名である(4)。同月の通常県会の場で「東京大学部ノ分校トデモ云フベキモノ(5)」と県吏が評価したのは、カリキュラムや規模に鑑みれば、根拠なき発言ではなかった。

一八八五年五月末から六月頭にかけて、文部省御用掛の森有礼が四国・山陽地方学事視察の途次に岡山県を訪問し、医学校も巡視した(6)。その際、「関西第一等の医学校」との称賛を受けたという。八月には山陽道の学校として唯一、天皇の臨幸も仰いでいる。このように、岡山県医学校は、東大型の医学教育を行う最有力の府県立医学校に成長していた。

二　岡山県における教育体制再編構想

（1）中学校振興論と医学校国庫支弁論

医学校を中心に県下の教育状況を把握してきたが、岡山県と高等中学校制度との関係を考えるにあたり、第三章第一節（2）で触れた県中学校のその後の動向にも目を向けよう。

明治四年（一八七一）一月に岡山藩が洋学所を設置して以来、学制体制下での私立化（一八七三年十二月）、あるいは県師範学校への吸収（一八七六年三月）といった事態を経て、一八七九年二月に岡山中学校は独立発足した。ところが一八八二年の県会は中学校費の全廃を可決した。これをきっかけに、一八八三年から岡山中学校は師範学校と合併して岡山学校と称し、同枠の地方税予算により維持されることとなった。

一八八五年二月から四月にかけての地方紙紙面には、中学校充実への期待を述べた論説が相次いで掲載された。「中学校ヲ盛ニシ人材ヲ育成スルノ要ヲ論ズ」と題する社説は、英書や教師の乏しさを嘆き、山口・鹿児島・三重を引き合いに出して、「県官議員其他有力者ノ資本ヲ之ニ加ヘ其規模ヲ盛大ニシ断然岡山県下ニ高等教育ヲ施行シ以テ県下ニ人才ヲ育成シ他日地方ノ隆盛ヲ希望ス(7)」と述べる。こうした他府県との競争意識は、東京在住の県出身者による投稿、「岡山県有志諸君ニ県立中学校ノ興隆ヲ望ム(8)」にもみられる。「国家ノ大事ニ任セシメ」る人材養成のため、「高等諸学校ニ入ルノ予備校」としての中学校の振興を呼びかけ、旧薩長に加え高知・福岡・岩手・広島の動向に触れ、旧藩（松山・津山・岡山）意識からの脱却と岡山県としての団結を説くものであった。

同年十一月の通常県会では、県当局から岡山学校の改良が訴えられた。答弁に立った県吏（高戸源二郎）は「該校よりは卒業生徒の完全なるものを出さゞるより東京大学予備門入学を志すもその入学試験を行はるるに当りて大抵十中の七八は落第する等の証迹ありて実に本県下の名誉に関するや重且つ大なるを以てなり」との認識を示した(9)。教育問題上の県の名誉という観点から、国を担いうる人材として上級学校に進学できるレベルの中等教育を県下で達成すること、すなわち岡山学校のレベルを上げて県中学校の興隆を期待する論調が、世論としても行政当局にも存在していた。

一方、第一節（2）に記したように、中学校よりも重視されてきた医学校であったが、一八八五年三月の県会では、医学校費が再三否決され、議長に指名された修正委員が約六三六円の削減案を示すことでようやく可決される事態となった[10]。前年の支出予算九六三〇円に対しこの年は七八二三円と、二割近くの削減である。この審議のなかで、一部議員により国庫補助を政府に請願することが建議された。「本県医学校ハ他府県ノ学生ヲモ多数ニ収容シ完全ナル教育ヲ施シテ国家ニ貢献スル所少ナカラザルヲ以テ政府ニ対シ国庫ノ補助ヲ請願シ益其教育ヲ完美ナラシムベシ」との趣旨によるものであり、「大体ニ於テハ先ツ三分一位ノ補助ヲ仰ク」[11]という意見である。在校生の約三割を占める県外出身者に課される月謝は県下出身者の二倍（二円）であったが、国庫支弁を得た暁にはこれを一律化するとされた。建議は否決に終わったが、国庫支弁要求の根拠として、岡山県のみならず他府県の生徒も受け入れていることが示された点が注目される。

専門教育機関に対する国庫支弁の要求として、例えば大阪では一八八四年十一月二十二日、府知事建野郷三から農商務卿松方正義に宛てて「商業講習所経費之義ニ付伺」が提出されている[12]。商家などからの寄附金によって年間経費約五八三二円を賄い、府が管理下に置く商業講習所は、生徒総員百十九名中、過半数の六十二名が四国・九州・中国を中心とした他府県から入学していた。この伺書は、大阪商業講習所が府外にも広く恩恵を施している実状を訴え、国庫からの半額支弁を要求するものであった。

大阪の商業教育の場合、要求は国庫支弁にとどまらなかった。翌一八八五年三月に商業講習所は府立商業学校となり、区部単独での四五七七円の支弁が決定したが、これを負担とする府会区部会は四月八日、官立商業学校の設立を主務省に稟請するようにとの建議を知事に提出している[13]。これは財政援助ではなく移管、すなわち手放して国に委ねたいとの要求にまで立ちいたったものである。結局実現はみなかったが、この年に府立商業学校は、校舎や教員を充実させるための特別補助二千円を文部省から交付された。兵庫県の神戸商業講習所も一八八二年度以来、農商務省からの補助金五千円を得ており、補助金というかたちでの国による経費支出も広がっていたのである。[14]

このように、高度な教育を展開し広域から生徒を集める府県の専門学校が、財政難ゆえに国庫支弁を要求する状況は、岡山県あるいは医学分野に限定されない一八八〇年代半ばの現象であったといえる。府県会の「民力休養」要求という背景の下、広域的専門教育の経費負担主体の問題は、管理主体問題への発展契機を含みつつ、国と各府県との間で個別に動き出していた。

以上、一八八五年における岡山県下の教育をめぐる議論を検討してきた。中学校振興と医学校国費支弁という二つの願望を内に抱えながら、岡山県は翌年四月の中学校令発布を迎えることとなる。

(2) 岡山高等中学校設置案

中学校令発布から数ヶ月後の一八八六年七月、『山陽新報』紙上に論説「岡山学校をして高等中学校と為すの階梯を準備すべし」が掲載された。[15] 高等中学校制度が地域においてどのように受け止められたのかをよく示す史料であるが、かなりの長文につき口語要約して示す。

高等中学校は、すでに東京大学予備門および大学分校の改組というかたちで設置が決定している東京・大阪のほか、資金も十分で県下の学校の教科も整っている山口・鹿児島・石川への設置が内定しているようだ。以上で中学校令に定められる五校が出揃ってしまうが、政府は充分な準備ができてさえいれば府県ごとに高等中学校を設置してもよいと考えていると聞く。というよりも、むしろ設置を奨励しているのである。高等中学校を県下に欠くと、新教育制度の下、尋常中学校卒業から大学院での学位取得まで、八年から十年の長きにわたり子弟を他郷で過ごさせなくてはならない。大学進学を可能とする教育を行う高等中学校を、是非とも地元岡山に設置したい。そのためには、岡山学校を土台とすることが必要であるが、薩長の二県や石川県のように義捐金や地方税に恵まれないため、適当な教員の雇用や教科書器械の整備もままならないのが現状だ。そこで、岡山学校中学科と岡山県医学校の地方税予算を合わせて大きな資本を形成し、高等中学校化を申請すればよい。高等中学校は分科として医科を設置できるはずであるから、「盛名は天下に冠たり」との声高い医学校での教育も維持できる。また、その他の学問も分科を設置すれば専修できるため、大学進学者のためのみならず、諸分野において有用となる人材を育成し、県下に利益をもたらすことができる。資本の準備を進めて申請すれば、「遂に国庫支弁の一大良校を県下に見る」ことが可能となろう。

以上が論説の内容である。尋常中学→高等中学→帝国大学という新たな進学階梯における大学予備教育の場として、あるいは地元に有益な人材を育成する専門教育の場として、高等中学校の地元設置を訴える意見である。これを仮に、「岡山高等中学校設置案」と名づけておこう。この論説において、高等中学校制度は次のように受け止められている。

まず、この時点で高等中学校の設置区域や設置箇所を定めた告示はまだ発令されていないが、九州地方は鹿児島、中国四国地方は山口、東北北陸地方は石川と、区割りと設置箇所を独自に予測した上で、高等中学校の数は中学校令の規定に制限されるものではなく、五校を超える設置も可能であると観測している(16)。そして高等中学校設置のためには、何らかのかたちで地元側の資本を準備し、前身となる学校の規模やレベルを整えておくことが必要だと認識している。だが岡山では、先行する他府県のように、地方税ないしは寄附金によって新たに資本を捻出することは難しいとして、岡山学校の中学科と医学校とを合併して高等中学校化するとの具体的方策を提示している。とりわけ、高等中学校の分科という存在に注目し、岡山医学校を医科分科というかたちで活かすことで高等中学校の設置を目指した点が、本案の柱であるといえる。

中学校令第三条「高等中学校ハ法科医科工科文科理科農業商業等ノ分科ヲ設クルコトヲ得」との規定に基づ

き、高等中学校分科という形態で医学専門教育を行うこと。岡山県医学校の将来はここに見出された。さらに見逃せないのは、「此の如き準備を為し此の如き階梯を以て漸々歩を進め以て当事者に申請せば遂に国庫支弁の一大良校を県下に見るに至る亦期し難きにあらざるなり」、すなわち、運営経費が国庫から支弁されるという高等中学校制度の経済的メリットが認識されていたことである。[17] ここに、前節でみた前年県会における医学校国庫支弁建議案と連続する発想を見出すことができる。

三　第三高等中学校医学部の設置過程

(1) 岡山県への設置内示と県会での攻防

それでは、現実に岡山県はどのように中学校令という新制度に対応し、管下教育体制の再構築を試みていったのか。当該期の県公文書類や県会議事録は失われているため、新聞記事に現れる断片的情報によって探っていこう。[18]

一八八六年十一月二十七日より通常県会が開催されたが、これは医学校費一〇、二八〇円および病院費一九、三〇五円を提示した県当局と、その削除を要求する議員との攻防となった。『山陽新報』は、県当局の認識を以下のように報道する。

卅番〔黒田氏〕は医学校全体に付質問したきことあり、ソハ開場式に際して千坂知事より演説の次第もありしが此医学校をして文部省の直轄となるまでといへば凡幾年間地方税の維持力を要するやとの質問に番外〔高戸〕は予め幾年かを定むること能はざるなり、高等中学校は既に山口に設置せらるることとなり、医学校は大阪、岡山両所いずれかといふものありしが本県の如きは内訓もあり傍参考までにとて其意の概略を述

べて曰、其県医学校は詮議の次第有之在来の規模を失さる様云々との旨を対たりし[19]

これより推定される事実は、まず県医学校について文部省と岡山県との間に内談があり、文部省からは、高等中学校の医学校として文部省直轄となる予定であるからそれまでは地方税により維持しておくようにとの内訓があったことである。残念ながら知事演説や内訓そのものが見つからないが、県当局は医学校の将来に関する文部省との合意を経た上で、県会での予算審議に臨んでいたことがわかる。この年十一月に高等中学校の設置が決定した京都府は、それに先立って文部次官や学務局長の来府視察を受け、続いて知事や府中学校長が文部省を訪問、設立費用を支弁できるなら高等中学校を設置するとの内示を得ていた（第六章第二節（1））。岡山県の場合、中学校令発布後に文部高官の訪問を受けた形跡はない。ただ、本章第一節（2）にみたように、森有礼はすでに前年の視察により、岡山県医学校に好印象をもっていた。また、医学校長の菅之芳が「公用」のため、五月下旬から六月上旬にかけて出京しており、千阪高雅知事が十月半ばより一ヶ月ほど上京したことも確認される[20]。これらの状況証拠から、京都府のごとく、知事や医学校長の上京時に文部省から条件付設置の打診や内訓があった可能性も高い。

次にこの記事から、高等中学校の医科が本校とは別の府県に設置されると理解されていたことがわかる。第二節（2）に示した七月の新聞論説、岡山高等中学校設置案を思い出してみよう。これは本科も含めた新たな高等中学校を岡山に設立する構想であり、医科のみの設置を狙うものではなかった。医科という分科がいわば分校として別置される形態などは想定していなかったのである。事実、中学校令本文を素直に読むならば、第三条に挙がる各種の分科がすなわち分校であるとは読み取れない。しかしこの十二月段階の記事によれば、岡山県当局は分科が分校となる形態を念頭に置いていたことがわかる。やがて岡山県（第三区）のほか、千葉県（第一区）や長崎県（第五区）でも実施されるこの医学部分校方式は、中学校令以降の文部省と各府県のやりとりのなかで現実化したものと推定できる。そして岡山県は、岡山高等中学校設置案が示唆したような高等中学校全体の新設ではなく、医科設置に問題を特化していた。

さらに記事からは、高等中学校の設置府県に関する認識がうかがわれる。十一月二十日、文部省告示第二号により諸学校通則適用による山口高等中学校の設置が決まり、三十日には文部省告示第三号により高等中学校の設置区域が指定され、岡山が所属する第三区の高等中学校は、京都への設置が決定していた。次のような議員の発言、

> 京都府に高等中学校設置になるならんと、如何に岡山医学校は善良なりとて政府は全般衆益の存する永遠無朽の地理形勢をトし以て専門学は専門学の規模鞏固にして其目的の万全を期する処に計画さるゝことは本員等の予め確信する処なり、岡山は京都に及ばざる遠し[21]

も合わせて検討すると、高等中学校医科が分置されたとしても、有力な医学校を有する大阪、以前から同一学区を形成する可能性のあった山口、あるいは高等中学校設置を決めたばかりの京都との関係上、議員が医科の岡山設置を確信するには不確定要素があまりにも大きかったといえる[22]。

医学校費とともに病院費の全廃も主張する議員らは次のように述べる。

> 創業明治十三年の時に当りては之を有用視し来り漸次年を逐ふて其患者数の如きは実際に於て減殺せり、之れ必竟医学の進化して已に本県下にも東京大学医学部を卒業し或は其別科を卒へ帰郷し、又在来の開業医

師も随て其実験の学術を広く応用して毫も其不便を感せす、然らは此地方税の性質を問へは広く其管内全般の有益を期するに在り、在学生徒の多数は他府県に在り此原因は特別の名称ありしに因れり、今や決して然らす一般の医学といふに過きす、然らは則実地練習所なる県立病院の必要を説き地方税の義務なきものに其義務ありといふは抑々人民迷ひの極点といふべきものにして、吾々は地方経済を議するの責任あり(23)

ここに見出せるのは、岡山県医学校およびその訓練の場としての病院を「管内全般の有益を期する」ための地方税で支弁することの妥当性への疑問である。県下子弟の医学教育の場は、東京大学をはじめ県医学校に限らないこと、県医学校在学生の多くは他府県出身であることが指摘されている。

議論は二次会に持ち越されたが、項目ごとに審議された医学校費はことごとく否決され、病院費とともに削除となった。これに対し一部議員から三次会開催の要請があり、再審議がなされたが、二次会どおりの結論に確定した。翌日、今度は知事からの再議要請があった。しかし再議一次会でも病院費は否決され、増額案・削減案・全廃案に意見が分かれた医学校費の方は、全廃案への支持が多数を占めるも、いずれも賛成者過半数に満たなかった。再議二次会において、膠着した事態の収拾を図るべく医学校費の予算修正委員が指名され、再議三次会にて修正案が提示されたが、採決の結果、結局は原案どおりの予算で決着をみた。根回し等の有無については明らかではないが、紛糾する議論のなかで県吏は、「其設けらるゝの年限は判然せす」とも、「岡山に確乎と分科を置るゝことを明言」し、県会を押し切った(24)。

以上のように、県当局は文部省からの内訓に基づき、高等中学校医学部設置のためには、県医学校の維持が不可欠であるとの判断を下していた。そして県会では、医学校費廃止論が優勢であったにもかかわらず、一部議員さらには知事による再議要求が強引に重ねられ、地方税支弁が保たれたのである。

（2）設置決定と岡山県の負担

実際に医科の岡山設置が確定したのは、翌一八八七年八月十九日になってのことであり、文部省告示第六号により、第三高等中学校医学部を岡山に設置することが示された。第三高等中学校の京都設置が、京都府会での設置費用支弁決定から約十日で告示されたのに比べると、岡山県会での県医学校存続決定から八ヶ月もの間が空いている。医科は初めて設置された高等中学校の分科であった。この告示第六号は、高等中学校医学部について初めて規定した法令であり、医科を医学部と呼称することや第一から第五にいたる各高等中学校にそれを設置することなど、基本的な事柄を定めていた。おそらく主眼はそちらにあって、医学部の位置については、第二・第三・第四高等中学校のそれがすでに確定的であったために、ついでに盛り込んでおいたという可能性が強い[25]。

しかし少なくとも同年五月には、第三高等中学校の医科を岡山に設置することは規定路線になっていた。五月の京都府会では、京都に医科も備えられると信じていた議員たちが、医科は大阪に別置されるとの噂を耳にし、一旦決定した高等中学校設置費用の地方税支弁に難色を示し始めていた（第六章第二節（3））。だが、五月から各地の教育状況を視察した鹿児島県造士館職員の出張記録において、第三高等中学校では「岡山に分校を設け、大阪に理学科を置き、岡山に医学科を設けらるゝよし」と報告されている[26]。何よりも、第三高等中学校折田校長がすでに五月の終わりから六月にかけて岡山の医学校等を巡視し、その後「岡山県立医学校を第三高等中学校の管轄とする事」についての御用のために上京していた[27]。医学部については、基本的制度が未決定であったため、動きが内々であった時期が長かったが、岡山設置は確定的であったといえる。

十月には第三区（二府十三県）の府県連合委員会が開かれ、各府県の第三高等中学校経費負担額が決められた。医学部を有することとなった岡山県は、国税・地方税額と人口により配分された分担額に加え、全体の一割を増課されることとなった。経費総額三万二千五百円のうち、約六分の一にあたる五〇八八円が岡山県の負担となった（第六章の表および同章第三節（1）参照）。

十月一日、文部省学務局長から、高等中学校医学部が設置される千葉県・宮城県・岡山県・石川県・長崎県の各知事宛に、医学部生徒の実習に供する病院についての照会があった[28]。これによれば、各県は医学部実習用病院を新築もしくは既設県立病院を補修しこれに充当することとされた。それができないときには、文部省が新築、あるいは文部省が府県の現病院を提供させて補修し、府県に貸し付ける。いずれにせよ、文部省から病院に医学部生徒臨床実習用患者費として毎年五千円以内が交付されるが、病院の維持費は診療収入や地方税等により府県側の負担とすることが定められていた。岡山県は当初自力で補修する予定であったが、準備不充分のため文部省に病院を提供して補修を願い出ることとしている。

十一月からの岡山県通常県会では、文部省への医学部建築費五万円の寄附が議案として示された[29]。議員からは、第三区内二府十三県が共同設置する第三高等中学校であるのに、なぜ岡山県のみが医学部建築費を負担せねばならないのかが問われ、この件は廃案となった。ところが県書記官妻木狷介は、「第三高等中学校医学部を設くるに就ては大阪其他の競争あり之れが為め主務省に於て岡山市に設くれは相当の寄附なかるべからず、然らざれば多額の寄附を為す他府県を選定せざるを得ずとの照会」があり、「彼是利害を考量し校舎を建築して献納することに内定した」ことを明らかにした。再議の結果、書記官の「尤も五万円を以て多額なりとせば其内五千円は有志金を募集し別途の寄附となすべし」との見解に従い、翌明治二十一年度、続く二十二年度の支出額をそれぞれ二千五百円ずつ減じて、総額四万五千円の医学校建設費を地方税から支弁することが決まった[30]。前述のように、岡山県への第三高等中学校医学部設置は、すでに八月の文部省告示によって定まっている。それにもかかわらず文部省は、岡山県から相当の寄附がないのならば、多額の寄附を確保できる他の府県に設置せざるを得ないという一種の脅し文句を与えていた。そして県当局は県会において、前年の医学校費存続に引き続き、第三高等中学校医学部の設置費用の地方税による負担案を力尽くで通した。

なお、有志寄附金により支弁されることになった残る五千円であるが、「県官より郡区役所戸長役場警察署監獄所等に至るまで苟も国庫及び地方税の俸給を受くるものは、年俸三千円以上は十分の三、同一千円以上は同二分五厘、月俸十二円以上は十分の一分七厘、巡査看守等外吏は十分の一を、二月四月六月八月の四期に寄附する」との方法でまかなわれた(31)。つまり実質的には県吏層への「割当」とでもいうべき方式であり、純粋な意味での寄附金とは定義しがたい方法により集められたのである。

岡山県が医学部設置により結果的に負うこととなった財政上の負担を整理しておこう。(1)でみたように、医学部発足まで医学校を継続せよとの文部省の要求により、一八八六年度に一〇、三七六円、一八八七年度に一〇、二八〇円の地方税を費やした。高等中学校全体の運営経費として一八八八年度に五〇八八円を課された。一八八八・一八八九年の二年間で、地方税や県吏への「割当」により計五万円の建築費を負担した。県病院を文部省に提供し、医学部生徒実習費や建物維持費を負担することになった。当該期の県の財政規模では、年間の総支出予算が六十万円内外であるが、次々に加えられる負担を岡山県当局は受け入れ、県会の反対も押し切っていった。

四　地域医学教育体制の再編

(1)第三高等中学校医学部の発足

一八八八年三月三十一日をもって岡山県医学校は廃止され、翌四月一日、定員四百名のところ三百十七名の生徒をもって、第三高等中学校医学部が発足した。両校の間に法的な継続関係はない。しかし、旧岡山県医学校の校舎が用いられ、学校長であった菅之芳が医学部長に就任し、教員の大半には旧医学校の教員が任命された。第三高等中学校医学部は、設備やスタッフなどの面で、事実上岡山県医学校を引き継いでいたといえる。

府県医学校よりも高いレベルの学校とされた高等中学校医学部の卒業生には、医学得業士の称号が与えられることとなった。文部省は当初、入学（編入）には、「高等中学校医学部ノ学科及其程度」（一八八七年九月十七日文部省令第九号）の学科目に基づいた学科試験が必要であると判断していたが、(32)十二月になって、甲種・乙種を問わず、府県医学校本科生徒に対し、設置区域内の高等中学校への入学に限った初年度無試験入学を認めた。(33)

岡山県医学校は、すでに前年の一八八六年十一月、二百名の規模拡大を期し、他府県医学校生に対しては、書類審査により相当の期へ無試験で編入する入試方法を実施していた。(34)ただしそれは甲種医学校生の場合に限られていた。これに対して文部省は、高等中学校制度の始動を控え、レベル堅持よりも区域内府県医学校生徒のスムーズな吸収を重視し、甲種・乙種を問わない無試験入学の機会を与えたといえよう。甲種医学校も第三高等中学校医学部もともに四年制であったが、初年度の第三高等中学校医学部の四年生がいないことをみると、実態としては、無試験ではあるものの繰り下げ編入が行われたとみられる。

表2に岡山医学校および発足時第三高等中学校医学部の府県別生徒数を示した。ここにみるように、第三高等中学校医学部は岡山県出身者を約四人に一人（二十四％）抱えて発足したが、県医学校時代（三十九％）に比べるとその割合は約四割減となっており、県域を越えて広域に利する学校という性格をより強めて出発したといえる。県内出身者六円、県外出身者十二円であった授業料は、二十円に引き上げて一律化された。(35)

（2）各府県の対応

一八八七年十月一日勅令第四十八号により、府県立医学校の費用は翌年度以降、地方税を以て支弁することが禁止された。八月、五つの高等中学校すべてに医学部を附設すること、高等中学校費用は設置区域ごとに府県連

表2　岡山県医学校・第三高等中学校医学部生徒数　（人）

	府県別内訳	総計 第三区内府県計 岡山県計	
岡山県医学校生徒（1887.10）	岡山161　島根61　山口33　愛媛30 和歌山23　福岡13　徳島12　広島9 佐賀8　鳥取7　高知7　大阪6　兵庫5 宮崎5　三重5　大分5　長崎3　栃木3 千葉2　滋賀2　青森2　愛知2　熊本1 鹿児島1　茨城1　福島1　岐阜1 福井1　石川1　長野1　山形1	413 362（88%） 161（39%）	
第三高等中学校医学部生徒（1888.4.9）	第三年生 岡山40　島根14　和歌山10　愛媛9 徳島3　鳥取3　三重2　広島2　滋賀1 宮崎1　鹿児島1　福岡1　佐賀1 大阪1　熊本1　岐阜1　岩手1	92 86（93%） 40（43%）	317 269（85%） 77（24%）
	第二年生 兵庫20　岡山17　和歌山13　島根11 徳島10　山口7　広島7　愛媛4　愛知4 福岡3　佐賀3　三重3　大分3　長野3 高知1　大阪1　宮崎1　長崎1　栃木1 岐阜1　福井1　福島1	116 95（82%） 17（15%）	
	第一年生 岡山20　兵庫19　山口9　広島9　島根7 大分7　福岡6　三重5　愛媛4　高知3 岐阜3　徳島2　鳥取2　大阪2　栃木2 京都2　宮崎1　長崎1　千葉1　滋賀1 青森1　愛知1　茨城1	109 88（81%） 20（18%）	

『明治廿年　第三高等中学校設置一件書類』（京都府立総合資料館所蔵「京都府庁文書」明20－41）、『医学部達伺指令上申開申届書類』（京都大学大学文書館所蔵「第三高等学校関係資料」880069）より作成。%は各欄総計に対する割合を示す。

合で支弁すること、府県連合委員会を設置して各府県分担額を定めることが決まったことを受けての措置である。各府県はこの勅令に対応することを迫られた。以下、医学部非設置府県となった兵庫県・京都府・大阪府の対応策を把握した上で、岡山県の状況を検討する。いずれの府県も、甲種認定を受けた伝統校を有した点で共通している。

兵庫県立神戸医学校在校生の三分の二は、兵庫県下の出身郡あるいは村から学費を得、卒業の上は郷里にて開業することを義務付けられていた。医学校長はこれらの生徒が岡山の医学部に転入し学業を続けられるよう兵庫県知事に上申、岡山県庁へも照会をなした(36)。兵庫県は一八八七年十月九日、第三高等中学校長に宛てて、本年度限りで兵庫県立神戸医学校を廃止した場合、本年度卒業生（翌三月）を除く在校生（第二級生〔三年生相当〕三十九名、第三級生〔二年生相当〕三十名、第四級生〔一年生相当〕三十九名）は岡山の医学部に無試験で入学できるのか、それとも相当の学術試験を受けなくては入学できないのか、回答を求めている(37)。

結局は先にみたように無試験入学が認められたわけであるが、神戸医学校から岡山に転校したのは十数名とされ、大阪の医学校に転じる者もあったようだ(38)。表2によれば、第三高等中学校第二年生以下の兵庫県出身者が三年生に比べ激増しており、神戸医学校の生徒は主に第二学年以下に編入、すなわち実質二年の繰り下げとなったものと推察できる。在学期間がかなり長くなることが、岡山への足を止めさせた面もあったとみられる。

神戸医学校教諭の間には、私立医学校を設置し、県下での医学教育を継続しようとの動きもあったが(39)、これは実現をみず、生徒は岡山なり大阪なりへ転じることとなった。自前の医学校を放棄し、近隣府県へ医学教育を委ねる方法をいち早く選択したのが兵庫県であったといえよう。

高等中学校本科とともに医科も設置されるはず、という目論見がはずれた京都府では、一八八七年十一月の通常府会において、号外議案として府立療病院補助費の新設が提示された(40)。この費目は一見療病院費を補助するようにみえるが、実は医学校に対する補助であった。常置委員の説明は次のようなものである――地方税支弁が禁止され府医学校が廃止されれば、現生徒は四方に離散せざるを得ない。岡山に設立された高等中学校医学部の定員はわずかに四百名であるのに、岡山医学校だけで三百名の生徒があり、なおかつ入学試験も厳しいと聞く。このような定員・レベルの壁により府医学校生徒が入学できない場合に備え、現在校生約百八十名が卒業するまでは、府医学校に対して三年間の補助を続けたい。

だがこの議案に関する二次会の開催は否決された。一次会の否決にも関わらず、常置委員の主導により、三千円の府立療病院補助費予算追加議案が再提示されたが、府会は再度これを否決し、この件は廃案となった。反対議員の弁から、勅令で禁じられている医学校費の支弁を別費目で捻出するという手段への疑問も確認できるが、「議員は前日高等中学のことに懲り最早維持するの精神なく忽ち廃案に決したり」[41]との新聞報道が核心を突いている。一八八六年十一月、高等中学校を設置するためにその設置費用を地方税から捻出する議案を可決したことに始まった一連の事態は、その後、医学部が分置されて他県にさらわれ、府医学校を引き継がせられないという見込み違いの結末にいたった。加えて本校設置箇所となったことで、地方税からの支弁額も設置区域内の他県に比して増課されている。当府会では同時に、高等中学校経費の地方税負担を規定する中学校令自体が筋違いであり、経費は国庫が負担するべきであると批判した内相宛の建議が全会一致で可決されているが（第六章第三節(2)）、これは進路を見誤ったとの思いによる、制度そのものへの八つ当たりのようなものでもあろう。一八八七年の京都府会は、高等中学校という新制度に騙されたという実感に支配されており、もはや高等中学校制度に関わって府が提示する議案には賛成しないという府政への不信が醸成されていたのである。翌年の通常府会になって、医学校財産をすべて療病院に付与し、同年度以降、医学校費を療病院費として地方税から支弁していくことが再度号外議案として提示され、可決されるにいたる[42]。

以上のように、京都府当局は、医学校費地方税支弁の禁止に対し、実質の医学校費を療病院費に組み替えて支弁を続けるという苦肉の策を講じ、府の自主的な医学教育を継続しておいたのであった。府が従来行ってきた教育およびその生徒を、他県に新設された高等中学校医学部に全面的に委ねることに確信がもてないなかでの判断であったといえよう。

兵庫や京都と異なり、中学校令に翻弄されなかったのが大阪府である。ハイレベルな教育を展開する大阪府医学校は、岡山県医学校と並んで高等中学校医学部への転用が有力視されていたが、地方税支弁によらずに病院収入等で維持が可能であった特異な存在であった。特段のメリットが見出せない以上、大阪府は医学校の高等中学校化に食指を動かさず、一方で勅令四十八号による医学校費地方税支弁禁止の影響も被ることはなかった。第一節（1）でみたように、大阪府医学校はすでに一八八六年三月、廃止が決定した三重県医学校の生徒過半数にあたる八十名を編入させていたが、同年十月に徳島県医学校生徒三十三名、翌一八八七年十一月には大分県医学校生徒二十六名を受け入れ、むしろ高等中学校制度発足直後の規模は拡大している(43)。表1に示したこの三校の一八八五年次生徒数は、それぞれ一四七名、六十七名、七十五名であり、三重県医学校は五～六割、徳島県医学校は約半数、大分県医学校は約三分の一の生徒が大阪府医学校を選択したということになる。つまり大阪府医学校は、第三区内外を問わず、廃止された各府県医学校生徒の受け入れ先となっていたのであり、当該年度に区域内府県医学校生徒の無試験入学を実施した岡山の高等中学校医学部同様の役割を果たした。大阪府は独自路線を貫き、自前の府医学校を運営し続けたのである。

第三高等中学校の前身となった官立学校は、一八六九年以来、大阪府内に立地していた。すでに官立学校のイメージを有していた点で、大阪府は特異な府県であったといえよう。そしてこの学校は、これまで府の行財政とは基本的に無関係に存立してきた。であればこそ、大阪府にとって、メリットの見えないまま、その後身校である高等中学校という存在の経費が突然に降りかかってきたことには、違和感しかなかったに違いない。

　以上のように、一八八七年に確定した高等中学校医学部という新制度に対し、いわば「依存型」の兵庫県、「疑心型」の京都府、「無視型」の大阪府と、各府県の対応を分類することができる。地方税支弁禁止以後も存続した府県立医学校は、京都・大阪・愛知の三校のみであった。これら三府県を除けば、全国的傾向は兵庫県のような「依存型」となったと推察できる。存続した二つの有力府県医学校を含むことで、区域内医学教育の場が新設の高等中学校医学部へ一極化するという事態が直ちに生じなかった第三区は、特異な地域であったといえよう。

　最後に本章の主人公、岡山県の動きをみる。

　表2に示したように、県医学校時代と同様、第三高等中学校医学部三年生の多くが岡山出身者で占められていることをみると（四十三％）、神戸医学校生徒とは異なり、岡山県医学校生徒の繰り下げ幅は一年であったと推察できる(44)。しかし岡山県医学校生徒のなかにも、繰り下げ編入を嫌い、早期卒業が可能な京都府医学校への転入を考える者があったともいう(45)。

　当県においては、私立岡山薬学校創設の動きが特筆される。一八八七年四月より計画され、九月二十三日の開校式には、書記官などの県属や中学校長、菅之芳や清野勇をはじめとする医学校教員が臨席した。発起人は地元の薬舗業者たちであり、当面必要な創設費は二百五十円、資本金は発起者の醵金や篤志家の寄附金、授業料によってまかなうとされた(46)。発起人中開校を宣言した中川横太郎は、かつて県下教育の向上のために宣教医の招聘をリードした岡山きっての有力者であるが（第三章）、薬舗業者に請われて加わったという。校地は中川の弟で実業家の杉山岩三郎が提供した(47)。

　岡山県医学校教員を教師陣に迎えたこの私立薬学校は、一八八八年四月の第三高等中学校医学部発足に際して、医学部への進学予備教育を行う予備科を設置し、授業も医学部の設備を借りて行われた。翌年三月二十二日文部省令第二号により医学部に薬学科が附設されることが決定し、一八九〇年二月六日の文部省告示第一号により岡山での第三高等中学校医学部薬学科の開設が公布され、四月から定員百名をもって開校することとなる。私立薬学校はそれに先立つ一八八九年十二月、医学部予備校と改称し、生徒百名を募集、在学生と新入生はそのまま医学部薬学科に引き継がれることとなった。私立岡山薬学校は、制度に先行し、制度外の立場から実質的に高等中学校医学部体制を補完する機能を果たしたといえる。

おわりに

これまでの分析をふまえ、高等中学校制度について概括的に論じて締めくくる。

一八八〇年代において、府県医学校（専門学校）をめぐる状況の変化は、広域に益する地域の高等教育機関の経費支弁主体はどこであるべきか、という本質的な問いをつきつけるものであった（第一節、第二節）。新たに生じたこの問題に対して、文部省は確たる答えをもっていたわけではない。国庫と府県（連合）の共同支弁制を盛り込み高等中学校制度の原型となった一八八四年十月の学制改革案が、文部官僚からまず地方官に諮問されたことは、その証左であったといえよう（第八章参照）。

一八八六年四月十日、中学校令により発足した新制度・高等中学校は、中学校と専門学校という区分、管理と経費負担をめぐる国と府県との境界線をいったんあいまいにするものであった。森文政下の諸学校令のひとつである中学校令は、中央集権的教育体制を確立した法令なのではなく、教育体制の再編に向けて、地域の教育エネルギーを一度それぞれに集結させ攪拌してみる基盤となった法令であったといえる。具体的な規定は棚上げにされており、法令発布後の各地の多様な反応を反映しうる、ゆるやかで柔軟な性格を備えていた。その後の成り行き次第で、制度の実質はどのようにでも創り得たのである。

経過観察と模索のうちに二年余りが過ぎた一八八八年八月七日、内相・文相・蔵相から府県に対し、高等中学校経費を地方税から支弁させることは翌年度より当分見合わせるとの訓令が示された。第六章で指摘したように、背景には、府県会規則や地方税規則といった内務省管下の地方行政システムとの原理的齟齬、および各地の府県会からの抵抗があった。この訓令により、経費負担と管理の分断、国と複数府県による共同での経費支弁という発想は幕引きとなり、高等中学校は国庫支弁・文部省管理の学校となった。

古典的な『明治以降教育制度発達史』を筆頭に、多くの概説書や研究書が、中学校令により官立高等中学校制度が定められたと記す(48)。だが、当該期における「官立」との呼称の要件およびその生成過程は、第九章にみるように、厳密に考察すべき問題である。中学校令に「官立」との表記はどこにもなく、高等中学校は「文部大臣ノ管理ニ属ス」としか記されていない。

ここではあらためて、一八八八年八月七日の訓令による経費負担と管理の主体の一元化をもって、純粋な意味での「官立」高等中学校の確立と定義したい。中学校令による発足時の高等中学校は、地域の高等教育機関を国と府県（連合）との共同支弁により運営することが目指されており、当初から「官立」だったわけではなかった。訓令発布の一因とも思われる一八八七年十二月二十四日の内相山県有朋宛京都府会の建議（第六章第三節(2)）が、「該校ノ官立タルニ拘ハラス其経費ノ半額ヲ地方税ニ負担セシメラレシハ主客相混スルヲ免レス」(49)と、自ら「官立」の表現を用いて高等中学校を捉え、地方税支弁を拒否するにいたっていたことは興味深い。

高等中学校の「官立」化は、運営経費の完全な国庫負担を認めさせたという点で、府県会の抵抗の勝利ともいえる。しかし文部省は、地元側から五月雨式に設置経費を引き出していた。第三章では岡山県を事例に、高等中学校設置府県に対して多大な負担が課せられていった実態を明らかにしたが、制度外のところで事態を動かしていくという文部行政の特徴が認められる。

高等中学校設置については、地方教育史や学校史の類をはじめ、一般に府県がこれを「誘致」したと表現され続けている。しかし府県にとって高等中学校とは、初めて体験する「官」の学校であり、また法律上の規定も漠としていて、不明点も不安も多い制度だった。そして、現実に京都府や岡山県に課された経済的負担、府県会の抵抗、そして何より、個別打診・内示という文部省の主導性を考慮するなら、これは府県による「受入」であったと定義し直すことができる。高等教育機関の「誘致」と呼びうる現象、すなわち商工業者や議員などといった勢力の活動が展開し、地域側の能動性が発揮されて設置の実現にいたるのは、一八九〇年代以降の話であり、一八八〇年代森文政期の高等中学校設置について、主体の確定や分別を行わずに「誘致」や「運動」といった語句を安直に用いることは、適当でない(50)。ましてや京都・大阪・岡山間に「激烈な医学部争奪戦(51)」があったなどという捉え方は、後世の都市間競争（鉄道や博覧会などの「誘致合戦」）のイメージを前倒しして付与した誤認である。

府県会がかろうじて「受入」に首肯しえたのは、高等中学校制度に「民力休養」の期待をかけられたからである。府県立学校の経費節減は、一八八〇年代前半を通じた府県会の要求であり、府県会は高等中学校制度の導入により、府県教育を文部省（国庫支弁）に委ねられるという見通しを抱くことができた（第一節、第二節）。一八八六年の高等中学校設置は、「民力休養」論の文脈で理解されるべきであり、地域振興といった積極政策的発想のうちに捉えられるものではない。他のインフラ誘致とは同列に論じられない、高等教育機関設置問題固有の性格を考える必要がある。

第四節にみたように、府県の高等中学校制度への対応策は多様であり、少々くだけた表現を用いるなら、「他まかせ」の兵庫、「早合点→軌道修正」の京都、「我が道を行く」大阪、「期待に応える」岡山とでも性格付けられよう。経緯を異にしながらも、京都・大阪の府立医学校は存続し、存在意義をもった。対するに第三高等中学校医学部の設置箇所となった岡山は、多大な初期投資と引換えに、地域教育拠点の府県医学校を官立医学校へと移行させる道を選択した。管理面でも経費の面でも、医学教育は「県」から「官」へと委ねられたのである。

本章で検討した医学部設置にあたっての費用負担の大きさ、あるいは私立岡山薬学校による準備を経て発足した医学部薬学科が、定員百名に対しわずか二十五人で出発したことを考えると、岡山県における高等中学校（医学部）設置に際して、県教育財政上の負担軽減や県下の教育的需要に見合った成算といったメリットとは性質を異にする動機を考えないわけにはいかない。

私立岡山薬学校の発起人となった地域有力者（中川横太郎ら）の位置づけも課題となるが[52]、高等中学校医学部の岡山設置においては、岡山県医学校長菅之芳や同校教諭兼病院長清野勇の存在が注目される。中山沃は清野勇の「政治力」を指摘するが、根拠が提示されず、現在の史料状況では遺憾ながら医学校教職員の具体的な行動や意図を解明することはできない。だが、「受入」に対する県会の合意形成に四苦八苦した県当局とは別に、学校関係者という当事者には「誘致」と呼びうる動機があり、設置実現に一役買っていたものと推定される。より高い研究・教育環境を求めるアカデミックの一種利己的ともいえる動機は、「地方利益」とは異次元の問題として捉えなければならない。これもまた、一八九〇年代以降をも射程に、諸インフラのそれとは同列に論じられない高等教育機関誘致現象の固有性を解明する手がかりとして考察すべき問題であろう。

以上の点については、次の補章においてもう少し議論を深めることとする。

府県にとって、高等中学校の受け入れが成功であったか失敗であったかは、短期的・一面的に答えが出る問題ではなかった。いささか後悔の念を抱いた京都府、新体制の更なる充実に貢献した岡山県ともに、「官立学校」という新たな教育機関の内在を前提に、管下の教育体制を模索し続けることとなる。

（1）本節における各府県医学校の状況は、『文部省第十一年報〔附録〕明治十六年』、『文部省第十二年報附録（明治十七年分）』、『文部省第十三年報附録』（明治十八年）所収の各府県年報記事による。それぞれ（年報M16・年報M17・年報M18）として本文中に注記した。
（2）『東京医事新誌』第二百三十三号（明治十五年九月十六日）。
（3）一八八五年三月県会における岩堂議員の発言。『山陽新報』明治十八年三月二十七日による。
（4）東京大学百年史編集委員会『東京大学百年史』資料三（一九八六年）の第七部三「学生生徒数　東京大学」参照。
（5）『山陽新報』明治十八年三月七日。
（6）以下、『東京医事新誌』第三百八十七号（明治十八年八月二十九日）。ただし翌一八八六年六月二日に第四地方部内各府県の学事巡視を命じられた文部省視学官の江木千之は、「数名の学士を聘し他の準備も具はらさるに非されとも嘗て聞知したるか如き声価の実を見す」（『文部省第十四年報（明治十九年分）』）との厳しい評価を下しており、医学校の実力については異論もあった。
（7）『山陽新報』明治十八年二月十八日、二十一日。
（8）『山陽新報』明治十八年三月三十一日、四月二日。
（9）『山陽新報』明治十八年十一月十四日。
（10）以下、一八八五年三月通常県会での医学校論議は、岡山県『岡山県会史』第一編（中国民報社、一九〇六年）第六章「県会」の項を参照。
（11）『山陽新報』明治十八年三月二十七日。
（12）『大阪府教育百年史』第三巻史料編（二）（大阪府教育委員会、一九七二年）の七「高等教育」に所収。
（13）「商業学校設立アランコトヲ請フ建議」（大阪府会編『大阪府会史』第一編、一九〇〇年所収）。
（14）兵庫県議会編『兵庫県会史』（一九〇四年）附表。なお一八八一年には東京商法講習所も、東京府での予算否決と廃止公表に際し、農商務省からの補助金を得ている。
（15）『山陽新報』明治十九年七月二十七日。
（16）鹿児島・山口・石川三県の状況に簡単に言及しておこう。石川県はおそらく最も積極的に高等中学校設置に尽力した県で、十一月三十日に第四区の高等中学校設置場所となることを確定される。一方、山口・鹿児島の両県は結果的に、中学校令の定めた五つの高等中学校の設置地となることはなかった。山口県はあえて地方税からの支弁を避け、私立防長教育会の寄附金によって諸学校通則の適用を受け、文部省管理の山口高等中学校の設置を決めた（十一月二十日）。同様に鹿児島県も諸学校通則の適用により、県高等中学造士館設置にいたる（一八八七年十二月二十日）。

（17）なお、『山陽新報』明治十九年八月三日掲載の寄書「高等中学校設立の準備は難からず」は、医学校の存在により市中に落とされる金は四万四、五千円を下らないという地域経済上のメリットにも注目している。地域振興の視点から高等教育機関誘致が図られ出すのは世紀転換期以降だと考えるが（「おわりに」および補章参照）、その動機の漠然とした萌芽が確認される。

（18）以下県会の状況・引用史料は、本文中に明記したもののほか、「明治二十年度地方税支出予算」（注10『岡山県会史』第一編）、『山陽新報』明治十九年十二月十二日、十五日、十七日による。

（19）『山陽新報』明治十九年十二月三日。

（20）『中外医事新報』第百四十九号（明治十九年六月十日）、『東京医事新誌』第四百二十八号（明治十九年六月十二日）、『山陽新報』明治十九年六月十五日。

（21）進東寛治議員の発言（『山陽新報』明治十九年十二月十日）。

（22）ここで岡山県の学区上の位置について検討しておきたい。一八八五年二月十三日の学務二局庶務概則において、文部省学務二局内に、第一から第六までの地方部が設置され、そのうちの第三地方部は、京都・大阪・兵庫・三重・滋賀・福井・鳥取・岡山・和歌山の九府県から構成された。ところが先にみたように文部行政が活発に動き出した同年夏、七月十一日に学務二局庶務概則が改正され、地方部は一区減じて第一から第五の五区画となった。それに伴い区割りも変更されており、第三地方部は京都・大阪・兵庫・三重・愛知・滋賀・岐阜・福井・石川・富山・和歌山の十一府県、第四地方部が鳥取・島根・岡山・広島・山口・徳島・愛媛・高知の八府県へ変更となった。明治五（一八七二）年八月の学制章程以来、学区上、岡山県は一貫して京阪神各府県と一括りにされていたが、一八八五年になって初めて中国・四国地域というブロックが形成され、岡山もそこに編入されたことを確認できる。軍事面においても、一八七三年一月に発足した六管鎮台制度の下で、岡山は京阪神各府県と同じ第四鎮台の管轄下に区分され、一八八五年五月の鎮台条例改正による七軍管区制導入以降も変わらなかった。府県区分における岡山県の位置は、京阪神地区なのかあるいは中国・四国地区なのか、全体的に未確定な時期であり、医学校の統合計画に際しても、学区編成および岡山県の所属についてはあいまいな認識であったといえよう。

(23)『山陽新報』明治十九年十二月九日。
(24)『山陽新報』明治十九年十二月十六日。
(25) 第六章第一節(2)で触れたように、高等中学校京都設置を定めた一八八六年十一月三十日文部省告示第三号も、第一条の設置区域公表に主目的があり、付けたりのごとき第二条において、第三・第四高等中学校の設置個所にのみ言及している。このように、高等中学校設置箇所は本校・医学部ともに一斉に決定・公布されたのではなく、重要案件の公布に付随して、決定順に逐次公表し、当該府県に設置を保証していくというパターンを踏んだ。
(26) 前村智子「造士館一巻（続）」（『尚古集成館紀要』第七号、一九九四年）所収。
(27)『山陽新報』明治二十年五月二十七日、六月九日。
(28) 八七〇一〇六『学務局往復書類　明治二十年』（京都大学大学文書館所蔵「第三高等学校関係資料」。以下、六桁の数字を付す簿冊名は、すべて同資料群中の史料である）。
(29) 以下、注(10)『岡山県会史』第一編参照。この年十一〜十二月の『山陽新報』は現存しない。
(30) 岡山大学医学部百年史編集委員会編『岡山大学医学部百年史』（一九七二年）第二部第七章三「第三高等中学校医学部開校と県病院の建築」では寄附が一万円とされているが、五千円である。
(31)『山陽新報』明治二十一年一月二十一日、二十八日。
(32) 一八八七年九月二十八日文部大臣より福岡県知事宛回答（八七〇一〇六『学務局往復書類　明治二十年』）。
(33) 一八八七年十二月十五日裁定「医学校生徒募集ノ儀ニ付伺」文部省専門学務局長より高等中学校長宛（同前）。
(34)『東京医事新誌』第四百五十二号（明治十九年十一月二十七日）に掲載の募集広告。
(35)『山陽新報』明治二十一年一月十七日。
(36)『山陽新報』明治二十年十月十四日。
(37)「兵庫県医学校生徒岡山医学部へ転学之儀ニ付同県へ回答ノ件」（八七〇〇八二『各庁往復書類　明治二十年』）。

(38)『神戸又新日報』明治二十年十二月四日、二十八日。
(39)『神戸又新日報』明治二十年十一月十八日。
(40)一八八七年十一月二十六日「京都府会議録事第六号」(『明治二十年　京都府府区部郡部会議事録』)。
(41)『山陽新報』明治二十一年三月二十七日。
(42)一八八八年十二月十五日、「京都府会議録事第十号」(『明治二十一年　京都府府会決議議事録』)。
(43)「各種事業ノ功程」(注13『大阪府会史』第一編所収)。
(44)表2中、第三年生九十二名は、甲十八名(うち岡山九名)と乙七十四名(うち岡山三十一名)に区分されていた。甲は医学得業士の称号を得るために、卒業せずに残った生徒かとも思われるが、詳細は明らかではない。
(45)『山陽新報』明治二十一年一月十七日。
(46)『山陽新報』明治二十年九月二十五日。
(47)小田晧二「付属予備科教場」(『岡山医学同窓会報』八十五号、二〇〇八年)。小田は同誌において、岡山医学史について連載している。
(48)教育史編纂会編『明治以降教育制度発達史』第三巻(龍吟社、一九三八年)は、中学校令の説明において、「高等中学校は之を官立に限り」と記す(第二編第四章第四款「男子高等普通教育(中学校及高等中学校教育)」)。第八章でも取り上げる近年の大著、天野郁夫『大学の誕生』上(中公新書、二〇〇九年)も、文部大臣森有礼が中学校令で「各学区に一校の官立高等中学校を置くことを決定した」と述べる(第二章四「「高等中学校」の創設」)。
(49)「京都府会議録事第十七号」(『明治二十年　京都府区部郡部会議事録』)。
(50)その点、かつて一八八四～一八九〇年の山梨県会での教育費審議を検討し、「尋常中学校―高等中学校―帝国大学という学校体系は豪農＝名望家層の価値意識を占領していなかった」とした有泉貞夫の見解は示唆的である(『明治政治史の基礎過程　地方政治状況史論』、吉川弘文館、一九八〇年の第二章第二節「地方議会の動向――山梨県の例」)。
(51)岡山医学会編『岡山医学会五十年史』(一九三九年)の第一篇明治時代「岡山医学会の前提たる集会」。
(52)中川や弟の杉山岩三郎は、菅校長の主宰により一八八九年十一月に開設された岡山産婆看護婦養成所にも援助を与えていたという(中山沃『岡山の医学』、日本文教出版、一九七一年)。

補　章　官立学校誘致現象の生成と変容――京都と大阪の教育戦略

はじめに

第六・七章でも言及したように、学校誘致の動機については一般に二つのイメージが存在している。ひとつは、現代の学校誘致を想起し、地域振興（経済効果、都市整備）が目的であるとする理解である。[1]いまひとつは、「地域の教育への熱意ゆえ」という説明であり、社会的要請にも後押しされて、広く流布している。学校の公的事業として編纂されることが多い年史類も、そのイメージに依拠、というより、むしろ形成に寄与してきた。例えば『京都大学七十年史』（一九六七年）は、「沈滞におちいろうとしていた千年の古都京都が今日の繁栄を迎えるに至った基礎」に、「町組制を利用し全国にさきがけて小学校教育を充実した」市民の教育への熱心な関心があり、大阪にあった第三高等中学校の京都移転について「知事北垣国道をはじめとする地元京都府の熱心な誘致運動」を忘れることはできず、この移転は、「京都を世界的にも著名な学都たらしめる基礎を築いた先覚的事業」であるとする。

しかし、学校の誘致といわれる事態には、その時代時代における複雑で多様な背景と思惑がからんでいる。本章は、学校誘致といわれる現象を、官立高等教育機関のそれが始まった時期に着目して考察し、従来のイメージを超えた歴史像を描くことを目的とする。本書が分析対象とする開化期の範疇を超え、話は一八九〇年代後半にも及ぶため、補章と位置づけるが、一八八〇年代後半からを通時代的に見ることで、その変容過程を明らかにし、逆に一八八〇年代の固有性を浮かび上がらせることを目指したい。

具体的な検討対象とするのは、京阪地域である。この地域は、高等教育機関設置が構想される地としては東京に次ぐ存在であり、いわば文部省による制度的実験場として、その試行錯誤の過程が集中的に現れた場所といえる。

一八八〇年代後半から一八九〇年代にかけて、すなわちほぼ明治二十年代にあたる時期に、当該地域における国の高等教育機関設置は四度確認される。順に、①高等中学校（一八八六～一八八七年）、②官立工業学校（一八九一～一八九六年）、③第三高等学校大学予科（一八九四～一八九五年）、④京都帝国大学医科大学（一八九五～一八九六年）のそれである（〔　〕内は、その設置をめぐる中央ないしは地域での動きが始まった年から、設置が法令によって決定した年まで）。それぞれの時期において、その設置が取り沙汰された府県を挙げると、①京都・岡山・〔大阪・兵庫〕、②大阪・〔京都〕、③京都・〔岡山〕、④京都・〔大阪・岡山〕となる（〔　〕内は、設置が実現しなかった府県）。これらを俯瞰し、段階的な把握を試みたい。

特に、すべての問題に関わっている京都の動きを、大阪を参照項と位置づけながら連続的に捉えてみたい。そのため、それぞれの節には、京都に即した節題を付けている。

官立高等教育機関は、基本的に数が限られ、広域に利益をもたらすことが想定された存在である。しかし、設置された場所のみに何がしかの有利／不利な問題をもたらす。公共的機能をもつ機関等が、国によって特定の地域に設置されるときに、どのような力学が働くのだろうか。それを諸インフラのケースと比べたとき、教育事業であるがゆえの特徴は認められるのだろうか。誘致の主体と形態（だれ〔どこ〕がどのように）に着目し、また、土地や建物設備に関わる設立準備費用の負担が、どこにどのように求められたかに留意しながら、検討を進めていきたい。

一　はじめての経験――高等中学校設置問題

(1) 制度的背景

一八八六年（明治十九）四月、諸学校令中の一法令、中学校令が定めた高等中学校制度が、地域に「官立学校」を初めてもたらした。むろん国の設立した学校は、明治初年以来、いくつかの府県に散在していたが、府県行政がその設置に密接に関わるようなかたちをとる官立学校の地域的展開は、これを嚆矢とする。

高等中学校の設置については、すでに第六・七章にて、第三高等中学校に即して各府県の動きを分析するとともに、制度の性格を論じてきた。しかし、官立学校設置問題の端緒として、この問題に関する説明抜きに論を進めることは難しいので、細かい実証はそちらに委ね、要点のみをまとめて記しておくことにする。

まず、いくつかの制度的特徴を列挙する。

①高等中学校は、二つの教育機能を有していた。いわば高等普通教育（進学予備教育）を行う中学校であるとともに、法・医・工・文・理・農・商などの専門教育を施す分科を設置することもできた。

②全国を五区に分画し、それぞれに一校を置くと定められた。だがその区割り、設置箇所は当初決定していなかった。第一区東京、第二区仙台、第三区京都、第四区金沢、第五区熊本と、すべてが確定するのは翌年四月のことである。また、分科は別置される可能性があり、実際に第一高等中学校医学部は千葉、第三高等中学校医学部は岡山、第五高等中学校医学部は長崎に分置された。その確定も翌年九月のことである。

③国庫金と地方税による運営経費の共同支弁がありうるとされ、地方税分については各区内府県が連合して支弁することとされた。これは、第八章でみるように、高等中学校制度が、一八八〇年末にまでさかのぼる「府県

連合学校」構想の帰結でもあることを示す。当初、負担額の配分方法の詳細は決定していなかった。一八八七年八月、高等中学校の経費は国庫と地方税の折半と示され、各区域の府県が連合委員会を開き、それぞれの分担額を取り決めることになった。しかし翌年八月には早速、地方税からの支弁は当分停止とされ、以後復活することはなかった。

④高等中学校の設置は五校に限られたわけではなかった。中学校令と同時に公布された諸学校通則は、学校を設置維持するに足る金額を寄附し、その管理を文部省に願い出れば、「官立」と「同一」に認めることができる、と規定していた。山口県と鹿児島県がこれを適用し、山口高等中学校と鹿児島高等中学造士館が発足、一八八七年に高等中学校は計七校となる。諸学校通則の適用の申請は府県に限られなかった。現実には誕生しなかったが、私立にも門戸は開かれ、文相の森有礼が同志社に対し、その適用を口にしてみることもあった（第九章参照）。

⑤高等中学校は、走りながら形成された制度であった。②④の設置箇所問題、③の経費問題を筆頭に、地域の側の反応を見ながら制度は決定され、かつ変更もされた。

⑥高等中学校は当初から「官立学校」であったわけではない。第二条において、文部大臣が管理すると規定されてはいたが、「官立」であるとの表記は法令上どこにもない。③で述べたように、運営経費支弁は府県でもあり、初期の設置費用を府県側に用意させることも目論まれていて、管理主体と経費負担主体は別々であった。④の諸学校通則による高等中学校は言うまでもない（第九章でも触れるが、その後、戦後の学校教育法制定にいたるまで、戦前の日本の教育法令がそもそも「官立」学校とは何かを規定したことはない。「官立学校」とは、法の規定による所与の制度ではなく、慣習的に形成された制度である）。

以上のような高等中学校制度の柔軟性は、「国家主義的な教育体制を確立した森有礼の諸学校令」という一般的イメージからはほど遠い。この点からみた森文政は、一言でいうならば、「境界を緩める」ものであった。教育内容でいえば、ハイレベルな中等教育と専門教育をひとつの制度に統合し、また教育主体という面からいえば、単独では不足する「官（国）」「公（府県）」「私（民間勢力）」のエネルギー（財力）を集結させ、一度全体をシャッフルした上で、あらたな運営形態の可能性を探ったものである。そこでは「官」と「公」、あるいは「官」と「私」による共同維持も想定されていた。高等中学校制度とは、府県立学校と私立学校によって成り立ち、松方デフレ下に停滞した地域の教育状況に、「官」による、「官」というカンフル剤として投入され、その再編を促した試みであったといえる。

（2）京都・大阪の動き

（1）の②として挙げたように、高等中学校の設置箇所は中学校令公布時には確定しておらず、文部省は複数府県の反応を様子見し、天秤にかけ、区割り・設置箇所を決定していくことになる。一八八六年の夏ごろから、文部省は目ぼしい府県に対し、設置費用約十万円の支弁などを条件に高等中学校設置を内示していった。事前に文部省の高官による巡視を受けた府県もあり、地方官や府県学校長の出京時に内訓を示された府県もあった。

第六章第二節（2）で述べたように、京都では、十一月の通常府会において、この十万円を地方税より支弁して設置を稟請することを訴える北垣国道知事の諮問案が提示され、大差で可決された。今一度その内容を確認してみよう。

諮問案は以下のように述べる。「高等中学校新築ノ費用其校舎建築並ニ敷地ニ係ルモノ凡拾万円、若シ有志者等ニ於テ出途ヲ得バ文部省ニ於テハ当府下ニ設立アルベキ計画ナリト云ヘリ。右学校ハ固ヨリ我京都府下教育上ニ関係ヲ有スルノミナラズ地方経済ニ於ケルモ其得失亦少ナカラズ。実ニ地方一般ノ重大事項トス。如此地方一般ニ大関係ヲ有スル事件ヲ途ニ有志者ノ力ニ委スベキニアラズ。依テ本年ニ於テ此金額ヲ地方税ヨリ支弁シ之レガ設置ヲ稟請セントス」(2)。

ここでいう「地方経済の得失」の意味は、続く府属による説明によって理解できる。「現ニ京都中学校モ年々八千円許ノ経費ヲ要シ来レルモ、若シ高等中学校ヲ設立セバ現在ノ中学校モ之ヲ止メ予備科ヲ置ケバ其中ニ設ケラルヘシ。然ラバ其利幾何ゾヤ、又師範学校モ現在ノ儘ニテハ不都合ナルガ故之カ改築ヲ為ストノコトハ常ニ各員モ論ゼラレシ所ニシテ、番外ニ於テモ必ズ之ヲ為サント期シ居ルナリ。然ルニ若シ此高等中学校ヲ設立セバ其改築モ止メテ現今ノ中学校ヲ以テ之ニ充ツルヲ得ベシ。果シテ然ラバ拾弐三万円ノ金額ハ爾後五六年ヲ出デズシテ其利益ヲ獲取スルヲ得ベシ」。

つまり、高等中学校設置の地域経済上のメリットとは、間接的経済効果ではなく、何よりも府の教育が再編・効率化され、教育費の削減がもたらされるという意味だったのである。

この議決の直後、文部省は告示により、第三区の高等中学校の位置を京都とすることを公示した。しかしその後、高等中学校の設置費用を地方税から支弁することは、地方税規則に抵触するとして、内務大臣は特別費目の設置を再議するよう指令した。そのため翌年五月、臨時府会が開かれて、特別費目「高等中学校創立費」の設置があらためて決まった。ただこの時には、医学部は別の府県に設置されるとの噂も議員間に広まっており、半年前に半ば勢いで地方税支弁を可決した際、決め手となった教育費削減の可能性に対して疑念が生じ、僅差での可決となった。

全国的な高等中学校およびその医学部の設置箇所が決定すると、一八八七年十月、府県立医学校費用を翌年度以降地方税から支弁することは禁止された。府県立医学校をもつことが否定されたわけではないが、骨折って発足させた新制度、高等中学校医学部に地域の教育へのエネルギーを集めようとしたものといえる。

岡山県に第三高等中学校医学部が設置され、目論見が外れた京都府の本心は、同年暮れの通常府会における攻防の中によく表現されている。府の中学校や医学校を廃止し、「将来地方の幸福」となる地方税削減を実施できると思い、高等中学校設置費十万円支弁を可決したが、突然の医学部岡山設置で、「議員の失望大方ならず、或は後悔の色も顕せるものもあ」った。医学校費の地方税支弁禁止に対し、知事は「療病院補助費」の名目を立て、これを医学校費に流用して同校を維持することを目論んだ議案を下付したが、「議員は前日高等中学のことに懲り、最早維持するの精神なく忽ち廃棄に決し」てしまった。そこで府知事は、府下有志より寄附金を募ってその維持を図ったのである(3)。

このように議員の側には、高等中学校制度および府政への不信感が醸成されていた。また、高等中学校制度への不安という点では、府の方も同じであったに違いない。府会はこの年、第三高等中学校本校の京都設置をもって、中学校費も全廃するが、北垣知事は本願寺に経営を委託し、中学校を維持する。ましてや、遠方の岡山に設置された第三高等中学校医学部は、管下子弟の進学先に適さない。高等中学校とは、未だ海のものとも山のものともつかない制度であり、管下子弟の教育機会を保証するために、府当局は、府の中学校・医学校を残しておくという判断をしたといえる面もあるのではないか。

一方大阪は、官立学校が管下に所在した数少ない府県のひとつであり、明治初年以来、第三高等中学校の前身校が存在していた。高等中学校への改組直前には、校地狭隘を理由とする府南部への移転案がかなりの程度まで具体化していたが、府自体の関与のないまま立ち消えとなり、そのまま京都に移転してしまうことになった。また大阪府は、岡山に勝るとも劣らないレベルの医学校を擁しており、高等中学校医学部設置候補地の最右翼であった。ただしこの学校は、病院の診察費収入が安定しており、地方税支弁を得ずに運営されていた。そのことが、大阪が医学校の高等中学校医学部化に色気をみせなかった一因である。

府の医学校を高等中学校に組み込むあてがはずれた「早合点の京都」、それに対し、国の提示した高等中学校という新制度に期待せず、府医学校を独自に継続した「我が道を行く大阪」と、官立学校に対しては、対照的な反応を見せた両者であった（第七章「おわりに」）。この経緯をみると、「教育熱心な京都」「教育不熱心な大阪」という言説は、後世つくられた都市像であると考えることができる（本章末注参照）。

一般にイメージされる、教育熱心な京都の町衆が誘致を実現したというような実態はない。それならば、地方税からではなく、寄附金で設置費用を準備できたはずである。北垣知事は、こうした大事件を有志者の力に任せるべきではないので、地方税からの設置費用支弁を府会に諮問したと述べているが、言葉を換えれば、地方税からではなくては費用調達の見通しが立たなかったということである。

高等中学校とは、地域にとっては得体の知れない制度であった。府県の念頭に、その経済効果はほぼなく、基本的には管下の教育体制の展開上に位置づけられ、中等・専門教育の再編・救済策と受けとめうる、あくまで教育行財政上の問題であった。大阪府や兵庫県下の第三高等中学校移転候補地において、地元村民が工事請負を学校に求めてきた事実はあるが、「誘致」と呼べるような大規模な要求ではなく、府県間の「誘致合戦」的状況もない。

以上のことから、高等中学校が設置された一八八〇年代後半は、狭義の「誘致」発生以前の段階であったといえよう。文部省による個別打診によって事態は動き出し、府県当局が各府県会を押し切ってそれに応えた、「受入」の時代であった。

二　ライバル出現――官立工業学校設置問題

(1) 制度的背景

一八九〇年代に入ると、地域における官立学校の設置問題を取り巻く状況は新たな段階を迎えた。

第一に、政治体制の変化である。まずは、市という新たな政治の場が発足した。周知のように、一八八八年四月には市制・町村制が施行され、翌年三月には東京市・京都市・大阪市に特例が布かれ、府知事をはじめとする府庁官員が兼職で市政を担当することとなる。さらに、一八九〇年十一月からは帝国議会が開かれ、各府県で選出された衆議院議員が上京して活動し始める。こうした状況は、一八八〇年代の高等中学校設置時にはみられなかった、官立学校設置をめぐる新たな主体や方法を導き出したといえる。

第二に、実業、特に工業教育構想の本格化という状況が挙げられる。菅井鳳展によると、一八九〇年代には、官立実業専門教育の編成について、国は二つの方策を模索していた[4]。まずは、第一～第五帝国議会において審議対象となった案で、高等中学校専門部（一八九四年高等学校制度発足以降は、高等学校専門部）によりこれを実施する方法である。実際、第三高等中学校が改組され、第三高等学校が発足すると、大学進学予備教育機関としての大学予科は廃止され、既設の法学部・医学部に加え、工学部が専門部として設置された。

一方、第五～第九帝国議会で審議されたのが、単科の官立実業教育機関を創設するという案である。これにあたる既設校が、東京商業学校、東京工業学校、札幌農学校であるが、関西においては、大阪工業学校が一八九六年五月に設置された。

しかし、一八九〇年代を通じてこの二方策の関係は不明確であり、後者、つまり単科の実業学校を設置する方法については、よるべき法もない状態であった。本節では、この二方策の実現の場となった当事者京都と大阪が、新しい政治体制の下、官立工業学校の設置をめぐってどのような動きをみせたかを明らかにする。

（2）大阪の動き

まず先に、設置を実現した大阪について検討する。

一八九一年十月、東京工業学校長手島精一と同校主幹小山健三が、「大阪市ニ工業学校ヲ設立スルノ必要ヲ論ズ」と題する小文を発表し、東京に続く大阪工業学校の設置が模索され始めた(5)。小山はやがて文部省書記官となり、一八九三年十二月に「大阪工学校」設立案をまとめ、「工業学校ヲ大阪ニ設置スルニ必要ナル理由(6)」を記した。その内容は、「関西」（この場合は西日本を指している）の工業中心地であり交通至便であるという点から、広域に資する官立工業学校を大阪に設置するメリットを述べるものであった。

①周囲に工場が多く、生徒の実習がしやすいこと、②維新以降に発達した工業が行われているので、学理と応用（実業）とが緊密に結びついていること、③固有の工業としての陶器・漆器・利器の生産地が関西にあり、そのための課程を置いて、改良を図れること、④工業者としての気風養成にふさわしい土地柄であること、⑤学校で工業試験を行い、日本工業の基である大阪工業の発達に資することができること、が挙げられている。

文部省の構想と並行して、地元大阪でも工業学校設置を求める動きが開始されていた。

後年の話によると、西村捨三・高崎親章の両人が在任中に尽力し、その筋に設立を請願する計画が持ち上がっていたという(7)。西村は、一八八九年三月より一八九一年六月まで大阪府知事の任にあり、高崎は一八八六年十二月から府警部長、一八九一年七月から一八九二年三月まで府書記官を務めた。ということは、西村が府知事在任中の一八九一年半ば頃には、すでに工業学校設立を求める動きが起こり、東京工業学校関係者による前述の構想に先行していた可能性がある。

一八九二年になると、河野敏鎌文相が大阪府の山田信道知事に対し、大阪市からの創設費一部拠出を打診した。文部省の予算調査では、官立工業学校の新設予算は概算で九万円であったが、うち四万五千円を市から捻出させようとしたのである。市からの支出は、参事会を経て協議会を通過し、十一月の第四議会開会前にはその筋に請願をなし、右の予算案提出にいたるはずであったが、「事故ありて」かなわなかった(8)。一八九三年になると、井上毅文相による山田知事への設置内諭、大阪市参事会への資金捻出の再打診があった。六月、大阪市会は「工業学校ニ関スル件」を可決し、五万円の寄附を決定するとともに、文相への設置稟請を要求した。これを受けて作成された建議書は、「工業学校ノ創設ハ本市将来ノ繁栄ヲ希図スル上ニ於テ必須欠クヘカラサルモノナルニヨリ、本市ハ之ニ対シ其創立費凡拾万円ノ半額即チ五万円迄ヲ寄納シ、来ル二十七年度ニ於テ国費ヲ以テ之ヲ本市ニ創立セラレンコトヲ其筋へ建議スルモノトス(9)」と述べただけの簡略な文章である。文部省とすでに一定の合意が出来上がっていたことを反映し、形式的に作られたものとも推察される。

同じく一八九三年六月、大阪麦酒技師長の生田秀が片岡直輝府書記官に醸造科設置を要求するなど、工業学校設立計画は、地元工業者の関心も得ていたと考えられる(10)。

同年十二月八日、ついに第五議会において、文部省は九万七千円余りを大阪工業学校創設予算案として提出した。しかし、衆議院が解散し会期切れにより成立しなかった。翌年五月十九日の第六議会においても、大阪工業学校新営費予算が再度提出され、貴族院に回るところまでいったが、解散のため審議未了に終わった。

日清戦争勃発以降になって、大阪側は中央政府・議会に対する運動を開始する。上京した委員横田虎彦が一八九五年二月四日の市会において報告したところにより、その運動の実相を生々しく知ることができる(11)。

彼が訪問を試みた閣僚は、文相西園寺公望、蔵相松方正義、首相伊藤博文であるが、日清戦争の折から、いずれの面会も実現せず、文部・大蔵両省の書記官レベルによる応対を受けた。大蔵省は文部省に対応を任せ、積極的な関与はしない方向であった。文部省は、新事業費の支出を不可とする閣議の方針下にあって予算提出は難しいとするものの、好意的な姿勢を見せ、永井久一郎書記官は設置の見込みありとの返答も与えていた。一方、委員が「或ル党派ノ重要ノ地位ヲ占ムル衆議院議員両三人」に相談したところ、議会への建議にせよ政府への請願にせよ、大阪市が創設費の半額を負担するとの条件を示すことを勧められた。また、大阪府選出の衆議院議員、前川槇造・豊田文三郎と協議し、議会に建議案を提出した場合には八十名ばかりの賛同が見込めることを確認、建議に積極的な前川に草案作成を委ね、衆議院への建議か政府への請願かの臨機応変な判断も任せた。かたや貴族院対策の必要を感じ、中嶋信行を介し侯爵近衛篤麿を訪ねて尽力の約束を得、鈴木重遠・末広重恭・折田兼至・河島醇らとも面会した。

結局二月十三日、前川らは「工業学校設置ニ関スル建議案」を提出した。また、三月十二日には、貴族院でも大阪市の請願が採択された。そしてこの年十二月の第十九議会において、大阪工業学校創立予算はようやく議会を通過し、翌年五月十九日の大阪工業学校官制公布にいたるのである。

以上のように、大阪市の運動は、選出した委員の東上による政府・議会対策というかたちで進展した。関係省を訪問してアドバイスを得るとともに、有力政党の代議士あるいは地元選出議員との相談を通し、政府案とするべく働きかけるのか衆議院への建議を選択するのか、最も有効な手段が模索されていた。

（3）京都の動き

（1）に述べたように、結果として、文部省が制度的に模索した「実業専門教育の二路線」を大阪（官立単科学校）と京都（官立高等学校）が分担するかたちとなるのだが、京都でも前者、すなわち官立工業学校の設置が求められていたことは重要である。

一八九二年八月十日、京都市会が「官立京都美術工芸学校設立ノ具申」と題し、市会議長中村栄助名で、内務大臣井上馨・文部大臣河野敏鎌宛の請願を行った[12]。

これは、日本美術の名声に鑑み美術教育・工芸講習が急務であると説くことから始まり、その教育に、「東京ノ如キ繁華熟閙ナル」地は適さないが、「抑モ京都ノ地タル、延暦以降千百余年ノ旧都ナリ、実ニ我国美術発育ノ襁褓タリ。是ヲ以テ今尚ホ絵画、織物、染物、陶器ノ器、銅漆ノ具其他美術工芸ヲ以テ業トナスノ家二万余戸、其工人亦六万ニ下ラス。加フルニ山水明媚風物清雅古刹旧苑ニ富ミ、宝物珍什ノ多キ全国他ニ其類ヲ見ス。是等ハ皆美術精技ノ典型模範ナラサルナク、京都ハ天然美術学校ト云フモ不可ナキナリ」と述べる。そして、美術奨励に尽力してきた京都市民ではあるが、その資力にも限りがあるので、国費を仰ぎ、「官立美術工芸学校」設置を実現したいと訴えるのであった。市民の尽力とは、京都市が、一八八〇年発足の京都府画学校を一八八九年十二月に所管し、一八九一年四月に京都市美術学校を発足させたことを指すのであろう。

一方、同じ一八九二年の七月頃より、京都の染業者、糸物協会、茶染工組合が官立工業学校設立請願への動きを開始しており[13]、新聞紙上には、「官立工業学校の設置を望み併せて京都市民に告ぐ」と題する京都染物同業組合組長石田喜兵衛の寄書が掲載された[14]。この長文は、桓武天皇以来の大都であり、山水秀麗、名祠巨刹に富むという京都の特性を称揚した上で、美術工芸というより工業の地としての京都の現況を以下のようにアピールする。「市内の人戸七万余にして其色染織物糸物彫刻銅器漆器陶磁器等の工業に従事するもの殆ど三万余戸、其得る所の金四千万円の多きに達す。其他の四万余戸と雖も概ね皆此等の工業の潤沢に倚り以て生計を営むものなり。実に京都は我邦工業の中心にして工業家の多きこと我国に其比を見ず。従ふて名手妙工の淵叢なり噫京都工業の盛衰は直に京都市の盛衰にして、延いて国家の経済上にも亦大に関する所のものあらん。果して然らば我京都の工業は独り京都工業者の工業にあらずして国家の工業なり」――であるから、「此地を択んで工業学校を起さば、山水の秀麗土地の閑雅は以て学生の胸懐を爽快にし、名声嘖々たる我特有の工業は以て学生修学の資となり、而して我実業家は又其文化日進の学理を与り聞くことを得ん。此に於て我工業は日を逐ふて発達し、我市は月を逐ふて盛に、我国工業の面目は年を逐ふて改新せん。豈両全の策にあらずや」と説くのである。

さらに石田の弁は続き、第四回内国勧業博覧会（以下「内国博」）開設と官立工業学校設立とを、大阪市との間の「二大事件」と認識し、「京都市民たるもの蹶起せよ醒眠せよ」と呼びかけている。京都において、内国博開催、舞鶴間鉄道敷設、建都千百年紀念祭挙行が「三大問題」と言われたことはよく知られるが、(15)今ひとつの課題、「官立工業学校設置」がここに連動していたのである。

京都の歴史と風土について市会や石田が述べるところは、内国博誘致のための言説と酷似している。六月に京都商業会議所から農商務省・大蔵省に宛てられた「第四回内国勧業博覧会を京都市内に開設せられんことを希望する意見書」は、「京都は千有余年間持続したる世界無比の帝都にして山紫水明風光佳絶、昔時隆興したる文明精華の遺物は今尚ほ之れを残存し大社巨閣名勝旧跡は到る処に碁布し優秀妙技なる美術工芸品は愈其精巧を競い(16)」と述べている。

大阪においても、内国博開設請願のために東上していた商工協会会員が東京工業学校を参観するといった動きがあるが、(17)博覧会問題と学校問題が混然一体化している点においては、京都がまさっている。特に言説レベルにおいて認められるそれは、大阪への対抗心をはらむものであった。そしてこの競争意識は、「内国勧業博覧会と云ひ工業学校と云ひ、事々物々に京都と大坂の間に設置場所の取合ひを争はねばならぬとは、近所の間柄甚だ憂ふべきことゞもなり。左れど各地互に其利益を進め幸福を増さんとするは人情の常として免れざる所なるにより、已に競争と決する上は充分敏捷の運動となすべし」と、肯定されるのであった。(18)

市会議員のなかには、こうした動きに疑問をもち、自重を促す者もあった。「近頃請願の件を市会に提出するもの多く、且つ大坂と競争するの傾きを生じ、当議会に於ては建議提出者は相互に賛成を交換するの傾きあり。且つ建議の大体に付きては確実の調査もなく空漠的の事を以て請願せんとするは価値なき事なり。且其事柄は京都の為めには善き事なれども秩序も立たざる事を徒らに提出するは不可なり[19]」との苦言が呈されている。

つまり一八九二年の京都では、内国博誘致問題を背景に大阪への競争心が煽られ、一種の請願ブームが起きるなかで、官立工業学校の設置が要望されていたのである。

しかし、文部省が大阪への設置を既定路線とし、地元大阪自体も上々の反応をみせていた以上、京都における官立工業学校設置の実現は難しい状況であった。京都の運動には、五万円寄附を言明する大阪のような、具体性のある条件提示が見当たらない。

一八九三年秋、市部会議長雨森菊太郎、市学務委員富田半兵衛が東上した折に井上文相を訪問し、官立美術工業学校設置につき面談したが、その回答は、官立学校設置ではなく国庫金補助により奨励するとの内容であった[20]。やがて一八九四年七月十二日の文部省令第十五号により第三高等学校に工学部が設置され、一八九六年一月十四日には、文部省がその拡張予算を請求する[21]。一方、一八九五年三月十一日、第八議会において、衆議院が末広重恭議員らによる美術学校拡張に関する建議案を採択した[22]。

このように、第三高等学校の工学部が拡張されるかたちで工業教育の充実が図られるのと並行し、官立工業学校の設置要求は、美術のみを重点化した美術学校構想へと変質し、地域側の運動もあらためて喚起されていく。

本節の要点をまとめておく。

京都・大阪ともども、府会や市会の開会に先立ち、参事会や協議会といった場で名誉職にある有力者が話し合い、事実上の方針確定にいたり、全体会議のレベルでは、さしたる混乱もなく議案が通過することとなった。第一節の高等中学校設置時に京都府会が紛糾したことを想起すると、内部合意の調達方法が変化したといえる。

その上で、選出された委員が上京して閣僚や文部官僚を訪問し、政府対策を立てるとともに、代議士を通じて議会工作を図るというのが運動の形式となった。従来のように行政当局（知事・書記官など）が動くだけではなく、商工業者の活動が表に出てきており、内国博誘致運動の主体と重なる。京都・大阪それぞれが、力点を違えつつも工業地としてアピールするが、京都には大阪への対抗意識が強くみられ、都市間競争の意識が官立学校設置問題にも反映している。

以上のような主体と方法の拡大に鑑み、この段階をもって、明らかに一八八〇年代とは異なる「（狭義の）誘致」現象が発生したものと捉えたい。

三　消えない過去――第三高等学校大学予科設置問題

（1）制度的背景

一八九四年六月に高等学校令が公布された。その第二条には「高等学校ハ専門学科ヲ教授スル所トス但帝国大学ニ入学スル者ノ為予科ヲ設クルコトヲ得」とあり、七月十二日、大学予科は第一・第二・第四・第五高等学校に設置される旨が公布された。

第二節冒頭でも触れたように、第三高等学校は専門教育の場という性格を強く付与されていたため、例外的に大学予科が置かれないこととなった。同校を第二の帝国大学へと改組する構想の反映でもあり、他の高等学校とは異なる高い地位が与えられていた証拠ともいえる。だが地域にとっては、高等中学校の有していた進学予備教育機能が失われることこそが大問題であった。本節では、この制度改革に対する京都府の対応をみていく。

本節と次の第四節で扱う問題は、関西に第二の帝国大学を設置する構想と連動して動いた案件である。そこで、京都帝国大学創設過程の研究史について、少し振り返っておこう。

京都大学の通史類においては、日清戦後に本格化する文部省の京都帝大創立計画について、複数現存する草案を比較し、組織編成や人事構想を検討する記述が柱とされる。だがその前に、文部省に先立つ「在野」の構想として、一八九一年の九鬼隆一による「京都大学条例」草案、一八九二年に自由党員長谷川泰が衆議院に提出した「関西ニ帝国大学ヲ新設スル建議按」、あるいは一八九四年に京都府会議員上野弥一郎が作成した京都大学校設立建議が個々に取り上げられるのが定番である。そしてこれらの内容紹介にあたっては、後の文部省の計画案との共通点の析出、あるいは東京の既設帝国大学に対する競争意識の指摘がなされるのが常となってきた(23)。

しかし、地域の側にとっての官立学校という視角を設定すれば、従来の叙述とは異なる京大創設史を描くことができるのではないか。本節以下では、特に京都府にとって京都帝大の設立とは何であったのかを、地域側史料を通じて考えてみたい。

(2) 京都の動き

一八九四年十二月十五日、京都府通常府会は、府会議長中村栄助より内務大臣野村靖宛の「第三高等中学校ニ大学予科ヲ設クル建議」を採択した(24)。この建議書は、元高等中学校生徒が、遠く第一、第二、第四高等学校に転校せねばならない「不幸」に遭い、また、学資欠乏から修学を中途断念する者も多いことを訴える。特に、京都府尋常中学校卒業生で、大学予科入学の希望が達成できなくなった者が少なくないとし、「元来元第三高等中学校ノ区域内タル関西地方ハ人煙稠密ニシテ大学教育ヲ受ケントスル者尠カラス、又之カ学費ニ充実セシ者モ尠カラス。〔中略〕且夫レ第三高等中学ノ成蹟タルヤ遥ニ他ノ高等中学校ニ劣ラサリシ」と、第三高等中学校の実績とそれを支えてきた関西全体の教育に対する意欲の高さをアピールしている。そして、「我カ関西地方ノ不便ヲ察シ大学予科ヲ並置セラレンコト」を求めるのであった。

かつ、蒸し返されるのは、かつて高等中学校設置のための費用を捻出した事実であった。「始メ之ヲ京都ニ移サル、ノ際即チ去ル明治廿一年度ニ於テ学生ノ為メ進テ拾万円ノ巨額ヲ創設費ニ献セリ。故ヲ以テ第三高等中学校ノ敷地ハ五万坪ノ面積ヲ有スルノ現況タリ。仄カニ聞ク、政府ハ其教育其他附属ノ建物モ充分完備セルヲ以テ将ニ其規模ヲ大学ニ変セントノ計画アリト。例〔ママ〕令多少ノ不足ヲ見ルトスルモ、大学黌舎ノ観ヲ備フルニ足ルヘキ丈ノ築造ヲ為スノ余地アレハ、閣下幸ニ本会ノ意ヲ嘉納サレ、第三高等学校ニ大学予科ヲ設ケテ、速ニ本会ノ意ヲ徹底セシメラレンコトヲ切望ス」――このように、いわば創設費献納を恩に着せ、第三高等学校を大学化する計画を実現する余裕があるのならば、大学予科を設置してほしいと繰り返し嘆願しているのである。京都府にとっては、帝大進学を希望する府尋常中学校生徒の受け皿としての大学予科設置さえ叶えばよいのであって、新帝大の設置自体には関心がないようにも受け取れる文面である。京都府は、官立学校の存在を前提に、管下の教育達成を見込むようになっていた。

文部大臣西園寺公望、次官牧野伸顕、帝大総長浜尾新、専門学務局長木下広次、普通学務局長木場貞長、会計課長永井久一郎、第三高等学校長折田彦市が会同して作成された「京都帝国大学創立計画ニ関スル諸案」(25)によれば、文部省側も第三高等学校に大学予科を新設する方向でまとまりを見せていた。高等学校発足の際には、経費不足のために、やむを得ず設置を見送ったが、「今日ニ在テハ既ニ大学ヲ新設スルノ目的ヲ定メ且全国尋常中学校ノ数モ著ルシク増加シ来リ、殊ニ第三地方部ハ其区域広濶ニシテ尋常中学校ノ卒業生モ比較的ニ多キニ拘ラス大学予科ノ設ナキヲ以テ不便ヲ蒙ル者少ラス」と、大学予科の地域的必要性が認められたのである。

ところがその設置地は京都とは限らなかった。候補として「京都岡山山口広島等ノ諸説」が挙がっており、多数の意見は京都か岡山に絞られてはいたものの、確定済ではなかったのである。文部省は、京都帝大には第三高等学校専門学部の土地建物を引き継がせて増築を図る考えであったが、大学予科に関しては、スペースと管理の問題から、その構内ではなく、他の地所に設置したいとしていた。そしてそれには、「京都市内ニ於テ公有ノ土地アリテ、之カ寄附ヲ受クルコトヲ得ハ最幸」[26]であるとし、「若シ不幸ニシテ京都市内ニ相当ノ地ナキトキハ、他ノ地方ニ於テ大学予科設置ノ地ヲ捜査セサルヘカラサルニ至ラントス」、つまり京都が市内の土地を提供できないならば別の場所を考えざるをえないとの見解を有していたのである。

ここには、「当該地方長官ニ内意ヲ移シ速ニ其計画ヲ予定スルヲ要ス」と書き加えられており、京都府知事に対して内々に土地寄附の打診があったと思われる。かつて高等中学校設置の折、京都などに対し、地元負担を条件として事前の設置内示を下したのと同じ手法が用いられている。

そして京都府は、今回もこれに応えた。一八九五年十月二十八日の京都市参事会議事終了後、第三高等学校大学予科の設立をその筋に希望する議が起こり、一同異議がなかったため、府会常置委員に交渉してその同意を得、文部大臣に要望書を提出することとした。また、前年十一月からこの月まで京都府知事を務めていた渡辺千秋が、予科設置を実現するためには、委員一名を東上させるようにと通知してきた[27]。

常置委員の相談を経て選ばれ、要望書を携え上京した府郡部会議長の奥繁三郎に対し、文部省は、現在の高等学校の敷地では、予科を設置するだけの余裕がないので、二万坪の寄附が必要だと答えた。そこで十一月五日、府会市部会・市会議長の富田半兵衛をはじめ、府会常置委員や市参事会員らの協議会が開かれた結果、地方税支弁により二万坪前後の地所を寄附する方向が確認された[28]。そして十六日からの府会に先立って開かれた市郡各々の協議会で、寄附地購入代価を、市が六十三、郡が三十七の割合で分担することで話がまとまった[29]。

地方税支弁が確定した通常府会において注目されるのは、これを「尋常中学校附属地購入費」の名目で通過させたことである[30]。第一節で確認したように、高等中学校設置の折、地方税を文部省の学校の設置費用に充てることが地方税規則上の問題となり、内相の指示により、再度府会を臨時に開き、特別費目を設置することで事態を収拾した。この経験を経た京都府は、今回官立高等学校大学予科の土地購入費を地方税から支弁するにあたり、折りしも新築予定の尋常中学校附属地購入費としての捻出を策定したのであろう。

結果、一八九七年六月の京都帝国大学設置に先立つ四月十七日、文部省令第三号をもって、第三高等学校の大学予科設置が公布された。京都府が資金提供したその場所は、後年のいわゆる三高校地、現在の京都大学吉田南キャンパス(旧教養部)である。

四　新たな動機——京都帝国大学医科大学設置問題

(1) 政策的背景

第一節で述べたように、一八八七年以降も京都はいわば「保険として」、大阪は「独立志向」というそれぞれの事情から、府医学校を存続させた。ハイレベルな学校を有するという特性は、文部省の帝国大学設置構想を引き寄せていくことになる。[31]

文部省は、京都に帝大を設立するにあたり、医科大学は京都もしくは大阪に新設するとの選択肢を示しており、「該府ニ於テ従来設置セル府立病院及之ニ属スル教室等其他土地及資金ヲ挙ケテ之ヲ政府ニ寄附スルトキハ、政府ニ於テハ之ニ要スル設備ヲ整頓シ医科大学トナシ、其病院ニハ学用患者二百名及私費患者百五十名ヲ入院セシメ、且外来患者ヲ診察セシムヘシ。而シテ府民ノ施療等ニ就テハ府立病院ト同一ノ目的ヲ達セシムヘシ」[32]との考えを有していた。そしてこの件も、大学予科問題同様、「当該地方長官ニ内意ヲ移シ速ニ其計画ヲ予定スルヲ要ス」とされ、一八九五年十二月には書記官の永井久一郎が両府を直接訪問するのであった。[33]本節では、大阪と京都それぞれの反応を検討していきたい。

（2）大阪の動き

一八九五年十二月、大阪府の内海忠勝知事は府会議員を集め、大阪府医学校と病院を寄附すれば大阪への医科大学設置案が帝国議会に提出される件について諮問したが、寄附に賛成したのは常置委員や一二の府会議員であり、特に郡部議員の多数がこれを承諾しなかった(34)。

新聞記事は、大阪府立病院の動産不動産は約二十万円、帝大及び赤十字社病院に匹敵するレベルにあり、「日本医科大学」と称しても過言ではないとし、賛否両論者の意見を問答風に紹介している(35)。

まずはその経済的メリットについてである。大阪に医科大学を設置すれば、国庫より四万円が大阪に落ち、大阪人の利益となるとの賛成意見に対し、反対論者は、現在の府立病院は年々一万円以上の剰余があるので、文部省は四万円を不入用として支出しないばかりか、剰余金を東京に持ち去るおそれがあり、大阪人の利益にならないとする。次に、医学生徒の増加により学資が大阪に落ち、利益となるとの意見には、帝大医科大学の現況からして生徒増加の見込はなく、かえってレベルが高尚に過ぎ、生徒減のおそれがあるとする。また、受診患者の増加による大阪の経済的な利益についても、同様に見込めないとする。

二つ目に名誉という次元の論争である。反対論者は、「大阪人独立して如此大病院を保持し居るコソ大阪の名誉とも謂ふ可し。然るを他に譲りて他の力を仰ぐ、却て吾々府民の不名誉なり」と反駁する。

三つ目が学校運営の問題であり、名医が招聘できるのではないかとする賛成説に対しては、今のままでも「内外各国の大医」を雇う資力はあるとし、貧民施療も現状で充分可能、また、医学校を国に寄附した方が将来的な経営安定が見込めるとの説には、今や経営的憂慮の要はないとの反論が示される。

さらに反対者の唱道するところとして、以下の諸点が挙げられている。

一　医科大学は元来国家的の事業なれば之を地方費にて作りたる者を寄附するに及ばず。
二　大阪は年々多税に赴くに拘らす府有財産として僅に一の此を医学校基本財産あるのみ。宜しく保存し置く可し。
三　府立病院の創設は府下有志の義金等にて成立せし者なれば之を寄附するとなれば有志者に引渡す可し。
四　京都に医科大学の分校を置くときは或は同校に入る生徒及び患者あらん。然れども是れに至りて少数にて敢て大阪に影響を及す程の事なし。
五　一部の人々が此の挙に賛成するは明言するに忍びざる事情あり。
六　元来関西に分校を置くと云ふは決して文部大臣の意旨に出しにあらず。近時医学社会には種種党派の弊害あり。此の事も其結果或る策士の唱へ出せし者なり。
七　東京と大阪とは大いに事情を異にし、到底分校として同一規則の下に支配し難き不便不利もあり。
八　尚一歩進んで公平の観察を下せば、元来大阪は医科大学生などを養成す可きの地にあらず。

経営が安定し、地域のニーズに応える大阪府医学校に対し、府固有の財産としての自負がある一方、官立学校への警戒心は強く、大学レベルの教育も大阪には不要とされた。五や六で敵視される勢力が誰なのかは残念ながら特定できないが、議論のなかでは、設置される予定の学校が東京の帝大医科大学の「分校」と称されており、反対者にはその点に対する抵抗感もあったといえる。

対するに、年が明けて一月、大阪市会は内海府知事に対し、設置を要望する建議書を全会一致で提出した。「本市は各種民人の集散すること最も頻繁なる商工業地にして其患者の病症や亦随て多種に渉り医学の研鑽上至大の便利あらんこと明かなる可し。而して本市に取り特に医学大学の設置あるに会へば其幸や亦少小ならざるを信ず」[36]と述べるものである。

このように、大阪では府会と市会との足並みが揃わなかった。内海知事は、府会議員の意見に配慮し強引に話を進めることを避け、結局大阪府医学校の転用による医科大学設置は頓挫したのである。

（3）京都の動き

京都府医学校と大阪府医学校とでは、後者の方が大規模でレベルも高く、その点の単純比較により、当初は帝大医科大学設置地として大阪が優位に立っていた。しかし、医科大学を設置したいという熱意において勝る京都が、結果的には設置地となる。

一八九五年十二月、京都医会が、府医学校と病院を政府に寄附し医科大学を京都に設置するよう切望するとの趣意書を府会議員に送り、その根拠を以下のように掲げた[37]。

一　京都に各大学部を設備するは旧帝都の体面を保全し永く土地の繁盛を期する所以なり。

一　京都は学問上最も歴史に関係あり。加ふるに山水明媚土地幽雅、古来人傑の輩出少からず。英霊の気の鍾まるところ、自ら人の気象特性を涵養するに適当の地なりとす。

一　京都は古来の帝都にして特に　帝室と人民との関係最切なり。故に斯る土地をトし医科大学附属療養病院を建設し、国費を以て広く慈恵を施す時は細民をして愈々皇恩を威佩するの念を増し風化に益ありとす。

一　現在療病院の経済を以てする時は、限りあるの収入を以て限なきの貧患者を充分に救療する能はず。故に施療の道を拡張せんと欲せば、挙げて之を政府に寄附し医科大学の附属と為すの広く施療を得るの愈れると為すに如かずとす。

一　京都は工業の地にして職工極めて多し。其他市中の僻隅には所在貧民の部落亦た少からず。土地の広き人口の多き学用患者の材料を得るに於て敢て不足を訴ふる所なし。

一　社会進化の度に感じ、将来本市の如きは必ず十分に貧民患者を救養し得べき病院を設置せざるべからず。果して然るときは必ず相当の財源を府又は市の経済に求めざるを得ず。故に今之を国費に仰ぐときは此等の煩累を避くるを得て却て貧民救養の実を得るに至らん。加之のみならず一般患者の幸福土地の繁栄等将来の公益枚挙に遑あらざるなり。

ここではかつての官立工業学校誘致時と同様、京都の歴史・風土的個性と結び付けるとともに、京都府療病院の経営的限界が自覚され、医科大学設置への期待が述べられている。いずれも大阪とは異質な自己認識であるといえる。

同じく十二月二十一日、京都府会は府会議長中村栄助から内務大臣野村靖宛の「医科大学設置ノ義ニ付建議」を全会決議で決定した(38)。まず、高等中学校創設時に十数万円の巨額を献じ、「今日ノ如キ閑雅静邃ノ良地」五万坪以上を得（第一節）、当年度にはさらに尋常中学校附属地の名目で二万有余円を投じ、これを移管して土地二万坪以上を補った（第三節）、という過去の想起が要求される。そして、高等教育機関設置の挙を常に「幇助」してきた府会としては、今回、地方税による療病院・医学校の営造物・器具・器械などを、すべて医科大学に移管すると述べる。加えて、京都の適切さとして、「帝都」「山紫水媚閑雅幽静」との自己認識も披露され（第二節）、「本会カ多年教育事業ニ向ツテ努力セルノ因ト将来帝都ノ繁栄ヲ永ク保維セシムルノ衷情トヲ察セラレ」、医科大学を設置するよう切望するのであった。さらに、動産の移管をもってしてもなお、政府の敷地取得予算が不足しているのなら、「現今ノ府立療病院医学校ノ敷地ハ相当代価ヨリ幾分減殺シテ以テ政府ニ収用セラル、モ、本会ハ必スヤ忍フヘキ決心」とまで言い切っている。

並行して、大阪との比較の言説が、新聞紙面に再登場するようにもなった[39]。「大阪は商業の地たり、繁華日を逐て加はり熱閙を極む、医学は他の学科と同じからず、一方には病院を開くの必要あれば、繁華の地に置かんと欲するも亦一理なきに非ざれども、然れども病院は畢竟付属物なり、主脳は即ち医学の研究にありて他の学科と同じく学生の為めに最も適当の地を選ぶこと必要なり」と、大阪設置説を退け、「京都は実に自然大学地たり、格好なる大学市たり、土地の自然に視るも、古来の歴史に視るも、今後の日本に視るも風俗に見るも、人数に視るも、関西大学の設置は決して他に求む可からず」と、大学設置に適当な地は京都以外にないと説くものである。「大学地」「大学市」といった用語による自己規定は、当然のことながら、帝国大学設置が言われたことで初めて出現する。

十二月十三日、京都府療病院長の猪子止戈之助をはじめとする八名の医師と、府会・市会の各議長とが会同し、医科大学の京都設置を希望する方法について協議した[40]。明くる一八九六年一月四日にも、府知事、書記官、府会・市会の名誉職にある人物が市議事堂にて会合し、市部会議長古川吉兵衛と奥郡部会議長が東上、衆議院外での運動を担うこととなった。また代議士の河原林義雄が院内での活動を承諾し、府会議長中村栄助も別件で上京の折に尽力することとなった。さらに猪子療病院長は、医科大学設置後の講学に供するための病者調査成果なるものを携え、対文部省運動に乗り出している。彼は、府医学校・療病院の実力の高さを訴えようとしているのである。

帝国大学医科大学設置問題にあたり、従来にない新たな誘致の主体として登場したのが、この猪子止戈之助（一八六〇～一九四四）である。鳥取県の出身で、東大卒業後、一八八二年五月に医学士として京都府医学校に着任、一八八七年一月より校長となった。一八九二年から約一年間、私費でドイツに留学した経験をもつ。彼が本件の推進役として活躍することになる[41]。

一月十日前後からの各上京委員の活動の結果、二十五日頃には、医科大学設置箇所は京都に変更決定された模様である。文部省は、平安神宮前の元内国博会場敷地およそ四万坪に医科大学を新設（場合によっては理科大学も併設）して、その費用に総額約五十万円を支出する一方、その他の各分科大学と大学予科は第三高等学校敷地に併置して、その費用には約二十万円を支出するとの見通しを立てた。そして、京都市が博覧会場跡地を十万円内外（一坪二円五十銭）で買収することを希望してきたのである。同時に示されたのが、同地所の買収さえ出来るならば、前年の京都府会で決議された府立療病院医学校の建物器具器械等寄附の件を取消してもよいとの見解であった[42]。

帰洛した府会市郡部会各議長、常置委員、市参事会員らが集会を開いて協議をしたところ、博覧会場跡地を提供することは、「京都市将来の為め大に考慮を要する事」なので、代わりに第三高等学校付近の京都織物会社の北手もしくは旧聖護院宮の北手に四万坪内外の地所を提供することが提案された。その買収が困難なときは、鞍馬口または洛西常盤近傍に適当な地所を探す見込みとなった[43]。

このように、一転、京都府医学校を転用せず、京都帝大医科大学の新設という結論に落ち着いたのであるが、その背景にあったのが猪子の活動である。彼は内務省衛生局長後藤新平と自由党代議士長谷川泰に働きかけ、かつてのドイツ留学体験をもとに、府医学校転用という消極策ではなく、帝大と呼ぶにふさわしい充実した設備が必要であることを説き、その結果、文部省も新設方向に向かったという[44]。

猪子は一八九九年六月より、新設京都帝大医科大学の教授に就任した。京都府医学校の卒業生はこの間の事情を、「京大医科大学が設置される時、猪子先生は将来医科大学の教授になると云う約束のもとにその建設委員に加わり、医科大学設置後京大へ行つてしまつた〔中略〕。猪子始め笠原、平井、加門、浅山の諸先生が相ついで京大へ移り、その下のズブや助手の優秀な者も引抜かれた。」と回想している。[45] ここには、帝国大学すなわち国の教育機関に所属することで、充実した研究・教育環境を得、医学者としての、あるいは医学界のレベルアップを図ろうとする動機がみられる。

猪子をはじめ多数の人材が移籍したことで、府医学校には再び存廃問題が持ち上がった。府会はその存続を決定し、学校のハードは保たれたが、人材というソフトの面で骨抜きにされたといえよう。

高等中学校医学部設置を逃して以来八年余り、京都はついに官立の医学教育機関を内包するにいたった。時は移り、それは帝大という大規模な組織となって立ち現れ、府下医学の学問的エネルギーは、この新たな機関に集まっていったのである。

おわりに

一八八〇年後半から一八九〇年代中葉にかけての文部省の政策は、地域における高等教育制度の収まりどころの模索期にあった。府県にとっては、管下におけるハイレベルな教育を達成するために、新鮮な存在である「官立」という形態の学校を選択するかどうかが問われた時期であった。

本章で分析した官立学校設置をめぐる地域側の動きの特質を、段階的に整理してみよう。

第一の段階は、一八八六年からの新制度・高等中学校の設置に対応した時期である。すなわち、文部省からの打診に府県当局が呼応、府県会を説得するという「受入」が行われた時期であり、地域の側には受動性の強さがみられたといえる。

一八九〇年代からは、第二の段階に入る。実業専門教育領域において、産業発展の見地から、地域による官立工業学校の「誘致」運動が開始された。地域側の能動性が発現する時期であり、「誘致」の主体は、府や市の有力者（府会・市会名誉職層、商工会等）、地元選出代議士らとなる。また、高等教育機関誘致の歴史において、市という行政単位が生まれたことは大きい。官立学校の新設、あるいは府県立学校の官立化については、その地域教育上のメリットをめぐって区部と郡部とが対立し、郡部の反対によって頓挫することもあった。しかし市制の発足により、郡部の反対を抑えて府県全体の意志をまとめなくとも、市部のみの合意で動くことが可能になったからである。その点をみても、「誘致」を実現しやすくなる環境が整ったのが一八九〇年代であったといえよう。この第二の段階において、官立学校誘致の動きは重層化していく。帝国大学医科大学設置時には、地域というよりアカデミックの問題として、医学者という主体の動機が加わってくる。

次に、大阪・京都の地域的な特色をまとめておく。

大阪は、高等中学校という新制度に期待を寄せることなく、ハイレベルな中学校や医学校を府の学校としてそのまま維持した。しかし一八九〇年代に入ると、官立工業学校の設置運動に乗り出し、市の創設金寄附によって、日清戦後にこれを実現した。一方、京都帝国大学医科大学の設置は、文部省レベルでもかなり現実味を帯びていたものの、府医学校維持を得策とする府会の反対で実現しなかった。大阪は関西随一の教育拠点と目されていたから、様々な官立学校の設置候補地であり続けたが、唯一官立工業学校の新設のみが実現にいたった。府の教育体制を再編することなく、不足する部分のみを官立校で補完しようとする「選択的誘致」を行った地方行政府であったといえる。

一方の京都であるが、いささか「早合点」な高等中学校設置以来、官立学校誘致に前向きに取り組む傾向が認められる。ただその動機は様々で、工業学校に関しては、内国博誘致合戦を背景とした大阪との競争意識から、必ずしも深い吟味のないまま乗り出した「熱情的誘致」であるようにみえる。対するに大学予科の設置要求は、官立高等学校の所在を、管下教育に無関係な負の遺産に終わらせまいとした「冷静な誘致」である。医科大学誘致の際には、両方の動機が複合的に作用して、積極的に誘致が繰り広げられる。経験の積み重ねのなかで、府下のハイレベルな教育（医療を含む）を保証する存在として、常に官立機関に期待を寄せる「官立志向」が京都には生まれている。全国的にみて、官立学校誘致に積極的な府県のひとつとなったと推測できるのではないか。

続いて、地域差を超えた当該期誘致問題の全般的特質について述べる。

地域における官立学校の設立は、設置箇所に関する文部省の基本方針があって始まり、まったくのゼロからの誘致はない。また、設置にあたっては、地元側の負担が前提条件とされたことも、当初からの特質である。地元側が設置を実現するためには、たとえポーズに終わるとしても、創設費用の寄附を申し出ておくことは必須であった。金銭による寄附だけではなく、用地や前身校の提供という場合もあった。特に「前身校の転用」という形態は、他インフラ事業にはない、学校誘致の独特さであるといえよう。であるからこそ、当該期の官立学校設置は、府県教育の再編成の可能性を不可避的に伴い、多様・複雑な反応を招くことにもなったのである。そしてこの時期の官立学校誘致の動機は、一貫して管下教育の効果的達成であり、今日的視線によりイメージされる「経済効果」「都市開発」への期待からの誘致は、少なくとも一八九〇年代半ばまではほぼなかったといってよい。

最後に、地域における官立学校設立史を分析することで、既存の研究に対してどのような問題提起ができるのか、近年の都市史研究との関わりから若干の展望を示して本章を閉じたい。

目下しばしば参照される都市類型論を試みた大石嘉一郎・金沢史男は、地方都市群の「拠点性」の一指標として、県庁（政治）・師団（軍事）・港湾と並べ、帝大・旧制高校（文化）の所在を挙げる。しかし同編著に収録される土方苑子の個別論考は、「都市と教育といったとき関係が深いと思われるのは中等教育」で、「設置場所の選定に国家的見地も加わった大学等高等教育機関とは異なり」「地域の事情がかなり反映した」との問題設定に基づき、中学校・高等女学校・実業諸学校を取り上げるもので、関心のレベルにズレが生じており、高等教育機関の「拠点性」の問題は深められていない。[46]「拠点性」に関しては、全国的配置政策の問題と、地域における拠点の機能の問題があるが、前者について述べよう。

周知のように、近代学校制度を最初に規定したのは一八七二年の学制章程であるが、そこで設けられた八大学区の大学本部は、東京・愛知・石川・大阪・広島・長崎・新潟・青森の各府県とされ、翌年からの官立師範・外国語学校設置箇所は、東京・愛知・大阪・広島・長崎・新潟・宮城であった。第一節（1）②で述べた一八八六年からの高等中学校設置地には、新たな区割りの下、受け入れに積極性を示した石川（金沢）が復活し、京都・熊本が初登場する。また、拠点性の分割、すなわち医学部を本校とは別置し、設置箇所として千葉・岡山・長崎が選択される。結果、大阪・愛知・広島・新潟は拠点からはずされた。高等中学校は、「拠点の置き直し」という意味でも画期となる制度であった。地域の反応を斟酌した上でのこうした拠点の変更（数・設置箇所・地域ブロック）は、「教育拠点」ならではの政策だといえるのか、それとも、行政・軍事・交通・産業上の拠点などにも共通しているのだろうか。

また最近では、高等中学校所在都市に関する研究に、「学都」という用語が散見する。[47] 史料用語としての登場の時期や契機、あるいは分析概念としての要件などもまともに議論されないまま、活発化する「軍都」研究に引きずられ、あるいは行政方面に好まれそうなイメージのよさもあずかって、ことばのみが独り歩きしている感がある。冒頭に述べた「誘致史」像と同様、演繹的研究に結び付く危険性がある。単に存在した学校の名前を並べたてるだけではない「学都」研究は可能であろうか。学校が消費・税収・土地利用などの面から都市構造に及ぼした影響を検討する準備はないが、本章でも触れた都市の自己認識の問題に関してのみ、言及してみたい。

今日「学都」が自称されるとき、その一般的必要条件は、①高等教育が充実し（中等以下の教育を問題にする場合は別称「教育県」となる）、しかもそれが②官（国）立学校によって達成されており、③地域ブロックにおける拠点性を有すること、となろう。これに十分条件として、④公私立も含めた学校の多さ、⑤近世以来の学問的伝統、などが付け加わってくる。仙台・金沢はその好例であろう。京都の場合、当初より地域ブロックが不確定かつ広すぎるために③を欠くが、本章冒頭の年史引用がよく示すように、現在も「学都」（「学問の都」）を標榜している。その自己規定は、一八八〇年代後半から一八九〇年代半ばまでの学校設立問題とともに萌芽し、形成の途に就いたのではないか。

一八八九年の第三高等中学校開校式における京都府知事北垣国道・府会議長田中源太郎・文相榎本武揚・校長折田彦市らの式辞には、旧都としての学芸文化の歴史、勉学向きの自然と人情、設置費用支弁の事実、事業作興の地大阪とは異なる山水秀麗土地閑雅な教育的環境、といった認識が披露されている。(48)こうした一種の「学都」的自己規定の発端は、すでにその数年前から、官立学校がらみの文脈以外においても確認されるが、(49)度々の学校誘致を機として、「天然の美術学校」（本章第二節）、「大学地」「大学市」（第四節）、といった表現へと洗練されていくとみられる。高等教育機関設置問題と関わった都市の自己イメージ形成過程も、今後追究する価値のある課題だと考えられる。

そのほか、本章で触れなかった帝国議会での審議の分析により、政党の地方利益誘導という視角からみた官立学校設置問題の位相を解明すべきとの見解もあろうが、ここでひとまず擱筆する。

（1）　例えば橋木俊詔『京都三大学　京大・同志社・立命館：東大・早慶への対抗』（岩波書店、二〇一一年）など。
（2）「京都府会議録事　第一号」（『明治二十年度　京都府会議事録　全』）。

（3）以上、「京都通信」（『山陽新報』明治二十一年三月二十七日）による。
（4）菅井鳳展「実業専門教育」（本山幸彦編『帝国議会と教育政策』、思文閣出版、一九八一年）。
（5）大阪大学五十年史編集実行委員会編『大阪大学五十年史』通史（一九八五年）。同書は官立工業学校設置にいたる経緯を略述しており、本項の記述の流れもこれに負う部分が大きい。同書は地域側の動きにも目を配った年史ではあるが、述べられる個々の事実の典拠が示されていないという難点がある。ただ、叙述の柱とされる帝国議会での審議経過については、両院の議事速記録を使用したことが容易に推測でき、事実の裏付けがとれる。本節では帝国議会議事速記録以外の史料を明示しつつ、経緯を再構成し、諸事実の位置づけを試みることにする。
（6）井上毅文書（梧陰文庫）マイクロフィルム　B二七八七。
（7）「大阪工業学校」（『大阪朝日新聞』明治二十六年六月十日）。西村や高崎の関与は、六月八日、市会の休憩室における市会議員の話によるという。
（8）同前および「官立工業学校に就て」（『大阪朝日新聞』明治二十五年七月二十二日）。
（9）「大阪府参事会　大阪府知事山田信道」名で「明治二十六年六月」とあり、提出日付は空欄になっている。大阪市参事会『大阪市会史』第貳巻（一九一一年）第一章第六節所収。「大阪工業学校設立の建議」（『大阪朝日新聞』明治二十六年六月十四日）。
（10）「大阪工業学校」（『大阪朝日新聞』明治二十六年六月二十八日）。
（11）注(9)『大阪市会史』第貳巻第三章第一節所収。
（12）『市会決議録』明治二十五年（京都市役所所蔵）。
（13）「工業学校設置の請願」（『日出新聞』明治二十五年七月十九日）。
（14）『日出新聞』明治二十五年七月二十一日。
（15）京都市市政史編さん委員会編『京都市政史』第1巻　市政の形成（二〇〇九年）においても、「三大問題」は見出し化、詳述される。一方、工業学校設置問題への言及はない。
（16）「商業会議所意見書」（『日出新聞』明治二十五年六月三日）。
（17）注(8)「官立工業学校に就て」。

(18) 注(13)「工業学校設置の請願」。
(19) 「京都市会」(『日出新聞』明治二十五年八月六日)。
(20) 『京都府教育会雑誌』第十九号(明治二十六年十一月)。
(21) 『帝国議会衆議院議事速記録』6(東京大学出版会、一九八六年)。
(22) 『帝国議会衆議院議事速記録』9(東京大学出版会、一九七九年)。以後の官立美術学校の京都設置問題については、別途考察せねばならない。
(23) 京都大学百年史編集委員会編『京都大学百年史』総説編(一九九八年)第二章第一節「設立の課程と理念」(執筆担当宮本盛太郎)、同資料編二第二章「解題」(二〇〇〇年)、同写真集(一九九七年)など。このうち総説編は、第四節で検討する医科大学設置への地元の反応を扱っているが、一部の新聞史料の利用にとどまる。
(24) 「京都府会議事録第十七号」(『京都府府会議事録　明治二十七年』)。京都府編『京都府会志』(一八九七年)所収の建議書は簡略化されている。なお、この時点ですでに第三高等中学校は第三高等学校に改組されているので、この表題は誤りである。
(25) 注(23)『京都大学百年史』資料編二所収。同書では一八九五年九月頃の議論と推定されている。
(26) 〔京都帝国大学の設置について〕(同前所収)。
(27) 「大学予科設立の希望」(『日出新聞』明治二十八年十月三十日)。
(28) 「大学予科設立に関する協議」(『日出新聞』明治二十八年十一月六日)。
(29) 「大学予科設立地購入費可決」(『日出新聞』明治二十八年十一月二十日)。
(30) 「京都府通常府会議事速記録第三号」(『京都府府会議事録　明治二十八年』)。
(31) 本書では触れないが、第三高等学校医学部が所在する岡山もそのひとつであり、地元からの反応もみられた。
(32) 注(26)〔京都帝国大学の設置について〕。
(33) 「大学医学部の件」(『大阪毎日新聞』明治二十八年十二月二十八日)。第二節でみたように、永井はその一月余り後に、今度は官立工業学校設置問題で大阪府委員の訪問を受ける。
(34) 同前および「医科大学(大阪に設置の事)」(『大阪朝日新聞』明治二十八年十二月十五日)。

(35)「大阪医学校」「大阪医学校大学分校問題」(『大阪毎日新聞』明治二十八年十二月七・八日)。
(36)『大阪毎日新聞』一八九六年一月二十七日、『大阪市会史』第参巻(一九一一年)第一章第一節。
(37)「医科大学併置の希望」(『日出新聞』明治二十八年十二月二十日)。
(38)京都府編『京都府会志』第二編(一九一三年)所収。
(39)「医科大学」(『日出新聞』明治二十八年十二月二十一日)。
(40)「医科大学に付ての協議」(『日出新聞』明治二十九年一月三日)、「大学運動(京都)」(『大阪朝日新聞』同年一月七日)。医師としては猪子のほか、「半井・浅山・斎藤・山田・木下・安藤・服部」の名が挙がっている。
(41)府県連合医学校構想を打ち出した愛知県医学校長後藤新平(第八章第一節(1)参照)、吉川卓治が公立大学構想のキーパーソンと位置づけた大阪府医学校長佐多愛彦(吉川『公立大学の誕生　近代日本の大学と地域』、名古屋大学出版会、二〇一〇年の第一編「〈大学と地域〉の思想」参照)と、新たな高等教育制度を構想した主体として、府県医学校長クラスの医学者の存在は見逃せない。その一人に位置づけられるのがこの猪子止戈之助であり、彼の留学体験については別途考察したい。
(42)以上、「京都大学」「大学敷地に関する協議」(『日出新聞』明治二十九年一月二十五・二十六日)、「医科大学」(『大阪朝日新聞』同年一月二十九日)。
(43)「医科大学設立地」(『日出新聞』明治二十九年一月二十八日)。この地所買収に関しては、第三高等学校長折田彦市も関与していた。
(44)京都帝国大学編『京都帝国大学史』(一九四三年)の第一章「創立前記」参照。
(45)一九〇二年卒業生加藤伝次郎の回想(京都府立医科大学創立八十周年記念事業委員会編『京都府立医科大学八十年史』、一九五五年)。
(46)大石嘉一郎・金沢史男編『近代日本都市史研究　地方都市からの再構成』(日本経済評論社、二〇〇三年)所収の大石・金沢「序章　課題と方法」、土方「補章　中等学校の設置と地方都市」。
(47)橋本哲哉編『近代日本の地方都市　金沢／城下町から近代都市へ』(日本経済評論社、二〇〇六年)、『仙台市史』通史編6・近代I(二〇〇八年)など。

(48) 神陵史資料研究会編『史料神陵史』(三高同窓会　一九九四年)の第十三章「第三高等中学校　京都移転」参照。

(49) 高等中学校制度発足の数ヶ月後、一八八六年六月十六日の京都府臨時府会において浜岡光哲は、「京都ノ如キハ山岳四繞風景閑雅ニシテ天然美術ニ適スルノ地ナリ故ニ美術教育ノ如キハ充分之ヲ進メサルベカラズ」と述べて、中学校よりも画学校の方が地方税支弁によって設立するにふさわしいと述べている(『京都府臨時府会及区部郡部会議録事第弐号』『明治十九年度　京都府臨時府区部郡部会決議議事録　完』)。教育と京都の風土とを関連づけたこの種の発言の存在をどのくらいの時期まで遡っていけるのか、史料収集が課題である。また同志社大学設立運動を進める新島襄は、京都府知事や官吏、府会議員や地域の有力者らを前に、「私立大学ヲ設立スルノ旨意、京都府民ニ告グ」と題する演説を行った。一八八八年五月十八日の『国民之友』第二十二号にそれが掲載されている。新島は、「京都ノ地ハ、山高ク、水清クシテ、恰モ仙境ノ如シ、青年ガ繁雑ノ世塵ヲ避ケテ、深ク学ビ、静カニ考フルニハ、尤モ可適ノ地ト云ハザルヲ得マセン、抑桓武天皇ガ、都ヲ此ノ地ニ遷シ給シモ蓋シ以謂アル哉」と述べるとともに、産業や交通の発展により、「遊惰ノ都」から「製造ノ都」へと変化していることを強調し、「願クハ旧帝都ノ地ニ、民力ヲ以テ、一ノ大学ヲ立テラレヨ」と結論づけている。第三高等中学校開校式に先立つ言辞として大変に興味深い。

また、こうした京都像が形成される一方で、第三高等中学校の京都移転(そしてその後の京都帝大の創設)と結びつけ、大阪の文化や学問的風土に低い評価を与える言説が定型化していくのではないか。その過程も今後の検討課題であるが、大正期には、かつて文相高田早苗の秘書官も務めた橋静二が、「明治十九年から二十年の頃、大阪が京都の運動を見縊ることなく、所謂「ガウン・エンド・タウン」の実を挙げて対抗したら、大阪は蓋し一箇の大学を所有し得、大阪の面目、その土地の気品は今少し高尚なものとなったらふ」(「第三高等学校」、『大学及大学生』第七号、一九一八年所収)と評している。戦後になると、一八九四年第三高等中学校卒業生の回想、「その時代の大阪は住民のみならず官辺に於ても、学問に対する熱意が欠けて居つたので、折角大阪に設立された学校を京都に取られ、後年大阪に大学を設立する為め、大運動をしたなどといふ笑はれない失敗がありました」(博多久吉「追憶随記」、大浦八郎編『三高八十年回顧』、関書院、一九五〇年所収)、あるいは一八九二年の卒業生である幣原喜重郎の伝記における説明、「大阪人は教育に無関心で学校を厄介視し、商科の丁稚番頭は敬重するが、学生といふとこれを軽蔑する風さへある。これに反し、京都はその移転を熱望して、当時としては大金であつた十万円を創立費として寄付することを申出たので、時の文相森有礼の英断で、思ひきつて移転したのだといはれてゐる」（幣原平和財団編『幣原喜重郎』、一九五五年の第一章三（三）「高校生のころ」）などがみられる。橘の評論は竹内洋が紹介し（「旧制高等学校の誕生」、同『学歴貴族の栄光と挫折』、講談社、二〇一一年所収、初出一九九九年）、戦後の記述は石川遼子「大阪中学校・大学分校・第三高等中学校——明治前半期大阪における官立中学校のゆくえ」（『大阪の歴史』第六十号、二〇〇二年）が引用する。

第八章　府県連合学校構想史試論
――一八八〇年代における医学教育体制の再編

はじめに

一八八六年（明治十九）四月、中学校令の発布によって高等中学校制度が発足した。先行研究は、その原型的性格が、一八八四年十月の文部省学制改革案にみられるとし、その共通点や相違点、政策過程を検討してきた(1)。ところが一方で、『名古屋大学五十年史』通史編1（一九九五年）が示すように、愛知県医学校長であった後藤新平が一八八〇年末頃より「連合公立医学校」の設立を提言していたことが知られている(2)。後藤は、愛知・岐阜・三重の三県の医学校を統合することにより、理財の便を図り善良な教師や必要器材を十分に得て、教育の向上を図ることを進言した。「複数府県共同での学校運営」という発想として、目下判明している中では最も早い時期の構想であろう。

高等中学校制度は、学科課程や入学資格など様々な点に特色があるが、これまで論じてきたように、本書はその本質を当初府県連合支弁制が盛り込まれていた点に見出す立場に立ちたい。後藤新平の構想は、高等中学校制度の源流は、一八八四年ではなく一八八〇年代初頭にまで遡れることを示すものと理解する。そして、一八八四年を始点とした高等中学校制度形成過程の説明は、もはや事の本質を捉えうるとはいえず、一八八〇年代を通じた問題としてこれを再構成することが必要だと考える。

だが、現在の研究状況においては、未解明な点ばかりである。後藤案自体の性格に始まり、一八八〇年末頃の同案と一八八四年の文部省による学制改革案との位置関係、後藤案に先立つ着想あるいは同種の構想の有無など、多くが検討課題として残っている。本章では、できるだけ多くの事実を新たに明らかにし、個別的・断片的な研究史を見渡すことによって、府県連合学校構想史としての一八八〇年代を描きたい。

連合府県立学校、府県連合校など、現実の呼称は様々であったが、ここでは複数府県の連合支弁制という発想を内包する考え方を総称して、「府県連合学校構想」と名付けることとする。(3)

一　地域における医学校改革構想

一八八〇年代に入ると、一八八二年五月の医学校通則をきっかけに、各府県は医学教育の充実に努めた。だが一方で、松方デフレの下、地方税による医学校維持は困難を極めていた。表1（後出、二九〇〜二九一頁）に、一八八〇年代前半における各府県医学校の設置状況を示した。新設、拡充、あるいは廃止と、各府県はそれぞれに模索を重ねた。そのなかで提示された自発的な打開策が、府県連合医学校構想であった。本章では、愛知県と群馬県から生まれ出た二案を検討していこう。

（1）公立医学校からの動き

「はじめに」で触れた後藤新平の構想にあたるのが、愛知県医学校に発する動きである。名古屋藩時代以来の伝統をもつ愛知県医学校は、早くからお雇い外国人教師を導入し、生徒は他府県からも多数集まり、全国でも有力な府県医学校のひとつであった。(4)

一八八一年一月、愛知県公立病院長医学校長心得兼地方衛生会委員であった後藤新平は、「連合公立医学校設立之儀」をまとめ、岐阜県医学校長土屋寛之と連名で国定廉平愛知県令に建議し、県会への下問を促した。愛知・岐阜・三重三県の医学校を統合することを訴えるこの建議案には、その運営方法を定めた「連合公立医学校設立概則」が添付されていた(5)。その原文は以下のとおりである。

連合公立医学校設立概則

第一条　連合公立医学校は是れ教育理財及ひ地理の便に遵ひ連合せし数県の医学生徒を養育する者にして、若干の金額を以て其全年度の経費とす。先つ愛知、三重、岐阜の三県に始め其佳績を実験して後、全国の改革を政府に乞はんとす。

第二条　該校教育に係る百般の経費は是各県令及主任官吏の協議を相須ち成定す可き者にして、経費を其制度典型に則り以て設立地の県令に委托するものとす。又臨時難決事件起る有らは、被託県令直に其旨趣を委託県令に報し其意見を参照して以て之を決行す。要するに此公立連合医学校なる者は咸な三県人民の結社学校にして、而して三県令は乃ち該社の職員の如し。故に畢竟被託県令は其当番にして委託県令は非番なるか如し。其元来の権制に於ては少しも異なることなし。

第三条　各県会議員の権利にして此公立連合医校に係れるものは各員同等にして宛も一結社の社員に於るものと一般なり。故に該員は此校の百事に異見を陳へ或は功績を験視し且つ金銀出納を精査するの権を有するものとす。

第四条　毎年各県会に於て委員数名を撰み、之をして医学校主任答弁官吏と共に該校の成績を験せしめて以て便宜の地に連合会議を開き、其決議を各県会に附して以て精議せしむるものとす。但し連合会規則は後来之を設くへし。

第五条　公立連合医学校設立の地撰定は各県の令属官及議員の意見に任す。

第六条　公立連合医学校は必しも三県に限るに非す。今便利を旨とし連合の為めに弊害なきもの丶みを挙くると雖とも、自他の隣県にして連合の望み有る者は此組織内に加入するを得るものとす。

第七条　公立連合医学校長を撰定するの権は各県令に在る者にして、其選挙法は同意の多きに定め、辞令書は各県名を連署するか或は県令の姓名を連書すへし。

第八条　公立連合医学校職員教員及事務官撰挙は校長に委任し辞令書校名を用ゆへし。然とも必す之を被託県令に具申し其認可を待て実行するものとす。

第九条　公立連合医学校全年費額は各県現今医学校費の準を以て分数となし各県に割賦するの原法を設け増減必す之に由て決算すへし。例之は甲県壹万円乙県弐千円丙県四千円なるとき甲は八分の五乙は八分の一丙は八分の二なるを以て此準に遵ひ全額を募るか如し。

第十条　公立連合医学校全年度総費額の増減額は之を委員連合会に於て予定し、而して其決定は之を各県会に於て取るものとす。各県会の議決一徹に帰すること能はす多少差違有るや是れ疑ひなしと雖とも、畢竟増減二説に外ならさるを以て甲乙其多数に由て決す可く、而して其同説中金額に差有子ときは其差を中算し、又連合県にして増減二説同数なるときは亦其差を中算するものとす。

第十一条　県の甲乙丙に係はらす其医学校に於て其従来校費又は貸費生を置き、是か為めに医学校費目中に算入せる所の費額は之を公立連合医学校費額内に算入せさるものとす。

第十二条　公立連合医学校設立地の公立病院は之を公立連合医学校に附属せしめ、其校長をして院長を兼任せしめ、之に与ふるに病院費の幾許分か之を医学校費に流用し得へきの権を以てして実地の教育を助けしむるものとす。然とも其流用は是れ県令の認可を得さるへからす。

第十三条　公立連合医学校の生徒は其数連年概ね五百名を以て定限とす。但し各県に於て募集する所の生徒は是れ各県出す所の経費の多寡に関して其員数を定むることなきものとす。
第十四条　毎期募集する所の生徒は是れ此公立連合医学校より入学試験委員を連合県地に派出せしめて以て試験せしむ。但し連合区外の各県に出る生徒にして連合医学校に入学せんと欲する者は、直に公立連合医学校へ来り其試験を受くへき者とす。

後藤によれば、「連合公立医学校」は「三県人民の結社学校」であり、各県令は職員、各県会議員は社員にあたる。その経費は、各県令と主任官吏の協議で決定され、現在の医学校費を基準として各県に費額を配分する。各県会議員から選出された委員が連合会を組織し、監査にあたる。経費は設立地の県令に委託されるが、各県令の権限に差異はなく、各県の経費負担額と各県出身生徒の数も無関係である。学校は五百名規模であるが、連合府県外からの入学も認めていた。

後藤の構想は医学関係者の口に上り、学界誌上にも紹介された(6)。その後、次第に広く知られたとみえ、数県連合による医学校設置に賛同する関係者の声が散見するようになる(7)。例えば翌年の一八八二年五月、府会で医学校費が一旦否決された京都府（第四章）に対しても、『東京医事新誌』は連合医学校を企てることを奨励している(8)。概則は、第一条にみるように、この三県を実験台とし、政府の下での全国的改革に繋げたいとする野心も含んでいた。だが、現実は厳しかった。一八八二年三月、後藤は来る県会で岐阜県医学校との連合が可決されそうな勢いだとみていたが(9)、この案が愛知・岐阜の県会に上程された形跡は、議事録上にみられない。また、そもそも当初から三重県医学校員の賛同を得られないままであり(10)、三県下医学校の統合は結局具体化しなかった。なぜ実現が叶わなかったのか、後藤自身の分析は第三節（1）に譲る。ただ後藤は同時に私信により、この案を内務省衛生局長の長与専斎に建議し、賛意を得ていた。その際長与は「先年来全国五、六県に相応の医学校を設置し近隣諸県の力を鳩めて教育致し候わばと、いろいろ計画致候得共」と返答している[11]。

そもそも一八七四年八月十八日の医制は、大学区ごとに医学校一所を置くとしていたが、当面、この官立医学校は東京と長崎にしか置かれず、長崎の医学校も十月には廃止され、東京の医学校は一八七七年四月に東京大学へと再編されたわけであるから、以来、地方官立医学校自体が皆無の状況にあったということになる。長与は再度各地方に医学校を設置し、その際には官立ではなく、近隣諸県の力を結集した学校、すなわち府県連合的な医学校とすることも考え始めていたと推測される。

さらに一八八一年十一月には、後藤の進言に促されたものか、内務省衛生局に「七大医学区」なる計画が持ち上がっているとの噂が浮上した。『東京医事新誌』は「信偽は知らず」としながらも、「内務省衛生局にては全国を七大医学区に分画し毎区に衛生局を設け又是迄各府県の医学校をも廃し更に七大医学校を置き教則を一定して医生を教育することに改正せらるゝよし」と報道している[12]。衛生局が、既設の府県医学校に代わり、より大きな七校の医学校を設置し、一律の教育を施すというのである。衛生行政が内務省に移管された後も、医学教育行政は文部省の管轄下に残されていたはずであり、衛生局による医学校設置の画策は、越権行為にあたる。しかし、長与は衛生局長であるとともに、一八七七年より東京大学医学部綜理心得も務め、地方医学教育の問題にも主導力を発揮していたとされる[13]。地域レベルでの三県連合は頓挫したものの、長与個人の裁量により、府県医学校体制の改革は、中央において政策化するきざしをみせていた。

(2) 県会からの動き

愛知県医学校の後藤が三県連合医学校の実現を確信していた頃、群馬県では「連合県立医学校」構想が持ち上がっていた。

再度表1を参照しよう。埼玉・山梨・栃木・群馬といった関東一円（東京近辺）の諸県に共通する特徴として、一八八〇年前後の医学校廃止現象を指摘できる。これらの県のなかには、引き続き医学教育つまりは県下医師の養成を実現するため、東京大学医学部にこれを委ねる県があった。例えば群馬県では、一八八一年三月の県会で、教育費全体の約二割にあたる医学校費原案七三七八円を全廃し、その代わりに「医学生徒養成費」三一八二円を創設した(14)。六月に医学校は閉鎖され、十一月に東京大学医学部別課を専修させる生徒三十名を募った。内七人は在学中の者を採用し、他は後期入学試験に備え、予備門に入らせた。翌年三月の県会で番外が答弁したところでは、東京大学医学部に二十八名（予備門に十五名、その他別課生が十三名）在籍し、出京している生徒は二十二名で、寄宿舎に収容していたという。山梨県では、一八八三年六月に山梨学校医学科を廃止し、県費医学生留学規則を定め、選ばれた優等生十名程度を東京大学医学部もしくは千葉県医学校に留学させた(15)。後で触れる埼玉県も同様の方策を取り入れていた。

またこれは、医学校を廃止した県に限ったことではなかった。茨城県では、一八七七年から大区ごとに二名、計二十四名を召募し、民費金からの支出により東京大学医学部別課に入学させていた。一八七九年にさらなる人材確保のため、県医学校を設置した後も、この「東京留学別課生徒」と呼ばれる制度は続き、一八八二年末から一八八三年にかけて、十七名の卒業帰県者を出していた(16)。長野県も、学資支給制度を設け、県医員講習所生徒中の学力優等者を東京大学医学部に送り込んでいた(17)。

例えば島根県でも、高いレベルを誇る岡山県医学校に県費生を送り込む案が提起されるなど(18)、近隣の有力医学教育機関に人材養成を任せる発想は、一八八〇年代前半において全国的にみられた現象であった。だが、こと関東一円は、複数府県が同様の方策を実施した点、その対象が主に官立の東京大学医学部であった点で、際立った

表1　1880年代前半の全国府県医学校設置状況

府県名	1880	1881	1882	1883	1884	1885	備考
札幌	—	—	×	×	×	×	1880.9開拓使が函館病院内に設置。1882.7～三県時代。1883.9県立病院付属講習所として各種学校扱いに。
根室	—	—	×	×	×	×	
函館	△	△	○	○	×	×	
青森	○	○	○	○	○	□	1885.3廃止
岩手	○	○	○	○	◎	◎	1884.8甲種
宮城	○	○	○	◎	◎	◎	1883.4甲種
秋田	×	×	×	□	○	○	1883.8設置
山形	○	×	×	×	×	○	
福島	○	○	○	○	◎	◎	1884.5甲種
茨城	○	○	○	○	○	○	
栃木	○	○	□	×	×	×	1882.6廃止
群馬	○	□	×	×	×	×	1881.6廃止
埼玉	×	×	×	×	×	×	
千葉	×	×	□	◎	◎	◎	1882.9設置
東京	×	×	×	×	×	×	
神奈川	×	×	×	×	×	×	
新潟	○	○	○	◎	◎	◎	1883.8甲種
富山	△	—	—	×	×	×	△は石川の分校　1883.5県設置
石川	○	○	○	○	◎	◎	1884.3甲種
福井	△	×	×	×	□	○	△は石川の分校　1881.2県設置　1884.7開校
山梨	×	□	○	□	×	×	1881.12設置　1883.6廃止
長野	○	○	○	○	○	□	1885.6廃止
岐阜	○	○	○	○	○	○	
静岡	×	×	×	×	×	×	
愛知	○	○	○	◎	◎	◎	1883.4甲種
三重	○	○	○	◎	◎	◎	1883.9甲種　1886.3廃止
滋賀	×	×	×	×	×	×	
京都	○	○	○	◎	◎	◎	1883.4甲種
大阪	○	○	◎	◎	◎	◎	1882.11甲種

兵庫	○	○	◎	◎	◎	◎	1882.12甲種
和歌山	×	×	□	◎	◎	◎	1882.7設置　1883甲種カ
鳥取	—	×	×	□	○	○	1881.9県設置　1883.11設置
島根	×	×	×	×	□	◎	1884.7設置　1885.6甲種
岡山	○	○	○	◎	◎	◎	1883.8甲種
広島	○	○	○	○	◎	◎	1884.1甲種
山口	○	○	○	×	×	×	1883.12廃止
徳島	○	○	○	◎	◎	◎	1883.8甲種
愛媛	×	×	×	□	○	○	1883.10設置
高知	○	○	○	○	○	○	
福岡	②	②	②	◎	◎	◎	1882まで小倉と2校存在　1883.2甲種
佐賀	—	—	△	×	×	×	△は長崎県下での町村立　1883.5県設置
長崎	○	○	◎	◎	◎	◎	1882.5甲種
熊本	○	○	◎	◎	◎	◎	1882甲種
大分	○	○	○	○	◎	◎	1884.6甲種
宮崎	△	△	□	×	×	×	△は鹿児島が設置　1883.5県設置
鹿児島	×	□	○	○	○	○	1881設置
沖縄	×	×	×	×	×	×	

『文部省年報』各年次記事をベースに、各府県教育史類で補完して作成（文献により記述が異なる場合あり）。○は府県医学校が存在した年、×は存在しなかった年を表す（年途中での新設あるいは廃止は□で示す）。甲種化された年以降は◎で示す。—は県が存在しなかった年、△は他府県等によって設置されていた年を示す。×は必ずしも管下で医学教育が行われていなかったということではなく、病院附設などの場合もありうる。なお、第28回日本医学会総会・医学教育史展図録『歴史でみる・日本の医師のつくり方——日本における近代医学教育の夜明けから現代まで』（2011年）にも、詳細な全国公立医学校一覧表が掲載されている。

特色をみせている。

ところが一八八二年三月、群馬県令楫取素彦が「連合医学校設立ノ儀」を県会に諮問した。その諮問案にいう。[19]

近世医術の業大に開け吾人の幸福復た何をか之に若んや。已に文部に大学医学部の設けあり、泰西学師を聘して以て盛に医学生徒を養成し医術の普及を要せられ、地方亦各医学校の設あるに至れり。而して其大学医学部に在るもの教科完備学術精巧と雖も学期の長き且つ其数に限りあり、全国に普からんを欲するも固より得可からさるなり。適々卒業生ありて之を地方に要せんとするも其俸給の貴きを奈何んせん。是れ地方に其人を養成し以て義務を其地方に負はしめんとす。是れ地方医学の設けある所以なり。然れとも其資力素より限りありて泰西学師を聘して之を大成するに由なし。夫れ医術の事たる貴重の性命に関す豈容易ならんや。本年第四号太政大臣内務文部両卿の布達は蓋し斯に感あり。地方に医学を大成する其れ此秋にある歟。而して之を要するや固より一地方の力を以て能く其効を見る事不能ものあらんとす。不若隣県連合協力を以て一大医学校を興し許多の生徒を養成し各地に医生の普からん事を謀らんには今其方法概記し以て県会の意見を諮問す。果して之を可決せば乃委員を設け隣県に馳せて以て大に協議せしむる所あらんとす。〔中略〕

連合県立医学校設置手続

第一条

数県連合し一大医学校を興立せんとす。乃ち連合を要するの県々左の如し。

神奈川県　山梨県　埼玉県　栃木県　群馬県　長野県

第二条
医学校設置の地は横浜を以て適当とす。
第三条
此事業は本県首唱者たるを以て権に県官の内三名県会議員の内より二名の委員を置き担任せしめ、追て各県協議の上各担当委員を定めしむへし。
第四条
本校設置の規模は本年第四号太政大臣内務文部両卿の布達を目的とし、外国教師三名備ひ自余の教師は悉く日本人を以て之に充つへし。
第五条
生徒は高等の医生の少からんより寧ろ中等の医生を養成し其数の多からん事を要す。故に学期を八ヶ年とし大約六百名を目途とす。
第六条
教則其他諸規則役員の配置方法等は各県協議の上制定するものとす。
第七条
一ヶ年経費凡そ七万円を以て目途とす。
但地方税弁連合支弁の儀は法律に明文なきを以て各県協議の上連署を以て内務省に経伺すべし。

楫取県令によって提唱された連合県立医学校とは、「地方医学」のための学校であった。そこで養成されるべきは、東京大学の学生とは異なり、低俸給で数も多く、地域に根ざす「中等の医生」であった。だが彼らは「中等」であっても、卒業後無試験で開業可能なレベルでなくてはならない。そのためには、二月十七日の太政官布達第四号「医学校卒業生試験ヲ要セス医術開業免状下付方」が示す条件――三名以上の医学士を教諭とすること、生徒員数に相当する助教を置くこと、四年以上の学期を定め教則と試験法を完備すること、附属病院を置き生徒に実地演習を施すこと、の四点を満たす学校が必要である。一県の力では不可能ゆえ、隣県の連合協力による一大医学校の興隆が目指されたのである。連合相手として挙げられたのは、長野を除き、神奈川・山梨・埼玉・栃木ともに群馬同様医学校がなく、前述のように東京大学医学部等に医師養成を委ねている、いわば「寄生型」の県であった。

だが、一八七九年に医学校を廃し、在学生徒十名に対して地方税から学資を支給して東京大学医学部に入学させる方策を開始していた埼玉県は、「本部に入学する者其試験亦甚だ容易ならさるを以て往々落第する者多く、即今在学する者僅かに七人のみ。而して此の如き寡少の生徒を養ふも固より医学の進歩に於て損益するに足らさるを以て議員の識見ある者往々医学校を廃止せるの軽挙に過くるを咎むと云ふ」[20]という状態であった。群馬県でも、医学生徒養成費の成否が見えてきた翌一八八三年三月の県会になると、これまで二年間の予算を投入してわずか卒業生二人という現実などを論拠に医学生徒養成費の全廃が叫ばれ、可決されている。県当局が何度も再議を要請し、県令までもが臨席して漸く原案が通るという有様であった。

以上のように、人材養成が思ったとおりに進まない状況の下、新たな打開策として諮問されたのが、府県連合医学校の設立であった。

ところがこの諮問案は、県会での審議のなかで、別の方向へと発展していく。諮問に先立って、常置委員による検討がすでに行われていたが、常置委員会での意見は、教育内容上急務とされるのは医学に限らないから、医学生四百人に法理学生各四十名を加えて、法理二科の加わった八年制の「一大学校」とし、経費も八万円を計上せよ、という大がかりなものであった。連合の範囲も、比較的安定した医学校を有する千葉・茨城の二県をも追加した「関八州連合」が想定され、さらに設置場所は横浜ではなく鴻ノ臺を適当としていた。鴻ノ臺とは、かつて文部省内で田中不二麿文部大輔を中心に、東京大学とは別の「真ノ大学校」「高等大学校」の設立が模索されていた地、千葉県の国府台にほかならない(21)。

常置委員の意見が県会で披露されると、時期尚早との意見もあったが、議員連署による同意の意見書が提示される一幕もあり、過半数議員の諒とするところとなった。可決された諮問案は、常置委員の意見に沿って修正が加えられ、知事宛に報告された。そして四月の臨時県会で、常置委員中の二名、湯浅治郎・星野耕作が連合大学設立委員に選出された(22)。

県会議事録による限り、この構想の主導者、楫取県令の関与の度合い、なぜ「横浜」であったのか、「国府台大学校」計画との関連等々、興味深くも不明な点を多く抱える。今後の解明に俟つところ大ではあるが、地域的特色を帯びた一案といえよう。自前の医学校維持は苦しい、しかし代替措置である近接東京大学への人材養成委託策も、レベルの違いから、必ずしも地域医療の充実に結びつかない、というジレンマのなかでの打開策であった。同時に、後藤医学校長一人に牽引されたような愛知県での動きに比し、県当局や県会議員協同の計画となった点、広域的連合である点、単科専門教育の枠を超えた総合的地域大学校へと話が膨らんだ点など、具体性では劣るものの拡大志向もはらんだ一案として、見るべき点が多い。

二　地域における府県連合会

一八八〇年代前半には、特定の目的に関して近接の府県が随意に会同し、各地で多様な会議がしばしば開かれていた。学事において「府県が連合する」という発想の背景をなす現象であったと考えられる。一見、脇道に逸れるようではあるが、本節では複数府県の公的会同を、目的や範囲を問わずに「府県連合会」と総称し、その実態を把握しておきたい。

(1) 府県連合共進会・府県連合衛生会

府県連合会中、新聞などでもっとも目につくのが、殖産興業的事業における「共進会」であろう。府県連合会全般のイメージをつかむために、まずはこの共進会について概観しておこう。

フランスの産業奨励政策を視察して帰国した松方正義勧農局長が開設を稟議したことで、一八七九年より実現したのが共進会である。いわば品評会でありつつも、集談会といったかたちで情報交換がなされる場でもあった。[23] 土屋喬雄の分析のように、規模や成果の点でいえば官設共進会が重視されるであろうし、一府県単位の共進会も多く開かれたが、ここでは任意の府県が自主的に連合する形態の共進会に注目したい。

情報の精粗にばらつきがあるが、土屋に倣い、一八八五年以前の開催が判明する府県連合共進会を表2に挙げてみよう。官設共進会については、その時々に実施規則が法令で示されたが、府県連合共進会に関しては、賞与金の交付規則が出された程度で[24]、日程や連合の範囲等々、基本的に運営は府県側の自由に任されていたとみられる。

府県連合会は、産業以外の分野でも開かれた。例えば、伝染病の流行を背景として、医学教育に隣接する衛生行政に関連した府県連合会の開催が、一八八〇年より確認できる。[25] 一八八三年三月三十一日には、内務省達番外「府県連合衛生会規則」が発令された。共進会同様、情報の精粗はあるが、この規則に準拠した開催が軌道に乗ったと思われる同年夏以前に開かれた連合衛生会を、表2に列挙しておいた。

「府県連合衛生会規則」は、関係府県の衛生課長または課員を会員とし、会開催府県の長官がその都度会長となって、内務省衛生局員の臨場の下、年一回二週間程度の会議を開催せよとするものである。連合の区分は、第一区（東京警視庁東京府・神奈川・千葉・茨城・栃木・群馬・埼玉・山梨・新潟・長野・静岡）、第二区（大坂・京都・滋賀・愛知・三重・岐阜・石川・福井・和歌山・兵庫）、第三区（徳島・高知・愛媛・広島・岡山・鳥取・島根・山口）、第四区（熊本・長崎・福岡・大分・鹿児島・沖縄）、第五区（宮城・福島・山形・秋田・青森・岩手・函館・札幌・根室）と定められ、それぞれ四月、五月、十月、十一月、六月の開催とされた。区割りは定められたものの、各府県は必要があれば、別区域の連合会に参加したり、臨時会を開催したりすることもできた。

内務省は規則の制定にあたり、「衛生の事は其範囲の汎きを以て往々考案を異にし、殊に伝染病予防方法の如き彼此寛厳の別を生して不都合なること往々、之れより故に各地方の気脈を通し事務実施の便否を商議するは実際欠へからさるを以て、本年召集の各府県衛生課長等の意見を参酌して」定めたと説明している。[26]二月十日より、各府県の衛生課長と病院長を出京させ、衛生（事務）諮問会が初めて開かれたが、[27]そこでの意見もふまえたとある。この年一月、かの三県「連合公立医学校」制度の上申により長与に認められるところとなった後藤が、内務省御用掛として衛生局に転任している。諮問会の開催や「府県連合衛生会規則」の制定には、あるいは後藤が関与したとも推察されよう。

以上、共進会と衛生会を例にとり、それぞれにおける府県連合の実態をみてきたが、両者ともに、一度開かれた会が開催地を代え、参加府県数を拡大して継続される事例も多い。目的を共有する近隣府県が任意に集う場が求められ、次第に自明の存在となっていったとみられる。

（2）府県連合学事会

共進会や衛生会と並行し、学事を目的とした府県連合会も開催されていた。連合府県学事会、府県連合教育会

表2　1880年代前半における府県連合会

	共進会	衛生会	学事会
1880		8.愛知県で連合衛生会(三重・愛知・岐阜・静岡)〔『東医』125〕	
		11.大阪府で近府県連合衛生会(「第四組府県連合衛生会」)〔『東医』140〕	
1881	2.静岡県で綿糖生糸繭茶連合共進会(三重・愛知・静岡・山梨)	2.兵庫県で二府四県連合衛生会(京都・大阪・兵庫・岡山・滋賀・徳島)〔『東医』141〕	
	神奈川県で繭生糸織物連合共進会(神奈川・埼玉・栃木・群馬)	11.京都府で第四組府県連合衛生会(福井も加入)〔『東医』189〕	
		11.東北六県連合衛生会〔注(2)〕	
1882	10.繭生糸茶蝋砂糖連合共進会(長崎他五県)	2.京都府で連合府県衛生会(京都・大阪・京都・和歌山・福井・兵庫)〔『東医』199〕	4.京都府で畿内山陽山陰南海道二府十県府県教育会議(大阪・京都・兵庫・和歌山・岡山・広島・山口・鳥取・島根・高知・徳島・愛媛)〔注(29)〕
	10.群馬県で連合繭生糸織物共進会(神奈川・埼玉・栃木・山梨・長野・福島・群馬)	6.福井県で近傍府県連合衛生会(長与専斎局長臨席)〔『東医』217〕	
	連合繭糸麻共進会(石川・福井)	8.兵庫県で近隣府県の連合衛生会〔『東医』229〕	
		10.山口県で第三期連合衛生会(永井久一郎少書記官臨席)〔『東医』242〕	
		11.宮城県で奥羽六県連合衛生会(長与局長臨席)〔『東医』239〕	
1883	2.埼玉県で米麦大豆菜種綿茶共進会(東京・神奈川・群馬・千葉・栃木・埼玉)	1和歌山県で連合衛生会(京都・大阪・福井・徳島・和歌山)〔『東医』253〕	4.埼玉県で府県連合学事協議会(東京・神奈川・千葉・茨城・埼玉・栃木・静岡・山梨・群馬)〔注(30)〕
	4.連合共進会(長崎他七県)	4.滋賀県で近接府県連合衛生会〔『東医』266〕	6.徳島県で連合府県学事会(京都・大阪・兵庫・三重・和歌山・滋賀・岡山・広島・山口・鳥取・島根・愛媛・徳島・高知)
	綿繭生糸紙織物共進会(関西連合府県)	4.新潟県で東京他十県連合衛生会〔『東医』265〕	9.群馬県で府県連合学事協議会(東京・神奈川・千葉・茨城・埼玉・栃木・静岡・山梨・群馬)〔注(30)〕
	連合共進会(福島他三県)	4.大阪府で臨時第二区連合府県衛生会(長与局長・北里柴三郎臨席)〔『東医』269,270〕	九州各県連合教育会
		6.大阪府で第二区府県連合衛生会(大阪・京都・滋賀・兵庫・三重・愛知・徳島・和歌山・岐阜・福井、石川は欠席)〔『東医』271〕	
		6.山形県で近県連合衛生会〔『東医』273〕	

		7.大阪府で臨時第二区府県連合衛生会〔『東医』275〕	
1884	連合共進会(長崎他七県)	〔1883後半以降については、ほぼ府県連合衛生会規則に準拠した開催につき略す〕	4.静岡県で府県連合学事協議会(東京・神奈川・千葉・茨城・埼玉・栃木・静岡・山梨・群馬・愛知・岐阜・新潟)〔注(30)〕
			4.宮城県で東北九県連合学事会(函館・宮城・福島・岩手・青森・山形・秋田・札幌・根室)〔『大教』9〕
			6.和歌山で二府十県府県教育会議(大阪・京都・兵庫・和歌山・岡山・広島・山口・鳥取・島根・高知・徳島・愛媛　吉村寅太郎庶務局副長臨席)〔『大教』11注(29)〕
			9.東京府で一府十二県連合学事協議会(東京・新潟・埼玉・群馬・千葉・茨城・愛知・静岡・岐阜・長野。神奈川・山梨・栃木の三県は欠席　辻新次普通学務局長臨席)〔『大教』12〕
			九州各県連合教育会
1885	3.千葉県で連合農産共進会(東京・神奈川・埼玉・群馬・栃木・千葉・茨城)		4.千葉県で府県連合学事協議会(東京・埼玉・茨城・群馬・長野・静岡・栃木・岐阜・新潟・神奈川・愛知・千葉　野村綱地方部長臨席)〔『教時』2〕
			5.山形県で第二回東北各県連合学事会(野村地方部長臨席)〔『教時』5、『大教』18〕
			6.大阪府で二府十三県連合府県学事会(和歌山・徳島・京都・岡山・山口・愛媛・広島・兵庫・三重・滋賀・鳥取・島根・大阪・高知　伴正順庶務局長臨席)〔『教時』6〕
			6.長崎県にて九州各県連合教育会(福岡・佐賀・大分・熊本・長崎・宮崎・鹿児島)
			9.東京府で一府十二県連合学事協議会(辻普通学務局長・野村地方部長ら臨席)〔『大教』23、『教時』15〕

開催が判明したもののみを掲載した(必ずしもすべての集会をカバーし得たとはいえない)。各項末尾に典拠を示した(『東医』は『東京医事新誌』、『大教』は『大日本教育会雑誌』、『教時』は教育時論の略。数字は号数)。学事会で典拠注のないものは本章注(28)湯川論文による。共進会は注(23)参照。

等々様々な名称があるが、これらを「府県連合学事会」と総称することとし、その特性を考えよう。近年、梶山雅史らや湯川嘉津美により、総合的・継続的な関連研究が進められているが[28]、ここでは一八八〇年代における府県連合学事会の状況を、共進会や衛生会と比較する視点から整理しておきたい。

（1）同様に、一八八〇年代前半に開かれた会議を表2に示した。

学制に定められた学区制に従い、一八七五年の第三大学区教育議会を端緒として、学務課員や校長など諸府県の代表が集合し協議する大学区教育会議（議会）が各地で始まっていた。一八八二年四月に京都府で開催された「畿内山陽山陰南海道二府十県」の会議は、一八七八年に山口県で開かれた旧第四学区の会議が、会同する府県を全国に広めることを目指して発展した集会であり、従来の規則を改正し「連合府県学事会規則」全十二条に整えた[29]。また、一八八三年四月には、埼玉県において関東一帯の府県による「府県連合学事協議会」が開かれ、全十条と細則的八項からなる規程が設けられた[30]。これらは主に学事会の開催手続きを取り決めたものであるが、各々異なる内容をもった。例えば会の種類について、前者は「決議」と「談話」の二種、後者は「諮問」「協議」「演述」の三種に分割、といった具合である。規則自体の細かさもそれぞれであった。

文部省は一八八一年六月二十日の第二十一号達にて、府県が「学事に就き諮詢講究等の為め」教育会を開設する際には、規則等を添えて伺い出た上、議事顛末を届け出ることを命じていたため、各学事会の規則類は文部省の目を経ることとなった。しかし、衛生会と比較すると、府県連合学事会の場合、結局中央官省による統一的法制化がなされなかったことが特徴であろう。連合する府県、会のもちかた、それ以前に開催の有無についても、基本的に府県側の判断に任されており、いわば共進会に近い状態にあったと思われる。

一八八三年九月に群馬県で開かれた「連合府県学事協議会」において興味深いのは、茨城県の「本会をして主務省の命令より成立する所の公会たらしめんこと」との建議を発端として、参加府知事県令九名の連署による文部卿福岡孝弟宛「府県連合学事会之義に付建議」が成立していることである。教育という重大事業において、ある府県で廃止した方策が別の府県で実施されているといった実態は、「一府県に局促し共議の便路を開通せさるに依る」のであり、「該会は同志府県の協議より成立するに依り其離合聚散も亦府県の適意に任するものなれは之を以て共謀合議の途を開通せるとも難相認候』との現状から、「該会規程の綱領等は貴省に於て御制定之上適宜府県連合の区域を定め本会開設之義御示達相成候様」と要望するものであった。府県連合学事会の効力を高めるために、連合衛生会のような規則の制定を文部省に要求しているのである。従来、中央官省による法制化は、地域の自由な活動の「統制」という文脈で理解されがちであるが、府県の側から法令発布による「公会化」が求められていることに留意したい。

一八八五年五月二十日からの第二回東北各県連合学事会では、「九県連合して専門学校を設置せんとするの件」(宮城県発題)、「府県連合高等学校及府県学事会設置の件に付意見書を文部省に呈すること」(福島県発題)の二件が「討議題」に挙げられていた。[31]こうした発題が一八八五年の府県学事会でみられることになった事情については、次節で扱う一八八四年秋以降の文部省の動向も考慮せねばならないが、逆に文部省が「府県連合」という大きな枠組を想定して動き出していく背景には、先述した一八八三年の「連合府県学事協議会」による「公会化」の建言など、地域の側からの働きかけも作用していたことと推察されよう。

三　文部省の制度改革

それでは本題に戻り、愛知県や群馬県といった地域に発した府県連合医学校構想が政策化していく過程を検討する。

（1）学事諮問会

かつて佐藤秀夫の研究によってその画期性が明らかにされたのが、一八八二年の文部省学事諮問会であるが、これは府県連合学校構想の視点からみても注目される会議である。

この諮問会は、第二次教育令と関連細則の制定、それに基づく各府県の教育制度改革が一段落した一八八二年十一月から十二月にかけて、法令の実施状況と問題点を文部当局者が諮問聴取し、文部省側が政策方針を説明するために開かれた。全国各府県の学務課長・学校長らを同時に東京に召集した、空前、未曽有の集会であったとされる。[32] 先に言及した衛生諮問会より早い開催である。

群馬県にとってこの学事諮問会は、まず県会で決議された「関八州連合」学校構想を進めていることを文部省に知らせる場となった。文部省からの諮問「太政官明治十五年第四号布達并ニ医学校薬学校通則達以後ノ実況及右ニ関シ将来ノ計画」への回答において、その旨を記したのである。[33] 同時にこの諮問会は、他府県に対してこれを諮る場となった。翌一八八三年三月二十六日の通常県会において、連合大学設立委員の星野耕作は次のように経過を報告している。

未だ連合府県を巡回せず又公然書面も送らざれとも、昨年桐生共進会の節参会の県令書記、並彼の諮問会の時東京に集りたる各県の長次官に照会せしに、大概賛成はすれども、方今議会が率先するに非らざれば好結果も覚束なければ議会の決議次第に由りて協力せんと云はれ、千葉茨城は断然不同意なりと。埼玉へは未だ稟請せず。

「彼の諮問会」とは、文部省学事諮問会のことと考えて間違いあるまい。また「桐生共進会」とは、第二節

（1）に挙げた一八八二年の繭生糸織物共進会である。前年神奈川県において開かれた四県連合共進会に福島・長野・山梨を加えた七県連合の第二回共進会として、主催地群馬県が予算を計上して開かれた会である[34]。各県高官が集う場である以上、連合共進会の折に学事問題が話題に上ることもあったのである。折々に開かれた近隣府県の諸連合会は、案件以外の多様な問題について意見が交換される多目的集会として機能していた。

いずれの折にも、群馬県の連合大学校構想に対する他府県の反応は芳しくなかったようで、星野委員は次のように続け、同じく委員である湯浅治郎も付言した。

此の如きの次第なれば、本年二月彼の府県会議員の懇親会に於て連合府県の議員に打ち合せ、其景況に依り更に諸君の評定を煩はさんと予期せし折柄、客歳十二月即ち太政官第七十号の布告により、他府県の議員と互に通信往復し又は集会連合することを禁せられたれば、本員等の期する処も爰に消滅したるなり。因ては該委員の任も亦た爰に解きたるものなれば各員宜く了知あらんことを。〔星野〕

大学校設立の義に付本員が聞く所に依れば、茨城県令の意見は府県議員を集むるは寧ろ利益あるより其弊害あらんを恐るゝにより不同意なりと。又た七十号布告の出ずる前に於て窃に連合各県の議員に就き照合せしに、孰れも之を可とせず、只長野は同意ならんと云へり。是皆な議員各自の私見に過されば、其県の輿論とは認め難しと雖も其概況を知るに足るべし。〔湯浅〕

結局のところ、群馬県での動きは複数県の運動へと広がらず自然消滅したということになる。理由は諸府県の全面的な同意を得られなかったことにある。長野を除き、各府県会議員の反応も鈍かった。千葉・茨城の不賛成は、独自の医学校を維持していたことも作用しているだろうが、両委員ともに言及するように、太政官第七十号布告「府県会議員連合集会等ヲ許サス及其違犯者処分方」の発布など、民権運動の隆盛期にあって府県を横断した議員の集会が警戒されていたことも、この地方特有の阻害要因であったといえる。

さて、一方で、この学事諮問会に参加した全メンバーの内訳は、学務行政官五十六人府県立学校関係者三十三人であったが、各府県が学務課員・師範学校長・中学校長を派遣するなか、ただ一人、医学校長の身分で愛知県から後藤新平が顔を並べている。後藤は佐藤の研究でも異色のメンバーとして言及されているが、参加の主目的が、医学校行政を管轄する文部省の専門学務局長浜尾新に「地方医学教育改正之意見」を提出することにあったことは、当時の医学雑誌も伝えている。[35] 後藤は浜尾に対し、愛知・岐阜・三重の三県連合が達成できない理由を、「一は各県互に其管内の事蹟にのみ注目して、互いに相競い、却て唇歯相援くるの念慮なきものの如く、一は県会議員中、偶々此説を賛成して、議場に提出せんとする者あるも、元来府県会規則は、唯其一県の利害得失に関して論ずるの区域たるを以て、偏に其権限を犯さんことを恐れ、敢て之を討議熟議する能はざる」と説明している。[36] そこで地方官にこれを行わせるために、以下の三点を求めている。文部・内務省の発令によって各県医学校費の名称を改め「医学教育費」とすること、一県が医学教育を維持できない場合は数県が連合してもよいとの制令を出し、地方官らが地理人情を酌量し連合の願書を提出すればこれを允可するとの訓示を出すこと、できれば文部省から千円以内でよいので補助金を給与すること。そして後藤は最後に、数県連合の妥当性の根拠として、数町村連合小学校の存在を挙げるとともに、前節（1）でみた「数県連合共進会」の存在を指摘していた。

後藤の意図は、管轄省の文部省に対し、地域の自主性だけではなかなか達成できない医学教育の府県連合について、その原因となる障碍を取り除き、促進のための法制的基盤整備を求めることにあったといえよう。[37] 文部省はこの諮問会を通じ、群馬県の動きを知ることとなったが、さらに後藤による直接的な上申により、ついにその手による府県連合学校構想の政策化に導かれていったものと推察される。

（2）学制改革案

残念ながら、一八八二年十月の学事諮問会以降約二年間の政策過程は不明である。片山芳林がドイツに倣い「適応の地を全国に選ひ三四の大学校を設立」することを提唱したり、橋本綱常が全国に数個の官立医黌を設置するよう希望するなど、東京大学医学部教官陣にも医学教育体制を改革する必要性の認識が広がっていたようではあるが[38]、具体的に政策が進展した形跡は確認することができない。

一八八四年十月十六日、大木喬任文部卿は地方官会議のために上京した各府知事県令に対し、「地方学政に関する垂問」として教育制度改革案を提示し、回答を求めた。「一八八四年学制改革案」と呼ばれるこの一連の改革案に、「府県連合設立高等学校」案や「連合府県立学校」案が含まれる[39]。ここではじめて文部省による府県連合学校政策がひとつのかたちを成し、提示されたとみられる。両案原文は、倉澤剛や湯川嘉津美が全文を掲載しているが、権限のありかと経費支弁主体に着目して整理してみよう。

「府県連合設立高等学校」案は、「高等学校」という新たな種類の学校の設立維持方法を定めたものである。高等学校は「高尚なる専門学科」を研究する予備のため、あるいは実地の業務に就くために必要な「高等の普通学科」を修めるところであり、全国を七区に区分して、文部卿の定めた場所に設置し、文部省が直轄する。経費については、文部卿が定めた定額のうち、十分の一を国庫が補助、残りを連合府県から徴するとした。

一方の「連合府県立学校」案は、「高等なる専門学校」もしくは「中学校」について、一府県の資力では完全を期しがたいとした上で、新設は勿論、既設の学校であっても、接近する数府県が資力を合わせてなるべく完全な学校とすることを促したものである。設置にあたっては、学校の種類や府県連合の区域について、文部省に稟議し、文部卿の認可を得ることが必要である。関連事件および経費予算やその分担方法は、「連合府県立学校学事会」で議定するとされた。府県連合での学事会といえば、前節（2）にみた各地での学事会の実態やその法制化の要求が想起されるが、「連合府県立学校学事会」の組織についてはここで示されず、「未だ調査中」とされた。ただこの時点では、学制改革案中、別に設けられていた「府県学事会」案に概ね従うとされていることから、府知事県令の管理に属し、各府県の府県会議員や府県吏などから構成する方向にあったと推測できる(40)。

以上により、文部省が初めて公にした府県連合学校設立案は、文部省が主導して創設する「府県連合設立高等学校」と府県の裁量による「連合府県立学校」の二本立てで示された点が特徴だといえるだろう。「高等なる専門学校」としての医学校は後者に分類されるものであった。

二十府県の地方長官の連名による回答は、湯川が紹介している。まず、「府県連合設立高等学校」案に対する意見は割れたが、多数の意見として、設立の必要は認めるものの、その実現には法律や命令の力が必要であること、国庫の補助金額の増額を希望することの二点が示された。次に「連合府県立学校」については、府県会との関係から、予算決定権が「連合府県学事会」にある点が問題となった。府県会に教育費の審議権がないことは、府県会規則や地方税規則と齟齬をきたし、府県会からの反発が予想される。そこで、両規則を改正すること、すなわち地方税支弁費目を「経常費」と「臨時費」に分割し、前者は府知事県令が主務卿の認可を得て定め、府県会には徴収方法だけを審議させる項目とするという案が提起されている。そうすれば、「連合府県学事会」そのものの存在も不要となる。この改正が成らないうちは、「連合府県立学校」案の施行を求めないとの意見が提示された。さらに「経常費」には、教育費のほか、警察費などの費目も盛り込むことが期待されており、本件をきっかけに、府県会で恒常化している諸経費削減要求への全面的な対応策に持ち込む方向へと、話の焦点が移動している。

愛知からの動きも群馬からの動きも、周辺県が必ずしも同意せず進展しなかったこと、府県連合学事会の法制化を求める動きがあったことからも類推されるように、地方長官としては、府県連合学校構想の実現には国の主導力の発揮を望んでいた。また、従来の経験をふまえて府県会対策に神経が使われ、府県当局がその力を制御できる体制が不可欠であると認識していたのである。

（3）審議の始動

地方長官からの回答を受けた文部省の動きはしばらく不明であるが、翌一八八五年八月の教育令改正前後から、制度改革に向けて省内が動き始めた様子がうかがわれる。『文部省年報』によると、八月三日、文部省は連合府県立学校条例案、連合府県学事会案を上請した。ここで府県連合学校とその運営組織の創設に関わる本格的討議が始まったといえる。冒頭に述べたように、諸研究が以後の経緯の解明を試みてきたが、本章では医学教育問題を中心に検討を加える。新聞雑誌類より漸近的に事実を類推していくほかない史料状況の中、すべてを網羅的に検索することは不可能であるが、さしあたって関西周辺の諸紙、あるいは医学雑誌上に現れた記事を収集してみよう。これらの中には単なる噂や誤報も含まれようが、事態の概略を推察する史料として、留保付きで用いることは可能と思われる。

八月十二日公布の改正教育令における中学校・専門学校関連の規定は、従来、専門学校と区別されていた農・商業・職工学校を専門学校の概念に含め、その上で府県に対し、特に農・商業・職工学校を設置するよう奨励している。さらに大木文部卿自身、府県連合による設立を現実的方策として農工商業教育を振興するように、と述べている[41]。府県連合学校構想は、一八八五年に農工商業、いわば実業専門教育の振興が唱えられるなかで本格化し、早くから各府県レベルでの設立をみていた医学専門学校もこれに牽引され、再編が促進されたと考えることができる[42]。

大木が重点課題とした農工商の学校については、大阪をはじめ全国六ヶ所に職工学校を設置する[43]、翌年二月頃からまずは東京・千葉・神奈川・埼玉の四府県連合による農工商学校を設立し、その他は徐々に設置する予定であるといった報道がみられる。(44)

一方、中学校についても、中学校条例取調委員が任命され制度改革が本格化したようだが、(45)十一月頃には、現中学校より少々高尚な学科を教授する八ヶ所の府県連合中学校設置が近いことが伝えられるようになった。(46)従来、中学校の府県連合構想の存在は指摘されてこなかったが、高等「中学校」に通じる発想として注目される。

そしてこれらの動きと並行し、医学校についても同様の連合計画が進行していた。以下、新聞報道を抄録する。

・府県立医学校　殊に近年は世上一般の不景気引続き益す維持の困難を来したるが此頃其筋にては此迄の医学校を廃して更に二三府県若くハ四五県連合の医学校を設立せしめ一方には教員其他を充分に整頓せしめ一方には大に費用を節減するの評議ありと(47)（『山陽新報』M18・9・2）

・学校合併の噂　京都医学校の如きも近府県を連合し一層事業を拡張せんとの協議もあるよし噂すれど其信偽の程は存ぜず候なり（『日出新聞』M18・9・2）

・府県立連合医科学校　今度大木文部卿の意見に因り其筋にて府県立連合学校を設置せられる由〔中略〕連合医学校なるものを設け全国を六七区に分かち六七県を連合して一区とし一区毎に之を設くるの仕組みとなし（『大阪日報』M18・9・6）

・医学校合併の噂　其筋にては従来の医学校を廃し二三府県若しくは四五県連合の医学校を設立するの評議ある由は既に過日の紙上に記載せしが今聞く処に拠れば本県〔岡山〕の如きは山口広島島根鳥取の四県と合併して一の大医学校を設立することになるやに聞けり（『山陽新報』M18・9・6）

・六大医学校　予て噂ありし六大医学校は愈明年より実施され不取敢従来県立医学校中其の盛なるものを改正して之れに用ひらるるや（『山陽新報』M18・10・20）

これらを総合すると、他の専門教育と異なり、すでに各府県学校として多数の設置をみていた医学校については、新設ではなくいずれかの府県学校の転用による設置が確定的であり、計画も具体性を帯びていたといえる。全国を数区に分けて一区ごとに府県連合医学校を設置し、既存の府県立医学校から主な医学校を選び、これを母体とする。例えば京都府医学校を中心とした近隣府県の連合、あるいは岡山医学校を中心とした山口・広島・島根・鳥取の五県による連合などの案が出ていた。しかし、京都・兵庫・大阪をはじめ比較的規模の大きい医学校が隣接する近畿一円においては、連合は必至としても、どの府県が連合するのか、どこが核となるのかについては全くわからなかった。一八八六年三月になると、

・医学校合併　過般三重県医学校を廃して人坂医学校へ合併したる由なるが今又京都兵庫の両医学校を廃して大坂医学校へ合併せんと目下夫々打合せ中なりとか(48)（『山陽新報』M19・3・12）

との報道があり、大阪を中心とした近隣医学校同士の合併計画も取り沙汰された。

こうしたなか、医学界の反応は引き続き好意的であった。『東京医事新誌』の編集人である岩井禎三は、すでに一八八五年年頭に、地方税に頼った財政の不安定さ、解剖用死体や図書器械といった学修環境面の不備、入学生徒の学力の低さの三点を問題とし、その解決方法は、「府県連合して全国に五個乃至七個の大医黌を適当の地(例之北海道の各県連合して札幌に置き九州沖縄の諸県連合して福岡に設け滋賀京都大坂兵庫及四国の諸府県連合して大坂に

置くが如し）に設置するにあり」とした。そして「該校を官立とし文部之を直轄して其優等卒業生に学士の称号を授与するの日あらんことを」願い、それによって「我国の医学初めて完然すと謂ふべきなり」と述べていた。[49]

さらに岩井は当一八八六年年頭にも、「連合医学校の必要を論す」と題する論文を寄せた。[50]「昨年に於て和歌山県の如きは県会に於て二回まで廃校の論に議決し遂に内務卿の裁定を煩し、又新潟県の如きは再議に附して漸く其命脈を保存するを得たり。又青森、長野、秋田の三県に於ては断然之を廃止、岩手県の如きは本年三月限り之を廃すと聞けり。其他県会に於て減額の説廃校の論、殆んど常の如し」と現状を把握した上で、各校レベルの平準化や病院拡張といった府県連合医学校のメリットを付言している。そして文部省による「連合学校条例草案」の脱稿あるいは近日発布を伝え、「全国に七個の連合医学校を設け其一校を東京若くは千葉に置き東京、神奈川、千葉、埼玉、群馬等の府県連合と為す」との風評を取り上げていた。一方、岩井に続いて掲載された服部亀一郎の論説「府県立医学校廃止の風説を聞て感あり」は、「政府は此度府県立医学校を廃して更に六大医学校を組織せらるへしと或は四大医学校を起して之を大学の分校とせらるへし」との別情報を伝えている。服部は「大学の分校」との呼称から、従来の甲種府県医学校に勝るレベルの医学校であることを予想し、速成の需要に対しては私立医学校を興せばよいとして、これを歓迎している。

実際、府県連合学校を「大学分校」と位置づけるとの風説はその後も存続していた。

・医科大学分校　予て噂のありし如く森文部大臣には愈々此頃連合県立医科大学分校の議案を閣議に提出されたる由なるか其議案の要点を聞くに全国中に十数ヶ所の分校を設け学生を教育するのみならず所在近傍の開業医をも時々招集して附属病院中に於て演習せしめ一般に地方医事の体面を変革せらるゝ目的なりと云ふ[51]（『中外医事新報』M19・4・10）

以上、一八八五年八月以降の改革動向をめぐっては諸説紛々たる状況であり、実際、事態がぎりぎりまで流動的で闇に包まれていたことは、現実の中学校令とはかなり矛盾するこのような報道が、その発布当日にみられたことからもうかがわれよう。

四　高等中学校制度

(1) 中学校令の構造

こうして一八八六年四月十日、様々な風評に決着を付けるものとして、勅令第十五号中学校令が公布された。その立案過程や政策意図は、史料的制約から必ずしも明確にはならないが、高等中学校制度に関わる条文を素直に再読し、その特質をあらためて考えよう。

従来の研究は、一八八四年学制改革案中の「府県連合設立高等学校」案や「連合府県立学校」案と高等中学校制度の個別的な連続性や変化、すなわち連合府県が経費を支弁するという共通点、あるいはカリキュラムや教育段階の変更点の析出に目が向いているが、ここでは府県の裁量権にどのような変化が生じたか、という点を重視したい。

中学校令第三条から第五条を再掲する。

第三条　高等中学校ハ法科医科工科文科理科農業商業等ノ分科ヲ設クルコトヲ得

第四条　高等中学校ハ全国北海道沖縄県ヲ除クヲ五区ニ分画シ毎区ニ一箇所ヲ設置ス其区域ハ文部大臣ノ定ムル所ニ依ル

第五条　高等中学校ノ経費ハ国庫ヨリ之ヲ支弁シ又ハ国庫ト該学校設置区域内ニ在ル府県ノ地方税トニ依リ

之ヲ支弁スルコトアルヘシ但此場合ニ於テハ其管理及経費分担ノ方法等ハ別ニ之ヲ定ムヘシ

重要な点は、一八八五年夏以降、中学校、農業、工業、商業学校、あるいは医学校と、それぞれに模索の過程が報じられてきた府県連合学校案が、「分科による専門教育課程を附設できる〈高等中学校〉」(第三条)というひとつの制度の中に収められている点である。成立したのは、中等教育や諸領域の専門教育がすべて統合された組織であった。

この制度には二つの改革構想が合流している印象を受ける。前年来の様々な府県連合学校案が対象としていなかった、帝国大学と共通の法・文・理科を専門学科に加えている点(第三条)、五ヶ所に置かれる点(第四条)、国庫のみの支弁による学校も想定されている点(第五条)は、中野実が指摘した文部省の「五大学校」案との連続性を感じさせる(第六章第二節(2))。これは、一八八六年一月から二月にかけての一時期に報道され、全国五箇所に「第二等」の「地方大学」を設置する構想であった[52]。今のところ、「五大学校」案が既設府県立学校の改編や府県側の経費支弁という発想を内包していたことは確認できない。中等教育や医学や農商工といった実業を想定した府県連合学校と、国が帝大に準じて設置する「五大学校」という別々の流れの改革案が、高等中学校という一元的制度にまとめられたのではないか。

経費については詳細が先送りになっているものの、地方税のみの支弁型は明記されず、国庫を柱とするような条文になっている。また、同じく詳細が未定ではあるものの、文部省によって設置箇所や区割りが定められるという点も、府県の学校という性格が弱まっている。このように、一八八四年の改革案にはたしかに存在した「府県による任意の連合や自主的管理・経営」という道筋が、法令の表面からは消えてしまったのである[53]。

詳しくは第六・七章に述べたが、中学校令に定められる高等中学校制度が、府県管下のハイレベルな教育全般、すなわち既設の中学校や諸専門学校をすべてカバーし、組織や経費の面で包括的に再編する可能性を示した側面は重要である。しかしその包括的性格は一方で、府県の自主的裁量権をぼやかすことになってしまった。それが立案過程で意図されたところであったのか、結果的に招来されたのかは不明であるが、この両面性にこそ、年来の改革構想から飛躍した中学校令の画期的特質が見出されると考えたい。

(2) 高等中学校の「官立」化

以後の政策動向については、同じく第六・七章で具体的な地域に即して詳述したが、経緯の整理と位置づけを試みておこう。

中学校令第四条において、高等中学校の設置箇所と区割りの決定は保留されていたが、半年余りを経た十一月三十日の文部省告示第三号で「設置区域」が示された。従来は、中学・農工商業・医学といった教育内容の種類ごとに、どの府県が連合するかが模索されていたが、高等中学校という統一的制度の導入により、すべてが単一の区割りの下におかれることとなった。例えば、京都・大阪・岡山という複数の有力医学部設置候補地を抱える第三区(第七章)をみれば、医学教育の場を必ずしも全国五箇所に限る必要はなかったであろうし、区割りも合理的とはいいがたい。教育内容や各府県での設置状況が異なる様々な中等・専門学校をひとつの制度下に収めた結果として、無理も生じざるを得なかった。

第五条では経費に関する点も保留されていたが、翌一八八七年八月二日の勅令第四十号で、高等中学校一般経費の地方税負担分については、文部大臣が総額を決定し、各府県から選出された委員が会同して分担額を決定することになった。ここで前節(2)を振り返ろう。一八八四年学制改革案での中学校や専門教育に関する「連合府県立学校」案は、連合する府県が自主採算により運営するものであって、学校の設置管理や経費予算については、文部省への稟請や認可を必要とはするものの、「連合府県立学校学事会」に議定権が与えられていた。いわば、文部政策から独立した府県の権限が設定されていたのである。ところが高等中学校制度においては、文部省が学校の設置箇所や数を定め、管理した上で、国庫と連合府県とで共同支弁する予算総額の決定権も権限下に収めた。各県の常置委員クラスから成る「府県連合委員会」は、経費の割り振りを決定するのみの会議となった。高等中学校制度は、教育内容面では、「連合府県立学校」案の対象とした中学校や高等な専門学校について成文化された制度であったものの、学校運営面における文部省と府県の裁量の関係は、文部省の主導性を打ち出した「府県連合設立高等学校」案の方の構想が支配したようなかたちとなった。

ところが第六章でみたように、予算規模の決定権がなく負担額の分配方法を決める権利のみが与えられたことについては、各地府県会の猛反発が起こる結果となった。翌一八八八年八月七日の内務大臣・大蔵大臣・文部大臣訓令は、高等中学校の経費を地方税から支弁させることは翌年度から当分停止する旨を府県宛に通達し、以後二度と復活させることはなかった。

ここにいたり、高等中学校の運営形態は、管理主体も経費支弁主体も完全に国に一本化し、「設置区域」は経費支弁体としての性格を失った。第七章の最後で論じたごとく、これをもって高等中学校はついに「官立」化したといえよう。

おわりに

天野郁夫は、「明治初期のごく短い期間とはいえ、府県が自力で多数の医育機関を設立・維持した時代があったということは、記憶されてよいことだろう。日本の高等教育システムの発展構造は、官立（国立）と私立という二つのセクター間のダイナミックスを基軸にとらえられるが、公立セクターが、無視しえぬ比重を占めた時代もあったことを忘れてはならないだろう」(54)と述べる。本章は、その「公立セクター」が医学校の現状打破を願って打ち出した現実的積極策こそが「府県連合学校」構想であると位置づけ、高等中学校制度成立史をその展開過程としてまとめてみたものである。第一節では構想の生成を、第二節はその背景を、第三節ではその政策化経緯を、第四節はその結実と帰結を論じた。

府県連合学校は、一八八〇年代前半における地域の医学教育体制改革案として一部の府県から提起された、合理的生産的な学校形態であった。当該期には府県同士の地域的な横のつながりである連合会活動が様々に行われ、そのひとつに府県連合学事会があった。やがて文部省によって府県連合学校構想は政策化の道をたどり、試行錯誤が重ねられた結果、包括的な高等中学校制度が成立した。

以上の過程を通じ、文部省と府県の関係、あるいは教育政策について、従来の研究がその言辞のはしばしに匂わせるイメージを塗り替えることができる。学制改革案にせよ中学校令にせよ、文部省が独自に考え出し府県に一方的に押し付けたわけではない。むしろ府県側に発した地域の発想を、文部省が政策としてアレンジしたものと捉えられるのである。そうである以上、高等中学校制度も、文部省の単純な府県教育統合策と理解するのは適当ではない。

天野は高等中学校医学部について、「公立医学校はその最も充実した部分を官立校の一部に組み込まれ、奪われたことになる。それだけでなく同じ明治二〇年には「府県立医学校ノ費用ハ、明治二十一年以降、地方税ヲ以テ支弁スルコトヲ得ス」という、公立医学校撲滅策とも言うべき勅令が公布された」と述べる(55)。しかし中学校令は、「公立セクター」の医学校を撲滅し「官立セクター」の高等中学校制度を発足させようとして、森有礼文部大臣が突如「強権的」に発布した法令ではない。事実、中学校令のどこにも高等中学校イコール「官立」学校であるとは記されていないではないか。当初それは「文部大臣の管理に属する」学校でしかなかった。高等中学校制度は、少なくとも医学教育に関する限り、全国に五箇所の官立学校を置こうとした制度なのではなく、「公立セクター」のポテンシャルを最大限に生かしうるかたちとして模索されてきた府県連合学校の一形態なのである。そして天野の言及する勅令は、府県立医学校の廃止を命じる文言ではないこと自体が物語るように、高等中学校医学部への地方税支弁を優先させ、府県連合学校としてのそれをまず維持することを求めた勅令だと解釈できるのである。(56)

一八八七年、五校の高等中学校医学部の設置が決定した。これらはやがて前掲訓令により官費単独での支弁となったことで、いわば五学区制の「官立」医学校となった。第一節（1）で触れたように、そもそも一八七四年の医制が、大学区ごとに一箇所の医学校を、と思い描いていたことが想起される。十五年余りが経ち、ようやくそれが実現したようにもみえようが、その間には確実に、府県医学校の発展を背景とした「府県連合」医学校模索の時代があった。地域区分の変化と各区分内の拠点の交代は、その重みを映し出す。(57)

府県連合学校構想の起承転結の過程は、百二十年以上前の出来事であるものの、道州制構想が云々される昨今も示唆に富み、生命力を失っていない。本章では、できる限りの事実採集に努めたが、多くの関連事実が未発掘であることは想像に難くない。各地における動向をさらに明らかにし、府県連合学校構想を通じた一八八〇年代像を修正加筆していく必要があるだろう。

（1）　倉澤剛『教育令の研究』（講談社、一九七五年）が取り上げたこの学制改革案から中学校令にいたる政策過程を描こうとしたのが、中野実『近代日本大学制度の成立』（吉川弘文館、二〇〇三年）であった。その後、掛本勲夫「『府県連合設立高等学校』案に関する一考察」（『筑波大学教育学系論集』二号、一九七八年）もふまえ、新出史料によりこの改革案を再検討し、先行研究が注目するにとどめた府県連合設立高等学校案などについての考察をさらに進めた論考が、湯川嘉津美「一八八四年の学制改革案に関する考察」（上智大学『教育学論集』四十号、二〇〇五年）である。続いて、中野や湯川の枠組を踏襲した厳平『三高の見果てぬ夢』（思文閣出版、二〇〇八年）が公刊された。同書については拙稿書評を参照（『史林』九十二巻四号、二〇〇九年）。本書第六章第一節（3）、第九章第三節（2）とも関わる。

（2）『名古屋大学五十年史』通史編1の第一編第一章第四節一（一）「後藤新平と連合医学校構想」。医学校の『院校報告』が活用されている。後藤の構想のほか、東北六県連合衛生会による「陸羽六県連合医学校設立方法」（一八八一年十一月）や、愛知県会での「医学校連合共立に関する協議」（一八八五年十二月）の存在への言及も含み、示唆に富む。東北の動きなどについては本章で考察を深めることができなかったが、後日を期したい。

（3）本章においては、史料引用の際にも「聯合」を「連合」に統一する。また、長文の史料引用が多いため、県会議事録を含め、読みやすさを考えてカタカナをひらがなに直し、適宜句読点を付した。

（4）愛知県医学校については、注（2）『名古屋大学五十年史』通史編1のほか、愛知県教育委員会『愛知県教育史』第三巻（一九七三年）などを参照。『東京医事新誌』にも折々に関連記事が掲載される。

（5）原史料は『後藤新平関係文書』マイクロフィルム（リール一〇）に収められているが、次注に示した当時の医学雑誌上にも紹介されており、広く出回ったものとして、ここではそちらに依った。鶴見祐輔『正伝後藤新平』1・医者時代（藤原書店、二〇〇四年）は、後藤の「聯合公立医学校ヲ設立シテ以テ地方医学教育ヲ改良セントスルノ要旨」などを収録するが、この規則は収録していない。

（6）「地方連合医学校設立ノ可否ヲ江湖ニ質ス」『東京医事新誌』第百五十四号（明治十四年三月五日）。「北海　七々波臣」と名乗る筆者が友人宅で見せられたものという。

（7）「医黌の興廃今日にあり」『東京医事新誌』第二百八号（明治十五年三月二十五日）。

（8）「京都府近況」『東京医事新誌』第二百十三号（明治十五年四月二十九日）。「連合公立医学校」を「人民結社学校」と位置づける後藤の発想は、同時期の府県下医学教育改編策のひとつといえる新島襄の「京都民立医学社」構想（第四章第三節）と比較しても興味深い。

（9）一八八二年三月七日付長与専斎宛後藤新平書簡（注5『正伝後藤新平』1所収）。

（10）一八八一年一月十九日付後藤新平宛岐阜県医学校長土屋寛之書簡（注5マイクロフィルム所収）。

(11) 一八八一年一月二十七日付後藤新平宛長与専斎書簡(注5『正伝後藤新平』1所収)。
(12)『東京医事新誌』第百八十九号(明治十四年十一月十二日)。
(13) 池田文書研究会編『東大医学部初代綜理池田謙斎 池田文書の研究(上)』(思文閣出版、二〇〇六年)は、一八八一年七月十九日の長与専斎より池田謙斎宛書簡を引き、長与書簡の概要にて、「地方医学教育之事」に関して「専斎のリーダーシップで文部省を動かした」と記している。
(14) 以下、群馬県会での議論は、注のない限り、群馬県議会事務局編『群馬県議会史』第一巻(一九五一年)所収の各年次「議事の梗概」による。
(15)「山梨県年報」(『文部省第十一年報』明治十六年)。
(16)「茨城県年報」(『文部省第十年報』明治十五年、『文部省第十一年報』明治十六年)。
(17) 長野県教育史刊行会編『長野県教育史』第一巻・総説編一(一九七八年)の第二章第三節五「医学校の設立と廃止」。以上、この広範な現象は、近世以来の「遊学」、あるいは貢進生制度との関係も考察する必要があるだろう。また、府県からの委託生については、今後東京大学医学部側からも探究しなくてはならない。
(18) 一八八四年二月、医学校をもたない島根県で提起されたが、県会は全会一致でこれを廃棄し、結局七月には県医学校が開校する(島根県教育庁総務課編『島根県近代教育史』第一巻・通史編・明治、一九七八年)。
(19) 群馬県教育委員会編『群馬県教育史』第一巻・明治編上巻(一九七二年)の第二編7(3)「医学校の廃止」所収。ただし誤植が多いため、注(14)「議事の梗概(明治十五年)」の第五の一「聯合医学校設立諮問」により補完した。後者は前者の第六条を欠くなど、典拠とした県会議事録が異なる可能性がある。
(20)「埼玉県年報」(『文部省第九年報』明治十四年)。なお、一八八三年の群馬県会では、医学生徒養成費撤廃論者が、埼玉がすでにこれを廃止したと述べているが、事実としては、予算の下方修正であり、この制度は一八八八年度予算まで続けられる(埼玉県議会史編さん委員会編『埼玉県議会史』第一巻、一九五六年)。
(21)「国府台大学校」構想については、東京大学百年史編集委員会編『東京大学百年史』通史一(一九八四年)の第一編第三章第四節「国府台大学校設立計画と本郷用地の取得」を参照。
(22) 一八八二年の常置委員会は、湯浅治郎・星野耕作(副議長)・野村藤太・宮崎有敬(議長)・宮口二郎の五名で構成されていた。このうち委員に選ばれた安中の湯浅治郎は、クリスチャン県議として、まさにこの年に論議された廃娼問題、あるいは同志社関連事業で広く知られている。星野耕作は、学区取締として西勢多郡下の学校創設に尽力した経歴をもつ。議員連署の同意書を提出したのは碓氷郡の真下珂十郎であるが、彼は廃娼問題についても議員連署での請願を行い、運動の主唱者となっている（注14「議事の梗概（明治十五年）」第四の二「娼妓廃絶の建議」）。このあたりの議員が当該問題の積極推進派だったのだろう。本諮問案をめぐる経緯については、注(19)補完史料添付の議事録抜粋を、「明治十五年群馬県会議日誌」「明治十五年　臨時会日誌」（群馬県立文書館所蔵　薄冊番号「議二三三四」「議二三三五」。「　」内は同館による仮タイトル）で補って考察した。

(23) 共進会については、土屋喬雄「明治前期産業史上に於ける共進会の意義」（『明治前期経済史研究』第一巻、日本評論社、一九四四年）を参照。土屋は『農商務省図書類別目録』（第一輯　和書の部）を典拠に、官設・府県設置・一府県内等々の諸共進会を列挙している。ここでは、この目録上の情報をベースに、土屋が明らかにした事項を加えた。

(24) 明治十四年七月二十二日達の「府県連合共進会賞与金別途交付」など。

(25) 注(13)が収録する年不明四月二十七日池田宛長与書簡注は、『東京医事新誌』第百九十七号（明治十五年一月七日）の「明治十四年間医事進歩之記事」に基づいたものか、「明治十四年京都、大阪、兵庫、岡山、滋賀、徳島の二府四県連合して衛生会を設けたのが聯合衛生会の嚆矢とされる」と記すが、連合衛生会は前年すでに始まっている。

(26) 「明治十六年内務省報告書」の「衛生事務」（大日方純夫・我部政男・勝田政治編『内務省年報・報告書』第十二巻・明治十四～十八年、三一書房、一九八四年）。

(27) 『東京医事新誌』第二百五十三号（明治十六年二月三日）。

(28) 梶山雅史編『近代日本教育会史研究』（学術出版会、二〇〇七年）、同『続・近代日本教育会史研究』（学術出版会、二〇一〇年）、湯川嘉津美「学制期の大学区教育会議に関する研究——第一大学区第一回教育会議日誌の分析を中心に——」（『日本教育史研究』第二十八号、二〇〇九年）、同「教育令期の府県聯合学事会に関する研究」（『上智大学教育学論集』第四十四号、二〇一〇年）。以下扱う個々の学事会について、より詳しくは湯川論文（二〇一〇年）を参照。

(29) 以下、この地域の学事会については、京都市総合教育センター所蔵「徳重文書」所収の「連合府県教育会」関係書類（整理番号八—一）による。

(30) 以下、この地域の学事会については、注(19)『群馬県教育史』第一巻第三編6(5)「府県聯合学事協議会」の記述と所収史料による。

(31) 注(1)掛本論文も参照。残念ながら、発題に対する議事経過は現在のところ不明である。

(32) 佐藤秀夫「学事諮問会と『文部省示論』(一八八二年)に関する研究」(同『教育の文化史』3・史実の検証、阿吽社、二〇〇五年所収、初出一九七九年)。

(33) 諮問条項は全四十項目からなったが、その第二十二がこの諮問である。群馬県は以下のように回答した(注19『群馬県教育史』第一巻第三編5(3)「学事諮問会議」より抄録)。

到底地方に適当の医学校を設け医生を養成するにあらざれば此憂を救ふ能はざるなり。是を以て我県会は大に之を議図する所ありて曰く、其れ今日適当の医学校を設立せんには経費五六万円以上にあらざれば得難し。地方税多額の今日之を一県にて支持する、豈容易ならんや。若かず数県連合して其資力を並せ適宜の地をトし以一大医学校を興さんには是に於て議員中より各県議会への協議員二名を選定し旅費を給す。会々太政官布達第四号公達あり尋て貴省第四号の達あるを得、愈々其目的を達せんことを熱望せり。

なお、文部省第四号達とは医学校通則のことである。

(34) 注(14)「議事の梗概(明治十五年)」の勧業費の附録議案説明による。

(35)『東京医事新誌』第二百四十七号(明治十五年十二月二十三日)。

(36)「地方医学教育改正之意見」は注(5)『正伝後藤新平』1所収、原本は注(5)マイクロフィルムに収録。なお、後藤が学事諮問会に参加し、この意見を提出したことは、注(2)『名古屋大学五十年史』通史編1でも記述される。

(37) 前述のように、後藤はこの上申を教育界への置き土産とするかのごとく、翌一月より内務省衛生局に勤務する。その直後に初めて開かれた衛生諮問会は、学事諮問会に影響を受けたものであり、一方、その後の府県連合衛生会の法制化は、彼が教育界で実現できていない府県連合構想を、一足早く衛生畑で実現しようとしたものだったのかもしれない。この時期の教育行政と衛生行政とが、抜きつ抜かれつの政策展開をみせた背後には、確実に後藤の存在がある。

(38) 片山芳林「祝詞」(『東京医事新誌』第三百一号、明治十七年一月五日)、岩井禎三「新年書感」(同第三百五十四号、明治十八年一月十日)。

(39)　この改革案は「就学督責ノ事」を含めた計五案からなるが、本章では「府県連合設立高等学校」案・「連合府県立学校」案の二案を柱とし、「府県学事会」案・「准官立学校」案の二案を視野に収める。「一八八四年学制改革案」との呼称は注(1)湯川論文による。

(40)　なお、「連合府県立学校」案に関連する「准官立学校」案では、連合府県立学校のうち文部卿が特別須要と認めるものは、連合府県の稟請により准官立学校となること、准官立学校は文部省所轄官立学校に準じて文部卿が直管すること、准官立学校の経費は文部省が予算決定し、連合府県に適宜配賦して弁納させることなどが定められていた。

(41)　『山陽新報』明治十八年九月八日。以下、主に京阪神や岡山の新聞を典拠とする。

(42)　注(1)湯川論文は、「連合府県立学校構想」は医学校の整備充実が喫緊の課題とされた時代状況下に文部省が提示したもの、と理解するが、一八八五年半ばにはむしろ農工商業の教育実現が喫緊の課題として浮上し、構想具体化の推進力となったのではないか。

(43)　『日出新聞』明治十八年九月十日、『山陽新報』明治十八年九月十一日。

(44)　『山陽新報』明治十八年十月三十一日、『大阪日報』明治十八年十月三十日。

(45)　『官報』明治十八年七月二十三日。

(46)　『山陽新報』明治十八年十一月十三日、二十五日。

(47)　以下、新聞雑誌記事の原文引用については、このように本文中に典拠を示す。

(48)　このうち三重県医学校は、前年末の県会における地方税による支弁全廃が決議された結果、大阪医学校がその生徒を受け入れることが決定した学校である。京都や兵庫の府県会では、医学校費の削減が恒常化してはいたが、当年度の全廃決定にはいたっていない。両校を大阪医学校に合併するというこの報道を信用するならば、それは三重県のような医学校費全廃を受けた結果としての合併ではなく、連合府県立医学校設立に向けての動きかとも想像される。

(49)　注(38)岩井「新年書感」。

(50)　『東京医事新誌』第四百五号（明治十九年一月二日）。

(51)　『中外医事新報』第百四十五号。四月十日は中学校令公布日である。

(52)　「五大学校」については第六章第一節(3)でも触れたが、注(1)中野・湯川・厳の論考が考察している。「六大医学校」など多数の風評をふまえれば、中野・湯川の影響を受けた厳のように、一八八四年学制改革案→「五大学校案」→中学校令と、新聞雑誌上にしか現れない「五大学校案」のみを引き上げ、府県連合学校構想と分別せずに、三段階の一直線的政策過程を定立してしまうのは、実態認識として過大評価であり、アンバランスではないかと感じる。詳しくは、注(1)拙稿書評参照。

(53) とはいえ、本当に自主的な府県連合の高等中学校を創りたければ(実際そのような動きは起きなかったが)、同日発布の諸学校通則に依ることも、原理的にはできた。このゆるやかさが、発足時諸学校令体制のおもしろいところでもある。

(54) 天野郁夫『大学の誕生』上(中公新書、二〇〇九年)の第一章九「もうひとつの専門学校群」。学校を設立したり管理したりその経費を負担したりする行為の主体は、国であったり府県であったり民間勢力であったりし、その相互関係が問題であることは、まさに本書が問題とするところである。こうした教育にまつわる諸行為の「主体」を何と表現するかは難しいところであるが、「セクター(sector)」との用語にその意を込めるのは、管見の限り天野の発想である。吉田亮は「エージェント(agent)」ということばを用いてこれを表現する(吉田「序――神戸・大阪・京都ステーションの形成」、同志社大学人文科学研究所編『アメリカン・ボード宣教師 神戸・大阪・京都ステーションを中心に、一八六九~一八九〇年』、教文館、二〇〇四年)。

(55) 前注天野著書第二章四「「高等中学校」の発足」。「強権的」は天野の用語である。

(56) 実際、森は「第三地方部学事巡視中の演説」において、「勅令の精神は唯地方税を以て支弁せしめさるのみにて医学校の減少を欲するに非す、若し別に適宜の方法に依り資本金利子授業料等を以て府県立医学校を設置維持するに足るものあるに於ては、無論其設立を欲することとなり」と弁明している(大久保利謙編『森有礼全集』第一巻、宣文堂書店、一九七二年所収)。

(57) 医制が基づいた学制下の大学区分画では、第一(大学本部:東京)、第二(愛知)、第三(大阪)、第四(広島)、第五(長崎)、第六(新潟)、第七(宮城)とされていた(一八七三年四月十日文部省第四十二号)。これが高等中学校制度では、第一(設置箇所:東京〔医学部は千葉〕)、第二(仙台)、第三(京都〔医学部は岡山〕)、第四(金沢)、第五(熊本〔医学部は長崎〕)となる。

第九章　「官立学校」概念の輪郭――「准官立」問題と同志社

はじめに

戦前の日本には、「官立学校」と「公立学校」と「私立学校」が存在していた。ところが一八七二年（明治五）の学制章程発布以来、わずか数年間を除き、三者が揃って法的に定義されたことはなかった。それでも一九四七年（昭和二十二）の学校教育法公布にいたるまで、実態としてそう呼ばれる三種類の学校は存在していたし、そもそもの定義がないままに、「官立」「公立」「私立」の語句は、法律用語としてもしばしば使用された。

本章は、このうち「官立学校」という語句に焦点を当て、その概念がどのように模索され変化したかを、近代日本の教育制度がかたちづくられる一八七〇年代から一八八〇年代の関連法令とその審議過程に即して考えようとするものである。

第六・七章は、諸学校令下での文部省所轄の高等中学校設置問題を、地域における「官立学校」の成立と位置づけて、府県の高等専門教育体制再編という視点から考察した。いわば実体としての「官立学校」の成立過程を究明することが目的であった。対するに本章では、概念としての「官立学校」の形成過程を把握することが目指される。

本章のねらいを明らかにするため、現行の学校教育法（一九四七年三月三十一日制定）を参照しよう。同法において、学校の種類は以下のように定められている。

第二条　学校は、国、地方公共団体及び私立学校法第三条に規定する学校法人のみが、これを設置することができる。

この法律で、国立学校とは、国の設置する学校を、公立学校とは、地方公共団体の設置する学校を、私立学校とは、学校法人の設置する学校をいう。

このように、学校の種類は設置者に即して、国立・公立・私立の三種類に区分される。鈴木勲によると、ここでいう「設置」概念は、「具体的には、校舎その他の施設をととのえ、教職員等の人員を配置し、教育という役務を提供する体制をととのえ、かつ設置者が学校開設の意思表示をすること」と説明される(1)。

加えてこの「設置者」については、以下のような規定が存在する。

第五条　学校の設置者は、その設置する学校を管理し、法令に特別の定のある場合を除いては、その学校の経費を負担する。

本条では、設置された学校はそれぞれ設置者が学校の管理とその経費負担を負うべきことが規定されている。同じく鈴木によると、この原則は、学校についての「設置者管理主義」および「設置者負担主義」といわれる。また、学校の「管理」とは、「学校教育という事業を経営する作用」をいい、その内容を具体的に区分すれば、「人的管理」「物的管理」「運営管理」に大別されるという。

要するに、今日の学校は、国・地方公共団体・学校法人の三者に区分される主体の下にあり、いずれにおいても設置主体と管理（経営）主体と経費負担主体は同一でなくてはならないと規定されているのである。

近代学校制度の草創期において、以上のような問題はいかに認識されていたのだろうか。検討すべき点は大きく以下のようにまとめられる。

①学校はいかなる主体の下におかれるものと考えられているか。

②①において、主体の営みは何だと考えられているか。設置か、管理（経営）か、経費負担か、あるいはそれ以外の要素もあるのか。

③②において、それら相互の関連はどのように認識されているか。例えば設置者管理主義ないしは設置者負担主義といった今日的原則は確認できるのか。

本章ではこの三点を念頭に、「官立学校」概念にまつわる問題を検討していきたい。第一節（「官立」の登場）では、学制章程とその下での文部省布達類における「官立」の語義を分析する。第二節（「官立」の動揺）では、教育令と改正徴兵令の制定にあたり、主に元老院会議で噴出した「官立」の定義にまつわる論議を分析する。後半の節においては、特に「私立」の位置づけという問題にまつわって、「准官立」という概念をめぐる動向に光を当てる。第三節（「准官立」の生成）では、徴兵猶予規定の適用を求める私学同志社の運動が繰り広げられるなかで、「准官立」という新たな概念が出現する過程を明らかにする。第四節（「准官立」の構造化）では、諸学校令が発布され、「准官立」概念がそこに埋め込まれていく様子を論じる。以上、「官立学校」が決して不動かつ自明の概念であったわけではないことを確認しながら、通説において学制→教育令→諸学校令と三段階で把握される近代日本形成期の教育制度史を、「官立学校」の概念形成という視点から通史的に描き直す試みでもある。

本章の主眼は、中央での教育政策における「官立学校」の位置づけを検討することにある。地域ないしは府県、あるいは個人レベルでの多様な定義や認識のありかたを全面的に析出・分析することはここでの課題を超えるが、文部政策と密接に関わり影響力を有した私学同志社のそれを中心に、行論上必要な範囲において取り扱う。

議論に先立ち、以下の二点を断っておく。

なお、「学校の種類」は本来二つのレベルから認識される。ひとつは教育内容（程度や対象）に関わる区分であり、「小学校」「中学校」「高等学校」「大学」、あるいは「師範学校」「専門学校」、今日の「養護学校」といった概念がこれにあたる。もうひとつは、教育の主体に関わる区分であり、現在でいえば「国立学校」「公立学校」「私立学校」、また主題の「官立学校」のほか、当該期史料に散見する「府県立」や「民立」などの呼称もこれに属するだろう。両者を区別する適当な表現が見当たらないため、本章で「学校の種類」あるいは「学校の名称」などと記す際には、基本的に後者を指すこととする。

一　「官立」の登場

（1）学制章程上の語意

学制章程（明治五年八月三日文部省布達第十四号）は、教育制度に関する初の総則的規定であるが、学校名称に関する条文を含まない。しかし管見の限り、「立」を用いた呼称、そして「官立」という語句をはじめて登場させた法令である。これに先立つ三月、私塾開設に関わる法令として公布された文部省第六号には、「公学」「私学」

「府県学」といった用語がみられるが、「立」ならびに「官」という文字を用いた規定は、学制章程を嚆矢とする。「官立」の語を含む条文は以下の通りである。

第十四章　官立私立ノ学校及私塾家塾ヲ論セス其学校限リ定ムル所ノ規則及生徒ノ増減進否等ヲ書記シ毎年二月学区取締ニ出スヘシ〔以下略〕

すべての学校について述べた本条において、学校は「官立学校」あるいは「私立ノ学校」「私塾」「家塾」とされた。学区制に基づく学校の設置とその数を初めて定めた学制章程において、その規定下に設けられる学校はすべて「官立」と命名されたといえる。

「官立」「私立」が本条に登場する一方で、全条文のどこにも「公立」の語句は見当たらず、以前より使われた「公学」も出てこない。しかし続く八月十五日の文部省第十七号は、「公学私塾エ差入有之官費生徒廃止之儀」と表記、「公学」なるものの存在は、なおも公認されていた。

翌一八七三年四月十七日頒布の文部省第五十一号学制追加〔貸費生規則〕は、「官立」の概念を、この「公学」とのからみで表した条文を含み、注目される。

第百七十七章　官立〔中小〕学校ヲ設立スルコトヲ願フ者ハ左ノ文例ヲ以テ地方官ヨリ其大学区督学局へ伺出同局ニテ検査ノ上聞届ケ之ヲ本省ニ開申スヘシ〔以下略〕

第百七十八章　官立学校即チ公学ハ文部省額金或ハ学校普及扶助ノ為メ府県へ委託スル金等ヲ以テ設立スルモノ尤官ノ扶助アルモノハ私費半ハヲ過クトモ公学ト称スヘシ

ここには、「官立学校」＝「公学」＝文部省の出資による学校との見解が示されている。府県への委託金であっても、設立費用の出所が「官」に求められる以上、「官立学校」であり「公学」であった。また、私費による学校でも、額の多少にかかわらず、「官ノ扶助」を受けていれば「公学」とされた。「官」（文部省）の支出が「公学」の要件となったのである。

前出の明治五年三月文部省第六号は、「官学（立）」の語を使用しなかった。それとともに、「公学私学之別ナク公費ヲ以生徒へ給与候儀ハ叨リニ不相成事」「但府県学之外皆私学トス」との文言から判断されるごとく、「公学」に「府県学」の意を込めていた。対するに学制章程は、「公学」は「官立学校」なりとの見解を打ち出したといえる。

学制体制は、府県による既存の学校の整理を目指すものであり、学制章程と同日に発布された文部省第十三号、続く十月十七日の第三十号により、府県が設置した学校は全廃を言い渡された。また、文部省第三十八号（十月二十八日）は、府県に対し学事用の公金支出を禁じるものであった。文部省が教育制度を刷新し、新たに学校を設置するという意を込めて、経費出所を根拠に「官立」は広範な概念として示され、府県の学事をもカバーし、府県主体の印象は薄められた。

後々にいたるまで、地域や個人の文書のなかで府県立学校を「官立」と表現する例は散見するが、それは人々の「官」に対する通念であると同時に、こうした学制章程下の位置づけの影響だったともいえるだろう。

「官立学校」の含意を明らかにした貸費生規則であったが、この年十二月十七日に廃止となり、代わって公布された官費生規則からは、これらの語句は消滅した。語意のあいまいさは再度強まったかたちで、翌一八七四年を迎える。

（2）「学校名称」の定義

一八七四年八月二十九日文部省布達第二十二号は、「学校名称」を確定することにのみ目的を特化した布達であり、「官立学校」「公立学校」「私立学校」の概念を包括的に定めた初の、かつ戦前唯一の法令として注目される。本文は以下の通りである。

学校名称ノ儀区々相成候テハ不都合候条官立学校当省定額金ヲ以テ設立シ直チニ管轄スルモノ公立学校地方学区ノ民費ヲ以テ設立保護スル者又ハ当省小学委託金ノ類ヲ以テ学資ノ幾分ヲ扶助スルモノ等私立学校壹人或ハ幾人ノ私財ヲ以テ設立スルモノノ三種別判然可相立此旨布達候也

この布達は、「官金投入＝官立＝公学」という従前の定義をいわば逆転させ、文部省委託金が一部投じられていようとも、地方学区民費の支出があればすべて「公立」学校であると定めたものである。「官立」「私立」に遅れること二年、「公立」という用語はここではじめてお目見えする。

荒井明夫は、本布達中、地域民衆の醵金が「公立」ではなく「私立」と規定されていた点に注意すべきであると述べる[2]。しかし先に検討した学制章程発布以来の文脈から考えると、この法令の主眼は「官」「公」間の問題の解決にあった。すなわち「官立」「公学」同一視が引き起こした混乱を「不都合」とし、「官立」から「公立」を独立させ、両者を線引きすることが目的であったと考えてよい。

学校の種類を三区分するにあたって、当該布達は経費の問題を基準にしている。まず「官立」であるが、「官金」といった広義の概念は用いず、文部省の定額金を用いる学校であると限定的に明記されている。そもそも、「全国ノ学政ハ之ヲ文部一省ニ統フ」との一条から始まる学制章程が、文部省の学事に対するヘゲモニーを確立することを目指していたわけであり、すでに経費に関しても、「学事ニ関係スル官金ハ定額ニヨリ本省ニ於テ一切之ヲ管知スルコト」（第八十九章）との条文を含んでいた。この理念を「学校名称」問題に即して再確認したのが本布達であるといえる。この規定に従えば、現実に存在する有力校、工部省の工学校や司法省の法学校などは「官立学校」に含まれないことになる。「官立学校」は文部省の学校に限られたのであった。

次に、本布達は学制章程と異なり、「官立」に付随して経費とは別の要件を新たに示したものとしても注目される。文部省の費用により「設立」されるだけではなく、文部省が「直チニ管轄」してはじめて「官立学校」と呼ばれるとされる。いわば今日の設置者管理主義に連なる発想が萌芽している。(3)

医師養成課程を附設するという点において一種の教育機関であったともいえる「病院」の場合、一八七六年三月の内務省達乙第四十三号により、「官立病院」「公立病院」「私立病院」の定義が以下のように施された（第二章第三節（1））。

病院名称区々相成候テハ不都合候条官立病院陸軍省文部省警視庁等全ク国税ノミヲ以設立シ直チニ該省庁シテ管轄スルモノ公立病院地方区画ノ民費ヲ以設立スルモノ又ハ全ク府県税ヲ以テ設立スルモノ及ヒ府県税ヲ以テ民費ノ幾分ヲ扶助スルモノ並ニ管内人民ノ献金穀ヲ以テ府県庁ニテ設立スルモノ等私立病院壹人或ハ幾人ノ私財ヲ以テ設立スルモノノ種別判然可相立候〔以下略〕

「官立病院」は、文部省に限られた「官立学校」と違い、すべての省庁の病院を対象としているが、ここでも経費出所の点だけではなく、「（直ちに）管轄」が要件に入っている。「官」の支出があれば「官立」であった時代から、「官」の支出があっても「直轄」がなければ「官立」とは呼ばれない時代に移行したのである。(4)

二 「官立」の動揺

(1) 教育令制定過程での論議

一八七九年九月二十九日、学制章程に代わる総則的法令、太政官布告第四十号教育令が発令された。一八七四年八月二十九日文部省布達第二十二号は廃止され、学校名称に関する基本規定は、学校名称に関する単独の条項として教育令に示されることとなった。

第十九条 学校ニ公立私立ノ別アリ地方税若クハ町村ノ公費ヲ以テ設立セルモノヲ公立学校トシ一人若クハ数人ノ私費ヲ以テ設立セルモノヲ私立学校トス

一見して明らかなように、ここには「官立学校」に対する定義のみが存在しない。前年五月十四日、文部省が太政官に稟議した教育令案はそのようなものではなかった。以下がその案文である。

第十七章 学校ニ官公私ノ別アリ官費ヲ以テ設立スル者ヲ官学トシ公費ヲ以テ設立スル者ヲ公学トシ私費ヲ以テ設立スル者ヲ私学トス(5)

なぜ「立」を退け「学」の文字を採用したのかは不明だが、ともかくも「官学」は、「公学」「私学」と並列して規定されていた。そのうち「官学」の定義のみが消えたのは、すでに倉澤剛が指摘するように、法制局による修正段階でのことである。[6] 一八七九年二月二十日、法制局の審議を経て元老院に付された改革案は、以下のような条文に変更されていた。

第十八条　学校ニ公立私立ノ別アリ地方税若クハ町村ノ公費ヲ以テ設置セル者ヲ公立学校トシ一人若クハ数人ノ私費ヲ以テ設置セル者ヲ私立学校トス[7]

これは成文化された教育令（前掲第十九条）とほぼ同じである。文部省案からの変更点は以下の四点である。①名称定義に際し「学」ではなく「立」の字を用いるかたちに戻した。②その上で「官立」については触れなかった。③「公立」「私立」は従来どおり経費出所の観点のみから定められたが、その種類がより具体的に示された。④特に「公立」については、「公費」を町村に関わる概念に限った上で、それとは区別される「地方税」の語を初めて明記した。これは前年七月の地方税規則公布を反映した対応であろう。

第百三十六議案として法制局案の回付を受けた元老院では、五月から六月にかけてこれを審議した。すでに倉澤剛が「元老院における大学政策の論議」として第二読会での攻防を取り上げているが、「官立」をめぐる議論として再検討してみよう。[8]

法制局の改革案は、「第一条　全国ノ教育事務ハ文部卿之ヲ統摂ス故ニ学校幼稚園書籍館等ハ公立私立ノ別ナク皆文部卿ノ監督内ニアルヘシ」から始まる。元老院での「官立」問題は、前掲第十八条が俎上に乗るのを待つまでもなく、冒頭本条の審議過程で早くも噴出した。

ここに「官立」の文字がみられないことをまず指摘した議官は、佐野常民であった。彼は、「学校ハ公私立ノ外ニ官立アリ司法工部及陸海軍省ノ学校ノ如キ皆官立ナラサルナシ」と述べ、文部卿の下に置かれない学校として「但陸海軍省其他ノ官立学校ハ此限ニアラス」との一文を加えなくてはならないとした。これに対し、内閣委員として出席した辻新次（太政官権大書記官、文部省出仕）は、「目下文部工部内務省共ニ管轄ノ学校アルハ教育ノ急須一時止ムヲ得サルニ成ルモノナレハ、法律上官立ノ字ハ之ヲ明記セサルヲ可トス」と説明し、さらに文部大輔兼議官の田中不二麿は「工部省ニハ工学ヲ置キ司法省ニハ法学ヲ置キ内務省ハ農学ヲ置キ海陸軍ニハ兵学ヲ置クハ皆是レ憲法ニ依ルニアラス只特別ノ上申ニ成ルモノナリ」「此教育令ハ更ニ官立ニ関セサルノ精神ナリ。蓋シ官立ハ其省使ノ必用ニ際シテ一時政府ノ許可ヲ得テ成ルモノナレハ、決シテ人民一般ニ関係ナキ者ナリ」と弁明した。

　田中や辻の見解は、文部省以外の「官立学校」はイレギュラーな存在であって、「人民一般」に向けて公布する教育令に記載する必要はないというものである。しかし佐野は官立学校が法に挙げられないことに疑義を呈し、斎藤利行も、かつて「官立」「公立」「私立」の名称を定めた前例があることに触れてこれに同調した[9]。

　辻の発言に「官立校ハ終ニ廃スヘキモノナルヲ以テ之ヲ法律上ニ明記セス」との意を読み取った山口尚芳は、「大学ハ何人之ヲ立ルヲ得可シトスルモ実地能ク之ヲ立ルヲ得ンヤ」と反論を発展させた。佐野もまた、「仮令福沢中邨ノ輩私学ヲ有スルトモ原ト大金ヲ擲ツモノニアラスシテ生徒ノ資金ニ依ルニ過キス。大学ニ至テハ書籍器械ノ費用モ巨額ニシテ私力ノ能ク弁シ得ヘキモノニアラス」と、慶応義塾や同人社を引き合いに出し、大学は私学の財政能力では設置が不可能であることを述べた。これに対し辻は、「今官立学校ヲ本按ニ掲ケサルモ目下之ヲ廃スルニアラサレハ何ノ不可アランヤ（中略）大学ノ事ノ如キハ今文部省ノ与カル所ニアラス」「私立ヲ自由ニシ官立ヲ放任スルモ亦豈可ナラスヤ」と半ば開き直り、「官立」を明記しない旨を繰り返した。田中も「従前高等ノ学校ハ官立ニ限リシモ自今ハ何人ヲ論セス之ヲ立ルヲ得ルトナス」と、私立の高等教育機関設置への期待を述べた。

一方、名称定義の要件に関しては、第一条案中の「統摂」「監督」の用語も紛議の的となった。佐野は「統摂」に代え「管理」を用いることを主張した。山口は「監督」の語義を「校舎ノミニ止マルモノ乎将タ覃テ其事務上ニモ及フモノナル乎」と尋ね、辻は後者であり、教則のことをも含むとの見解を示した。

田中は、官立も含め「管理者ナキノ学校ハアル可ラス」という前提の下に、「官立ハ主務者ノ直ニ管理スルモノニシテ公立ハ単ニ之ヲ監督スルニ止マルナリ」と言明した。さらに、イギリスには「王立学校」があるが、これは王の独力ではなく醵金によって成るものであるとの例を挙げ、「官立学校中種別アリ。当初政府ヨリ世話シタルモノヲ官立ト云フコトアリ。或ハ一州一府ニテ立タルモ又此名ヲ付スルアリ。或ハ政府ノ維持ニ由ルモノアリ」と、その概念の多様性を紹介している。ここでは、民間の醵金、政府による設立経費支弁、地方行政府による設立経費支弁、政府による運営経費支弁など、多様な「官立学校」のありかたを、経費出所の観点から列挙している点が興味深いが、「官立学校」とは何を指すのか、田中文部大輔自身にも定見がなかったと考えざるを得ない[10]。

第一条の修正が否決された後も、攻撃の急先鋒佐野の抵抗は続いたが、「官立」の語が条文に追加されることはなかった。

以上みたように、高等教育に関しても民間の動きを尊重しようとする原則的立場に、文部省以外の省庁が管轄する「官立」学校の存在を本来認めたくないとの意向が加わり、さらに「官立」の要件の不明瞭さも露呈した。その結果、実態としては種々の「官立学校」が存在し、かつそれを否定しないにもかかわらず、教育についての基本法として現実に即した名称定義を行うこと、すなわち「官立」の規定は避けられた。それが教育令である。

田中や辻が「官立」を隠滅したのは、表立っては倉澤剛が「自由主義の迷夢に酔った」と表現する非干渉主義の立場が作用しているが、文部省のヘゲモニーの堅持、あるいは概念の混乱による規定放棄など、複合的な理由によると理解されよう。全体として「触れないほうが無難」といったところが本質であったと思われる。

七月九日の元老院上奏案は、関連条文に文法的な語句修正を行ったのみであり、そのままそれが本節冒頭に掲げた九月二十九日公布の教育令となる。その後、一八八〇年十二月の改正（第二次教育令）、一八八五年八月十二日の改正（第三次教育令）を経ても、教育令期において学校名称に関わる公的規定は変化しなかった。

だが教育令公布以降、一八八一年の「文部省所轄官立学校」、一八八三年の「文部省直轄官立学校」など、管轄主体が文部省であることを注記した「官立学校」を使用する法令が登場する。(11) 総則の教育令ではあいまいにしておくことで許されたものの、現実には「官立学校」が文部省の学校だけではない状況下にあって、指示対象を具体的に示す必要のある個別法令ではデリケートな表現が求められたといえる。

文部官僚があえて後景に退けた「官立学校」であったが、やがて思わぬ方向から再びクローズアップされ、正面からの対処は避けられないものとなる。

（2）徴兵令改正過程での論議

一八八三年十二月二十八日の太政官布告第四十六号により改正された徴兵令は、「全国ノ男子總テ兵役ニ服役ス」との主義に基づきながらも、「智能ニ富ミ技芸ニ長シ及ヒ学術ヲ修メ国務ニ必要ナルノ目的アリテ兵役ニ服セシムヘカラサル者」は「徴集ニ応セシムヘカラサル」(12) 者とみなし、官立府県立（公立）学校生に以下のような特典事項を設けるものであった。

第十一条　年齢満十七歳以上満二十七歳以下ニシテ官立府県立学校小学校ヲ除クノ卒業証書ヲ所持シ服役中食料被

服等ノ費用ヲ自弁スル者ハ願ニ因リ一個年間陸軍現役ニ服セシム
其技芸ニ熟達スル者ハ若干月ニシテ帰休スルコトアル可シ但常備兵役ノ全期ハ之ヲ減スルコトナシ

第十二条　現役中殊ニ技芸ニ熟シ行状方正ナル者及ヒ官立公立学校（小学校ヲ除ク）ノ歩兵操練科卒業証書ヲ所持スル者ハ其期未タ終ラスト雖モ帰休ヲ命スルコトアル可シ

第十八条　左ニ掲クル者ハ其事故ノ存スル間徴集ヲ猶予ス
第一項　教正ノ職ニ在ル者
第二項　官立府県立学校（小学校ヲ除ク）ノ卒業証書ヲ所持スル者ニシテ官立公立学校教員タル者
第三項　官立大学校及ヒ之ニ準スル官立学校本科生徒
第四項　陸海軍生徒海軍工夫
〔以下第九項まで略〕

第十九条　官立府県立学校（小学校ヲ除ク）ニ於テ修業一個年以上ノ課程ヲ卒リタル生徒ハ六個年以内徴集ヲ猶予ス

第二十条　左ニ掲クル者ハ予備兵ニ在ルト後備兵ニ在ルトヲ問ハス復習点呼ノ為メ召集スルコトナシ但戦時若クハ事変ニ際シテハ太政官ノ決裁ヲ経テ召集スルコトアル可シ
第一項　官吏（判任以上）及ヒ戸長
第二項　教導職（試補ヲ除ク）
第三項　官立公立学校教員
第四項　府県会議員
第五項　官立府県立医学校ノ卒業証書ヲ所持シテ医術開業ノ者

官立府県立学校（小学校を除く）の卒業証書を有する者は、服役中の食料被服などを自弁できるなら、一年間の陸軍現役で済む（第十一条）。官立公立学校（小学校を除く）の歩兵操練科卒業証書を持つものは、服役期間が終わらなくても帰休を命じられることがある（第十二条）。官立府県立学校（小学校を除く）において、一年以上の課程を終えた者は、六年以内の徴兵猶予がなされる（第十九条）。官立公立学校教員、官立府県立医学校の卒業証書をもつ医術開業者は、復習点呼のために召集されることがない（第二十条）。そして、官立府県立学校（小学校を除く）の卒業証書をもち官立公立学校教員である者、官立大学校およびこれに準じる官立学校本科生徒は、徴集が猶予される（第十八条）。[13]

諸法令が教育令に規定のない「官立学校」の存在を自明とし、用語として公示していたことの好事例でもあるが、これだけ「官立」が多用され、例外的特権付与の根拠となるという法令の審議過程で、その内実が問題化するのは必至であったともいえよう。

十一月十六日、第四百十一号議案「徴兵令改正ノ儀」として元老院に提示された布告原案は、第十八条第三・四項を区分せず「陸海軍生徒海軍工夫大学校本科生徒」と記していた。ところが第一・第二読会を経て十二月二十一日に付託委員が提示した修正案では、「官立大学校及ヒ之ニ準シタル官立専門学校本科生徒」となり、さらに第三読会での審議の結果、先に引用した「官立大学校及ヒ之ニ準スル官立学校本科生徒」に変更され、公布にいたる。以下、第三読会での審議を検討していこう。[14]

口火を切ったのは渡辺洪基であり、彼は「官立大学校及ヒ之ニ準シタル官立専門学校本科生徒」を、原案どおりの「大学校本科生徒」に戻すよう要求した。「官立専門学校」のうち、工部大学校はともかくも、駒場農学校や札幌農学校は中学校並みであって、「官立大学校」に準じるレベルとはいえない。また、現実には私立大学校は存在しない。そして大学校を名乗れるほどの学校なら文部省によりレベルを保障されているはずであるから、本来は官立・私立を問わず大学校には猶予を認めてよい。以上の三点から、条文で大学校を「官立」と特定する必要はないという考えの持ち主であった。

渡辺の意見はこの文言が抱える問題を端的に示している。ひとつは「之ニ準シタル官立専門学校」の部分についてであり、具体的には工部大学校、駒場農学校、札幌農学校が東京大学並みの扱いが可能なレベルかどうか、もうひとつは「之ニ準シタル」あるいは「専門学校」という語のあいまいさである。三浦安は「官立大学校本科生徒」とし、紛議のもととなるこのような用語をカットすることを提案、神田孝平らもこれに賛同した。一方、箕作麟祥は、「準大学校」ともいうべき工部大学校や札幌農学校や駒場農学校を対象とするために、「専門」は削っても「之ニ準ジタル」は残すべきだと主張した。

議論の背景には、大学や専門学校に関する教育令の条文自体に起因する問題もあった。教育令第五条は、大学校で授けるのは「法学理学医学文学等」と記し工学や農学を含めておらず、第七・八条は、農業・商業・職工学校を「専門学校」とは別に扱っていたからである。

渡辺の動議には半数が賛成したが、議長の職権により却下され、文部少輔九鬼隆一も同意した箕作の修正案が結局採択された。

しかし渡辺の発言は、はしなくも、高レベルの教育が実現されているならば、私立学校にも徴兵猶予を認めるかどうかという大問題を提示していたといえる。第二読会の時点でも、箕作麟祥が「官府県立学校ニ修習セスシテ或ハ善良ナル教師ヲ聘シ若クハ盛大ナル私立学校ニ入ル者」あるいは、「華族ノ共立ニ係ル義学」である学習院の存在に触れ、官立府県立学校以外の私立学校生を念頭に置いてはいた。しかしその扱いが、この元老院会議で焦点化されることはなかった。それは改正徴兵令が公布されて以降の懸案事項となる。

東京大学以外のハイレベルな「官立学校」をどのように表現するかという議論の結果、改正徴兵令が「之に準じる」という表現を世に示したことの意味は大きい。発明された「之に準じる」という用語は、再び思わぬ方向へと歩み出すこととなる。[15]

三　「准官立」の生成

(1) 同志社の運動と森有礼の対応

官立府県立（公立）学校の学生に徴兵猶予の特典を与える改正徴兵令は、私立学校に衝撃を与えた。生徒数の減少、ひいては学校存続の危機を予見した各学校は、特典付与の範囲を私立学校にも拡充することを求めて運動を開始した。

このうち慶応義塾の運動についての研究が進められているが、[16]実はもっともねばり強い交渉を続けたのは、新島襄率いる同志社だったのではないか。新島の生涯にわたる詳細な年譜がすでに刊行されており、改正徴兵令公布翌々月の一八八四年二月より開始された運動の経緯もかなり詳しく把握できる。その事実経過をまとめたのが別表であり、以下同志社に即して事態を考察してみたい。

新島の意見は以下のようなものであった。

　改正徴兵令第十一、十二、十八、十九条ノ如キハ官公府県立学校ヲ保護シ其ノ教育ヲ勧ムルノ旨趣ナリト認ムレハ、右数条ノ如キ教育保護ノ徳沢ハ只ニ官公府県立学校ノミニ止マラス厳重ナル試験（学科授業法并ニ操練科等）ノ上、府県立中学高等科ニ準スルモノト、或ハ其ノ右ニ出ツルモノト認メラル、私立学校ニモ霑被セラレン事ヲ切望ス[17]

表　同志社の徴兵猶予特典要求運動

1883.12.27	徴兵令改正
1884.2.2	新島襄、同人社中村正直と東京専門学校を訪問、大木喬任文部卿上申書写を見る
1884.2.8	新島、参議伊藤博文に会い、猶予特典に関する考えを聞く
1884.2.9	新島、大山巌陸軍卿と面会、伊藤とも再度面会
1884.2.13	新島、品川弥二郎農商務大輔に会い、ドイツ流の徴兵免除制導入を説く 新島、九鬼隆一文部少輔に会い、失望
1884.2.15	新島、政府高官に会い、大木文部卿と面会する約束を得る
1884.2.18	新島、田中不二麿元文部大輔に会い、無精神と批判
1884.2	新島、徴兵令に関する草稿数種作成
1884.4～	新島、欧米旅行（～1885.12）
1884.12	新島、小崎弘道に伊藤との面会を指示
1885.2カ3	小崎、伊藤に代わる森有礼文部省御用掛と面会、特権認定方法の示唆を得る
1886.1.23	新島上京、森と面会、歩兵操練科設置につき相談
1886.1.30	新島・山本覚馬・中村栄助の連名による森文部大臣宛歩兵操練科設置願を作成、北垣国道京都府知事にその進達願を提出
1886.2.4	新島、北垣に設置願の取り計らいを依頼
1886.4.10	勅令第15号中学校令・勅令第16号諸学校通則
1886.5.19	新島上京、森と再度面会、歩兵操練科の件は足踏み状態
この頃カ	新島、森より宗教色のある学校には歩兵操練科設置も認められないと告げられた旨を北垣に通知
1886.6.21	同志社理事会、秋から体操を必須とすることを決議、9月より兵式体操開始
1886.6.22	文部省令第14号（尋常中学校ノ学科及其程度　兵式体操導入）
1886.6.24	文部省令第15号（尋常中学校兵式体操の方法と細目の文相認可制）
1886.7.1	文部省令第16号（高等中学校ノ学科及其程度　兵式体操導入）
1886.8.6	松山高吉・中村栄助、「准官立」資格の件で北垣と協議 北垣、文部省への願書差出を決定した旨、新島に通知
1886.9.1	新島、北垣に面会し歩兵操練の件を具状
1886.12.1	勅令第35号徴兵令改正
1887.3	新島上京、文部省で同志社の扱いは考慮中との返答を得る 折田彦市学務局長と相談、桂太郎陸軍次官から銃器払い下げの話を受ける
1887.3.31	文部省訓令第5号（猶予特典対象校の認定基準規定）
1887.10カ11	徳富蘇峰、陸奥宗光全権公使と面会、同志社への特典付与に尽力する約束を得る 徳富、青木周蔵外務次官経由で桂と談判、周旋を依頼し、文部省での未進展を新島に報告
1888.3	金森通倫、帝国大学の外山正一と面会、森の紹介で第一高等中学校訪問、同志社の高等中学校化に関わる調査
1888.5	新島、森と面会、徴兵猶予問題につき話し合い、高等中学校化を勧められる
1888.8.16	新島、「準官立校」にならずに猶予特典を得たいと中村栄助に告げる
1888.9.30	新島上京、森に猶予特典付与を再度要請し、徳富や湯浅治郎からも要請 井上馨農商務大臣の協力も得る
1889.1.22	法律第1号徴兵令改正
1889.5.6	文部省訓令第1号（猶予特典対象校の認定基準規定）
1889.8.26	富永冬樹、米公使から外相へ周旋する策を新島に進言
1898.3.16	同志社への徴兵令特権適用（文部省告示第3号）

「新島襄年譜」（新島襄全集編集委員会『新島襄全集』8　年譜編、同朋舎出版、1992年）を参考に作成。上京時の新島の行動は「出遊記」（『新島襄全集』5　日記・紀行編、同朋舎出版、1984年）によって知られるところが大きいが、人名等に伏字が多用される。政府要人はほぼ「新島襄年譜」の推定どおりと考えたが、1884年2月15日に面会した「閑雅ニシテ君子ノ風」があり富士見町に住む人物は、年譜の推定する西郷従道以外の可能性も高いと判断し、特定せず。

学科上の試験手続やその科目、あるいは最寄り陸軍営所の士官を派出しての操練科設置と修了後の取り扱いなどをこと細かに記し、政府筋に提案しようとした草案は数種類あり、同志社の将来に対する必死な思いがうかがわれる。

新島の運動は、まず私立学校同士の連帯を図ることに始まり、同人社の中村正直や東京専門学校を訪問した。かたや政府高官を直接訪ね、面会した人物は、参議伊藤博文・陸軍卿大山巌・農商務大輔品川弥二郎・文部少輔九鬼隆一・田中不二麿など多数にのぼる。「我輩ノ学校ノ生徒ノ如キハ其ノ学力ニ至リ幾分カ中学生徒ノ右ニ出スルモ(18)」との自負をもつ彼であったが、「小生之東上セしハ決し而弊校之為ニ特典を乞ヒシニあらす痛く政府之偏派なる所為を駁し不当ニし而法令を私するを痛論(19)」するのが目的であったと語っている。

表にみるように、上京時に得た要人からの反応は、全体としてかんばしいものではなかったが、新島は「今回ノ徴兵令ニハ随分困却仕候、然し余り不当之令と存候得共、早晩大政府ニも御改正あるべしと存候、小生ニハ少しも落胆ハ不仕候(20)」と強気の姿勢を見せていた。

一八八四年四月、新島襄は資金集めも兼ね、一年半を超える欧米旅行へと出かけたが、本件を放念したわけではなく、十二月には、アメリカから腹心の小崎弘道に対し、諸参議とりわけ伊藤博文の見解を尋ねるよう指示している。伊藤は二月に新島と連日懇談した折、徴兵猶予特典に関し以下のような「政府ノ情実」を詳しく説明していた――「公立ハ先ツ行キ届キタルト認メ特典ヲ与ヘタルナリト。私立ハ一二ハヨキモノアルモ多クハ不行届ノモノアルニヨル云々。且公立ナレハ政府ノ掌握内ニアルモ、私立ハ検束スル能ハス、故ニ之ニ特典ヲ与ヘ難シ。又中ニハ政府ノ嫌フ所アレハ、別シテ此等ノモノニ特典ハ与ヘ難シ(21)」。かたやキリスト教については、ドイツの事情を紹介した上で「往々ハ公認セネハナラヌトノ見込(22)」と好意的な対応をみせていたから、新島がまず会うべき人物として名を挙げたのは、もっともなことであったと考えられる。

新島の指示に従った小崎は、遣清大使に選ばれ多忙であった伊藤博文とは会えず、森有礼と面談することとなったという。面会は一八八五年二月下旬から三月初旬のことと推定されるが、森の意見は次のようなものであった。

御意見ハ御尤ニテ拙者モ甚タ同意致ス所ナレトモ徴兵令モ漸ク一昨年冬改正ニナリシ折柄ナレバ今之ヲ言テモ迚モ行ハレ難ケレバ暫ク時ヲ待ツニ如カズ、拙者モ此義ニ尽力セント欲スルナリ、然レトモ今差当リ同志社ヲシテ徴兵令ノ困難ヲ免レシムル方二策アリ、一ハ同志社ヲシテ准官立学校ト為ス事ニシテ、一ハ同志社ニ歩兵科ヲ設ケ歩兵科卒業ノモノヲシテ徴兵令第二章第十二条ノ特典ヲ蒙ラシムルニアリトス、然リト雖モ同志社ヲシテ准官立学校トスルニ於テハ多少文部省之干渉ヲ受ケサル可ラサルヲ以テ、此事ハ致シ難ケレトモ第二ノ策ハ必ズ行フヲ得可シ、此事難キニ非ズ、唯非役ノ士官ヲ雇ヒ入レ其科ヲ設ケシムルニ有リトス、愈此方ヲ行フニ於テハ其手続等知ラスヘシ云々[23]

小崎への返事にうかがわれる森の考えは、表に示した新島上京時の高官の反応とは異質かつ踏み込んだ内容をもち、注目に価する。彼は基本的に同志社側の主張を容認しつつも、改正したばかりの徴兵令を再改正することは当面難しいとして、二つの策を示している。ひとつは、同志社を「准官立学校」とすること、もうひとつは、歩兵操練科を設けることにより同志社を徴兵令第十二条「現役中殊ニ技芸ニ熟シ行状方正ナル者及ヒ官立公立学校小学校ヲ除クノ歩兵操練科卒業証書ヲ所持スル者ハ其期未タ終ラスト雖モ帰休ヲ命スルコトアル可シ」の特典に与らせることであった。かつ森は、「准官立学校」化は文部省の干渉をまぬかれないとして、歩兵操練科設置の方を勧めているのである。

小崎が驚いたように、歩兵操練科に関わる現実の徴兵令第十二条は、官立公立学校の卒業生のみを対象とするものである。しかし森はこれを自己流に拡大解釈し、「私立学校ニテモ差支ナシ」と答えたのであった。

森は前年一八八四年八月の段階で、すでに徴兵令の再改正を構想していた。先述のように新島が上京して運動した同年二月には、森はまだ公使としてイギリス赴任中であり、この件は関知するところではなかった。新島と入れ違いで帰国した直後の五月、伊藤の意向により文部省御用掛となり、ごく初期に手がけた仕事がこの問題なのであった。森は「官立府県立学校（小学校ヲ除ク）ニ准スル学校認識ノ制ヲ立ルコト」「歩兵科教授ノ学校認識ノ制ヲ立ルコト」の二点を解決した上で、徴兵猶予適用者の範囲を定めた前掲第十八条第二項を、「官立府県立学校（小学校ヲ除ク）及ヒ之ニ准スル学校ノ定科及ヒ歩兵科ノ卒業証書ヲ所持スル者ニシテ学術上ノ公業ニ従事スル者」と改め、第三項も「官立大学校ニ准スル学校認識ノ制ヲ立ルコト」を条件に、「官立大学校及ヒ之ニ准スル学校本科生徒ニシテ毎学科定員内ノ者」とする改正案を示していた。さらに、第十九条「官立府県立学校（小学校ヲ除ク）ニ於テ修業一ヶ年以上ノ課程ヲ卒リタル生徒ハ六ヶ年以上徴集ヲ猶予ス」を、「官立府県立学校（小学校ヲ除ク）及ヒ之ニ准スル学校ニ於テ修業課程ノ半期ヲ卒リタル生徒ハ其課程卒業ノ定期迄徴集ヲ猶予ス」と改めることも考えられていた。(24)

要するに、「官立府県立」に限られていた猶予特典を、「官立府県立学校に准ずる学校」という新たな概念の提示によって、私立学校にまで広げることが企図されていたのである。小崎への返事はこうした方向性の上にある。

だが森は小崎に、特典付与の条件として「准官立」化と「歩兵操練科」設置という二つの方法を示していることが重要である。同志社に勧めなかった方の方策、すなわち歩兵操練科設置というカリキュラム上の対応に依らない「准官立」学校化、しかも文部省の干渉をともなうそれとは、どのようなものであったのかを次に考察しよう。

（2）「准官立学校」構想

森が御用掛に着任した約半年後の一八八四年十月、文部省は一連の学制改革案を地方長官に諮問した。高等教育体制の改革を志したこの構想のもっとも斬新かつ重要な点は、府県財政の逼迫を背景に、複数府県が連合して学校を設立することを認め、その具体的方法を示したことにあった。この「府県連合学校」構想に関わって、改革案のなかに加えられていたのが「准官立学校」案である。学制改革案の全体を先行研究が翻刻しているが[25]、「准官立学校」設置の意図は次のように述べられている。

准官立学校准府県立学校ノ事

凡学校ハ其諸般ノ施設及管理ノ適否ニ因リ其実効ノ挙否ニ関スルコト固ヨリ言ヲ待タサルヲ以テ或ハ其措置上ノ便否ヲ料リ府県費等ノ維持ニ係ル学校ニシテ当省ノ直ニ之ヲ措置セン事ヲ希フモノナキニアラス其府県連合シテ設置スル学校ニ至テハ殊ニ此事ナシトスヘカラサルナリ此ノ如キハ其殊ニ須要ノ施設ト認ムルモノハ当省敢テ直ニ之ヲ措置スルヲ厭ハス而シテ経費ノ外ハ総テ当省所轄官立学校ニ准シテ之ヲ措置シ且経費ノ如キモ其中学校長ノ俸給費ハ当省ヨリ支出シ尚ホ時宜ニ由リ教員ノ俸給費等ヲモ支出シテ其資費ヲ補助シ以テ勉テ其成功ヲ図ラントス抑モ此制タル府県等ノ稟請ト当省ノ認視スル所ト相須テ其用ヲ為スモノナルカ故ニ或ハ実際其用ヲ見ル事極テ稀レナルカ如シト雖トモ然レトモ既ニ従来此等ノ希ヲ抱クモノアリシモ其制ノ設ナキカ為メニ当省之ニ応スルコト能ハサリシノ事実アリ是レ予メ此制ノ設定アリテ可ナルヘシ

つまり、「准官立学校」とは、「府県連合学校」のように特別必要と認められる学校に関して、経費以外の点においで、すべて文部省が所轄する官立学校に準じて措置するという制度であった。「府県モ其管内連合区町村等ノ稟請ニ因リ同一ノ例ニ依リテ措置スルモ可ナルヘシ」との考えからこれに倣って構想された「准府県立学校」と合わせて定められた規則を、以下引用する（長文につき「准府県立学校」のみに関する条文は省く）。

准官立准府県立学校条例

第一条　連合府県立学校ニシテ文部卿ニ於テ殊ニ須要ノ施設ト認ムルモノハ連合府県ノ稟請ニ因リ准官立学校ト為スコトアルヘシ

第三条　府県立学校連合町村立学校ハ第一条ニ町村立学校ハ第二条ニ私立学校ハ第一条並第二条ニ依ルコトアルヘシ

第四条　准官立学校ハ文部省所轄官立学校ニ准シ総テ文部卿ニ於テ之ヲ直管スルモノトス

第六条　准官立学校ノ経費ハ毎年度若クハ毎数年度文部省ニ於テ予算決定シ文部卿内務卿ト叶議ノ上連合府県ニ適宜配賦シテ毎年弁納セシム該連合府県知事令ハ各其配賦額ヲ府県会ニ達シ之カ徴収方法ヲ議定セシムルコトヲ得ヘシ其一府県ノ稟請ニ係ル准官立学校ノ経費モ此例ニ依ル

但連合区町村ノ稟請ニ係ル准官立学校ノ経費ハ本文ノ手続ニ拠リ連合区町村ヨリ弁納セシム該連合区町村ニ関係ノ郡区長若クハ其戸長ハ其額ヲ連合区町村会ニ達シ之レカ徴収方法ヲ評決セシムル事ヲ得ヘク其私願ニ係ル准官立学校ノ経費ハ預メ利金ヲ以テ之ニ充ツルニ足ルヘキ確実ノ資本ヲ保証トシテ大蔵省ニ納メシメ該利金若クハ他ノ資金ヲ以テ之ヲ弁納セシムルモノトス

第八条　准官立学校ノ経費中学校長俸給費ハ文部省ヨリ之ヲ支出スヘシ時宜ニ由リ尚ホ教員俸給費等ヲ支出

スルコトアルヘシ

第十条　准官立学校及府県立学校ハ又新ニ其設置ヲ稟請スル事ヲ得ヘシ

第十一条　准官立学校及准府県立学校設定ノ後ハ已ムヲ得サル事由アルニ非レハ其廃止ヲ稟請スル事ヲ得ス

第十二条　准官立学校及准府県立学校ノ経費毎年度ノ出納決算ハ遅クモ翌年度十二月中関係向へ示スヘシ

「准官立学校」化の要件として、入学程度やカリキュラムなど教育レベルへの言及はない。ただ文部卿が必要と認め、学校側からの稟請があったときに認定されることがあると示されているだけである。

かつこの制度の肝要な点は、経費支弁主体と管理主体を切り離したところに成り立っていることである。主に「准官立学校」化が想定されているのは「府県連合学校」であるが、その経費は連合府県側が負うのであり、経費支弁主体は基本的に府県である。ただし経費に関する権利関係は入り組んでいる。「准官立学校」となったなら、予算総額の決定権は文部省と内務卿とに帰属し、経費決定主体は府県側とはいえない。また学校長の俸給、場合によっては教員の俸給も文部省が支出するとされた。

「准官立学校」は「府県連合学校」構想に付随した制度であるものの、単独府県の学校にも適用されることになっているし、第三・六・七条によって、私立学校が「准官立学校」化するための道もつけられていた。これによれば、私立学校の「准官立学校」化は、やはり学校側の稟請と文部卿の必要により、文部省所轄官立学校に準じて文部卿直管となるが、経費については、金利の見込める確実な資本を保証金として大蔵省に納めた上で弁納するものとされた。

森が同志社の小崎に対し、歩兵操練科設置とは区別される「准官立」化方策を挙げたとき、念頭に置かれていたのは、この「准官立学校」案の私立同志社への適用であったといえる。

こうした文部省の「准官立学校」構想にさきがけて、質的に相通じる考え方を示していたのが、慶應義塾の主宰者福沢諭吉である。

一八七七年以来、私立学校としては特例として徴兵免役の特権を得るという優遇措置を受けていた慶応義塾も、一八八三年十二月の改正徴兵令によりそれを失い、福沢も学校経営に危機感をもつ。しかし彼の行動や発想は、新島とは異なっていた。福沢は一八八四年一月から二月にかけて、「徴兵令ニ関シテ公私学校ノ区別」等々の論説を『時事新報』紙上に発表し、私立学校を官立公立学校と差別的に待遇する政策を批判するとともに、一月には東京府知事芳川顕正や内務卿山県有朋に対し、慶應義塾に徴兵猶予の特典を付与してくれるよう働きかけた。[26]他の私立学校と共闘せず、慶応が他の私立学校とは異なることを説き、いわば「一人勝ち」しようとする福沢のやりかたは、新島からの反感を買ったであろうが、ここで興味を引くのは、「官立に準じる」形態に関する福沢の理解である。

福沢は山県にこう打診した。「彼の学習院の如く、又近来創立の独逸学校の如く、宮内省又は其他の筋より大に保護を得て、如何にも官立に準ずるの実を表する様致度」「若しも此一義御詮義相成、今回特に政府の保護を蒙るとあれば、弥以て他に比類なき私立学校にして、官立に準ずと云ふも他より一切の否議を容るゝ者は有之間敷、且又実に政府に於て毎年若干の金を付与するのみにして、其恩に感ずる者は甚だ少なからず」――つまり彼は、政府からの出資を「官立に準ずる」ための要件と考えている。

引き合いに出されている学習院は、華族出資の学校として、一八八三年八月以来、宮内卿の監督下に置かれた私立学校であった。翌年に宮内省下賜金を基本金として「官立学校」化することが目指され、一八八四年四月十七日、宮内省の管轄下に移された。[27]その背景には徴兵令改正問題があり、猶予の特権を得るための措置であった。また一八八三年十月に開校した独逸学協会学校は、向こう十年間、宮内省から毎年二千四百円の下賜金を得

ることとなり、天皇からも五百円の内帑金を受けていた。(28)

これらと同様、ごくわずかでも毎年政府からの資金援助を得たならば、「官立に準ず」と称される資格があると福沢は考えているのである。管理権や経費決定権の所在などをめぐる見解の違いはあろうが、「官立」の要件に、教育レベルや必須科目といった教育の内容ではなく経費出所の観点を見出した点において、「准官立学校」構想に近いものがあり、歩兵操練科の設置や学科レベルのクリアが頭を占めていた新島との違いが認められる。一八七八年以来、義塾の財政的危機に際し、政府からの資本金借入運動を進めた体験ももっていた福沢ならではの発想であったといえよう。

本節の内容をまとめよう。改正徴兵令に示された「〜に準じる」という文言は、東京大学以外の「官立学校」についての表現という本来の枠を越え、私立学校に関わる問題に転じていった。「官立に準じる」カリキュラム・レベルを有する学校となり徴兵猶予の特典を付与されようと、私学からの運動が引き起こされた結果である。一方、府県連合学校という新しい形態の学校の発案にともない、文部省では「准官立学校」構想が策定された。「准官立学校」の経費は府県側の支弁によるが、文部卿の直管となり、文部省所轄官立学校なみに取り扱われる。管理の主体と経費支弁の主体を分割し、文部省と府県との権利関係の境界をあいまいにするものであった。当初、文部省と府県との関係を想定したこのシステムは、文部省と私立学校との間にも適用されるものとして構想されていった。

「官立学校に準じること」をめぐるこうした動きは、やがて制度として結実していくことになる。

四　「准官立」の構造化

(1) 中学校令と諸学校通則の制定

諸学校令とは周知のとおり、初代文部大臣となった森有礼の下で発布された教育関連諸勅令の総称であり、近代日本教育制度を刷新した一大画期と位置づけられてきた。学制章程そして教育令と、包括的な総則が公布されてきた従来の形式に対し、帝国大学・師範学校・小学校・中学校という教育内容（レベル）上の学校種別に分割した基本法体系であった点においても、斬新な法制であった。一八七九年公布の教育令が第二条に「学校ハ小学校中学校大学校師範学校専門学校其他各種ノ学校トス」と掲げていたのに対し、一八八六年の諸学校令は、学校そのものについての定義を行うことなく、小学校・中学校・帝国大学・師範学校の存在を自明の前提とし、個々に関する規定という次元から話を始めたのである。

さらに、教育令が「明治五年八月第二百十四号ヲ以テ布告候学制相廃シ」と明言した上で発布されているのに対し、各勅令発布にあたって教育令を廃止する旨の文言はなかった。事実、諸学校令公布直後より、教育令は廃止されたことになるのかと、複数府県の問い合わせが文部省に寄せられた[29]。学制章程→教育令→諸学校令と、近代日本の教育制度は三段階の法令公布を経て確立にいたったとイメージされているが、法理論上厳密にいえば、諸学校令により教育令が廃止されたわけではなく、通念としてそう捉えられるようになったに過ぎない。諸学校令は性格のつかみづらい勅令として発布されたものであった。

総則的条文を欠く諸学校令において、名称定義に関わる規定は設けられず、各法令中に「官立」の語は一切使用されなかった[30]。だが、「官立」が問題となる法令は存在するのであり、そのひとつが、第Ⅱ部冒頭に引用した中学校令（勅令第十五号）である。ここに定められた「高等中学校」は、前述の「准官立学校」の基本理念を具体化した制度であったといえる。第二条で「文部大臣ノ管理」としながらも、第五条で区域内府県からの支弁がありうることを説き、管理と経費負担の問題を分断している。ただ、府県側のみによる経費支弁のかたちを記しておらず、国庫金の支出が必ずあることになっているから、その点においては、国が管理しかつ経費負担するという一元的あり方が保全されてもいる。

四月十日に同時発布された教育勅令には、師範学校令・小学校令・中学校令とともに、諸学校通則（勅令第十六号）がある。諸学校通則は主に学校の設立方法について定めた内容をもつが、他の校種別勅令とは異質である。試みに諸辞典や概説書類における「諸学校令」の項目を集めてみると、ここに諸学校通則を含める記述と、帝国大学令・師範学校令・小学校令・中学校令の四勅令のみを挙げている記述とがある。[31] 常識的用語とされている「諸学校令」であるが、実はその定義が一定していないのは、諸学校通則の意味が理解しにくいものだからであろう。

奇妙な法令、諸学校通則の本文は、以下のとおりである。

第一条　師範学校ヲ除クノ外各種ノ学校又ハ書籍館ヲ設置維持スルニ足ルヘキ金額ヲ寄附シ其管理ヲ文部大臣又ハ府知事県令ニ願出ルモノアルトキハ之ヲ許可シ官立又ハ府県立ト同一ニ之ヲ認ムルコトヲ得但寄附人ノ望ニ依リ其名称ヲ附スルコトヲ得

第二条　寄附金ハ其寄附人ヨリ指定セシ目途ノ外ニ支消スルコトヲ得ス

第三条　学校幼稚園書籍館等ノ設置変更廃止其府県立ニ係ルモノハ文部大臣ノ認可ヲ経ヘク其区町村立ニ係ルモノハ府知事県令ノ許可ヲ経ヘシ其私立ニ係ルモノハ設置変更ハ府知事県令ノ認可ヲ経ヘク廃止ハ府知事県令ニ上申スヘシ

第四条　凡教員ハ文部大臣若クハ府知事県令ノ免許状ヲ得タルモノタルヘシ
第五条　公立学校ノ用地ハ免税タルヘシ

このうち、第二条は前年八月公布の第三次教育令第二十三条、第三条は同第十六・十七条、第四条は同第二十五条、第五条は同第二十二条の内容を継承したものであり、まったくの新規な内容をもつのは第一条のみである。総則としての教育令から、個別の勅令が新たに規定した師範学校・小学校・中学校それぞれに関わる条文を引き算し、消去するわけにはいかない諸学校共通の条文、いわば残りものの条文を「諸学校通則」としてまとめておいた。そこに、唯一新規の内容を述べる条文を第一条として加えた、という作成経緯だったのではないか。諸学校令のなかでも影が薄く付則的に捉えられる諸学校通則であるが、実はこの勅令こそが、諸学校令制定過程の特質を映し出しているとみえる。

第一条からは、師範学校以外の学校すべてがこの勅令の対象となるという解釈が成り立ち、英文でも "Imperial Ordinance General Regulations for Schools" と表現され[32]、総則的な規定との印象も与える。しかし地方では、個別の勅令が設けられなかった「専門学校」がこの諸学校通則に基づく、すなわち諸学校通則を専門学校令として捉える向きもあった[33]。

唯一オリジナリティが認められる第一条であるが、これこそが前節（2）の「准官立学校」構想中、私学の「准官立」化方策として示されていた内容を反映した条文である。資本の管理先が大蔵省から文部省に変更された以外、かなり大雑把な枠組しか示していないが、高等中学校制度と同様、管理と経費負担の問題を分断した上に成り立っている。

「准官立学校」がついに法令上の用語とならなかった理由は史料的に確認できないが、「准」（あるいは「準じること」）の不明瞭さによる混乱を避けたといったところが妥当であろう。しかし本項でみてきたように、「准官立学校」の理念は、府県対策・私学対策に分かたれ、それぞれ中学校令と諸学校通則のなかに埋めこまれたかたちで実現したといえる。

ただ、府県と関係する高等中学校については、府県会の抵抗や府県会規則・地方税規則との齟齬を背景に、一八八八年八月、経費を府県が分担することの停止が決定された（第六章）。これにより高等中学校の管理と経費支弁主体は国に一元化され、「准官立」は、主に私学の問題となっていく。

（2）同志社の運動と徴兵令再改正

同志社にとって、第三節（1）にみた森からの回答は希望の光であった。小崎は早速同志社に歩兵操練科を設置するよう新島に進言、一八八五年十二月に帰国した新島は、あらためて徴兵猶予特典の付与を求める運動を本格化する。表に基づき、諸学校令公布をはさんで続けられたその後の運動を追ってみる。

一八八六年一月、新島は文部大臣となったばかりの森に面会した。「殊之外手軽ニ引受呉候」[34]との感触を得、同志社は文部省に提出する「歩兵操練科設置御願」を北垣国道京都府知事の手元に送り、取り扱いを依頼した[35]。一月から二月にかけて、森と新島、仙台出身の富田鉄之助の間では、「同志社分校」と称されるキリスト教系学校（東華学校）として後に発足する仙台での英学校設立についての話し合いも進められ、森からは好意的な反応を得ていた（終章参照）。富田は歩兵操練科の設置についても、「多分文部之御許可ヲも被得」[36]との楽観的な見方を示していたが、五月、再度上京した新島と面会した森が、宗教色のある学校には歩兵操練科設置による特典も認められないと釘を刺す場面もあった[37]。新島は北垣に森の応対ぶりを報告すると同時に、文部省への歩兵操練科設置願の取り次ぎを重ねて依頼、八月には同志社の松山高吉と中村栄助が北垣を訪問して「准官立之資格ニ願立之事」を協議し、北垣は願書の提出決定を新島に知らせる。[38]九月には新島が北垣を訪問し、また富田からは森も内々に尽力しているとの報告があった。[39]

この間の経緯に関する史料には、「准官立校」「准官立兵科」などの語が頻出する。同志社が目指すところ、「官立」に準じる存在として認められることを指して、「准官立」の語が使われていた。

中学校令により設置が決まった尋常中学校と高等中学校について、一八八六年六・七月には両者の「学科及其程度」が文部省令によって公布された。ここでは、尋常中学校の四・五年で二時間、高等中学校で二年間各三時間の「兵式体操」導入が決められている。尋常中学校における兵式体操の細目と方法は文部大臣から認可を受けることが必要とされ、さらに細目は訓令により指定された。

同志社では一八八六年六月、「体操科」を秋から教科に編入することを生徒に通告し、[40]九月からは“military drill”導入に向けての動きが活発化し、やがて担当教師も雇用される。[41]

一方、一八八六年末には私立学校に対する徴兵猶予の道が開かれた。神辺靖光が事実経過を追っているように、[42]一八八六年十二月一日公布の勅令第七十三号改正徴兵令は、第三節（1）に引用した徴兵令第十一条、第十二条、第十八条第二項、第十九条、第二十条第三・五項中の「学校」の下に（第十九条は小学校ヲ除クの下）、「及ビ文部大臣ニ於テ認タル之ト同等ノ学校」との文言を加え、文部大臣の認定を得られれば、府県立以外の公立学校（区町村立学校）や私立学校にも猶予の特典が与えられることとなった。さらに翌一八八七年三月三十一日の文部省訓令第五号は、認定条件を以下のように示し、「該事項ヲ具備スルモノアリト思考スルトキハ其状況ヲ稟申スベシ」とした。

一、入学ノ生徒ハ尋常中学校ノ如キ成規アルモノヲ除ク外、高等小学校卒業ノモノ、若クハ之ニ均シキ学力

ヲ有スルモノタルベキ事
一、学校長及教員任免ノ方法一定確実ナル事
一、授業料束脩等ノ如キ予メ確定シ難キ収入金ヲ除キ毎年ノ費金中二千四百円以上ハ全ク資本ノ利子ト認メ得ベキモノアル事

ここでは、学校の入学程度、人事や資本の安定性といった運営に関わる問題が挙げられている。つまり同志社にとってみれば、長く要請してきた歩兵操練科の設置が成ったところで、それのみが猶予特権付与の条件となるわけではなく、教育カリキュラムやレベルの問題に加え、学校運営面での条件が正式に課されたということになる。

一八八六年十二月の徴兵令改正直後の新聞では、同志社が文部大臣により追って官府県立学校と同等に認められることになるだろうという風評が伝えられているが(43)、同志社の運動は、認定条件が厳しく定められた一八八七年三月以降も続けられた。この月、新島は再度上京し、文部省学務局長の折田彦市を訪問した。「同志社ヲ官立校同等ト認ラルルノ手段　当時文部ニて勘考中」であり、また、桂太郎陸軍次官からは廉価での銃器払い下げを取り付けた(44)。側面からは徳富蘇峰による支援も行われた。同志社へ恩返ししたいと考える徳富は十一月頃、特命全権公使陸奥宗光・青木周蔵外務次官・桂太郎に接触して同志社の認定を頼み込んでいる(45)。徳富は「若し只学校維持金の完全ならさるか為め文部省の許を得る能はさる場合」があれば、「小生も少々愚案有之随分一時融通作用を以て之を操回す事の出来間敷ものにはあらさる可しと相考申候」と記し、文部省訓令第五号における資本金のハードルを懸念していた。新島の教え子でいうならば、金森通倫もこの運動を進めた一人であった。一八八八年三月、彼は富田鉄之助の紹介により帝国大学の外山正一に会い、助力の約束を得た。外山の進言もあって高等

中学校の課程を調べることにし、森文相の紹介状を得て第一高等中学校に赴き、幹事と面会している[46]。主に金森が高等中学校化の線を追求していたようである。

一八八八年は、かねてからの同志社の大学設置運動がもっとも盛り上がり、政界からは前出の陸奥・青木のほか、農商務大臣井上馨や外務大臣大隈重信、加えて財界人も協力を惜しまず、支援集会が重ねて開かれた年である[47]。こうした集会に森文相の参加は確認できないが、同年五月、上京した新島と徴兵猶予を得る方法について討議を重ねるとともに、同志社を高等中学校にすべきであり、専門科を設置した上で力さえあれば、卒業生に大学卒業生（学士）の称号を与えることも可能だと発言している[48]。金森の高等中学校訪問を後押ししているところからみても、森は、山口高等中学校や鹿児島県造士館のごとく[49]諸学校通則にのっとった同志社の高等中学校化を、かなりの程度まで本気で考えていたのではなかろうか。

八月になって新島は、「徴兵猶余ノ特典ヲ蒙ルニハ矢張官立校トナレネハナラヌモノカ〔中略〕願クハ準官立ノ名義ナクシテ右ノ特典ヲ得ラレヌモノカ[50]」との思いを吐露している。この時、徴兵猶予の特典を得るには、文部省訓令第五号の条件をクリアし申請する方法と、諸学校通則に依り文部省の管理下に入る方法とがある。後者の方が認可実現の見込みが高いが、文部省の管理を受ければ自主性が失われるであろうことへの悩みであると読み取れよう。そしてこの頃になると、「準官立」は単に「官立に準じた扱いを受ける」ということではなく、諸学校通則の適用を受け管理を文部省に委ねる形態を指して使われる用語となっていた。

九月に新島は森に対し、徴兵猶予の特典を再度要請する書面を書き送っている。結局、同志社の将来を、高等中学校化を図り諸学校通則による認定を受けるという方法に託す選択はなされなかったといえる。

一八八七年中に認定された私立学校は、独逸学協会学校および済々黌と、井上毅とゆかりの深い学校のみである[51]。井上はそもそも、一八八三年十二月の徴兵令改正以前に慶応義塾が特別に特権を得ていたことに反感を示しており[52]、森とは異なって、私立学校への適用には厳しい姿勢をみせていた。私学の雄、慶応義塾ですら、特典適用認定は一八九六年となる[53]。

一八八九年一月二十二日に法律第一号で徴兵令が再改正されると、五月六日の文部省訓令第一号により、特典にあずかることができる学校の条件には、従来の教育レベルや人事・資本の項目に加え、規模や実績に関わる項目(「所定ノ学科ヲ教授スルニ足ルベキ教員及校舎器具地所等ヲ具備スル事」「設置以来三ヶ年ヲ経テ相当ノ成績アルモノタルベキ事」)が加わる。

アメリカ公使から外務大臣に働きかける「秘中の秘」策が採られるなど[54]、一八八九年中も同志社の運動は続けられたが、結局、同志社が認定校となるのは約十年後、一八九九年のこととなる。①前述のごとく、一八八九年五月の文部省訓令によりさらに認定基準は厳しくなり、②キリスト教主義の学校に理解があり期待も寄せていた森が一八八九年二月に世を去り、③一八九〇年一月に新島も死去する、といった複合的条件の下、同志社側の運動も力を失い、認定への道は険しさを増したということではないだろうか。

本節の内容をまとめよう。教育令期に引き続き、諸学校令は「官立学校」についての規定をもたず、先立つ制度改革構想の新機軸でもあった「准官立学校」の用語も法令には示されなかった。しかし、経費支弁主体と管理主体の分断により成り立つ「准官立学校」構想は、中学校令の定める高等中学校制度および諸学校通則によって、実質上制度化された。「准官立」の用語は公式には見えなかったが、「官立」なみの待遇を得る学校を表すことばとして、やがては諸学校通則の適用された学校を指すことばとして、私立学校の徴兵猶予特典要求運動のなかでも使われ続けた。特典付与対象校としての認定条件は、教育レベルの面に加え、人事・資本・設備等々運営体制の面からも具体的に定められていき、私立学校にとってのハードルは高くなっていったものの、特典を保証される諸学校通則の適用は、文部省に管理権が移譲されることを意味したため、私学には踏み切り難いものであったといえる。

おわりに

近代日本の学校制度は、ゼロからではなく混沌状態から形成された。規模・形態ともにさまざまな教育の場、学校らしき場が存在する状況を、有効かつ体系だった教育体制に編成していく難事業の歴史であった。そのなかで、何を「官立学校」「公立学校」「私立学校」とみなすのかも、既設校の実情や動きを斟酌しながら模索された。

本章では、明治前期の教育関連法令にまつわる動きに沿って、「官立学校」概念の変遷を追ってきた。一八七二年以来の学制章程下に「官立学校」は広義の概念として登場し、「公学」と同義とみなされた。一八七四年、「官立」「公立」「私立」の定義が初めて示され、これが戦前唯一の包括的規定、かつ唯一の「官立学校」規定となった。これを廃止した一八七九年の教育令は「公立学校」「私立学校」の要件を定めたが、「官立学校」については定義が放棄された。一八八三年徴兵令改正を契機に、猶予特典の付与を求める私立学校の運動が起こり、そもそも定義のない「官立学校」について、「官立に準ずる」という周縁概念が登場した。一方で一八八四年には、府県連合学校や私立学校を「准官立学校」と認める構想が文部省により打ち出された。これは一八八六年の諸学校令において内容的には実現をみることとなった。だが、「准官立」が法令用語として使われることはなく、「官立」ともども、定義されることもなかった。

学校の種類についての根本的規定を欠く諸学校令が、不備・不完全であることは、文部官僚も認識していたに違いない。一八九〇年代以降の動きは別箇の検討課題となるが、教育制度に関わる諸改革案のなかにみられる特徴についてのみ、触れておく。

まずは一八九〇年の芳川顕正文相期に、小学校令・中学校令・師範学校令・専門学校令・大学令からなる新たな改革案が作成される[55]。これらの法令においては、「中学校ハ其設立者ノ差別ニ従ヒ之ヲ分テ官立中学校、公立中学校及私立中学校トシ公立中学校ハ更ニ分テ府県立中学校、郡立中学校及市町村立中学校トス」（中学校令）、「専門学校ハ其設立維持ヲ国家ニ於テスルモノヲ国立トシ府県郡市町村ニ於テスルモノヲ府県郡市町村立トシ私人ニ於テスルモノヲ私立トス」（専門学校令）、「大学ハ国立トシ国家ニ於テ之ヲ設立維持スルモノトス」（大学令）と示される。「官立」だけではなく、早くも「国立」の呼称も登場していることが目を引くが、学校の種類を「官（国）立」「公立」「私立」に区分し、教育の種類・段階に応じた法令ごとに、学校の種類を列挙する試みがなされていた。しかしこれらの法案が成文化することはなかった。

さらに、一八九四年に始まる西園寺文相期に、「（諸）学校令」「（諸）学校令通則」等々の名で起草された新たな教育法令には、冒頭に学校全体を定義する条文が置かれた[56]。学校の種類については「学校ハ其造営者ノ種類ニ依リ官立公立私立ノ三トス」「学校ハ設立者ノ種類ニ依リ官立公立私立トス」、また区分については「国庫ノ経費ヲ以テ設立スルモノヲ官立トシ府県郡市町村等ノ公費ヲ以テ設立スルモノヲ公立トシ一箇人ノ私費ヲ以テ設立スルモノヲ私立トス」「国庫ノ経費ニヨルモノヲ官立トシ府県郡市町村町村学校組合及ヒ区ノ経費ニヨルモノヲ公立トシ及ヒ一個人又ハ結合ノ経費ニヨル者ヲ私立トス」など、包括的な規定を設けるべく努力が重ねられていたことを、現存する複数の草稿から確認できる。だがこれもやはり公布をみることはなかった。包括的な学校の名称区分・定義という課題は、なおも持ち越されることになる[57]。

最後に、「はじめに」に示した①〜③の検討課題に即して、本章の明らかにしたところをまとめてみよう。

①学制期において、「官立学校」の主体は文部省と規定された。教育令は「官立学校」の定義を避け、他官庁の教育機関の位置づけをあいまいにしたが、徴兵令改正問題下に他官庁の「官立学校」の存在は自明となった。「准官立学校」構想は、文部省と府県、あるいは文部省と私学にまたがって主体を設定するものであった。

②学制章程下、「官立」の要件は、文部省からの経費支出の有無に求められた。一八七四年には文部省の管轄が要件に加えられた。「准官立」構想は、府県や私学が経費を負担する学校を文部省の管轄下に置くものである。「官立に準じる」ことを目指した私学が想定していたカリキュラムや教育レベルの問題は、「准官立」の要件に入っていない。

③一八七四年の布達のみが、「官立学校」について経費支弁と管理の主体を文部省に一元化している。それ以前は、管理の主体は不問である。「准官立」構想は、管理と経費支弁という営みを意識的に切り離し、それぞれ別の主体が担いうる構図を描いたものであった。これは諸学校令体制下に、高等中学校制度（文部省管理・府県の経費支弁）と諸学校通則（文部省管理・私立学校側の経費支弁）によって実現することになる。高等中学校はやがて管理主体と経費支弁主体が国に一元化された制度となるが、私学に関わる諸学校通則は一八九九年の改正、翌年の廃止にいたるまで、生命力を保つ。

近代日本教育制度形成期における「官立学校」の輪郭は不鮮明なものであり、「准官立」という独特の「隠れた制度」を周縁に生み出したといえよう。

（1）　鈴木勲『逐条学校教育法』（学陽書房、一九九九年）の第一章「総則」参照。

（2）　荒井明夫『明治国家と地域教育　府県管理中学校の研究』（吉川弘文館、二〇一一〇年）の第一部第一章三の1「一八

七〇年代の教育政策の展開における「公」「私」「官」「民」」。

（3）一方、「公立学校」の定義に使われる「保護」の語意であるが、「保護」はすでに学制章程において、「凡学校ヲ設立シ及之ヲ保護スルノ費用ハ中学ハ中学区ニ於テシ小学ハ小学区ニ於テ其責ヲ受クルヲ法トス故ニ官金ヲ以テ之ヲ助クルモノハ学区ヲ助クルモノナリ」（第九十八条）との言い回しで使われている。ここからは、学校を「設立」する費用と「保護」する費用（initial cost と running cost）とを区別する意識があったことがうかがわれるが、「保護」は今日の「維持」といった意味で使われているものと推測される。

（4）なお、「公立病院」は「公立学校」に比し、府県税の支弁や府県庁による設立など、府県の機能を重視した概念化が図られている。これは、医療や医学教育が現実に府県主体で実施され、府県なくしてはありえなかった状況を反映したものであろう。

（5）教育史編纂会編『明治以降教育制度発達史』第二巻（龍吟社、一九三八年）所収。原文は内閣記録局編『法規分類大全』第一編学政門（一八九一年）に収録。

（6）倉澤剛『教育令の研究』（講談社、一九七五年）第一章「田中不二麿の教育政策と教育令の制定過程」を参照。法制局が「官立」の文字を削除した理由は、「教育令は小学校条例であり小学校は公立か私立かで官立ではないからだったと思われる」と述べられるが、根拠が示されず、にわかには首肯しがたい。

（7）注(5)所収。

（8）注(6)倉澤著書第五章「自由主義の大学政策と大学財政の窮迫過程」を参照。以下、教育令案をめぐる元老院での審議は、「教育令布告案」（元老院会議筆記刊行会『元老院会議筆記』前期第六巻、一九六三年）による。

（9）斎藤は当初、「学制ヲ布告セシ年ノ八月二十九日ヲ以テ官立公立私立ノ名称ヲ一様ニ為ス可キ旨ノ布告アリ尋テ同七年又此事ニ就キ布告セシ者アリ故ニ官立ノ字ハ之ヲ挿入セサル可ラス」と発言するが、「官立」「公立」「私立」を定めたのは七年八月二十九日の前掲文部省布達第二十二号であって、事実認識を誤っていたとみられる。

（10）その他、「泰西各国皆大学ハ欠ク可ラサルモノトシ大学ハ国税ヲ以テ之ヲ建ルノ明文ヲ法律ニ掲グ」とする佐野に対し、細川潤次郎は「欧米ト雖モ其学況ヲ見ルニ独リ普通教育ノミニ関渉スルモ決シテ大学ニハ関渉セサルナリ」と述べて、文部官僚サイドの擁護を図っている。欧米の大学事情に関する各論者の知識については、今後の課題としたい。また、「官立」「公立」「私立」、あるいは「管理」「保護」「監督」等々の概念が英語でどのように表記されていたのかも検討に値するテーマであり、教育令に先立つマレー「学監考案日本教育法及同説明書」の英文版などの素材も想起されるが、後日に委ねる。

(11)　一八八一年六月十五日太政官達「文部省所轄官立学校図書館教育博物館職員名称等給制定」、一八八三年十一月二日文部省達「文部省直轄官立学校学生徒及公立学校生徒中不都合ノ行為ニヨリ退学ノ者公私立学校ニ入学禁止」。一八八三年八月二十八日には、文部省告示第一号「文部省直轄学校図書館教育博物館等ヘ図書物品類寄附手続並運搬費支給方」として、ついに「官立」をはずした「文部省直轄学校」という表記も出現し、以後一八八八年四月二日勅令第十九号「文部省直轄学校収入金規則」など、後々まで使われる用語となる。

(12)　「　」内引用は一八八四年八月森有礼「徴兵令改正ヲ請フノ議」（大久保利謙編『森有礼全集』第一巻、宣文堂書店一九七二年所収）。

(13)　ここでの「府県立」と「公立」との違いは、教育令第十九条に照らし、前者を地方税によるものに限定、後者を町村の公費によるものを含めて考えているといえる。

(14)　以下、改正徴兵令案をめぐる元老院での審議は、「徴兵令改正ノ議」（『元老院会議筆記』後期第十八巻、一九七四年）による。

(15)　以下、史料により「準」「准」の表記がまちまちであるが、基本的に含意の違いはないと考える。「準ずる」といった動詞では「準」が、「准官立」など名詞化された際には「准」が使われることが多い。本章においては、史料・文献引用の際にはそのまま引用し、分析概念として地の文で用いる際には「準」を優先させる。

(16)　中野目徹「徴兵・華族・私学――官庁文書にみる福沢諭吉、慶応義塾――」（『近代日本研究』第五巻、一九八九年）、寺崎修「徴兵令と慶応義塾」（笠原英彦・玉井清編『日本政治の構造と展開』慶応義塾出版会　一九八九年）。ただし、寺崎論文から析出される文部政策像は、本章の描くそれとかなり異なり、私学軽視・冷遇といった側面が強調されている。

(17)　「〔改正徴兵令ニ対スル意見書（A）〕」（『新島襄全集』1　教育編、同朋舎出版、一九八七年所収）。ここで引用した意見書案は（A）であるが、全集には（C）までの三種類の草案と「〔改正徴兵令ニ関スル〕請願ノ要旨」が収められる。趣旨はいずれも同じであるが、文言の異同があり、別案には「之ニ準スルノ高等私立学校」等の用語もみられる。

(18) 一八八四年十二月十六日付小崎弘道宛新島襄書簡（『新島襄全集』3　書簡編Ⅰ、同朋舎出版、一九八七年所収）。

(19) 一八八四年三月十二日付森本介石宛新島襄書簡（前掲『新島襄全集』3）。慶応義塾のみの利益を図る福沢の行動（後述）への皮肉とも感じられる。

(20) 一八八四年二月二十七日付土倉庄三郎宛新島襄書簡（前掲『新島襄全集』3）。

(21) 注(18)書簡。

(22) 「出遊記」（『新島襄全集』5　日記・紀行編、同朋舎出版、一九八四年）。なお本論に関わる一八八四年の伊藤・森らをめぐる政界事情については、これをキリスト教問題として読み解いた山口輝臣『明治国家と宗教』（東京大学出版会、一九九九年）第三章「キリスト教公許構想と教導職廃止」を参照。

(23) 一八八五年三月十日新島襄宛小崎弘道書簡（『新島襄全集』9　来簡編〈上〉、同朋舎出版、一九九四年所収）。

(24) 注(12)森「徴兵令改正ヲ請フノ議」および「参事院提出の徴兵令改正理由書案」（前掲『森有礼全集』第一巻所収）。

(25) 注(6)倉澤第十八章第五節「府県聯合設立高等学校の構想」、湯川嘉津美「一八八四年の学制改革案に関する考察」（上智大学『教育学論集』四十号、二〇〇五年）。第八章注(1)も参照。引用にあたっては、適宜句読点を付した。

(26) 一八八四年一月二十九日付山県有朋宛福沢諭吉書簡（慶応義塾『福沢諭吉全集』第十七巻、岩波書店、一九六一年）、および〈慶応義塾生徒徴兵免除に関する願書〉（『福沢諭吉全集』第十九巻、岩波書店、一九六二年）。一八八四年一月芳川東京府知事に福沢が宛てた願書が後者である。いずれも慶応義塾『慶應義塾百年史』上巻（一九五八年）第四章「維持経営の困難と打開」に引用され、芳川宛願書について、注(16)中野目・寺崎論文が分析している。

(27) 学習院百年史編纂委員会編『学習院百年史』第一編（一九八一年）。一八八四年一月三十一日、木村弦雄が提出した「学習院改革考案」がもととなる（同書所収）。

(28) 新宮譲治『独逸学協会学校の研究』（校倉書房、二〇〇七年）。同書には「準官立」という史料用語についての検討はないが、独逸学協会学校がいつ「準官立」と呼びうる内実を備えたかという観点からの考察がある。

(29) 「三学校令諸学校通則質疑問答」（『大日本教育会雑誌』第三十二号、明治十九年五月三十一日）。

(30) 帝国大学令は、帝国大学は官立とするといった旨の条文を一切含まずに、それを自明とした上で、帝国大学の理念や構成について定める。小学校令には「私立」、後掲の諸学校通則には「公立」の語が一ヶ所含まれる。

(31) 一例を挙げるなら、文部省による公式概説書ともいえる『学制百年史』(一九七二年)は「当時公布された学校令は、小学校令・中学校令・帝国大学令・師範学校令の四つであった」と記す(第一編第二章第一節一の「諸学校令の公布」)。ところが二十年後の『学制百二十年史』(一九九二年)には、「帝国大学令、師範学校令、小学校令、中学校令、及び諸学校通則など五種の学校令を公布した」と記されている(第一編第一章二の「初代文相森有礼の教育政策」)。

(32) 国立公文書館所蔵(E〇一九九三〇)。注(10)でも述べた、法令の欧文表記を通した概念検討は後日を期す。

(33) 例えば「新定諸学校通則に依れば此の校〔岡山県医学校〕単立せば地方税を以て支弁すべきものとならざるに至る」(「岡山学校をして高等中学校と為すの階梯を準備すべし」『山陽新報』明治十九年七月二十七日)と捉えた岡山県下の世論がそうである。

(34) 一八八六年一月二十六日付市原盛宏宛新島襄書簡(前掲『新島襄全集』3)。

(35) 「同志社記事」明治十九年一月三十日の項(『同志社百年史』資料編一、一九七九年所収)、一八八六年二月四日北垣国道宛新島襄書簡(前掲『新島襄全集』3)。

(36) 一八八六年三月二十五日付新島襄宛富田鉄之助書簡(前掲『新島襄全集』9〈上〉)。

(37) 注(22)「出遊記」、一八八六年北垣国道宛新島襄書簡草稿(年は推定、月日不明、前掲『新島襄全集』3)。

(38) 一八八六年八月六日付新島襄宛北垣国道書簡(前掲『新島襄全集』9〈上〉)。

(39) 塵海研究会編『北垣国道日記「塵海」』明治十九年九月一日条(思文閣出版、二〇〇八年)、一八八六年九月二十六日新島襄宛富田鉄之助書簡(前掲『新島襄全集』9〈上〉)。

(40) 注(35)「同志社記事」明治十九年六月二十四日の項。

(41) 松井全・児玉佳與子翻訳"Doshisha Faculty Records 1879-1895"(同志社大学人文科学研究所同志社社史資料室、二〇〇四年)。一八八六年六月二十一日、九月十日、九月十一日、九月二十三日、一八八七年四月二十一日、五月五日、五月二十六日、六月二十一日、九月十七日、九月二十九日、十月二十七日、一八八八年十月四日の各条に記載がある。"Military Drill"のために"Takagi"や"Kawata"や"Kobayashi"といった人物が登用されている。彼らには一日二時間の教習で月五円以上が支給されていた。後の二人は不明であるが、"Takagi"は別科神学在学中の予備軍曹高木正則であった可能性が高い（本井康博『アメリカン・ボード200年、同志社と越後における伝道と教育活動』、思文閣出版、二〇一〇年の第一部第五章三「同志社体育の事始め」参照。同書にも徴兵猶予問題についての考察がある）。

(42) 神辺靖光「明治後期における私立中学校の設置——諸学校通則による府県管理学校と徴兵令による認定学校をめぐって——」（『日本私学教育研究所調査資料』第六十五号、一九七九年）。ここでは、私立学校への猶予特典付与の実現を、「福沢の攻撃や与論が功を奏したのか」と述べられるが、三年近く前の福沢の言論活動よりも、本章でみてきたように、政府高官筋に働きかけ文部省や府との交渉を具体的・継続的に進めていった同志社の運動が大きかったと考える。ともあれ、「私立学校を諸学校通則や徴兵令によって府県立中学校と同一とみなすとか、官公立学校と同等とみなすとか言うことは一体どういう意味を近代学校の上にもたらしたのであろうか」との問いを立て、「府県立学校と同一とか、官公立学校と同等との認定が文部大臣によって発せられ……官公立学校が学校の規準を示すものとなったからこそ、認定されるか、されないかが私立学校の格を示す尺度となり、時には死活問題にもなってゆくのである。こうした意味において諸学校通則と徴兵令は日本の近代学校発達史上に一つの大きい問題を残したと言わねばならない」という神辺の結論的見解については、今後検討せねばならないだろう。

(43) 『日出新聞』明治十九年十二月十四日。

(44) 一八八七年三月十九日付新島公義宛新島襄書簡（前掲『新島襄全集』3）、注(22)「出遊記」。

(45) 一八八七年十一月三日、同十九日付新島襄宛徳富猪一郎書簡（前掲『新島襄全集』9〈上〉）。

(46) 一八八八年三月三日、九日、十一日、十七日付新島襄宛金森通倫書簡（前掲『新島襄全集』9〈上〉）。

(47) 『同志社百年史』通史編一（一九七九年）の第一部第八章「同志社大学設立運動」（執筆担当井上勝也）参照。なお、次注史料によると、井上馨も徴兵猶予特典問題に協力することになる。

(48) 新島襄「漫遊記」（前掲『新島襄全集』5）、一八八八年八月十一日下村孝太郎宛新島襄書簡（前掲『新島襄全集』3）。

(49) 一八八六年十一月二十日、山口県中学校は私立防長教育会の寄附金によって諸学校通則の適用を受け、文部省管理の山口高等中学校となる。翌一八八七年十二月二十日、同様に鹿児島県も諸学校通則の適用により、県高等中学造士館設置にいたる。

(50)　一八八八年八月十六日中村栄助宛新島襄書簡（前掲『新島襄全集』3）。

(51)　井上と独逸学協会学校については、注(28)『独逸学協会学校の研究』、同じく済々黌とについては、佐喜本愛「一八八三年徴兵令改正と中等教育」（『九州大学　教育基礎学研究』第二号、二〇〇五年）を参照。

(52)　〔一八七九年〕九月七日伊藤博文宛井上毅書簡（伊藤博文関係文書研究会編『伊藤博文関係文書』一、塙書房、一九七三年所収）。注(26)『慶応義塾百年史』上巻がこの書簡を一八八四年との推定の下に引用しているが、言及された徴兵令の内容から、『伊藤博文関係文書』の推定どおり一八七九年と思われる。

(53)　『法令全書』により、一八八八年以降特典付与が認定された私立学校を拾い出しておく。一八八八年尋常大村中学校、一八八九年猶興館（長崎県）・成城学校、一八九二年大谷尋常中学校（金沢市）、一八九四年水産伝習所（東京府）・埼玉和英学校本科、一八九六年東奥義塾中学部（翌年取り消し）・慶応義塾普通科高等科大学部、一八九八年同志社・神宮皇學館、一八九九年尋常中学鳳鳴義塾（兵庫県）・早稲田中学校・東京専門学校。それぞれに認定にいたる背景があると想像できるが、いずれまた究明したい。慶応義塾の運動については注(16)寺崎論文参照。

(54)　一八八九年八月二十六日新島襄宛富永冬樹書簡（『新島遺品庫』一三七四）。

(55)　東書文庫所蔵、順に一一一—五—一、一一一—一三—一、一一一—一〇—一、一一一—一一—一、一一一—一二—二。佐藤秀夫「一八九〇年の諸学校制度改革案に関する考察」（同『学校の文化史』1・学校の構造、阿吽社、二〇〇四年所収、初出一九七一年）が、これらを「五学校令案」と名づけ、教育制度史上の位置づけを図っている。

(56)　京都大学大学文書館所蔵「木下広次関係文書」Ⅱ—五〇、Ⅱ—一九〇、Ⅱ—一九七。土方苑子「「私立学校令」制定史再考」（同編『各種学校の歴史的研究』、東大出版会、二〇〇八年所収）が、私立学校令策定過程の一環としてこの草案を扱っている。

(57)　以後は「五学校令案」のように、教育段階別の個別法令のなかで、学校の種類を提示するかたちが徐々に実現していく。一八九四年の高等学校令に未だ規定はないものの、一九〇三年の専門学校令にて専門学校には「官立」「公立」「私立」があることを示す条文が、一九一八年になって大学令、新高等学校令に同様の条文が登場する。

岡山時代の J.C.ベリー（後列中央）:
A Pioneer Doctor in Old Japan, pp.94-95.

終章　諸学校令下の高等教育体制再編
――東華学校（＝半県半民・同志社分校）の射程

はじめに

東華学校は、宮城英学校と称した一八八六年（明治十九）九月から翌年六月の時期を含め、一八九二年三月の閉校に至るまでの約五年半、仙台に置かれていた私立学校である。校長には新島襄が就任し、デフォレスト（John Kinn Hoyde DeForest）をはじめとしたアメリカン・ボードの宣教師が教員を務めた。一方で、運営主体の東華義会は、宮城県知事の松平正直会長以下、県吏や地域の有力者らによって構成されていた。

東華学校の歴史は、『同志社百年史』（一九七九年）によって概説的に知られ、主に同志社史あるいはアメリカン・ボード宣教史といった、キリスト教史の立場から研究が進められてきた(1)。近年の新たな成果としては、宣教師文書を活用し、日本ミッションの仙台伝道という観点から、新島襄や宣教師の言動を中心に東華学校の位置づけを試みる本井康博の研究がまとめられたこと(2)、また、太田雅夫が宮城県下の公文書や新聞、同志社所蔵史料の精査の上、従来の研究の網羅的な補完と精緻化を試み、その集大成を図ったことが特筆される(3)。

これら先行研究が例外なく記すとおり、①仙台出身の富田鉄之助との協力関係、②同時期に仙台での学校設立を目論んだ一致教会派押川方義との攻防、③県下の官吏や有力者との連携とその挫折といった点が、東華学校史に不可欠なトピックとなってきたが、このユニークな学校の歴史は、日本教育史上なおも追究されるべき魅力を秘めている。

本章の課題は、かつて提示された「半官半民」学校という東華学校の位置づけを考察することである。「半官半民」とは、新島が校長職にあり外国人宣教師が教鞭を執る一方、「理事会の首脳部が県の最高官僚達であった」[4]ことに対する呼称であり、キリスト教史的な観点からは、必然的に宗教課目をめぐる両者の緊張関係が注目されてきた。だが、総じて従来の研究は、当該期の教育史への十分な理解を欠き[5]、欧化主義―保守反動といった一般的時代状況から学校の盛衰を把握するきらいがあった。しかし結論で示すように、日本教育史研究とて、東華学校を正当に評価してきたとは言い難い。

ここでは何よりも、森有礼文政期における事象として東華学校史を捉える。森の下での新たな教育政策――具体的には、中学校令および諸学校通則とが問題となろう――をふまえ、宮城県下の教育という問題として、東華学校の運営体制・財源・カリキュラムなどを再検討し、その「半官半民」とされる性格を理解していくことにする。史料としてはアメリカン・ボード宣教師文書や地元新聞、特に宮城県公文書と県会議事録を活用する[6]。地域の高等教育における官立・公立・私立学校、あるいは国・県・民間組織の構造的な関係という視点から、この学校の教育史上の意義をあらためて明らかにすることを目標としたい。

前章まで考察してきたのは、府県―キリスト教勢力、府県―文部省、文部省―キリスト教勢力という三様の関係であった。本章では、こうした二者間関係を超え、府県・キリスト教勢力・文部省の学校が三つ巴となりうる歴史的条件が備わった時代に、三者が繰り広げた動態的関係を考える。その舞台は、アメリカン・ボード伝道地の地方への広がり、地方での文部省直轄学校の設立を背景に、これまで対象としてきた京阪神一円から、宮城県仙台へと飛ぶ。

東華学校とは、ここまで扱ってきた歴史過程の帰結としての事象であり、本章は、本書の総まとめにあたる事例研究となる。第Ⅰ部で扱ってきたキリスト教勢力と府県との関わり、第Ⅱ部で分析してきた高等中学校と府県との関わりがそれぞれ展開しつつ、両者がさらに関係し合う重層的な構造をみていきたい。

一　私立英学校の創設と運営体制

（1）地域の就学状況と教育熱の高まり

東華学校の前身、宮城英学校の発足にいたる過程は、すでに諸研究の明らかにしてきたところであるが[7]、宮城県下の教育状況を押さえつつ、そのあらましを振り返るところから始める。

一八八五年十二月、東北伝道を志す新島襄は、外遊から戻ると早速、日本銀行副総裁の地位にある旧知の富田鉄之助と会い、仙台での伝道拠点となる学校設置への協力を求めた。富田は、一八八一年十二月に仙台出身者によって結成され「同郷子弟ノ東京ニ遊学スル者ヲ扶助セン事ヲ謀ル」[8]ことを掲げる育英組織、造士義会の初代会長でもあり、その人脈と行動力なくして、東華学校の設立はあり得なかった。彼は学校設置には県令の理解が必要であるとして、文部省の森有礼から後押しを得ることを提案し、一八八六年一月末、新島と富田と森文相とが会談した。この三人はかつて滞米期を同じくした旧知の間柄である。森は、二人の計画に協力し、宮城県令松平正直への周旋役を果たした。

なお、このとき森文相は新島との間に、同志社への徴兵猶予適用問題も抱えていた（第九章）。そしてまさにそれは、諸学校令公布直前でもあった。新たな学校制度の練り上げが、同志社への対処および仙台での学校新設計画への対処をかたわらに行われていたのであり、諸学校令が、同志社の存在や新島の動きを視界に収めることなく制定されることはありえなかったであろう。

一八八六年五月、新島と富田ら在京の仙台出身者の間で、英学校開設に向けての話し合いがはじまった。顔を並べた者の多くは、造士義会の会員であった。新島は月末には仙台に赴き、松平県令とも面談して準備を進めた。英学校設立の発起人総代は富田と松倉恂である。仙台区長であった松倉は、造士義会のメンバーであり、かつては旧仙台藩の財政方を務めていた(9)。

六月末、計画を進める富田は、「仙台之生ニ而当時東京留学之者共も当夏休業間帰省候ハヾ直ニ新設之学校ニ相入リ郷里ニ於テ修業致度抔申居候もの共も相聞得候得バ生徒も意外ニ集合相成哉と喜悦罷在候(10)」と新島に書き送っている。東京に学ぶ仙台出身の書生は、地元で学びたいとの意欲をもっており、入学者数に期待がもてると彼は考えていた。

前年三月の宮城県会において動議された、中学校費予算増額をめぐる一件が想起される。賛成する議員の一人は、「抑モ宮城中学校ニ入学スルノ生徒ノ目的トスル所ハ東京大学ニ入学スルニアリ。而シテ東京大学ニ入ラントセハ先ツ大学予備門ニ入ラサル可ラス。大学予備門ニ入ントセハ先ツ英語ヲ知ラサルベカラズ。然ルニ大学予備門ニ入ルノ階梯タル宮城中学校ニシテ英語ノ教科不完全ナリ(11)」と発言している。宮城中学校→東京大学予備門→東京大学との進学階梯が描かれ、宮城中学校における英語教育の不備が、受験準備の観点から問題視されていたのである。結局この県会では、原案に一ヶ月二百五十円目安の外国人教員俸給を加算した修正案が賛成多数で可決された。全国的に教育費削減傾向にある時期にもかかわらず、宮城県会の大勢は東京大学進学志向を強くもち、地元での予備＝英語教育の充実を望んでいたといえる。

この県会では、宮城中学校を出ても予備門に進学できない在京書生の実情が次のように語られた。「此ノ中学ノ卒業生ニシテ大学予備門ニ入ラント欲シ其試験ヲ受ケタルモノハ大略落第シテ遂ニ其目的ヲ達シ得サリシト云ヘリ。〔中略〕宮城中学校ノ卒業生ニシテ大学予備門等ニ入ラント欲シ百里笈ヲ負フテ東京ニ出テタル輩ハ先ツ暫ク私塾等ニ就テ相当ノ学科ヲ修メサルヲ得サルナリ。然ルニ此輩皆其資本ノ十分ナル者ノミニアラス其年齢モ未タ精神ノ定マラサルノ年齢ナルニ依リ或ハ其資本ナキノ為メニ他ノ職業ニ就キ或ハ放蕩ニ流レ当初ノ目的ヲ達シ得ルモノ稀ナリト云ヘリ[12]」。要するに、富田がいう「仙台之生ニ而当時東京留学之者」とは、主として東大予備門入学を目指し、林立する東京の私塾にて苦学中の宮城中学校卒業生を指しており、初代造士義会会長であった彼の胸中にも、地元での進学予備教育を充実させる計画があったと考えられる。

前掲の富田書簡と同じ時期に調査された、過去数年間における宮城中学校初等中学科卒業生の進路を整理してみよう[13]。

卒業年月	人数	進　路
一八八四年二月	三名	第一高等中学校一名、札幌農学校二名
一八八四年五月	二名	第一高等中学校一名、工部大学校一名
一八八五年二月	一名	小学校教員
一八八五年五月	十一名	第一高等中学校一名、東京商業学校一名、高等中学科二名、宮城医学校一名、東京遊学六名
一八八六年二月	十名	高等中学科一名、宮城医学校予備科一名、東京遊学三名、不明五名
一八八六年五月	十九名	高等中学科十二名、小学校教員一名、東京遊学四名、不明二名

このうち、第一高等中学校生計三名は、大学予備門時代（一八八六年四月改組前）の入学者であろう。その他全体で、官立高等教育機関に進んだ者が四名、宮城県医学校が二名、宮城中学校の高等中学科にそのまま進学したのが十五名、東京遊学中が十三名である。第一高等中学校ほか官立高等教育機関入学者も、東京遊学時代を経て

入試に合格した可能性が高く、修業半ばにして宮城中学校を退学し東京遊学する者もあったろう。要するに、宮城中学校初等中学科生がより上級の学校への進学を願う場合、すぐにそれはかなわず、そのまま高等中学科に進んでおくか、はたまた機を得て東京に旅立ち入試準備をするか、大きく分けて二つの選択肢があり、高等中学校設置直後もその状況は変わらなかった。(14)

ところが一八八六年四月の中学校令は、高等中学校を全国五ヶ所に設置すると述べているのであり、そのひとつが仙台に設置されることはほとんど自明視されていた。(15)前掲富田書簡はまだこれを前提としていないが、同じく六月に公にされた、造士義会会長大槻文彦の起草にかかる「宮城英学校設立趣意書」(16)は、英学校の設置を数ヶ月前の教育制度改革に対応する事業とする認識に基づくものであった。

この趣意書はまず、「近来学制を改定せられたる処を見るに就学の資人民各自の力に任し政府は但其力の及はさる処に向て施為する処あるへしとの意なるか如し」と、諸学校令発布は教育を民間の資力に任せるとの意図による改革であると捉える。かつ、「我東北地方に設置せらる高等なる一学校は何の地と定めらるゝやは予知すへからすと雖とも全地方の中心なる我仙台を以て之に充てらるへしと推測するも敢て妄謬の考察にあらさるを信す」と、東北地方に高等中学校が設置され、その地は仙台であろうと予測している。そこで具体的な行動として、「同志と協力し自立教育知徳兼修の真意に基つき全地に一の英語学校を起し以て他日高等学校に入るの地をなさんとす」、すなわち、その新設される高等中学校の進学準備校としての役割を果たす宮城英学校を設置すると宣言したのである。

学校は寄附金によって設立維持されることとなった。「宮城英学校設立趣意書」の公表とともに、東京と仙台を拠点とし、寄附金の募集が始まった。当初の経費としては七千円が計上されており、うち二千円を授業料や束脩でまかない、五千円を寄附に頼る見込みであった。(17)仙台藩出身高橋是清の名も見え、(18)東京の造士義会会員からの寄附も集まったが、大半は宮城県下からの寄附で、仙台区においては、松平県令をはじめ、県吏層や財界人が中心となった。発起人の松倉は五千坪の敷地を提供し[19]、中には年間千円、十年で計一万円という多額の寄附を承知した七十七銀行の遠藤敬止のような有力者もあり（DeForest 1887. 3. 3）[20]、彼らの存在により学校経営の見通しが立ったと思われる。

留意すべきことは、このとき並行的に、高等中学校設置問題が動いていたことである。東北六県の中心として宮城県仙台に一校が設置されることは、中学校令発布直後からほぼ確実視されていたにもかかわらず、京都や岡山同様、県が設置費用を負担することが必要とみなされ[21]、一八八六年十月、寄附金募集のために「高等中学校設置ノ趣意書[22]」が作成された。作成者は不明であるが、旧藩時代からの歴史を振り返り、学校設置の正当性を説き、地域の有志に援助を促す点において、「宮城英学校設立趣意書」とよく似た性格をもつ呼びかけ文である。十二月十六日より、『奥羽日日新聞』には「宮城英学校寄附者報告」と並び立つように、「高等中学校創設費寄附人一覧」が掲載され始め、翌年七月八日まで計四十回以上に及んだ。

諸学校令が公布された一八八六年の仙台では、私立宮城英学校および高等中学校設立を具体的目標とし、地域における高等教育熱、高等教育機関創設費寄附の風潮が醸成され、それは翌年にかけて、県下全域にまで及んだのである。加えて、一八八六年一月から翌年八月にかけて、県には三十件に近い私立学校設置申請があった[23]。地元紙には、宮城英学校や高等中学校への寄附者名のみならず、両校に対する見解や教育問題への投稿記事・時事評論がしばしば掲載された。宮城県は、まさに「教育の季節」とでも呼びうる時期を迎えており、地域有力者からの大口寄附金、広範囲の県民からの小口醵金を得た宮城英学校の設立は、その一つの象徴であった。さらに次にみるように、有力者は単に資金を提供するだけの存在にとどまらなかったのである。

（2）東華義会とキリスト教勢力の位置

募金活動のかたわら、一八八六年九月には、松倉恂および在京中の富田鉄之助の代理岩淵廉により宮城英学校設置の申請が知事宛に提出され[24]、十月十一日より宮城英学校は開校した。申請書は就学生徒の見込みを二百名としていたが、試験の結果、予科一年九十三名、二年七名、本科七名の合計百七名が集まった。宮城県尋常中学校が、九月十日の時点で二百五十六名（出身地内訳は仙台区百六十九名、県下各郡六十五名、他県二十二名）であったから[25]、その約半分の規模であったといえる。新聞は、京都の同志社が開校時六十名だったことを引き合いに出し、「殆んど未曽有[26]」と評している。十二月六日からは夜学校も設置された[27]。

開校と時を同じくして「東華義会」が発足した。東華義会の規則本文は、太田雅夫の研究で言及・分析されているが、学校の運営形態を考える上で欠かせない史料であり、長文ながら全文を翻刻し、本章末尾に史料Ⅰとして掲載した[28]。翌年六月に宮城英学校を東華学校と改称し正式に開校するまで練り上げられていった、組織の基本規則である。

まず第一条に述べられるように、新設の東華義会とは、学校への「寄附者」の集団であり、会長には松平県知事、副会長には和達大書記官が就任した[29]。附則第二、三条により、義会を運営する商議委員は互選で選ばれたが、松平県知事、和達大書記官のほか、十文字仙台区長、秋山宮城中学校長兼師範学校長が就任し[30]、続く遠藤以下は七十七銀行関係者であった。宮城英学校発起人総代であった富田や松倉、あるいは設置申請時に富田の代理となった岩淵の名はない。彼らの関与がなくなったわけではないが、在京旧藩士の紐帯による造士義会とは別に、県当局と財界との協同を前面に出した、新しい性格の地元組織が結成されたといえるであろう。そして活動内容も、奨学金を付与する育英団体であった造士義会とは異なり、仙台で自前の学校を運営することを具体的目標に掲げる団体となったのである。

本則第一則において、少年子弟に「学識」だけではなく「徳義」も完備した教育を与えると述べている点は、明らかにキリスト教の影響である。第二則の「内外人ヲ問ハス」も、宣教団を想定したものである。それでは、学校の運営に関して、新島やアメリカン・ボードはどの程度関与し、その意向を反映させうる体制となっていたのだろうか。

本章末尾に史料Ⅱとして収載したのは、新島の手元に残る「内規草按」と題された約定である。すでに太田雅夫が全文を翻刻しているが、一部字句の異同もあり、行論上参照の必要もあるので掲載する。[31]また史料Ⅲは、デフォレストがアメリカン・ボードに報告した商議委員会との協定事項（規則〔Constitution〕の追加事項〔Appendix〕）を今回和訳したものである。[32]

附則第十六条以下、内規草按、協定事項を総合すると、アメリカン・ボードと商議委員会との学校運営に関わる合意事項は以下のようにまとめられる。

①商議委員会

外国人に内部の情況を知らせることも必要だとの配慮により、アメリカン・ボードからデフォレストが入ってはいるが、[33]基本的には地元の側によって構成される。[34]商議委員会こそが学校の運営主体であり、学校での教育を請け負うアメリカン・ボードの交渉相手となる。

②教　員

校長は新島で、彼の進退は商議委員会が決定。教員の進退は校長の意見に基づき商議委員会が決定。副校長は新島が選ぶ。外国人教員は、「外国校友」すなわちアメリカン・ボードが宣教師を派遣する。また、十年間、二百人の生徒に三人の割合で教師を派遣する。

③教育内容（教則・校則）

校長が編成する。基本的にニューイングランドのカレッジのカリキュラムを採用する（これには、カレッジレベルの教育を施すという意味とともにキリスト教主義に基づくとの含意がある）。

ほとんど現地に滞在しない新島は無給であったが、その代わりを務める副校長の市原盛宏には、東華義会から年間六百円が支払われることになった[35]。一方、外国人教員は宣教師であるため、給与はアメリカン・ボードもちということになり、東華学校はその分の負担から解放される。給与の相場であるが、一八八六年九月時点で、宮城県尋常中学校の校長が月俸六十円、一等教諭が七十円から八十円、二等教諭が五十円、外国人教員が百五十円であった[36]。

新島は、富田から、「十年間仙台ヲ助クルノ約ヲ要求」すなわち「外友」（アメリカン・ボード）による外国人教員派遣を求められ、「此ノ十年ノ約ヲ為スニハ、仙台ノ有志家ヨリモ、十年間八年々一千円補助金トシテ差出ストノ約アリタキ由[37]」と述べたという。地元の商議委員会側は学校経営の安定を、アメリカン・ボード側は外国人教員の恒常的かつ十分な供給を、それぞれ約束し合ったといえるであろう。労せずして、東華義会は外国人教員を確保でき、アメリカン・ボードは伝道の足がかりとなる拠点を確保できる。財政面を含めての、もちつもたれつの協同関係であった。

このように、学校の経営は共同で行われる一方、授業内容は、新島らの側に任されていた。カリキュラムには、宗教課目として、毎学年、講話を内容とする週二時間の修身が置かれており、随意科目としての聖書講義ないしは神学（聖教証拠論）が毎週一回行われていた[38]。

仙台にはデフォレスト夫妻のほか、当初、大阪からオルチン（George Allchin）が二ヶ月間加勢に駆けつけた。

代わってカーティス（William W. Curtis）、ホワイト（Frank N. White）、続いて女性宣教師のマイヤー（Mathilde H. Mayer）が来日し、東華学校開校時から教鞭を執った（Sendai SR-2 1887-1888）。外国人滞在のためには現地での雇用関係が必要であり、東華学校の存在ゆえに、宣教師は仙台を伝道拠点とすることができたのである。仙台はアメリカン・ボードの六つ目のステーションとなり、一八八七年三月に仙台教会が発足、周辺都市への伝道活動も繰り広げられていった。

一八八七年八月七日、比叡山で開かれたアメリカン・ボード日本ミッションの年次総会において、デフォレストは商議委員会と交わした先述の「追加事項」を諮った（DeForest 1887. 8. 8）。総会では深い関心が寄せられ、二百人に対して三人という教員派遣要請に対して、ミッションとして確約はできないが、できるだけのことはすると決議された。デフォレストは、自分は冬を除き、教えることから解放され、ホワイトも説教上達のため日本語学習に時間を割く必要があるとし、宣教師増派をミッションに訴えた。デフォレストは、仙台を拠点とした東北一帯への伝道を優先的な自らの任務と認識していたのであり、彼らはあくまでも教師ではなく宣教師であった。だがデフォレストは、県（"the Government"）が県立学校よりも上質な科学教育（"better scientific training"）を行いうる外国人教員派遣をあてにしていると伝え、化学と数学の専門家の派遣が望ましいと進言したのであった。

では次に、県の側が東華学校に求めた教育を検討していきたい。

二　新中学校制度への対応

（1）文相森有礼の来訪と尋常中学校の廃止

従来等閑視されてきたが、富田と新島を通じ、仙台での学校建設計画に関わっていた森文相は、一八八七年六月二十日に東華学校を訪れている。森の来仙に合わせた開校であったのかどうかは定かでないが、直前の十七日、富田や新島、松平県知事ほか県吏や地域の有力者、アメリカ公使代理ホイットニーらが参列し、東華学校の開校式が行われた[39]。開校式には出席しなかったが、森に随行した木村匡は、百二十七名の生徒を擁する東華学校を目にし、「都下ト雖トモ開校ノ当日ヨリ百名ノ生徒ヲ得ルハ稀ニ見ル所トス、当地ニシテ此生徒ヲ得ル大ニ民心ニ適セシモノニ非サルナキヲ得ンヤ[40]」との所感を洩らしている。

このとき、福島県に続いて宮城県を訪れた森は、各学校の視察や第二高等中学校建設候補地の検分を目的としていたが、六月二十一日に県庁において、県官・郡区長・諸学校長に対する演説を行った。そこで取り上げられたのが、「宗門」の問題である。森は、宗教心は誰もが天然に有するものであり、宗門とは宗教心が外面に現れた方式（「モード、オフ、レリジャス、マニヘステーション」＝mode of religious manifestation）である、人はそれぞれ宗門を自由に選ぶ権利があり、これを幼年児童に強制することは不当であるという自説を披露した[41]。これは、見学したばかりの東華学校が念頭にあって喚起された話題であり、関係者に対し、暗にキリスト教の扱いを念押ししたのかもしれない。森はこの年二月には九州地方で、十月から十一月にかけては北陸・近畿方面で演説を行っているが、教育と宗教の問題にわざわざ言及してはいないからである。

一方、森は二十日に宮城県尋常中学校も視察したが、その実態は彼にとって好ましいものではなかった。英語教育に関し、読方の教授法が厳密ではない、訳読では文章の意味が通らないなどと指摘し、中学校教員はもちろん、英学流行の折から地方一般の英学者も読方訳読の二点に深く注意し、改良を図るようにと訓示を垂れている[42]。地方の英語教育レベルに対する強い関心は、留学や海外赴任の経験豊かな森ならではともいえようが、宮城県の中学校が文部官僚からみて満足できるレベルにないことが、県の高官らにも認識されることになったであろう。

東華学校が意気揚々と船出した半年後の十一月、通常県会が開かれたが、ここで県が提示した明治二十一年度予算案に、尋常中学校費は設けられていなかった。

番外の和達孚嘉書記官は、尋常中学校は必要を認めないので廃止すると述べ、その理由を、「此地ニ已ニ高等中学校ノ設置アリテ、其教科中ニ本科予科別科ノ三ツヲ置クコトト其向ヨリ慥カニ承知シタレハナリ」[43]と説明した。東華学校に遅れること二ヶ月半、この年九月から第二高等中学校が授業を開始していた。現状では、尋常中学校全五年を終えてすら、高等中学校予科に入れる実力はない。今度尋常中学校二年相当の別科が高等中学校に設置され、しかも高等中学校の教員が教えてくれるというならば、もはや尋常中学校は必要ないと主張したのである。加えて、「已ニ東華学校ノ私設モアリテ其学科ノ程度ハ之ヲ尋常中学校ニ比シ上ルモ決シテ下ラサルモノナリ」と、東華学校の存在に言及した。その教則は普通科四年高等科二年の合計六年であり、普通科卒業で高等中学校予科に、六年修業後は本科に入れると説明された。つまり宮城県は、旧来の尋常中学校に見切りをつけ、高等中学校と東華学校という新設の学校を通し、地域高等教育の達成を図ろうとしたのである。

東華学校商議委員でもある和達は、キリスト教の学校ではないかとの疑惑をもつ県会議員たちからの批判を懸命にかわそうとしている。「人或ハ宗旨臭シト云フモアランカ。成程宗旨家カ来テ授業ヲナスニハ相違ナケレト素ト農タリ商タリ工タルモノヘ充ツル為メニ編ミタル教則ヲ以テ教授スルコトニテ決シテ宗門ノ為メニ置キタル学校ニハ非サルコトナリ」と主張する。徳育上、「己カ持チ前ノコト」を少々生徒に伝えるかもしれないが、課程表にある通り、修身は一週二時間、一日当たり二三十分の口話に過ぎず、内容も「古人ノ嘉言善行或ハ衛生上ノ注意ヲ促シ或ハ学理上有用ノコトニ限」られている。祈禱も口話の前に二、三分程度で、無理に勧めるものではない。そもそも宗門学校であれば最初から知事が設立を認可するはずはないと弁護したのである。

議員のなかからは、尋常中学校の代わりを果たすとなれば、東華学校の増築等が必要であり、そこでまた寄附が求められる可能性があることへの抵抗も表明された[44]。

一方、議論が進むうちに和達は、「高等中学別科ニ就キ其筋ヨリノ照会ハ其県ニテ尋常中学ヲ廃スルナラハ別科ヲ置クヘシトノ事ナリキ[45]」と明かした。文部省から尋常中学校を廃止するなら高等中学校別科を置くとの内約を得ていることが、県会にほのめかされたのである。先ほど、巡視中の森文相が宮城県尋常中学校の英語教育レベルに落胆したことに触れた。中学校令第六条は、各府県に便宜尋常中学校を設置することを許可しつつ、地方税支弁あるいは補助によるものは一箇所に限るようにと規定しているが、文部省は、高等中学校設置府県に対しては特に、既存の中学校をむしろ廃止する選択肢を勧めているようにすら見受けられる。

高等中学校は宮城一県のものではない、東北六県の尋常中学校生徒すべてを受け入れられるのかといった点からも、尋常中学校廃止への反対意見が出された。和達は各県中学校生徒の具体的な数を挙げて、心配は無用であるとした。また、「〔高等中学校別科は宮城県の〕尋常中学ノ生徒悉皆ヲ引受ケ得ル仕組ニセラルヘキ約束ナリ。此事ハ既ニ其筋トノ協議ヲ整ヒシ事」としつつも、他県からの入学希望者も拒むことはないだろうと述べ、「尋常中学ニ代ユヘキ為メ高等中学ニ別科ヲ置キ之ヲ以テ小学校ト高等中学トヲ連絡セシメントスルハ疑ヒモ無キ事実ナリトス」との見解を示した。

一八八七年十月一日、文部省が勅令第四十八号をもって、次年度以降の府県立医学校への地方税支弁を禁じたのは、新設の高等中学校医学部に、医学に対する各府県下の人的経済的エネルギーを結集させるためであったと考えられるが、それと同様の発想が高等中学校本科と府県尋常中学校との関係に関しても幾分か確認できるのではなかろうか。翌年の県会で諮問案が出されたように、高等中学校設置費用の負担約十万円の調達に苦労するなかで、尋常中学校の敷地をもってその一部に充当しようとの目論見も、宮城県にはすでに萌芽していたのかもしれない[46]。

結局十二月十五日、県の原案である尋常中学校費廃止案は、反対が十五名あったものの、過半数の支持を得て可決された。そして十二月二十八日になって、文部省は告示第十五号により、高等中学校に「学科及其程度ハ尋常中学校第二年級若クハ第二年級及第一年級ノ学科及程度ニ拠ル」予科補充生（補充科）制度の導入を布告したのである。

こうして尋常中学校は一八八八年三月をもって廃止された。以上の経過からは、発令以前の内示により県政を動かすという文部省の手法、書記官和達の主導力といった、教育行政の特質とともに、尋常中学校廃止により府県下の教育体制を一度ふりだしに戻して刷新を図ろうとする国と県の方向性を確認することができる。

（2）学科課程の編成

東華学校となった一八八七年六月以来、この学校の教育目的には、宮城英学校発足時の「正則英語ヲ以テ高等普通学科ヲ教授スル」[47]に代わり、「各種専門学校ニ入リ或ハ中人以上ノ業務ニ就カント欲スル者ヲ養成」[48]という、かつての中学校通則を思わせる文言が掲げられていた。[49]

尋常中学校廃止数ヶ月後の一八八八年七月に刊行された『東華学校便覧』は、学課課程を次のように説明している。[50]

予備科――高等小学二年卒業相当。一年で卒業し、ただちに普通科へ昇進。入学志願者は和漢学と算術の入試を受験。

普通科――修業年限五年。最初の三年は文部省製定の尋常中学科一年から三年に符合するので、二年以上修業すれば各高等中学予科入学試験合格が容易。四年以上は高等普通学科であり、各種専門学校入学希望者への準備に供するとともに、卒業後直ちに実業に従事しながら当分独学を希望する者のために設置する課程であり、実用知識と同時になるべく独学自修の基礎を身に付けさせる。入学には和漢学・算術・英語・日本地理・日本略史の入試を受験。

撰科生――普通科四年以上に入学許可。正課中一課もしくは数科を撰修。前途有為の青年で、家事都合のため高等の学校に長く修学する望みがない、あるいは将来諸般の学校にて英語学教員となることを希望する人々に対応。撰修希望科目につき相応の入試を受験。

このように、廃止された尋常中学校に代わりうるカリキュラムが組まれていることや高等中学校進学への道を想定していることが明らかにアピールされている。東華学校は、尋常中学校—高等中学校という公教育の階梯に対応する役割を担うようになった。一八八七年六月の東華学校発足時には、卒業生は「直ニ大学専門科ニ及第」(史料Ⅱ 東華義会附則第二十一条)することが目的とされていたのだから、目標レベルは下がっている。

教員である宣教師たちにとって、これは本来望んでいた学校のあり方ではなかった。デフォレストは、東京より北部のどんな"Government School"よりもよい英学校をつくるという大きな責任が我々に課されているとしながらも、アメリカン・ボードのボストン本部が、"feeder to the Tokyo Univ."(帝国大学進学予備校)ではないかとの懸念を示したことに対し、それは誤解であり、事実はキリストを教えるまたとない場で、自分の下に集まった生徒らは皆受洗候補者であると釈明していた。また、思いもかけず、ハイレベルな"Government College"すなわち第二高等中学校が仙台に設置され、東華学校はこれと競合するどころか、その"preparatory school"(予備校)になってしまったと残念がり、官立学校の設置がわかっていれば仙台には来なかったとさえ述べている[51](DeForest 1887. 1. 26, 2. 4, 5. 23)。

しかし、公教育制度に適応することで、東華学校は地域における存在理由をもちえていた。図は、高等中学

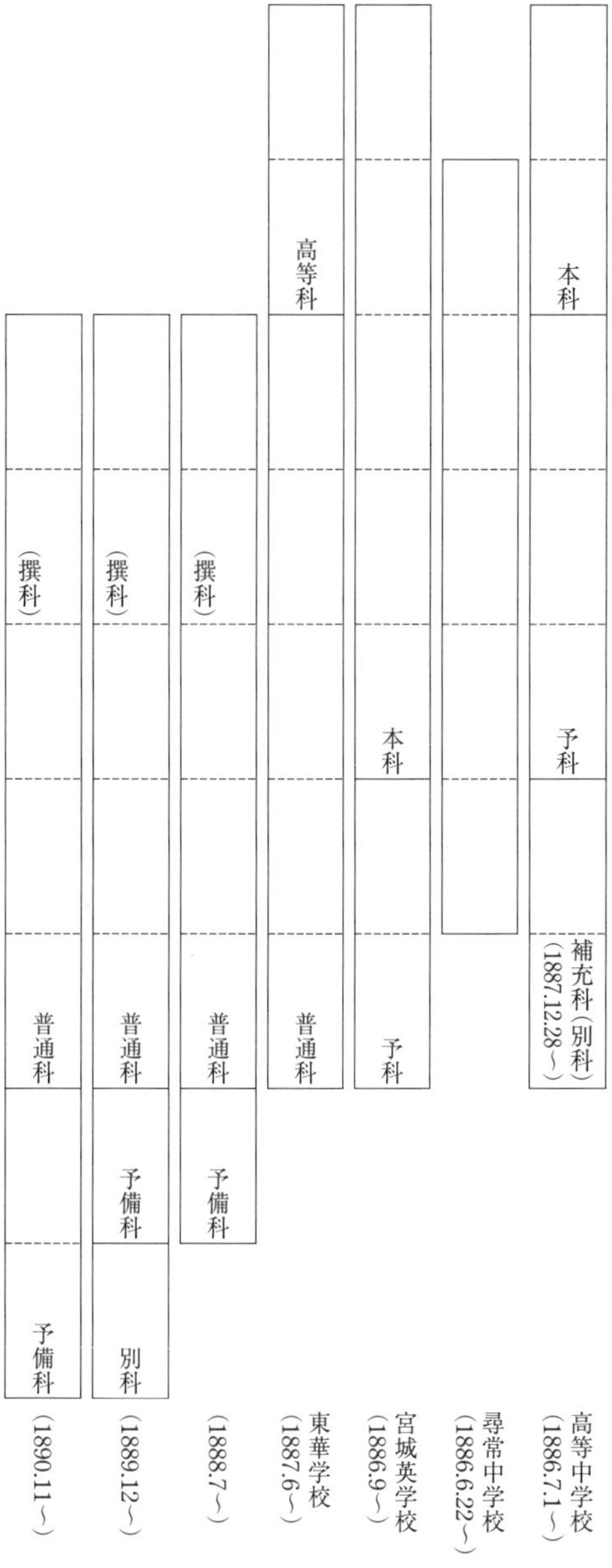

校、尋常中学校と対比させて東華学校の学修年限の変遷過程を示したものである。[52] 頻繁な課程改正はこの学校の特徴であるが、特に、学力の不足する生徒をすくい上げるような予備科・補充科（別科）を相次いで設置したことが目を引く。これも、開校当初の想定からすればレベルダウンということになろう。

一方、修学継続が難しい者を対象とした撰科も設置された。また、英語の時間数について比較してみると、「尋常中学校ノ学科及其程度」では第一級から第五級の五年間で、計週二十九時間学修することを定めているのに対し、発足時の東華学校普通科五年間では、三十六時間である。[53] 随意ではあるが宗教課目が置かれていることについても先ほど述べた。このように、尋常中学校のカリキュラムを範としながらも、地域のニーズに対応し、協同するキリスト教勢力側の要求も容認しつつ、尋常中学校という制度の枠には収まりきらない教育が東華学校では行われていたといえる。

三　経営方法の模索と閉校

(1) 地方税補助・諸学校通則適用案

東華学校の総生徒数は、一八八八年から四年間の各年次報告によると、百五十七名→百三十六名→百十六名→百七十八名と、出入りが激しいもののそれなりの安定を見せていた。[54]ところが一八九一年になると、学校の存立自体があやぶまれる局面を迎えることとなる。その背景として、二つの出来事を指摘できる。

ひとつは、あたらしく始まった帝国議会において、高等中学校の存在意義をめぐる議論がかまびすしく、再び地域の教育体制に変更が加えられる可能性が高まっていたことである。この一八九一年二月には、予算案文部省部特別委員が、第一高等中学校以外の高等中学校は廃止し経費を支出しないという報告案を出すほどの状況になっていた。[55]

今ひとつは知事の交代である。この年四月に松平正直が熊本県知事に転任し、代わりに前千葉県知事の船越衛が赴任した。ある議員は、後述する尋常中学校費の審議中、「旧知事ハ余リニ東華学校ヲ過愛シタリ故ニ新知事ハ見ル所アリテ本案ヲ発セシナランカ」[56]と発言した。学校設立の立役者の一人であり、東華義会会長でもあった松平が去ったことで、県は、東華学校という存在に対する責任感や配慮、あるいは執着を断つ方向に向かうことができたとの推測は成り立つだろう。また、森有礼文相は一八八九年二月に、新島も一八九〇年一月にこの世を去り、現地で新島の代理としての責任を負っていた副校長市原盛宏も一八八九年秋からアメリカに留学していた。[57]

一八九一年七月、県と文部省との間で注目すべきやりとりが行われている。七月二十二日に宮城県学務係が作成した、船越知事から文部省総務局宛の伺書草案が残っている。文面は以下の通りである。[58]

尋常中学校ニ地方税補助ノ義ニ付文部省総務局長へ御照会案左ニ
第一条　明治十九年四月勅令第十五号第六粂地方税ヲ以テ尋常中学校ニ補助云々ハ公私立同様補助ヲ与ヒ可然義ニ候哉
第二条　明治十九年四月勅令第十六号第一条（前略）設置維持スルニ足ルヘキ金額ヲ寄附シ云々ト有之候処
右金額トハ補助スルモノトスレバ第一条ノ補助ヲ合セタル金額ト認メ可然哉
右条々目下差掛リ疑義相生候ニ付何分ノ御回答相成候様致度此段及御照会候也

知　事

文部省総務局長宛

第一条にいう「勅令第十五号」とは中学校令のことであり、その第六条は、「尋常中学校ハ各府県ニ於テ便宜之ヲ設置スルコトヲ得但其地方税ノ支弁又ハ補助ニ係ルモノハ県一箇所ニ限ルヘシ」と定めるものである。

また第二条の「勅令第十六号」とは諸学校通則のことであり、その第一条には、「師範学校ヲ除クノ外各種ノ学校又ハ書籍館ヲ設置維持スルニ足ルヘキ金額ヲ寄附シ其管理ヲ文部大臣又ハ府知事県令ニ願出ルモノアルトキハ之ヲ許可シ官立又ハ府県立ト同一ニ之ヲ認ムルコトヲ得但寄附人ノ望ニ依リ其名称ヲ附スルコトヲ得」と定められていた。

つまり宮城県が問うているのは、①中学校令において、県下一校のみの設置が許されている地方税補助による尋常中学校とは、公立に限らず私立も含むと考えてよいのか、②その地方税からの補助により設置維持に足る金額を得、それを寄附し管理が願い出られたときには、諸学校通則を適用することができるのか、という問題であった。

一八九一年八月五日、文部省総務局長辻新次が知事に宛てた回答は、以下のようなものであった。

記

第一　中学校令ニ依リ地方税ヲ以テ尋常中学校ヲ補助スルコトヲ得ルハ必シモ公立学校ニ限ラサル儀ニ候得共地方税規則ニ於テ未タ私立学校ヲ補助スルノ費目ヲ加ヘラレサル次第ニ付目下地方税ヲ以テ私立学校ヲ補助スルコトハ施行上未タ許サレサル儀ト御承知相成度候

第二　学校ヘ対シ補助スル金額ハ之ヲ寄附ノ金額中ヘ承入スルコトヲ得サル儀ニ有之ヘクト存候尤諸学校通則第一条ニ依リ学校ノ管理ヲ府県知事ニ願出ツル者アリテ之ヲ許可シ府県立学校トナシタル上之ニ地方税ヨリ補助ヲ支出スルコトヲ許サレタル前例ハ有之候間御参考ノ為メ申添候

ここで文部省は、中学校令において一校と限られているところの地方税支弁・補助による尋常中学校は、公立学校ではなく私立学校であってもよいのだが、地方税規則にその費目がないので、まだそれが可能ではないと述べている。また、諸学校通則の適用にあたって必要とされる設置維持に足る金額に、地方税からの補助額を含めることはできないが、まず諸学校通則を適用してから地方税による補助を与えることは、先例により可能であると回答している。前者は、かつて高等中学校設置時に、府県会規則や地方税規則が、設置費用の府県地方税による支弁の壁となっていたことを想起させる（第六章）。

文中に明示されてはいないものの、これが東華学校の処遇をめぐるやりとりであることは明らかであろう。宮城県の伺い出は、具体的には、私立の東華学校に地方税からの補助を与えることができるか、その上で、諸学校通則を適用することができるか、と尋ねたものなのであった。

まず地方税からの補助という問題に関しては、宮城英学校時代を含め開校から五年を経た東華学校が、財政的に苦しい状況にあったことをうかがわせる。デフォレストによると、「世人の東華学校に対する余り熱心ならず、為めに校運の進歩亦著しからず、殊に財政上年々二千余円の不足を生じ[59]」る状態であったとされる。地方税支弁対象の尋常中学校は一校に限定されていたが、尋常中学校を廃止していた宮城県は、地方税で経営的苦境にある東華学校を補助する方策を考えていたということになる。

さらに県は、東華学校に諸学校通則を適用し、「府県立ト同一ニ之ヲ認ムルコト」の公認を与えようとしたのである。一八八七年三月三十一日の文部省訓令第五号以降、私立学校が徴兵猶予の特典を受けるためには、二千四百円以上の資本金保持が一要件となっていた。これが満たせないのであれば、徴兵猶予の特典を受ける道は、諸学校通則に求めるしかない。これまでも東華学校は、尋常中学校の代替としての教育を提供してきたが、諸学校通則を適用することで、府県立と同等の地位を与え、生徒を集めようとしたものといえる。

この伺い出から数日後の七月二十七日、従来の研究が指摘してきたように東華学校の課程から聖書が抹消された[60]。これまで、反キリスト教感情の薄まりを期待したという大まかな時代背景から理解されてきた出来事であるが、直接的には、諸学校通則適用を見据えての措置だったとの解釈が成り立つのである。

（2）尋常中学校の再興

尋常中学校廃止決定から四年目の一八九一年十二月、通常県会において、県は尋常中学校費を予算案に復活させた。その理由として、以下の説明がなされた。かつて高等中学校については国庫と地方との共同支弁制が敷かれており、その所在地である宮城県は年々二万円にものぼる負担が見込まれ、だからこそ尋常中学校も閉鎖した。だがこの共同支弁制が一八八九年度より廃止されたため、その負担が軽減された。さらに、高等中学校の補充科が廃止される議論があり、進学準備教育の場が失われそうである。そして待遇に違いがある私立学校では、その穴を埋めきれない。挙げられたのは以上の事情である。[61]

十二月九日の採決の結果、原案の中学校費は、六十五人中三十三人というまさにぎりぎりの多数で可決された。しかし、否決はされたものの、原案とは異なる二つの議員提案が多くの賛意を得ていた。ひとつは、尋常中学校設立は希望するが、適当な校地も見つかっていないのが現況であり、来年まで延期してはどうかという案である。そして、原案に続く約三分の一の議員の支持を得たのが、「東華学校ノ不完全ナルハ其費用ノ足ラサルカ為メナリ。故ニ之ニ対シテ相当ノ補助ヲ与ヘ且ツ県庁ニ於テ厳ニ之力監督ヲナサハ経済上ヨリモ教育上ヨリモ共ニ頗フル得策ナルヘシ」[62]という、東華学校への補助と監督の提案であった。具体的な補助額については、東華学校は私立であるから、県会より委員十名ほどを出して談判させ、議決してはどうかとされた。

（1）で明らかにしたように、通常県会に先立つ七月段階で、県当局自身が地方税と民間資金とによる東華学校の維持、また、東華学校への諸学校通則の適用を計画していた。だが文部省が直ちに認めるところとはならなかったため、県は次年度からの尋常中学校再興を図る方向へと舵を切り、中学校費を組んで県会に諮ったのではないだろうか。だが、地方税による補助や諸学校通則の適用は、議員間でも発想され、一定の支持を得た方策だったのである。

中学校費可決のわずか五日後の十二月十四日、勅令第二百四十三号により、中学校令は改正され、尋常中学校は各府県において一校設置すべきであると定められた。この法令の発布を宮城県が内々に知らされていたのかどうかは不明であるが、県の決定は、この法令の意図を先取りするものであった。

県会において県吏は、「仮令へ尋常中学ノ設立ニ至ルト雖モ東華学校ハ自ラ独立ノ学校タルヘシ」と、尋常中学校復興は「東華学校ノ撲滅策」ではないことを強調した。(63) また、かつて森とともに東華学校を訪れた木村匡は、地元紙に「東華学校商議員諸君に寄す」と題する論説を掲載し、公立尋常中学校が再興されても学校を継続するようにと訴えた。(64) しかし、東華学校は廃校に踏み切ることとなる。

以後の経緯は、先行研究の述べる通りである。(65) すでに宣教師らは、七月の聖書科目削除の時点で、一度辞意を表明していたが、年末には尋常中学校設置をうけて再度教員の総辞職という事件も起きた。これは尋常中学校に在校生を受け入れる約束をもっておさまりがつき、東華学校は一八九二年三月二十四日、在校生二百三名に対する卒業式・閉校式を行った。一方、東華学校の校地・設備を借用し、かつて宮城英学校の設置趣意書を起草した大槻文彦を校長として、四月から宮城県尋常中学校が再出発したのであった。(66)

第三章の最後に述べたように、医学教育における府県とキリスト教勢力との連携は一八八〇年代前半に閉幕を迎えた。一八八〇年代後半に、英学校というかたちで再び生じたその連携であったが、東華学校の閉校は、その終わりを告げるものだったといえよう。

おわりに

以上、東華学校の誕生から終焉までを追い、私立学校、県中学校、文部省直轄の高等中学校という教育機関が三つ巴となって繰り広げた歴史過程を、県教育行政という観点から再検討してきた。

東華学校における「義会」や「商議委員会」の存在、尋常中学校的カリキュラム、あるいは諸学校通則適用計画は、荒井明夫が研究対象とした「府県管理中学校」を想起させるに十分である。(67) 荒井は、一八八六年四月十日勅令第十六号諸学校通則を適用した学校、すなわち「(学校を) 設置維持スルニ足ルヘキ金額ヲ寄附シ其管理ヲ文部大臣又ハ府知事県令ニ願出」て「官立又ハ府県立ト同一ニ之ヲ認」められた諸学校を「府県管理中学校」と呼び、計二十一尋常中学校三分校が確認できるとして、通則適用の経緯や資金の出処、運営形態などに関し、計八校の事例を取り上げて検討している。これらの「府県管理中学校」を参照系とすることで、東華学校の特性や意義をより明確にすることができる。

結論的に言うと、キリスト教史の立場から従来「半官半民」と表現されてきた東華学校は、管理の主導権やカリキュラムといった点に限れば、要するに実質的な「府県管理中学校」だったのである。諸学校通則という法の適用による正式な県管理中学校ではなかったが、私立東華学校は、何よりも県の管理の下に運営されていた。県知事自身が寄附金募集団体である東華義会と学校運営を行う商議委員会の会長であり、書記官クラスや県下各学校長が顔を並べるという県サイドの関与の大きさは、荒井の扱った事例中にも見出すことができないほどである。

東華学校では、県知事以下県吏が地域の有力者と連携した私的活動というかたちをとり、民間勢力のひとつとしてのキリスト教勢力と手を結び、尋常中学校のカリキュラムに準じた進学予備教育を行っていた。地元子弟の進学上の懸案事項であったハイレベルな英語教育を、新来のキリスト教勢力により地方税を用いることなく達成していた。財政的にみれば、造士義会会員である旧藩士層、あるいは仙台の官界・財界有力者による大口の寄附金、県下広域から集まった戸別ないしは役場単位の醵金、そしてアメリカン・ボードの支出が合わさって維持される学校であった。

荒井の分析は、諸学校通則適用という事実のある学校を対象にしているので、東華学校のように、結局その道を辿らなかった学校は視界に入らない。だが諸学校通則の適用を受けたケースのみが「府県管理中学校」なのではなく、現実には、東華学校も「府県管理中学校」的性格をもつ学校だった。逆にいえば、従来の研究が指摘してきた東華学校の「半官半民」性とは、決して特異な性格ではない。この時代、「半官半民」の学校は、特に諸学校通則の適用による「府県管理中学校」として広く出現しており、東華学校もそれらの学校とある意味では根を同じくする現象のひとつだったのである。

諸学校通則適用の「府県管理中学校」の出現にではなく、それをも含めた「半官半民」、否、国と府県とを峻別する立場からすれば「半県半民」とでも呼ぶべき性格の学校が広く見られたことにこそ、森文政期の特質と重要性が求められるべきである。そして各学校について問われるべきは、その「半県半民」性の形態と内実である。

本章でみたように、最終的に東華義会が諸学校通則の適用を模索したという事実はある。だが発足当初は、実質的「府県管理学校」ではあっても、諸学校通則適用による「府県管理学校」となる道が目指されはしなかった。キリスト教勢力であるところの新島や外国人宣教師との共同事業であったし、新法令により発足した高等中学校並み（カレッジ。帝大進学可能レベル）の学校なのか、はたまた尋常中学校並なのか、先行きが初めから定まっていたわけではない。やがて、尋常中学校に課された科目を教授し、同様の機能を果たすようになったのだが、英語教育の比重増や撰科設置など地域ニーズに応えた学課課程の編成、さらに、強制ではないがキリスト教教育を実施するなど、そのカリキュラムには尋常中学校の枠をはみ出る部分があった。経費の担い手の複合性も特筆される。中学校令・諸学校通則といった法令にのっとるよりも柔軟性の高い教育の場が、宮城県自身の裁量の下に実現していたのである。

一八九一年、デフォレストは、宗教課目の扱いに関し商議委員との間に意見の齟齬が生じたことを挙げ、「事情既に如斯迫り候に於ては、又曖昧事を処すべきにあらず」(68)と述べて、辞職を決意した。逆にそれまでは、「曖昧」に、いわば県側との「同床異夢」の状態を続けることができたのであろう。あいまいで柔軟で可能性に満ちた森文政期の象徴のような存在として、東北は仙台の地に華開いたのが、東華学校であった。

荒井は、諸学校通則適用により、大谷派本願寺が経費を負担、府が管理するという形態をとった京都府尋常中学校を、「極めて特殊」「例外的」と評価している。しかし同じく本願寺勢力と手を結んで尋常中学校を維持するという発想は、形態こそ違え、石川県においても確認されているし、何よりも本章で扱ったような、東華学校のようなキリスト教勢力との連携を視野に入れるならば、京都府尋常中学校が他に類をみない事例だとはいえない。宗教勢力の高等教育への関与、それゆえの府県教育行政との関わりは、開化期日本における広範な現象であった。第一章から第四章でみたように、キリスト教勢力であるアメリカン・ボードと府県との関係についていえば、それは一八七〇年代初めから存在した。そして、森文政期においても、新中学校制度とからみ合いながら展開していくこととなったわけである。

『同志社百年史』は東華学校を「半官半民」学校と位置づけると同時に、「新島にとって仙台における同志社の分校ともいうべき東華学校」[69]との定義を示している。さらに最近の研究では、「同志社分校」の指し示す範囲は拡大しつつあり、一八八〇年代後半には東華学校にとどまらず、新潟や福井でも「同志社分校」設立計画が起こったとの認識が提示されている[70]。

一八八六年末時点でアメリカン・ボードのステーションが設置、あるいは設置決定されていたのは、神戸・大阪・京都・岡山・仙台・新潟・熊本の七都市である。このうち、神戸だけは女学校のみの設立にとどまったが、残る六都市には、すべて男子私立英学校が設置された。そして、京都の同志社英学校を除けば、大阪・泰西学館、岡山・薇陽学院、新潟・北越学館、熊本英学校、そして東華学校と、前身校時代を含め、すべて一八八五～一八八七年に発足している。同時期には福井でも、有力な県会議員が英語専門学校設立を企図し、伝道者が「同志社分校」設立を企て、それぞれ新島襄に働きかけた(71)。

一八八六年四月の中学校令による制度改編により、尋常中学校・高等中学校という新たな制度が登場した。そのなかで、以上に述べた各地の英学校構想は、県下中等教育体制と複雑な関係を結び、あるいは高等中学校新設の影響を受け、時には諸学校通則適用の是非が議論となった。

森文相の下での新制度導入に伴い、地域の教育体制は混乱、いいかえれば活性化したのであり、そこにこそ、キリスト教勢力が関わる余地が生まれ、また活性化の一端を担ったのである。アメリカン・ボード各ステーションとの関わりの下に、一八八五年から一八八七年に各地で男子私立英学校が誕生し、いわば「同志社分校」の設立運動が広がるのは、伝道の発展というキリスト教勢力の内在的理由もさることながら、こうした教育制度上の歴史的条件によるものであった。

東華学校史は、同志社史を単に京都の同志社という一学校の歴史にとどめず、「同志社という教育運動史」・「地域史としての同志社史」への道を開く存在である。同時に、森文政期の特質を映し出す鏡としての私立学校史であるということができよう。

(1)　久永省一が執筆を担当した『同志社百年史』通史編一（同志社、一九七九年）の第一部第十章「仙台・東華学校」。久永には「新島襄による仙台東華学校の創立とその終焉」上・下（『新島研究』第五十・五十一号、一九七七・一九七八年）があり、それに先立つ先駆的研究として、本多繁「東華学校について――自明治十九年至明治二十五年」、同「東華義会および東華女学校について」（宮城学院中学校高等学校『研究紀要』第一・二号　一九六五・一九六七年）、川端純四郎「同志社と東華学校」（『同志社時報』第二十四号、一九六九年）、あるいは武田泰「富田鉄之助素描――人およびその周辺」（『松の実』、宮城県第二女子高等学校生徒会、第二十一号、一九七二年）がある。

(2)　本井康博『アメリカン・ボード200年　同志社と越後における伝道と教育活動』（思文閣出版、二〇一〇年）の第二章四「J・H・デフォレストと新島襄」。

(3) 太田雅夫「東華学校の設立と閉校――キリスト教学校が辿った顛末」(『桃山学院大学教育研究所 共同研究プロジェクト報告書』二〇〇三年三月)、同「宮城英学校の設立始末 (二)」(桃山学院大学教育研究所『研究紀要』第十号、二〇〇一年) など。これらは全面的に再構成・加筆の上、太田『新島襄とその周辺』(青山社、二〇〇七年) の第三章「東華学校の設立と閉校」としてまとめられた。なお、「東華学校関係資料集」に収載された一連の宮城県公文書館所蔵史料は、太田によって適宜編集され、典拠がすべて各年次の『学事年報』とされているのだが、本章執筆に際しての調査の折には、『学事年報』という簿冊が全部は見当たらず、別の名の簿冊に含まれる史料も存在した。そのため本章では、太田が収録したものと同一と思われる史料を使用する折にも、今回閲覧した簿冊名を記しておくこととする。

(4) この定義は久永省一の研究に始まると考えられる (注1「新島襄による仙台東華学校の創立とその終焉 下」、『同志社百年史』通史編一第一部第十章「仙台・東華学校」)。これに先立ち、宮城県教育委員会編『宮城県教育百年史』第一巻明治編 (ぎょうせい、一九七六年) の第二部第三章第三節「中等教育および私学教育のあゆみ」において、東華義会を「県下各界の代表による非基督者の半官半民団体」と規定しているが、これはキリスト教勢力側と県側の関係を指しているのではなく、県内における官界と財界双方の存在を指しており、意味合いが異なる。

(5) 例えば注(3)太田著書の記述は、第二高等中学校に関わって、「一八八七年四月には、仙台の第二区高等中学を第二高等中学校と改称し」「第二高等中学校には「補充科」が付設され、修業年限五年の尋常中学校課程がおかれた」「宮城県ではこれに対応するため中学校令第六条〔略〕にもとづき、経費の負担を避けるため尋常中学校生徒の就学には、補充科の設置をもって当て、宮城尋常中学校を一八八八年三月で廃止した」(第三章四) と続くが、いずれも正確な表現とはいい難い。

(6) 各年次県会議事をまとめた宮城県議会史編さん委員会編『宮城県議会史』第一巻、第二巻 (一九六八年) の叙述は、先行研究として評価されるとともに、県会議事録の一層の検討を促すものである。

(7) 注(1)~(3)の諸研究参照。

(8) 『仙台造士義会規則』(一八八一年、宮城県図書館所蔵)。注(4)『宮城県教育百年史』第一巻の第四章第六節「明治期の育英事業」にも所収。
（9）注（1）武田論文参照。
（10）一八八六年六月二十七日新島襄宛富田鉄之助書簡（『新島襄全集』9　来簡編〈上〉、同朋舎出版、一九九四年所収）。
（11）一八八五年三月一日遠藤庸治議員の発言（『明治十八年度宮城県会議事筆記　壹』）。遠藤は後に初代仙台市長となる。
（12）一八八五年三月一日田代進四郎議員の発言（同前）。
（13）『明治十九年　本県并諸向往復綴　尋常中学校』（宮城県公文書館所蔵、M一九―〇〇一五。以後、この種の請求番号を付した史料は、同館所蔵公文書である）中の卒業生調査による。この調査は一八七七年からの卒業生を追っており、ここで示した時期以前の卒業生三十名には、米国留学者・各方面就職者・病死者が目立つ。ただし『宮城中学校第十年報』（M一九―〇〇一六）のデータでは、一八八六年二月卒業生中、「宮城医学校予備科」進学生の名がなく、計九名となっている。
（14）一八八六年七月一日文部省令第十六号による「高等中学校ノ学科及其程度」制定以前の数ヶ月は、新設された第一高等中学校の課程が不明であった。前注『明治十九年　本県并諸向往復綴　尋常中学校』所収史料によれば、前身の大学予備門に置かれていた英語専修課の入学試験実施を願い出る宮城中学校高等中学科在籍生も三名あった。校長からも、第一高等中学校にレベルがどのようなものか伺い出られている。
（15）例えば、「地方学事の改革」と題する『奥羽日日新聞』明治十九年四月二十二日の記事も、政府が全国を七大学区に分けて師範学校や英語学校を設置した折、仙台はそのひとつであったのだから、高等中学校も必ず設置されることを信じると述べている。
（16）「英学校（東華学校の前身）設立趣意書」（宮城県教育委員会編『宮城県教育百年史』第四巻資料編、ぎょうせい、一九七九年の「明治期資料」に所収。原文書は現在、宮城県公文書館が所蔵）。注（3）太田著書の分析も参照。
（17）「私塾（宮城英学校）開設之義申請」（前注『宮城県教育百年史』第四巻所収。ただしこれに先立ち、注1本多論文が紹介している）。
（18）『奥羽日日新聞』明治十九年九月十日。
（19）注（17）申請文より、清水小路松倉の地所であることがわかる。新島襄「出遊記」明治十九五月三十一日の項（『新島襄全集』5 日記・紀行編、同朋舎出版 一九八四年)、注(10)富田書簡によれば、最初は陸軍用地の取得が考えられていたらしい。

(20) 新島襄「出遊記」明治二十年三月十日の項（前掲『新島襄全集』5)、木村匡「文部大臣学事巡視随行私記（第二）」（大久保利謙編『森有礼全集』、宣文堂書店、一九七二年）に、遠藤の一万円寄附が記されている。

(21) 仙台への高等中学校設置問題についてはここでは深入りせず、別稿に委ねる。京都・岡山でのそれについては、それぞれ第六・第七章参照。

(22)「高等中学校設置ノ趣意書」（仙台市史編さん委員会編『仙台市史』資料編7・近代現代三・社会生活、二〇〇四年所収）。

(23)『自明治十九年至仝二十年　学校—私立学校』（M二〇—〇〇六〇）の目次による。一八八九年二月報告の『廿一年学事年報』（M二一—〇〇四〇）によれば、仙台区において一八八六年に五校、一八八七年に九校、一八八八年に五校が創立されている。一八八五年以前の創設は計五校に過ぎない。これらの中には、教授学科に裁縫を掲げる学校（塾）も多いが、全体的に英語・数学・漢文が目立つ。

(24) 注(17)「私塾（宮城英学校）開設之義申請」。県令からの認可は九月二十九日である。

(25)『宮城中学校第十年報』（M一九—〇〇一六。一八八六年九月作成）。

(26)『奥羽日日新聞』明治十九年十月十日。当初は尋常中学卒業の学力でようやく東華学校の本科二年生程度と報じられている（同明治十九年十月三日）。

(27)『奥羽日日新聞』明治十九年十一月十二日、三十日。初等科・中等科・高等科の各一年、月～木曜日の午後七から二時間の課程であった。富田鉄之助はここまでの広がりを軽忽ではないかと懸念している（一八八六年十一月二十六日付黒川剛（大童信太夫）宛書簡、吉野俊彦『忘れられた元日銀総裁——富田鉄之助伝』東洋経済新報社、一九七四年所収）。

(28) 注(3)太田著書第三章二参照。同志社社史資料センター「新島遺品庫」下一七〇〇。"Keep"と表紙に書き込まれた活版で、東華学校職員職制には、「副校長ハ校長ヲ補佐シ校長不在ノトキハ其事務ヲ代理ス」「助教ハ教員ノ指揮ヲ受ケ教授ノ事ヲ掌ル」と書き込みがあり、全体的に傍線・傍点、〇や×などが付されている。下一七〇一は、下一七〇〇の草案と思われるほぼ同内容の手書き史料である。

(29)『奥羽日日新聞』明治二十年六月八日。

(30)秋山の経歴は、注(25)『宮城中学校第十年報』による。

(31)注(3)太田著書第三章一参照。「新島遺品庫」下一六九八。

(32)DeForest "Appendix to the Regulations of the Board of Trustees of the Tokwa Gakko, Sendai, Japan, showing the Relations of the Board to the Foreign Teachers"（同志社大学人文科学研究所所蔵アメリカン・ボード宣教師文書マイクロフィルム）。新島襄「出遊記」明治十九年六月五日の項（『新島襄全集』5　日記・紀行編〔同朋舎出版、一九八四年〕）に記される「外人ト仙台委員トノヱグリーメント〔agreement〕」を成文化したものと考えられる。

(33)一八八七年五月十四日付新島襄宛富田鉄之助書簡（前掲『新島襄全集』9〈上〉所収）参照。注(3)太田著書第三章二も参照。

(34)松平は当初、総理とも称したようであり、総理によって黒川剛（大童信太夫）が幹事、市原盛宏が副幹事を委嘱されていた（『奥羽日日新聞』明治十九年十一月十一日）。

(35)市原盛宏と思われる人物に関わる「条約書の写」が現存する（「新島遺品庫」下一七〇二）。職務内容や年俸・旅費その他の取り決め事項が記されている。そこでの「貴校」という言い回しから、市原は「地元勢力によって東華学校に雇われる」という感覚をもっていたことがわかる。

(36)注(25)『宮城中学校第十年報』による。なお、前年までの校長月俸は百二十円だったが、この年半額に減額された。外国人教員は、第一章に述べた一八八五年度の県会で雇用が決まり、東京築地にいたメソジスト系の宣教師シュヴァルツ（Herbert Woodworth Schwartz）が雇われている。仙台において宣教師に外国語教育を委ねることへの抵抗感が薄いのは、中学校における外国人雇用の前歴にもよるのであろう。

(37)注(32)「出遊記」明治十九年六月五日の項参照。

(38)「東華学校規則」（注23『自明治十九年至仝二十年　学校—私立学校』所収）。宣教師は、初年度には、校内に十二人から十四人のクリスチャンがおり、多数が任意の聖書クラスに参加し強い興味を示している、受洗者は八人から十人であったと報告している（Sendai SR-1 1886-1887）。

(39)『奥羽日日新聞』明治二十年六月十六・十八日。
(40)大久保利謙編『森有礼全集』第一巻（宣文堂書店、一九七二年）所収の「文部大臣学事巡視随行私記」（原文は『大日本教育会雑誌』に収録）。
(41)前掲『森有礼全集』第一巻所収の「宮城県庁において県官郡区長及び学校長に対する演説」による。その原文は、『大日本教育会雑誌』上の「明治廿年六月廿一日文部大臣宮城県庁ニ於テ県官郡区長及学校長ヘ説示ノ要旨」と『教育時論』上の「文部大臣の演説」であるが、両者は同じ演説を報じているものの、要約の仕方が異なっている。
(42)前掲『森有礼全集』第一巻所収の「宮城医学校における演説」の「附載　文部大臣巡視概況」参照。一方、師範学校では英書の読方に進歩を認め、これを賞賛したという。
(43)一八八七年十二月十三日番外和達孚嘉の発言（『明治廿一年度宮城県会議事筆記　貳』）。以下同じ。
(44)一八八七年十二月二十日若生徳蔵議員の発言（同右）。
(45)一八八七年十二月二十日番外和達孚嘉の発言（同右）。以下引用同じ。
(46)一八八八年十二月十三日「元尋常中学校地所建物及書籍器械器具文部省ニ引継ノ件諮問案」（『明治廿二年度宮城県会議事筆記　貳』）。
(47)「宮城英学校概則」（注23『自明治十九年至全二十年　学校―私立学校』所収）。
(48)注(38)「東華学校規則」。
(49)一八八四年一月二十六日の中学校通則は、中学校を「中人以上ノ業務ニ就ク者若クハ高等ノ学校ニ入ル者ノ為メ」の教育を行うところとしていた。一八八六年四月十日の中学校令は、中学校を「実業ニ就カント欲シ又ハ高等ノ学校ニ入ラント欲スルモノニ須要ナル教育ヲ為ス所トス」とのみ規定し、高等中学校・尋常中学校それぞれの規定は設けていない。
(50)「新島遺品庫」下一六九九。『東華学校便覧』は、太田が注(3)「東華学校関係資料集」に収録する各年次「東華学校規則」とは異なり、学校案内冊子としての性格が強い。
(51)なお、実際に東華学校から高等中学校へどのくらい進学していたかであるが、一八九一年度に補充科一年に五名、補充科二年に一人、医学部に一名という報告が残っている（一八九一年十二月九日新妻正朔議員の発言『明治廿五年度宮

城県会議事筆記　貳』）。

(52) 注(3)太田「東華学校関係資料集」に改正された規則がすべて収められているが、判明した原文書収録簿冊は以下の通り。『学校―一　県立学校　私立学校　教育会』（M二一―〇〇三八）、『学校　官立　県立　町村立　私立学校　教育会』（M二二―〇〇三五）、『学校　県立学校　町村立学校　私立学校　教育会』（M二三―〇〇一〇）、『学校　官立学校　県立学校　私立学校』。なお、この改正過程については、注(3)太田著書第三章二が詳しい検討を試みている。

(53) 注(38)「東華学校規則」。

(54) 『廿一年学事年報』（M二一―〇〇四〇）、『廿二年学事年報』（M二二―〇〇四二）、『学校　町村立学校・教育会・報告』（M二四―〇〇一七）、『学校―二　市町村立学校・私立学校・教育会・報告』（M二五―〇〇二一）所収の各年次学事年報の付表による。

(55) 「衆議院議事速記録第四十八号　明治二十四年二月十九日　予算案文部省部特別委員ノ報告案」（『衆議院議事速記録』2　第一回議会下、明治二三年、東大出版会、一九七九年）。

(56) 一八九一年十二月九日黒沢藤三郎議員の発言（『明治廿五年度宮城県会議事筆記　貳』）。

(57) 注(1)久永論文（下）参照。

(58) 以下、宮城県と文部省のやりとりに関する史料は、『明治二十一年　本件并諸向往復綴　宮城県尋常中学校』（M二一―〇〇三四）所収。

(59) 『東北日報』明治二十五年三月十日。注（3）太田「東華学校関係資料集」は、誤植が散見するが、ここに収録された「東華学校閉校趣意書」も『東北新聞』ではなく、『東北日報』収載の記事と思われる。

(60) 注(1)久永論文（下）参照。なお、宣教師のレポートでは、政府のキリスト教政策というよりも私立学校政策、すなわち、公教育に比して私立学校卒業生は、文官、特に地方官吏への登用の道が狭いということが問題であるとみられている（“Annual Report of the Work of the American Board of Commissioners for Foreign Missions, in Co-Operation with the Kumi-ai Churches of Japan f or the Year Ending April 30th, 1891”より“Educational Work”）。

(61) 一八九一年十二月八日番外渡邊廉吉の発言（『明治廿五年度宮城県会議事筆記　貳』）。

(62) 一八九一年十二月九日安住仁次郎の発言（同前）。

(63) 一八九一年十二月九日番外渡邊廉吉の発言(同前)。
(64) 『奥羽日日新聞』明治二十四年十二月二十二日。
(65) 注(1)武田・久永論文、注(3)太田論考、注(4)『宮城県教育百年史』第一巻第四章第二節「日清戦争前後における宮城県の教育」参照。
(66) 『学校三 市町村立学校 私立学校 教育会 報告』(M二六―〇〇一二)収載の明治二十五年の学事年報に復活した尋常中学校の欄には、生徒数が三百七十九名と報告されている。
(67) 荒井明夫『明治国家と地域教育 府県管理中学校の研究』(吉川弘文館、二〇一〇年)。なお荒井は各府県立中学校の類型化を図っているが、宮城県については、第二高等中学校の予科・補充科が廃止された尋常中学校の代役となったと記され、東華学校の存在には言及がなされない(第一部第二章二の3「尋常中学校数が変化しない府県」)。古典的書物としては、教育史編纂会編『明治以降教育制度発達史』第三巻(龍吟社、一九三八年)が、高等中学校の本科の下に予科三年、補充科二年が置かれて、あたかも一箇の尋常中学校が附設されたかのようになり、「宮城県の如きは之が為めに一時県立中学校を廃止した程であった」と事例化している(第二編第四章第四款「男子高等普通教育(中学校及高等中学校教育)」)。ここでも高等中学校のみがクローズアップされ、東華学校の存在は等閑視されている。
(68) 『東北日報』明治二十五年三月十日。
(69) 前掲『同志社百年史』通史編一第一部第八章「同志社大学設立運動」(執筆担当井上勝也)。
(70) 「同志社分校」の語源については、本井康博『アメリカン・ボード200年 同志社と越後における伝道と教育活動』(思文閣出版、二〇一〇年)の第一部第二章四「J・H・デフォレストと新島襄」を参照。近年、その呼称の対象を拡大しているのも本井であり、同書第一部第一章三「京都ステーションの特異性」を参照。
(71) この問題について、詳しくは、拙稿「明治中期における地域の私立英学校構想と同志社」(『キリスト教社会問題研究』第六十号、二〇一一年)を参照。

関連史料

〈史料Ⅰ〉

東華義会規則

東華義会本則

我輩同志相謀リ義会ヲ設ケ少年子弟ニ徳義ト学識トヲ完備スル教育ヲ与ヘ世運ノ増進ヲ希図セントス依テ茲ニ本則ヲ定ムルコト左ノ如シ

第一則

本会ノ名称ヲ東華義会ト号ス事務所ヲ陸前国仙台区内ニ設ス

第二則

本会ハ少年子弟ニ完全ノ教育ヲ与フルヲ旨トス此目的ヲ達センカ為メ労力ヲ尽シ又ハ金員物品ヲ寄附シ本会ヲ賛成スル者ハ内外人ヲ問ハス会員名誉会員会友ト称ス

第三則

本会ノ事務ヲ処弁センカ為メ内外人ヲ論セス七名ヨリ少カラス十五名ヨリ多カラサル商議委員ヲ置キ会務ヲ委嘱スベシ但本会創立ノ初年次年ハ創立者之ヲ互選シ三年目ヨリ現任委員ノ撰挙スルモノヲ総会ニ付シ決定スルモノトス其権限並会員名誉会員会友ノ権利待遇等ハ商議委員会ニ於テ定ムル所ノ付則ニ依ルヘシ

明治十九年十月右三則ヲ議定シ創立者各自ラ名ヲ著シ印ヲ捺シ之ヲ盟約ス

東華義会創立者

東華義会附則

第一条　事務所位置

東華義会本則第一則ニ拠リ本会事務所ヲ仙台区　　町　　番地ニ置ク但移転スルトキハ速ニ会員名誉会員会友ニ報道スヘ

シ

第二条　商議委員撰挙法並任期

東華義会本則第三則ニ拠リ本会創立ノ初年次年ハ創立者ノ互撰ヲ以テ商議委員ヲ置キ爾後欠員アルトキハ現任商議委員ニ於テ一名ノ撰挙ニ尚二名ノ候補ヲ指名シ総会ニ提出シ投票多数ナルモノヲ以テ商議委員ト定ムベシ

但委員ノ数ハ会長便宜之ヲ定ムルモノトス

第三条

商議委員ノ任期ハ満三年トシ毎三年其半数ヲ互撰スルモノトス但任期ニ際シ投票多数ニ従ヒ幾回モ勤続スルコト妨ケナシトス

第四条　会長副会長選挙法並其権限

商議委員中互撰ヲ以テ会長一名副会長一名ヲ定ム而シテ其任期ヲ一年トス

但任期ニ際シ投票多数ニ従ヒ幾回モ勤続スルコト妨ゲナシトス

第五条

会長ハ商議委員中ヨリ幹事一名ヲ選定スヘシ

但幹事ハ学校ノ幹事ヨリ兼務スルモノトス

第六条

会長ハ本会ノ事務ヲ総括シ会務ノ年報ヲ製シ之ヲ会員名誉会員会友ニ頒ツ副会長ハ会長事故アルトキ其事務ヲ代理ス幹事ハ会長ノ指揮ヲ承ケ会務ヲ担任ス

第七条

会長副会長並幹事ヲ帯ヒサル商議委員ハ本会ヨリ報酬ヲ受ケサルモノトス

第八条　商議委員会・総会

商議委員会・総会ノ議長ハ会長之ニ任ス

第九条

商議委員会ハ隔月一会日時ヲ定メ集会シテ会務ノ要件ヲ議シ委員三分二以上ノ決議ニ依リ会務ヲ実施スヘシ総会ハ毎年二

月之ヲ開キ会員集会シテ商議委員ノ更撰及附則ノ改止ヲ議定ス但会員半数以上ノ出席ニ非サレハ決議ノ効ナキモノトス

第十条　会員名誉会員会友ノ権利・待遇

会員名誉会員会友ノ差別左ノ如シ

会員

本会ニ対シ功労著明ナルカ又ハ金員五拾円以上若クハ之ニ相当スル物品ヲ寄附シタル者

名誉会員

老練ノ学士又ハ紳士ニシテ本会ヲ賛成シタル者

会友

本会ヲ賛成シ金員五拾円以下若クハ之ニ相当スル物品ヲ寄附シタル者

第十一条

会員及ヒ名誉会員ハ総会其他本会ノ義式アルトキハ必ラス招聘シテ其待遇ヲ厚フスヘシ且其功労ヲ審議シ本会ニ於テ別ニ定ムル所ノ紀念賞牌規程ニ依リ賞牌ヲ贈遣シ事由ヲ賞牌簿ニ登録シ其名誉有功ヲ不朽ニ伝フヘシ

第十二条

会員ハ会務ノ増進ヲ謀ルカ為メ各自ニ意見ヲ提出シテ商議委員会ニ付スルノ権アルモノトス

第十三条

会員ハ幹事ニ請求シテ本会ノ書類帳簿ヲ査閲スルコト事由タルヘシ

第十四条

会友ハ本会ノ儀式ニ必ラス招待スヘキモノトス

第十五条

会員名誉会員会友ニハ会員ヲ捺シ会長副会長商議委員記名捺印シタル証状ヲ呈スヘシ

第十六条　学校ノ組織

第十七条

東華義会本則第二則ニ依リ仙台区内ニ壹黌ヲ創設シ当分三百名ヲ限リ少年子弟ヲ教育スヘシ其黌ヲ東華学校ト云フ

東華学校ノ職員職制ハ商議委員会ノ決議ヲ経テ別ニ之ヲ定ム

第十八条

本校ニ講堂授業室書籍室器械室及ヒ寄宿舎ヲ設ケ勉メテ就業ノ便利ヲ計ルヘシ

第十九条

本校ノ生徒ハ外宿ヲ許サス若シ生徒増加シテ寄宿舎狭隘ニ至ルトキハ校外便宜ニ就キ寄宿場ヲ設クルコトアルヘシ但不得止事情アリテ寄宿シ難キモノハ本人ノ行状ヲ視察シ通学ヲ許スコトアルヘシ

第二十条

本校ノ精神ハ少年子弟ヲシテ徳義ヲ増進シ学識ヲ深遠ナラシメントスルニ外ナラス故ニ生徒ノ貧富ヲ論セス勉メテ授業料ヲ低廉ナラシムヘシ

第二十一条

本校ハ正則英語独逸語仏語ヲ追加スヘシヲ以テ諸学科ヲ教ヘ併テ和漢学科ヲ授ク而シテ漸次学科ヲ高尚ニ進メ本校卒業ノ生徒ハ直ニ大学専門科ニ及第スルヲ目的トス

第二十二条

東華学校ノ教則及校則ハ校長之ヲ編成又ハ改正シ内外国人教員ニ協議ノ上商議委員会ノ認可ヲ経テ実施スルモノトス

第二十三条

校長ハ商議委員会議ニ参与シ意見ヲ提出スルコトヲ得但シ決議ノ数ニ加ハルコトヲ得ス

第二十四条

校長ノ進退ハ商議委員会ニ於テ之ヲ議定施行シ教員ノ進退ハ校長ノ意見ヲ商議委員会ニ提出シ議会ノ議決ヲ経テ之ヲ施行ス

東華学校職員職制

第一条　本校ニ左ノ職員ヲ置ク

学校長

教員
幹事
舎長
書記

第二条　学校長ハ校務ヲ整理シ教員以下ノ職員ヲ監督シ教室ノ秩序ヲ保持スルコトヲ掌ル但校長不在ノトキハ首序ノ教員之ヲ代理ス
第三条　教員ハ校長ノ監督ニ属ス教授ノ事ヲ掌ル
第四条　幹事ハ校長ノ指揮ヲ受ケ庶務ヲ幹理ス
第五条　舎長ハ校長及幹事ノ指揮ヲ受ケ寄宿舎ニ関スル事務ヲ掌ル
第六条　書記ハ上司ノ命ヲ承ケ庶務ニ従事ス
第七条　教員書記ノ員数ハ学科ノ軽重生徒ノ員数及事務繁簡ニ応シテ之ヲ定ム

明治廿年六月東華義会本則ヲ遵守シ商議委員全会一致ノ決議ヲ以テ定ム依テ各自ラ署シ印ヲ捺シ之ヲ証明ス

東華義会商議委員

松　平　正　直
和　達　孚　嘉
十文字　信　介
秋　山　恒太郎
米人デホレスト
遠　藤　敬　止
中　島　信　成
木　村　貞　蔵
本　野　小　平
佐　藤　三之助

〈史料Ⅱ〉

内規草按

第一　某学校ハ有志者ノ義捐ニ係ル醵資ヲ以テ組織スルモノトス

第二　本校設立ノ趣旨ヲ賛成シテ金員又ハ土地又ハ器械書、其他ノ物品ヲ寄附スルモノヲ校友トス

第三　校舎及ヒ附属ノ動産不動産ハ校友ノ共有物ニシテ本校教育上ノ外、他ノ目的ニ使用ス可ラス

第四　本校ヲ管理スルカ為メ教育ニ篤志ナル人、名望アル人又ハ年長ナル人ヲ校友中ヨリ推挙シテ商議委員ト定メ而テ校務一切ノ措置ヲ委託スヘシ但シ其人員ハ五名ヨリ少カラス七名ヨリ多カラサルべシ

第五　校長ハ新島襄君ニ嘱托スルコト又副校長一名ハ同君ノ特選ニ任セオクヘキコト

第六　外国教師ノ俸給及ヒ教師ニ附帯スル費用ハ都テ外国校友ヨリ贈与スルモノトス

第七　外国教師ハ預メ十ヶ年ノ期限ヲ定メ商議委員ヨリ招聘ノ手続ヲ為シ置クヘシ然レトモ素ト本校ノ組織タル徳義上ノ約束ヨリ成リ立ツモノ故、期限ノ継続又ハ期限内不得止解約ヲ要スル場合ニ在リテハ相互ニ交誼ヲ破ラサル様預メ承諾シアルハ勿論ノ事

第八　外国教師ハ当分外国校友ヨリ幾名ヲ差遣セシムヘシ、尤校務ノ拡張スルニ随ヒ漸次其人員ヲ増スヘキコト

第九　教科教則ノ編成及ヒ其変更ハ商議委員ニ於テ校長初メ外国教師ト協議ノ上決定スヘキ事

第十　授業法ハ幾分ノ折衷ヲ施スヘキモ大体ハ米国ノ大学校（コーレージ、即チ高等普通大学）ノ授業法ヲ採用ス其修身科ニ属スル大要ハ左ノ如シ

一　毎朝授業時間前、生徒ヲ一同ニ招集シ聖書ヲ朗読シ賛美歌ヲ唱ヒ而〆生徒ノ安寧ト学業進歩トノ祈祷ヲ為シ了リテ徳育上ノ談話ヲ聞カシムヘシ

二　授業中一週間一両度聖書ノ講義　生徒随意ノ聴講

第十一　外国教師ハ校長ヨリ委托ヲ受ケタル担当部ニ於テハ之ヲ決行シ得ヘキ事

第十二　会計主務者ハ商議員中ニテ一名（助手ヲ雇使スルモ妨ナシ）ヲ定メ時ニ会計上ノ報告ヲ為スヘシ

第十三　校長ハ年末ニ生徒ノ学業成績ヲ校友ニ報告スヘシ

〈史料Ⅲ〉

日本・仙台・東華学校の商議委員会規則追加事項

商議委員会と外国人教師との関係について

Ⅰ　外国人と日本人から組織される教員組織（“faculty”）を組織する。この学校の道徳面での計画を実施する点において協力する。

Ⅱ　外国人教員は、Ⅲの点を除き、校内のあらゆる部門において、商議委員会および他の教員と責任を共有する校友として仙台に招かれる。

Ⅲ　外国人は学校の財政（日本側の）については、決して責任を持たない。

Ⅳ　海外からくる資金はすべて外国人教員の給料となる。その総額は半年に一回商議委員会において、外国人校友からの寄附として報告される。

Ⅴ　教育方法はできるかぎり、ニューイングランドのカレッジで普及している方法にのっとる。

Ⅵ　道徳的目的のためにこの学校が建てられることは明らかである。そしてそれは、以下によって達成される。

（1）朝の聖書を読む練習。歌や祈りがそれに伴う。校長や教員が適切と考える社会的道徳的宗教的主題に関する授業と連関する。

（2）聖書のクラスが一週間に一・二回恒常的に開かれ、随意参加。

Ⅶ　外国校友は、少なくとも二百人の生徒に対して三人の割合で、外国人教員を十年間供給することを求められる。商議委員側は、必要な校舎や授業料とは別に、学校の経費のために、少なくとも年間千円を調達すると賛同した。学校の支出のために三年以内に三万円の寄附を集めることを目標とすることに合意した。

Ⅷ　今後誤解がおきることを避けるために、商議委員会規則における、教員の構成と学校の運営に関するこれらの決まりごとは、外国人教員との率直な相談のもとに実施する。

結——これからの研究に向けて

本書は、終章にて一応幕を閉じる。その意図と明らかにしたところは、序においてすでに述べた。本書をひとつの一八七〇～八〇年代通史としてみれば、おそらく結果的に、変わった構成・視角による叙述となったと思う。そこで蛇足ながら、従来のキリスト教史研究、教育史研究をもう少し意識しながら、今後考察すべき問題をいくつか提示し、雑感を述べて終わりにしたい。

東アジア伝道史におけるベリーの存在意義

アメリカン・ボード史研究は、十年ほど前から本格化したが（序の注1参照）、吉田亮に代表されるように、「インターアクション」（相互作用）という視点——ボード本部の方針に基づき一方的に伝道が行われるのではなく、伝道地におけるニーズを踏まえた現地ミッションによる伝道成果が逆にボード本部の戦略を形成していく側面がある——が重視されてきたと考えられる。特に高等教育事業の位置づけの問題は、「福音」か「文明」かというボードの根本姿勢にも関わり、関心を集めてきた。トルコや中国におけるミッションの働き、なかんずく日本ミッションにおける同志社の経験が、ボード本部、さらには他国ミッションの伝道方針に与えた影響が具体的に明らかにされつつある。

こうした研究史に鑑みれば、医療伝道という角度からも同様のアプローチが可能であるといえよう。第Ⅰ部でみたベリーの活動の成果と挫折は、ボード本部の医療伝道方針にどのような影響を与え、東アジア医療伝道をどう規定していったのであろうか。前提として、ベリーの発言権や立ち位置など、日本ミッション全体の宣教師の力関係についても整理せねばならない。

医療伝道というより医学教育伝道でもあったベリーの活動は、日本社会の特性を反映した独自の形態だったのか。オランダ流からドイツ流へという官製医学との衝突も、よそにはない出来事だったのか。本書が特に問題にしたところでいえば、他国における医療宣教師の中央・地方行政府との連携はどうなのか。——国際比較による相対化は、魅力的な課題である。

以上の考察のためには、長門谷洋治（第一章注1参照）による列挙にとどまっている、東アジア諸国での医療宣教師研究を発展させ、それぞれの国での西洋医学受容史を把握することも必要になってくるだろう。

医療宣教師とそれにまつわる研究は、端緒についたばかりである。

キリスト教史・教育史研究の枠組の再考

一八八〇年代の欧化主義から一八九〇年代の保守反動へという大時代的な理解は、キリスト教史の叙述を強く規定してきた。この図式を否定することはできないが、終章において示したように（三六八・三八七頁）、すべての事柄がこの枠組に還元されるものではない。

また、教育史の概説的叙述において、一八八〇年代に入ると天皇制教育をめぐる思想史的な経緯に重心がシフトする傾向は、今なお根強い。同様に、この視角を軽視するものではないが、本書が描いた森有礼文政期、そして一八九〇年代には、また違った次元における重要問題が継続している。

「官」「公」「私」概念をめぐって

それは、本書で注目してきた「官立学校」「公立学校」「私立学校」の区分にまつわる動きである。第九章で触れたように、芳川顕正・西園寺公望の文相期に、具体的な法令改正が模索されていたことは注目に値する（三五八頁）。特に一八九〇年、芳川文相の時代、森文政期の諸学校令が放棄した概念規定が模索されていたこと、そして、戦後における「官立」から「国立」への変更を待つまでもなく、すでに「官立」に代わり「国立」の語を用いようとしていたことについては、是非ともその背景を究明したい。

「官立」の語義について、本書は設置や管理や経費負担の主体という点から考察したが、教育以外の事業一般にも視野を広げれば、「官営」「官有」などといった語句もある。語義の生成過程はどのようなものであろうか。また、第七章でみたように、一八九〇年代には、新たに誕生した「市」という単位が、高等教育の主体として力を発揮していく（二五五頁）。また一方で、私学冷遇が確定的となるといわれる。では「官立」「公立」「私立」概念に変化は生じるのか、またその相互関係はどうなるのか。これらについても考察を深め、公共的事業における「官」「公」「私」の関係を明らかにしていきたい。

今日的・主観的価値観と歴史

ここからは、感想めいたつづりとなる。

第六・七章でみたように、地域にとって、何物ともしれない「国の学校」、すなわち「高等中学校」を初めて設置したことの成否は、すぐにはわからなかった。というよりも、出来事の成否は後の時代が決めることであり、その評価は時代時代によって変わっていくものでもあるのだろう。

現在、京都という町は、「学問の都」であることをひとつのうたい文句とし、成長の戦略とも位置付けている。それと並行して語られるのが、「あのとき第三高等中学校を呼んでよかった」との成功譚であり、「学問の都」の始点をもたらした「英断者」(知事であったり町衆であったりする)が称揚され、「過去に学ぼう」と締めくくられる。「学問の都」と自己規定し、その方面からの発展を期する志向や政策を全否定すべきではないが、「過去に学ぶ」とは、「(都合の)いい話」を歴史上に求め、自説を補強したり目的を果たしたりすることではない。それは結論ありきの歴史への接し方で、歴史像は一種の自己投影に過ぎなくなる。高等中学校設置に際しての複雑な関係や経緯、誤解や逡巡の過程にこそ、おもしろみや学びがいがあり、そのことが明らかになったとて、過去を貶めることにはならないであろう。

「臨床」の学としての歴史学

「臨床」とは、医学や心理学などの世界で使われる用語である。趣味的な読書を通じて以前から親しみ、肯定視してきたことばであったが、自分が日常身を置く歴史学の営みに結びつけて考えることはなかった。むしろ、対極的な学問における技法のように思え、自分のなかでの折り合いは悪かった。

一方、歴史学の営みにおいて、史料・実証至上主義的なある種のあり方に反発を覚えていた時期も長かった。例えば、「証拠がない」といった言辞、「客観的事実なるものが存在する」といった考え方、あるいは「他者には意義がわからない些末な事実への拘泥」といった姿勢は、文脈抜きにそれだけを捉えれば、好ましいとは思えなかった。

しかし、本書に取り組むなかで、「実証」という方法論との関係に決着をつけることができたと感じる。史料とは、いわばクライエントのことであり、実証とは「臨床」のことだったのだ。自分の考えを先に組み上げて、それを確からしくする証拠を史料から引き出すことは、「臨床」ではない。「臨床」ならば、史料を予見なく観て、気づきを忘れず、観た結果から考えを引き出すこと、またこの作業を繰り返し、考えの枠組を不断に作り直していくことが求められる。一度作った枠組を不動の結論とすることをむしろ怪しみ、修正や放棄すらよしとする姿勢が必要なのであろう。

本書をまとめる作業も終盤に入り、「実証とは臨床」ということばが降りてきて、「実証」の意義を心から納得できた。長い時間がかかってしまったが、答えは身近にあったことばであった。ようやく辿りつけた方法の次元における結論、〈「実証」＝「臨床」の営みとしての歴史学〉を、今後も追求していきたいと思う。

初出一覧

序　書き下ろし

第一章　明治初年の神戸と宣教医ベリー――医療をめぐる地域の力学
（『キリスト教社会問題研究』第五十二号、二〇〇三年）

第二章　J・C・ベリーと伝道診療所――兵庫・飾磨県下における地域社会と医療宣教師
（同志社大学人文科学研究所編『アメリカン・ボード宣教師　神戸・大阪・京都ステーションを中心に、一八六九～一八九〇年』、教文館、二〇〇四年）

第三章　明治前期における医学・洋学教育体制の形成とキリスト教界――岡山県とアメリカン・ボード
（『キリスト教社会問題研究』第五十四号、二〇〇五年）

第四章　地域医学教育態勢と新島襄の医学校設立構想――一八八〇年代前半における展開
（『キリスト教社会問題研究』第五十七号、二〇〇八年）

第五章　第三高等学校前身校とキリスト教
（『日本歴史』第六四三号、二〇〇一年）

第六章　第三高等中学校設置問題再考――府県と官立学校
（『京都大学大学文書館研究紀要』第三号、二〇〇五年）

第七章　地域における「官立学校」の成立――高等中学校医学部の岡山県下設置問題
（『史林』九十二巻六号、二〇〇九年）
補　章　官立学校誘致現象の生成と変容――明治中期の京都と大阪
（『日本史研究』第五八〇号、二〇一〇年）
第八章　府県連合学校構想史試論――一八八〇年代における医学教育体制の再編
（『一八八〇年代教育史研究年報』第一号、二〇〇九年）
第九章　「官立学校」の輪郭――近代日本教育制度形成期における概念とその周縁
（『人文学報』（京都大学人文科学研究所）第九十九号、二〇一〇年）
終　章　東華学校史再考――「半県半民」学校の射程
（『一八八〇年代教育史研究年報』第三号、二〇一一年）
結　　書き下ろし

＊いずれも全面的に加筆・修正を施した。

あとがき

思えば消し去りたい過去ばかり、このような場で得々と語れるような経歴は持ち合わせていないが、研究の足取りを振り返り、謝辞を記しておきたい。

出発点は第五章である。当時、京都大学百年史編集史料室において、舎密局にはじまる第三高等学校前身校の関連史料収集を担当していた。前身校の校史は、大学の旧教養部に残された膨大な「神陵史資料」を基礎として書かれるのが常であった。「神陵史資料」の魅力を思えば、それは当然のことであったが、同じ史料をなぞることに何か物足りなさも覚えていた。そこで、同じ大阪で活動するキリスト教宣教師の史料を探してみることを思いついた。

唐突なこの発想は、十代までの体験によるところが大きい。暗い学び舎には礼拝堂があり、古いバルコニーからは、雑然としたビルや高架道路に切り取られた横浜の海がわずかに臨めた。あれがペリーの来航した海、その向こうに西洋があると夢想した。私にとっての近代・幕末明治・十九世紀後半とは、開港地の時代であり、校風を彩るキリスト教の時代であった。そんな具合であるから、自然、頭の中では、第三高等学校前身校史とともに、同時代・同地域を生きる宣教師やミッションスクールの歴史が繰り広げられていた。――期待に違わず、めくってみたアメリカン・ボードの史料には、

“Government School”の文字がしばしば踊り、新しい前身校像を示してくれていた。

こうしたわけで、マイクロフィルムを所蔵する同志社大学人文科学研究所図書室に通い、宣教師の報告書を自己流に検索する日が続いた。ある日、受付で閲覧用紙に書き込んでいると、通りすがりの研究所員、故田中真人先生に突然声をかけられた。たまたま、雑誌に載ったばかりの拙稿（第五章）を目になさった直後で、面識のない私が記入中の名前に反応されたのである。先生は、うちに関連の研究班があるからと、吉田亮先生を中心とするアメリカン・ボード宣教師文書研究会を即時に御紹介くださった。

中途参加を許されたこの研究会の活動は、英文ハンドスクリプトの地道な解読・翻訳作業を基礎としていた。すでに宣教師ごとに担当者が決まっており、成果が披露されつつあったが、未着手の主要宣教師が一人残っているということで、新参の私に彼の書簡が割り振られた。第三高等学校前身校のことを知りたいがために、複数の大阪在住宣教師を対象にしてきた私は、差出地名がKobeと記された分厚いコピーの束を渡されたとき、一瞬あてがはずれたような気がした。しかし、読み始めた史料は、官立学校や文部官僚にしか目が向いていなかった私に、新しい世界を開いてくれた。初耳の医療宣教師が書いた手紙一通一通の逐語訳を通し、県令や居留民や医師や有力者など、地域を構成する様々な勢力の姿が見え、また、「府県」という単位の重要性に気づくことにもなったのである。

以上がJ・C・ベリーとの出会いの顛末である。日本の近代を開く事件として、「ペリー来航」以上に「ベリー来港」が私の関心事となり、研究会が期間を終了してからも、神戸に続く岡山・京都での彼の活動に取り組むことにした。第一章にはじまり、第三章までがその成果である。偶然に偶然が重なったベリーとのめぐりあいがなければ、本書は存在しない。

そのかたわらで、京都大学の年史に関わる仕事も継続させていただくなか、ずっと関心を覚えていたのが、第三高等中学校の京都への誘致といわれる出来事であった。そういえば、先行研究によって、誘致を決定したとされる府会像が異なり、かたやほぼ全会一致、かたや僅差と記されている。まずは審議経緯を確かめるところから、と手がけた研究が第六章である。こうしてペリーとは別の、第三高等中学校という角度から、またもや「府県」と向き合うこととなった。同様の方法で、岡山県への医学部設立経緯の解明を試みたのが第七章であり、第四章は、ペリー研究の一部であると同時に、京都府会議事録検討の延長でもある。

第二部の各章は、一八八〇年代教育史研究会（現代表荒井明夫氏）における発表過程そのものともいえる。年史編纂がらみでお見知りおきいただいた東京大学史史料室の故中野実氏から、研究会創設の旨をうかがったのは二〇〇二年、御逝去数週間前の御病床でのことであった。研究会は「教育史学」界の方々の集まりであり、ほとんど御縁がなく、話を聞いていただきたかった中野氏がもはやおられないとあっては、正直なところ、顔を出す意義をすぐには見出せずにいた。しかし、あるとき突如思い立ち、年に三回程度開かれる例会を、自分の研究のペースメーカーとして主体的に利用させていただくことにした。文脈をわきまえない異質さゆえに、会員各位にはストレスもおかけしたであろうが、報告準備にいそしむありがたい山々となった。

参加の動機となったのは、神辺靖光先生の存在である。研究会を通じて存じ上げた先生は、学界の枠に捉われず、研究本位で向き合ってくださった。特に第八・九章は、そもそも「官立学校」とは何か、というところから、慣れない手法や視角を用いることになった論考で、少なからず不安もあったのだが、頂戴した温かいご助言や励ましに勇気づけられた。文字どおり、「明治の教育史を散策」される先生のご姿勢や明るいお人柄は、今の自分の延長線上に行きつける境地では到底ないが、憧れだけは抱いています。

一方、先行する章の補足と位置づけ、展望にとどまる面もあるが、大枠での議論を意識し、もっとも日本史の論文らしく書いたつもりでいるのが補章である。背景には、京都大学人文科学研究所の研究班の存在がある。本書に直接反映しないが、様々な報告の機会を頂戴し、多彩な歴史との付き合い方も教えていただいた。それとともに、自分もこの業界に存在してもよいのかなというかすかな実感を与えられた場でもある。今回の出版の御紹介をたまわったことも含め、研究班を主宰される高木博志氏に深謝いたします。

かつてアメリカン・ボード宣教師文書研究会で取り上げられた東華学校成立史は、報告を聴いた瞬間、そのおもしろさに衝撃を受けた。自分でも取り組んでみようと史料を集め出したが、すでに知られた事実に多少の知見を加えたとしても、研究史を乗り越えることにはならない。配布されたレジュメを座右に置き、時折ぼうっと眺めるうちに、月日が流れ去っていった。

それは、第Ⅱ部の論考を通じ、森文政期に向き合い続けた年月でもあった。昨年になってふと、東華学校を諸学校通則による府県管理中学校のバリエーションと捉える論点が思い浮かび、とある公文書の意味も見え、やっと書けると思えた。それが終章である。これをもって、十年余りの研究に、ようやく一区切りをつけることができた。二〇〇二年・B４型・ワープロ仕様のレジュメの作り主、本井康博先生は、新島襄・同志社史の生き字引でいらっしゃるが、本書を仕上げるにあたり、私の弱点であるキリスト教史の観点からもご指摘をくださいました。

以上のように、第三高等学校前身校・ペリー・府県との出会いを画期として研究を進めてきた。学界事情に疎く、徒手空拳、思い込みに等しい感性と単純な疑問という頼りない足場の上に積み上げてきた研究の一部始終が、本書にある。全体をまとめることは、自分に足りないところを痛感する作業でもあったが、昨年末、本書（終章まで）とほぼ同内容の論文をもって博士の学位を請求した。主査をお引き受け下さった京都大学大学院文学研究科の藤井讓治先生にお礼申し上げます。副査の吉川真司・谷川穣両教官を含め、本年年頭の口頭試問にて頂戴した種々のご意見のなかには、本書で解決できずじまいだった課題もあるが、今後、継続して考えることで責を果たしたいと思っている。

京都大学文学部入学以来、やむをえない用事があるとき以外は研究室に入ったことがなく、今でも建物の前に行くだけで緊張してしまう。だが当時から、研究室の先生・先輩・同輩が、本物志向の日本史研究者であることは、何となく拝察できた。構成員の末席を汚し、そうした文化をあるべきモデルとして認識できたことの幸せを、今になってしみじみと感じる。

研究室に縁遠いとはいえ、同じ近代史を専攻する先輩が三十年以上続けてこられた吉田清成関係文書研究会（代表山本四郎先生）には、大学院入学以来、ずっと参加させていただいてきた。いつしかホームグラウンド感すら覚えるようになったこの研究会には、政治外交史の方面でご活躍の方々が今も集い、解読作業を誠実に続けておられる。甲斐性のない後輩ながら過分の御厚情をたまわっておりますこと、ありがとうございます。

一人一人のお名前を列挙したいが、あえておひとりの名で表させていただくなら、故高橋秀直先生となろう。先生が日本史研究室に御着任になり、前近代の先生（私であれば朝尾直弘・大山喬平・故鎌田元一先生）が指導教官で、現代史研究室（同じく松尾尊兊先生）の御授業に居候する、という近代史専攻者のならいに終止符が打たれた。大学院時代の終わりからご指導いただいたが、先生は二〇〇六年に早逝され、不肖の弟子のままお別れすることになってしまった。先生のお人柄に関してならともかく、そのご研究につき自信をもって語れと言われると、恥ずかしながら下を向くしかない。しかし、先生のご研究の真価を本当に「わかっている」方は、実は少ないのではないかとも感じている。お亡くなりになったことで、先生の存在自体が大きな宿題として私に残された。自分の研究に励むことで、いつか先生のご研究が「わかる」日がくるのではないか——そう思えるのも、高橋先生と私の研究双方を「わかって」くださる稀有な方のおかげです。

研究室や諸学会で知り合った先輩方を通し、たくさんの学校で非常勤講師を務めさせていただいたことは、私の財産である。授業準備に精を出し、学生・生徒と交わり、図書館を使い倒し、それぞれの校風を味わうことができた。また、学界以外、特に、第三高等学校ＯＢの方々と深くおつき合いする奇縁に恵まれ、人生が豊かになった。旧制高校精神のみならず高度経済成長期の担い手としてのお話は興味深く、ひとつの近代史だと思わされる。男子文化の三高には入れないメッチェンとはいえど、ナキャースな話が大好きな点では一緒です。

以上、自分を外から眺め位置づけることが不得手、そのことにさえやおら感づきつつある有様で、研究者として望ましいとされる道筋・生活から逸脱してきたに違いない不良（品）であるが、排斥されることもなく、総じて機嫌よく歩んでこられた。引っ込み思案という名の横着さで、自分からの能動的な働きかけを怠ってきたにもかかわらず、周りの方には本当によくしていただいてきたことを感じる。こうして想起してみても、ご批判を仰ぐべき大事な方々を失ってきたという現実をわきまえ、今後は少々スピードを上げて努力し、多くの方々の御恩に報いたい。偶々この世界に残る運命を引き受けた身のつとめでもあろう。

最後に、本づくりに際し、種々おとりはからいくださった思文閣出版の原宏一さん、特に実務上、厄介な種々のお願いに御対応いただいた那須木綿子さんに謝意を表します。装丁や印刷は、中身を超える美しさで仕上げていただきました。そして、御縁あって昨年度よりの勤務先となった同志社大学人文科学研究所、リニューアル前最後の新島研究奨励金交付を決定していただき、この出版を可能としてくださった同志社社史資料センターに感謝いたします。

二〇一二年三月

田中智子

人名索引

＊外国人は姓のアルファベット順（フルネームは各章初出箇所に原語表記），日本人は姓の五十音順とした。
＊原則として本文中に登場する人物のみとりあげた。（　）内は注の頁番号である。
＊章のタイトルに挙がる人物は，一括して関連の章番号を示した。

【アメリカン・ボード宣教師】

【その他の西洋人】

【日本人キリスト者】

【地方長官・各府県吏】

【各府県会議員・地域有力者】

【各府県下医師・教育者】

【文部大臣・文部官僚】

【中央政官財界(文部省以外)】

【先行研究執筆者】

事 項 索 引

＊法令のみ発布年月日順，その他は五十音順とした。
＊法令は略称で示した（発令機関，法令の種類は最初の一字。数字は法令番号）。
＊原則として本文中に登場する語句のみとりあげた。（ ）内は注の頁番号である。
＊部や章のタイトルに挙がる事項は，一括して関連の部・章番号を示した。

【学校（教育・医療施設）】

あ行

か行

さ行

た行

【中央官庁】

【教育関係他諸団体・組織】

【新聞雑誌・書籍】

『京都大学百年史』　(46, 169, 172), 179, (207, 208, 213, 279)
『山陽新報』　20, 93, (210, 212), 224, 226, (243～246, 278), 308, 309, 321, 363)
『七一雑報』　54, (76), 100, (147), 157, 159, (171, 172)
『史料神陵史』　19, (22, 281)
『治験録』　54, (81), 88, 91
『中外医事新報』　20, (244), 310, (321)
『天道遡源』　100
『東京医事新誌』　20, (243～245), 287, 288, 309, (317～321)
『同志社百年史』　18, 120, 121, (143, 208, 363, 364), 367, 392, (393, 394, 400)
『新島襄全集』　18, 19, (116, 143, 145～148, 208～209, 361～365, 395～397)
『日本立憲政党新聞』　20, (144～146)
『日出新聞』　20, (209～212, 214, 278～280), 308, (321, 364)
『明治以降教育制度発達史』　(22), 240, (246, 360, 400)
『文部省年報』　121, 218, 219, 221, (243), 307
“The Hiogo & Osaka Herald”　20, (46～48)
“The Hiogo News”　20, (47, 48, 50, 76)

【法　令】

開港地府県ハ外国事務ニ関係セシム（慶応4.6.14太472）　27
県治条例（事務章程）（明治4.11.27太達623）　40
私塾ハ文部省ノ許可ヲ得ヘク並公費生処分ヲ定ム（明治5.3文6）　326
府県従来ノ学校ヲ廃シ学制ニ随ヒ更ニ設立セシム（明治5.8.3文13）　85
学制（章程）（明治5.8.3文14）　13, 17, 84, 85, 87, 220, 222, (244), 276, 300, (319, 322), 323, 325～331, 349, 357, 359, (360)
公学私塾ノ別ナク生徒ニ官費給与ヲ廃ス（明治5.8.15文17）　327
旧藩県以来外国教師傭入ノ学校ヲ廃シ八大学区本部ニ中学校ヲ設ク（明治5.10.17文35）　85, 87
各府県定額中ヨリ学事ニ用フル金額ハ十月以降一切無シトス（明治5.10.28文38）　84
学制中貸費生規則並官私学校設立願方追補（1873.4.17文51）　327
外国教師雇入心得ノ箇条中ニ但書追加（宣教師雇用禁止1873.6.14文87）　97
病院又ハ会社病院等設立ノ者ヲ査点セシム（1873.7.9文100）　40, 64
貸費生規則ヲ廃シ官費生規則ヲ定ム（1873.12.17文141）　328
外国人内地旅行允準条例（1874.5.31外届）　(79), 89
医制（1874.8.18文達）　64, 65, 74, (80), 288, 316, (322)
学校名称区別（1874.8.29文布22）　(114), 329, 331, (360)
府県事務章程（1875.11.30太達203）　97
医師開業試験法ヲ改ム（1876.1.12内達乙25）　66
官立公立私立病院ノ種別及公私立病院設立伺願書式（1876.3.31内達乙43）　66, 92, 330
外国人傭入ノ節心得方（1877.3.6太布27）　98
府県会規則（1878.7.22太布18）　133, 198, 204, 206, 240, 304, 306, 352, 386
地方税規則（1878.7.22太布19）　198, 199, 206, 240, 252, 266, 306, 332, 352, 386
医師試験規則（1879.2.24内布甲3）　126
教育令（1879.9.29太布40）　13, (316, 319), 325, 331～335, 349, 356, 357, 359, (360, 361)

教育令改正（第二次）（1880.12.28太布59）　134, 302, 335, 337, 338,（361）
地方税規則中追加刪除（1881.2.14太布５）　198
文部省所轄官立学校図書館教育博物館職員名称等給制定（1881.6.15太達51）　335,（361）
府県教育会ハ其規則等伺出及開会ノ都度議事顚末届出（1881.6.20文達21）　300
地方税規則中改正（1882.1.20太布２）　198
医学校卒業生試験ヲ要セス医術開業免状下付方（1882.2.17太布14）　294, 302,（320）
医学校通則（1882.5.27文達４）　16, 121, 126, 136, 137, 217～221, 284,（320）
府県立医学校設置伺出又ハ開申ノ節具申スヘキ事項追加（1882.7.15文達５）　137
府県会議員連合集会等ヲ許サス及其違犯者処分方（1882.12.28太布70）　303
府県連合衛生会規則（1883.3.31内達番外）　298
行政官吏服務規律（1883.7.27太達44）　166
文部省直轄学校図書館教育博物館等へ図書物品類寄附手続並運搬費支給方（1883.8.28文告１）　335,（361）
文部省直轄官立学校学生生徒及公立学校生徒中不都合ノ行為ニヨリ退学ノ者公私立学校ニ入学禁止（1883.11.2文達18）　335,（361）
徴兵令改正（1883.12.28太布46）　13, 335
教育令改正（第三次）（1885.8.12太布23）　307, 335, 349, 351
諸学校令　9, 14, 16, 17,（21, 22）, 177, 239, 249, 250,（322）, 323, 325, 349～352, 356, 357, 359,（363）, 終章, 410
帝国大学令（1886.3.10勅３）　22, 350,（362）
師範学校令（1886.4.10勅13）　350,（363）
小学校令（1886.4.10勅14）　350,（363）
中学校令（1886.4.10勅15）　9, 12～14, 16, 17, 177, 178, 183, 191, 193, 196, 203, 205, 215, 216, 224～228, 236, 237, 239, 240,（244, 246）, 249～251, 283, 311～316,（322）, 349～350, 352, 353, 356, 358,（363）, 368, 372, 373, 380, 385, 386, 388, 391, 393,（394, 398）
諸学校通則（1886.4.10勅16）　9, 14, 16, 17, 134,（146）, 191, 228,（244）, 250,（322）, 349～352, 355～357, 359,（363～365）, 368, 384～393
尋常中学校ノ学科及其程度（1886.6.22文省14）　353, 383
高等中学校ノ学科及其程度（1886.7.1文省16）　353,（395）
山口中学校ヲ山口高等中学校ト称ス（1886.11.20文告２）　191, 228
高等中学校設置区域（1886.11.30文告３）　178, 179, 191, 195, 196, 216, 217, 228,（243）, 313
徴兵令中改正追加（1886.12.1勅73）　353
高等中学校経費支弁方（1887.8.2勅40）　179, 200, 202, 204, 313
高等中学校経費地方税負担総額決定（1887.8.13文省８）　200
高等中学校ノ医科ヲ教授スル所ヲ医学部トシ各高等中学校ニ之ヲ設ケ其位置ヲ定ム（1887.8.19文告６）　201,（213）, 216, 230
高等中学校設置区域内府県委員会規則（1887.9.12勅46）　121, 200
高等中学校医学部ノ学科及其程度（1887.9.17文省９）　234
府県立医学校費用ハ地方税ヲ以テ支弁スルヲ得ス（1887.10.1勅48）　234, 237, 315, 316,（322）, 380
高等中学校予科生徒員数不足ノトキ補充及其学科程度準拠方（1887.12.28文告15）　381

文部省直轄学校収入金規則（1888.4.2勅19） (361)
徴兵令（1889.1.22法１） 356
高等中学校医学部ノ学科及其程度中附設薬学科追加（1889.3.22文省２） 239
第三高等中学校医学部ニ薬学科附設高等中学校生徒定員中追加改正（1890.2.6文告１） 239
中学校令中改正追加（1891.12.14勅243） 388
高等学校ニ法医工学部及大学予科設置（1894.7.12文省15） 261
文部省直轄諸学校官制第一条追加（大阪工業学校官制）（1896.5.19勅226） 258
第三高等学校ニ大学予科ヲ第五高等学校ニ工学部ヲ設置ス（1897.4.17文省３） 266
学校教育法（1947.3.31法26） 250, 323, (359)

◎著者略歴◎

田中　智子　（たなか・ともこ）

1969年生まれ．横浜市出身．
1991年　京都大学文学部史学科卒業．
1996年　京都大学大学院文学研究科博士後期課程研究指導認定退学（日本史学専攻）．
2012年　京都大学博士（文学）．
現　在　同志社大学人文科学研究所助教．

主要論文
「幕末維新期のアメリカ留学――吉田清成を中心に」（山本四郎編『日本近代国家の形成と展開』吉川弘文館，1996年所収），「明治中期における地域の私立英学校構想と同志社」（『キリスト教社会問題研究』第60号，2011年）など．

近代《きんだい》日本《にほん》高等《こうとう》教育《きょういく》体制《たいせい》の黎明《れいめい》
――交錯《こうさく》する地域《ちいき》と国《くに》とキリスト教界《きょうかい》

2012（平成24）年３月27日発行

定価：本体7,000円（税別）

著　者　田中智子
発行者　田中　大
発行所　株式会社　思文閣出版
〒605－0089　京都市東山区元町355
電話 075－751－1781（代表）

装　幀　上野かおる（鷺草デザイン事務所）
印　刷
製　本　亜細亜印刷株式会社

ISBN978-4-7842-1618-5　C3021